天津市西青年鉴

2022

天津市西青区年鉴编修委员会办公室　编

天津出版传媒集团
天津古籍出版社

图书在版编目（CIP）数据

天津市西青年鉴. 2022 / 天津市西青区年鉴编修委员会办公室编. -- 天津 : 天津古籍出版社, 2022.12
ISBN 978-7-5528-1265-7

Ⅰ. ①天… Ⅱ. ①天… Ⅲ. ①西青区－2022－年鉴 Ⅳ. ①Z522.13

中国版本图书馆CIP数据核字(2022)第166287号

天津市西青年鉴 2022

TIANJINSHI XIQING NIANJIAN 2022

天津市西青区年鉴编修委员会办公室　编

出　　版　天津古籍出版社
出 版 人　张　玮
地　　址　天津市和平区西康路 35 号康岳大厦

责任编辑　唐　舰
责任校对　金　达
翻　　译　高雯雯

制　　作　天津市香泉技术开发有限公司
印　　制　北京印匠彩色印刷有限公司
经　　销　新华书店
开　　本　889 毫米 ×1194 毫米　1/16
印　　张　26
字　　数　700 千字
版次印次　2022 年 12 月第 1 版　2022 年 12 月第 1 次印刷
定　　价　210.00 元

ISBN 978-7-5528-1265-7

《天津市西青年鉴》编修委员会

名 誉 主 任：李　清

主 任 委 员：殷学武

副主任委员：齐中波　王　辉　张一谋　陈力予　邵　岗

成　　　员：各供稿单位主要负责人（随年度人员情况而调整）

办　公　室：主　任：杨鸣起

　　　　　　副主任：范秀敏　王富盛

《天津市西青年鉴2022》编辑人员

主　　　编：杨鸣起

副　主　编：范秀敏

执 行 主 编：王富盛

编　　　辑：王洪海　张立民　刘孟月　庞新斌

编辑说明

一、《天津市西青年鉴2022》是在中共西青区委领导下,由西青区年鉴编修委员会主持编纂,西青区年鉴编修委员会办公室承担具体编纂、出版任务。《天津市西青年鉴》创刊于1997年,总卷数26卷,本卷为第26卷。

二、《天津市西青年鉴2022》坚持以马克思列宁主义、毛泽东思想、邓小平理论、“三个代表”重要思想、科学发展观、习近平新时代中国特色社会主义思想为指导。坚持辩证唯物主义和历史唯物主义,秉持实事求是原则,全面记述2021年西青区政治建设、经济发展、社会生活等方面基本情况以及最新变化,力争做到全面、系统、准确。

三、《天津市西青年鉴2022》记述范围包括2021年度西青区委、区政府所属各部、委、办、局,各街镇,直属单位以及部分驻区单位主要工作和发展情况,对行政区所辖单位予以全面记述,对驻区企事业单位择重记述,突出年度特色和专业特色。

四、《天津市西青年鉴2022》充分发挥年鉴的存史、资治功能,在保持年鉴栏目基本稳定的前提下,根据2021年度西青区机构设置及职能的划分情况以及年鉴编写体例要求,对《天津市西青年鉴2022》编写栏目做适度调整。年鉴内容采用分类编辑法,由类目、分目、条目组成。调整后设区情要览、大事记、特辑、专记等涉及西青区政治、经济、文化、社会生活等各个方面的内容和人物、附录等。

五、《天津市西青年鉴2022》资料主要由西青区各街镇、各部门及驻区单位提供,并经供稿单位领导审阅同意。所用数据以统计部门公布数据为准,未列入统计范围的,以业务主管部门为准。统计资料及部分附录资料摘自2021年度《天津市西青区统计年鉴》或天津市、西青区正式出版的报刊、调研资料。

六、《天津市西青年鉴2022》采用国际通行大16开版本,力求以图辅文,图文并茂。随文照片由各街镇、部委办局及有关单位经领导审核报送,正文不一一注明报送单位。

审图号：津S（2021）042

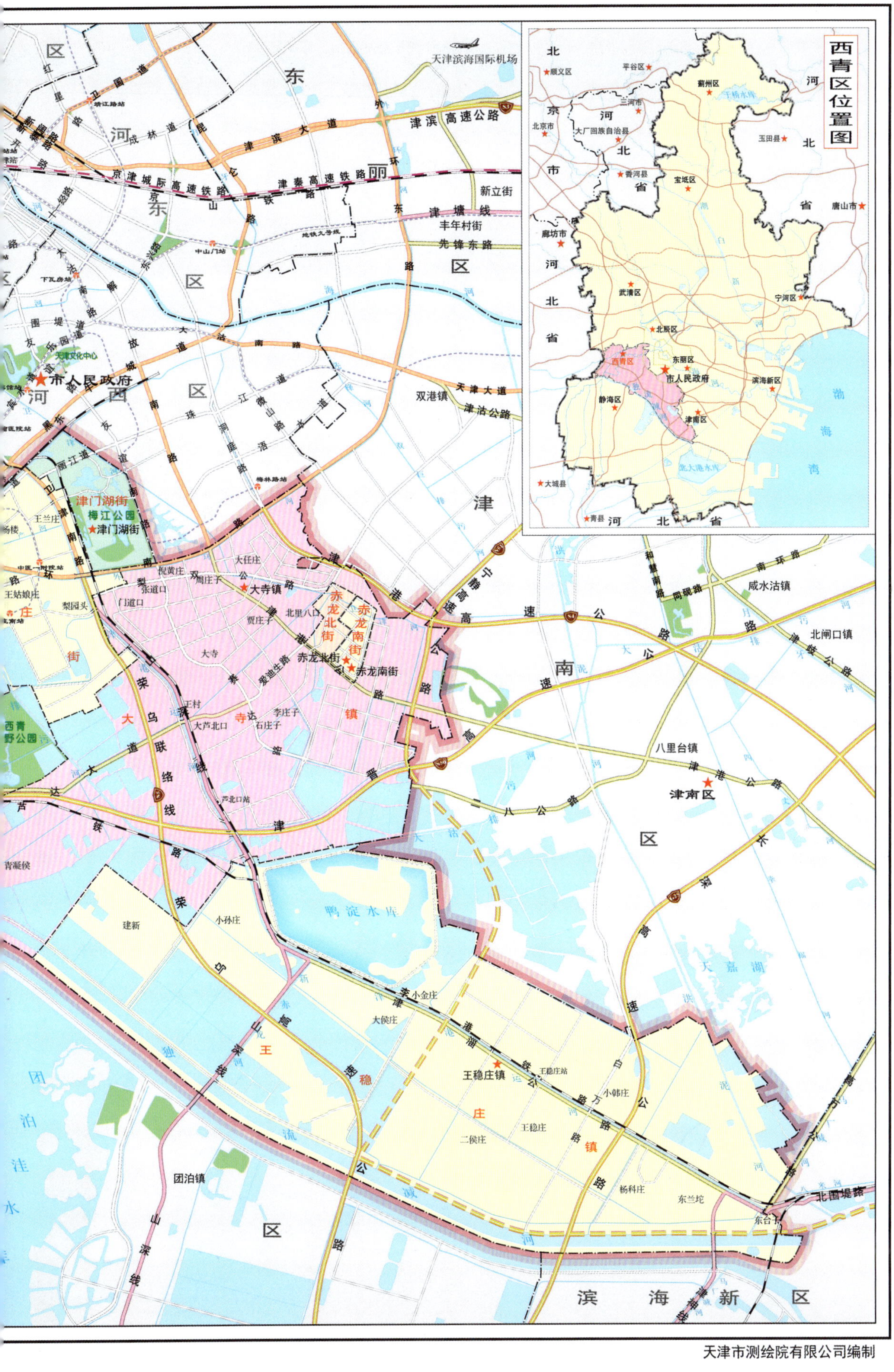

天津市测绘院有限公司编制

天津市西青区交通水系图

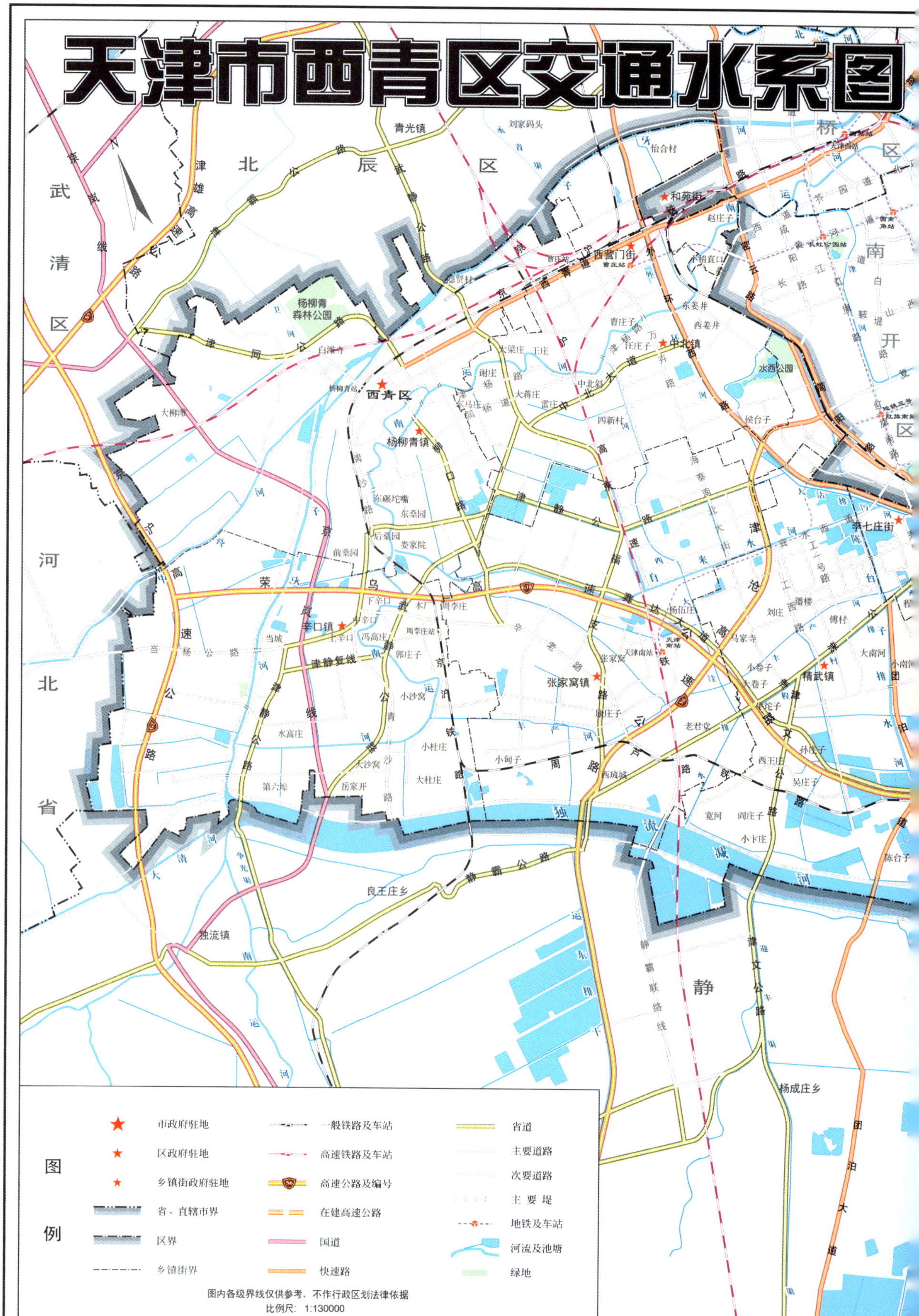

审图号：津S（2021）042

天津市测绘院有限公司编制

重要会议

2021 年 12 月 2 日，中国共产党天津市西青区第十二次代表大会在西青区会议中心召开（区融媒体中心提供）

2021 年 12 月 12 日，在天津市西青区第十八届人民代表大会第一次会议上，人大代表和政协委员听取政府工作报告（区融媒体中心提供）

2021 年 12 月 11 日，政协天津市西青区第十届委员会第一次会议在社会山国际会议中心召开（区融媒体中心提供）

2021 年 12 月 4 日，中国共产党天津市西青区第十二届纪律检查委员会第一次全体会议在西青区会议中心召开（区纪委监委提供）

庆祝中国共产党成立 100 周年专题

2021 年 6 月 25 日，西青区召开庆祝中国共产党成立 100 周年表彰大会（区委宣传部提供）

区领导为老党员代表颁发“光荣在党 50 年 ”纪念章（区委宣传部提供）

2021 年 6 月 26 日，区领导参观“奋斗百年路 启航新征程”建党 100 周年主题展（区档案馆提供）

2021 年 7 月 19 日，区教育局小宣讲员参观建党 100 周年主题展（区档案馆提供）

2021年6月，大寺镇庆祝中国共产党成立100周年文艺演出（大寺镇提供）

“永远跟党走”西青区庆祝中国共产党成立100周年群众歌咏大会（区文旅局提供）

“芳华百年正青春”——王兰庄庆祝中国共产党成立100周年文艺演出（区融媒体中心提供）

杨柳青镇庆“七一”文艺演出（杨柳青镇提供）

西营门街道社区庆祝中国共产党成立100周年文艺汇演（西营门街道提供）

张家窝镇庆祝中国共产党成立100周年全民健身系列活动（张家窝镇提供）

西青区庆祝中国共产党成立100周年无人机表演（区融媒体中心提供）

王稳庄镇喜迎建党百年华诞志愿助老文艺汇演活动（王稳庄镇提供）

精武镇社区庆祝中国共产党成立100周年百米长卷书写活动（精武镇提供）

都市经济

辛口镇物流园（辛口镇提供）

天津学府高新区（精武镇提供）

杨柳青镇共享经济产业园签约仪式现场（杨柳青镇提供）

张家窝镇招商引资重点项目集中签约仪式现场（张家窝镇提供）

中北镇工业园工科园（中北镇提供）

西青经济开发集团有限公司举办大数据生态企业座谈会（西青经济开发集团有限公司提供）

中北镇永旺购物中心（中北镇提供）

农业经济

王稳庄镇大美稻田画（王稳庄镇提供）

精武镇闫庄子观赏鱼基地（精武镇提供）

梦森兰花卉基地（张家窝镇提供）

大棚稻田育苗（王稳庄镇提供）

辛口镇运河稻田（辛口镇提供）

沙窝萝卜喜获丰收（辛口镇提供）

曹庄花卉市场内景（中北镇提供）

生态建设

西青区生态环境监测中心 2021 世界环境日暨“青少年探索小屋”主题活动（区委宣传部提供）

西青开发区“碳达峰、碳中和”工作培训暨温室气体排放清单编制项目启动会现场（西青区经济开发集团有限公司提供）

王稳庄镇社区生活垃圾分类驿站（王稳庄镇提供）

城镇建设

精武镇体育公园和文化公园（精武镇提供）

辛口镇小城镇建设（辛口镇提供）

张家窝镇小城镇建设（张家窝镇提供）

王稳庄镇新建供热站（王稳庄镇提供）

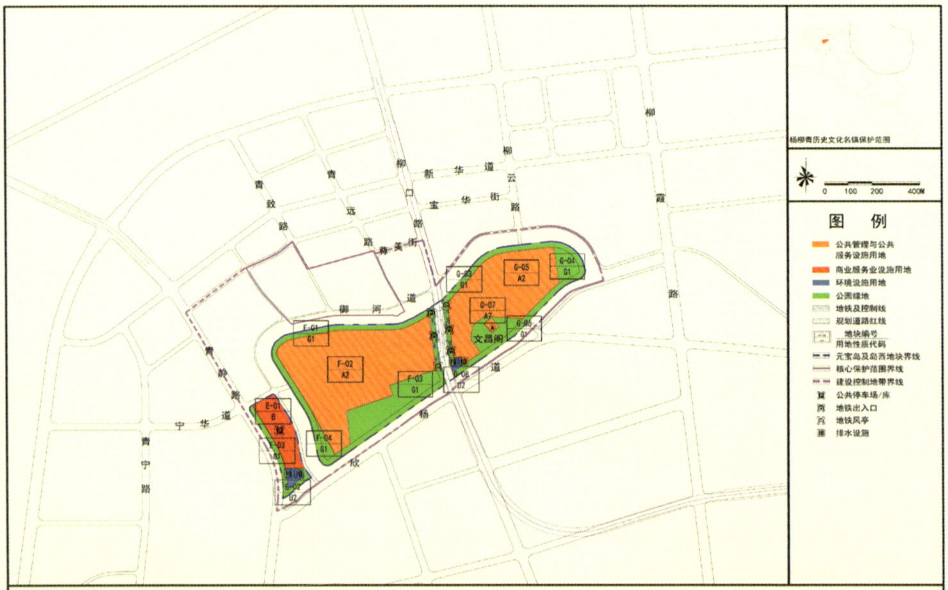

天津市杨柳青历史文化名镇保护规划（控制性详细规划）元宝岛及岛西地块部分修改方案

杨柳青历史文化名镇元宝岛保护规划（规划和自然资源局西青分局提供）

文化建设

大寺镇“百场宣讲献礼百年华诞”主题活动汇报演出（大寺镇提供）

张家窝镇中秋节专场健身操大赛（张家窝镇提供）

西青区“戏曲进乡村”活动（辛口镇提供）

精武镇广场红色电影放映（精武镇提供）

西青区第十八届民俗文化旅游节活动（区文旅局提供）

2021年9月新建成的天津市第九十五中学新校区（区教育局提供）

社会生活

区工商联代表团赴新疆于田县交流考察（区工商联提供）

西青区全民健身传统武术、太极拳武术交流展示活动（区体育局提供）

西青区举办"百年初心 缘定西青"第二十二届青年集体婚礼（团区委提供）

区妇联开办美家美院大讲堂（张家窝镇提供）

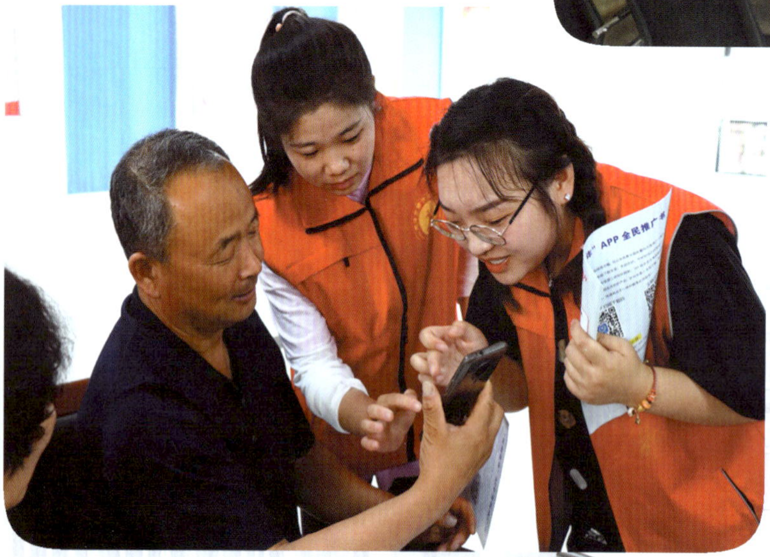

王稳庄镇泰康园社区开设“老年手机课堂”（王稳庄镇提供）

西青区人大换届宣传现场（杨柳青镇提供）

中北镇提升改造后的曹庄花卉步行街（中北镇提供）

疫情防控

西青区开展疫情防控工作培训（区卫健委提供）

企业复工复产（杨柳青镇提供）

西青区强化疫苗接种（区融媒体中心提供）

西青区开展区域核酸检测（区融媒体中心提供）

目　录

特　辑

专　记

大　事　记

区　情　要　览

中共西青区委员会

西青区人民代表大会

西青区人民政府

政协西青区委员会

中共西青区纪委监察委

民 主 党 派

社会团体

法 治

军　事

西青经济技术开发区

生 态 环 保

农 业

工业 建筑业

商 贸

金　融

交通 邮电 网络

经济综合管理

城乡建设与管理

教 育

科技气象

文化 旅游

卫 生

体 育

社会生活

街镇建设

人 物

荣 誉 录

统 计 资 料

附 录

索 引

Contents

Featured Reports

Highlights

Events

Xiqing District at A Glance

Tianjin Xiqing District Committee of the Communist Party of China

Tianjin Xiqing District People's Congress

Tianjin Xiqing District People's Government

Tianjin Xiqing District Committee of the Chinese People's Political Consultative Conference

Tianjin Xiqing District Discipline Working Commission and Supervisory Working Committee of the Communist Party of China

Non-Communist Parties

People's Organization

Rule of Law

Military Affairs

Tianjin Xiqing Economic Development Area

Ecological and Environmental Protection

Agriculture

Industry Building

Business

Finance

Transportation, Telecommunication and Post, and Networking

Economic management

Urban and Rural Construction and Management

Education

Technology and Weather

Culture and Tourism

Health Care

Sports

Public Life

Sub-Districts and Towns

Outstanding Individuals

Rolls of Honor

Statistical Communiqué

Appendix

Index

特 辑

区委书记李清在中国共产党天津市西青区第十二次代表大会开幕会上的主要讲话精神

2021 年 12 月 2 日，中国共产党天津市西青区第十二次代表大会开幕。区委书记李清代表中共天津市西青区第十一届委员会向大会作题为《打造大运河闪亮明珠 建设现代化活力新城 奋力谱写西青高质量发展新篇章》的报告。李清在讲话中说，中国共产党天津市西青区第十二次代表大会，是全区“十四五”实现良好开局、高质量发展步入新阶段召开的一次重要会议。大会的主题是：紧密团结在以习近平同志为核心的党中央周围，深入学习贯彻习近平新时代中国特色社会主义思想，团结带领全区人民，干在实处、走在前列，打造大运河闪亮明珠，建设现代化活力新城，奋力谱写西青高质量发展新篇章。

李清在报告中回顾了过去五年的工作。区第十一次党代会以来的五年，是西青发展进程中极不平凡的五年。面对经济发展进入新阶段、产业结构调整“阵痛期”、新冠肺炎疫情常态化等一系列深刻变化，全区上下坚持以习近平新时代中国特色社会主义思想为指导，坚决贯彻落实中央、市委决策部署，迎难而上、砥砺奋进，推动西青高质量发展再上新水平，全面建成更高水平的小康社会。全区经济发展深度优化、城市品质深度提升、农业农村深度发展、全面改革深度推进、民计民生深度改善、团结局面深度巩固、党的建设深度强化，各项工作干在实处、走在前列，取得了显著成效。

李清指出，五年的奋斗历程，我们积累了重要经验，收获了深刻启示。必须坚持正确的思想引领，将中央精神和市委部署不折不扣地落到实处，确保始终沿着正确的方向前进。必须深刻践行以人民为中心的发展思想，千方百计满足人民日益增长的美好生活需要，努力让人民群众更加充分地享受经济社会发展成果。必须坚持“干在实处、走在前列”的担当，脚踏实地推进各项工作，以苦干实干的奋进姿态推动西青各项事业突破提升、走在前列。必须找准干事创业的方法路径，注重补短板、强弱项、固优势，一步一个脚印把各项工作推向前进。必须坚持团结协作，全区上下一个音、一条心、一股绳，形成团结和谐、心齐气顺、共同奋进的良好局面。必须坚持全面从严治党，压实“两个责任”，严守纪律规矩，提高选人用人水平，打造作风过硬、敢于斗争、善作善成的“西青铁军”，推动经济社会各项事业破浪前行、行稳致远。

李清指出，在总结成绩和经验的同时，我们还要清醒认识到工作中存在的困难和问题，主要有：思想解放还不充分，改革创新的力度不够大，影响发展的深层次机制弊端尚未根本破除；高质量发展还有短板，产业结构不够优化，科技创新能力整体还不强；城市综合活力不足，开放发展水平不够高，城市综合竞争力还有欠缺；社会治理存在薄弱环节，民生工作还有一定差距；党的建设仍需加强，作风建设任重道远，全面从严治党需要持续升级加力，等等。我们一定要增强忧患意识和责任担当，坚持问题导向，攻坚克难、砥砺前行，努力开创西青高质量发展新局面。

李清强调,今后五年,是西青发展的重要历史性窗口期,是由全面建成更高水平小康社会向建设社会主义现代化新城迈进的关键时期。进入新时代,面对国际国内形势变化,与时俱进提升全区高质量发展水平、不断塑造区域发展新优势,需要我们把提升发展活力摆在更加突出的位置。要增强历史思维、战略思维、系统思维、辩证思维,围绕提升活力进行战略谋划和全面统筹,加快建设现代化活力新城。

李清强调,今后五年,全区工作的总体要求是:坚持以习近平新时代中国特色社会主义思想为指导,全面贯彻党的十九大和十九届二中、三中、四中、五中、六中全会精神,以习近平总书记对天津工作"三个着力"重要要求为元为纲,认真落实中央、市委决策部署,坚持稳中求进工作总基调,立足新发展阶段,完整准确全面贯彻新发展理念,推动构建新发展格局,以推动高质量发展为主题,以深化供给侧结构性改革为主线,以改革创新为根本动力,以满足人民日益增长的美好生活需要为根本目的,更好统筹发展和安全,巩固拓展疫情防控和经济社会发展成果,全面融入京津冀协同发展,持续深化"两城三带三区"发展布局,打造大运河闪亮明珠,建设现代化活力新城,奋力谱写西青高质量发展新篇章。

李清强调,今后五年,全区上下要紧紧围绕建设现代化活力新城的目标,进一步整合提升优势资源,注重系统集成,全面打牢基础,强化攻坚突破,不断提升西青的整体活力。要厚植运河文化,激活城市活力,展现现代化城市新形象。要加大引育力度,增强产业活力,培育经济发展新动能。要持续深化改革,汇聚创新活力,激发转型升级新引擎。要推进乡村振兴,提升农村活力,重焕乡土韵味新生机。要增进民生福祉,激发社会活力,开创共建共享新局面。

李清强调,走好西青未来的发展道路,关键在党的领导,关键在党要管党、从严治党。要深入贯彻落实中央、市委关于全面从严治党的部署要求,继续推进新时代党的建设新的伟大工程,推动全面从严治党向纵深发展。要传承发扬党的宝贵经验,加强思想政治建设,锻造更具活力的干部队伍,全面筑牢基层基础,建设清廉西青,坚持实干担当的工作作风,努力在新时代迸发新活力、展现新面貌、创造新业绩。

李清最后在讲话中指出,大运河畔吹响集结号角,时代征程正当扬帆起航。让我们更加紧密地团结在以习近平同志为核心的党中央周围,在市委的坚强领导下,继往开来,拼搏进取,打造大运河闪亮明珠,建设现代化活力新城,奋力谱写西青高质量发展新篇章!

区委书记李清在中国共产党天津市西青区第十二届委员会第一次全体会议上的主要讲话精神

2021年12月4日,中国共产党天津市西青区第十二届委员会第一次全体会议召开。区委书记李清主持会议并讲话。全会选举中国共产党天津市西青区第十二届委员会常务委员会委员和书记、副书记。李清为区委书记;殷学武、齐中波为副书记。当选为西青区委常委的还有韩琳、张楠、王辉、梅来昌、张建华、梁军、卢盈、刘晓荣、张宇。全会通过中国共产党天津市西青区第十二届纪律检查委员会第一次全体会议选举结果的报告。张楠为西青区纪委书记；赵阳、肖蔚菁、张秀嬗为区纪委副书记。区纪委常委还有潘婷、白文、李亭、赵华章、梅晶晶。

李清在全会选举结束后代表新一届区委常委会讲话。李清说，新一届区委受命于“两个一百年”奋斗目标历史交汇的关键节点，肩负着全面建设社会主义现代化新城的重要使命，我们接过的不仅是历史的“接力棒”，更是一份必须答好的时代问卷。要倍加珍惜组织的厚爱和重托，倍加珍惜时代提供的机遇和舞台，倍加珍惜全区人民的信任和期待，牢记使命、勇挑重担，接续奋斗、砥砺前行，团结带领全区各级党组织和党员干部群众，脚踏实地干出一番新业绩，努力向党和人民交出一份优异答卷。

李清强调，未来五年，西青既面临各种机遇，也面临各种挑战，要发挥示范带头作用，全力担好“打造运河闪亮明珠，建设现代化活力新城”的担子，不断开创西青高质量发展的新局面。

李清强调，要在绝对忠诚上当表率，做一心向党的信仰者。要旗帜鲜明讲政治，进一步增强“四个意识”、坚定“四个自信”、做到“两个维护”，始终在思想上政治上行动上同以习近平同志为核心的党中央保持高度一致。要强化政治意识，时刻牢记自己的第一身份是共产党员、第一职责是为党工作，不断提高政治判断力、政治领悟力、政治执行力，坚持从讲政治的高度推动各项事业发展，确保党中央决策部署和市委工作要求在西青落地生根、开花结果。

李清强调，要在改革创新中当表率，做一马当先的冲锋者。要树立直辖市城区的标准，敢于同国内先进地区比高下，大胆解放思想、勇于改革创新，在推动产业转型发展、改革创新、城市建设、生态文明、社会治理能力现代化等各领域持续走在前列。要不断强化担当精神，提高工作执行力，对党中央的决策部署和市委的工作要求，做到雷厉风行、说了快干、马上就办。要大力发扬斗争精神，敢于斗争、善于斗争，时刻保持底线思维和红线意识，坚决统筹好发展和安全，全力维护好全区安全稳定发展大局。

李清强调，要在践行宗旨上当表率，做一以贯之的实干者。要始终坚持以人民为中心的发展思想，积极顺应人民群众对美好生活的向往，把人民赞成不赞成、高兴不高兴、答应不答应作为衡量一切工作得失的根本标准，把为群众谋福祉体现到经济社会发展的各领域、全过程。要持续改进工作作风，经常深入基层一线，深入了解群众“安危冷暖”和“急难愁盼”，主动向群众汇报工作。要加大民生投入，补齐民生短板，促进共同富裕，集中力量干一批民心工程、办一批民生实事，进一步提升群众的获得感、幸福感、安全感。

李清强调，要在精诚团结上当表率，做同心同向的践行者。要始终以党的事业为重，以西青发展为重，以人民利益为重，心往一处想、劲往一处使、拧成一股绳，共同干好干成一番事业。要以宽广的胸襟促进团结，大事讲原则、小事讲风格，相互尊重、相互信任、相互支持，努力成为政治上志同道合的同志、思想上肝胆相照的知己、工作上密切配合的同事。要切实发挥好区委总揽全局、协调各方的领导核心作用，主动加强与人大、政府、政协班子以及社会各界的沟通团结，营造心齐气顺、政通人和、上下同欲、同舟共济的良好氛围，凝聚起建设现代化活力新城的强大力量。

李清强调，要在清廉自律上当表率，做一身正气的示范者。要坚决扛起全面从严治党的政治责任，把党风廉政建设和反腐败斗争引向深入，努力在改进作风、严明纪律、惩治腐败上取得新成效。要时刻以违法乱纪案件为警为鉴，牢牢守住思想道德防线、党性原则底线、法规纪律红线，带头遵守中央八项规定及其实施细则精神，做到清清白白做人、干干净净做事、坦坦荡荡为官。要敢抓敢管、长管长严，管好分管领域，带出清廉队伍，管好配偶、子女和身边工作人员，共同守护好西青政治生态的“绿水青山”。

区委书记李清在中国共产党天津市西青区第十一届委员会第十三次全体会议暨经济工作会议上的主要讲话精神

2021 年 1 月 5 日，中国共产党天津市西青区第十一届委员会第十三次全体会议暨经济工作会议召开。全会深入学习贯彻习近平新时代中国特色社会主义思想和党的十九大、十九届二中、三中、四中、五中全会精神，全面贯彻中央经济工作会议部署，认真落实市委十一届十次全会暨经济工作会议要求，总结 2020 年工作，部署 2021 年任务，团结动员全区上下凝心聚力、担当奋进，不断开创高质量发展的新局面。

会议讨论了《中共天津市西青区委常委会 2020 年工作报告》和《中共天津市西青区委常委会抓党建工作情况报告》，审议通过《中共天津市西青区委 2021 年工作要点》，审议通过《中国共产党天津市西青区第十一届委员会第十三次全体会议决议》。

李清在讲话中指出，2020 年是极不平凡的一年，面对突如其来的新冠肺炎疫情，西青区委深入贯彻习近平总书记重要指示精神，严格落实党中央和市委部署，统筹推进疫情防控和经济社会发展，园区治理、教育发展、拆违治乱、农村环境整治等一系列三年行动圆满收官，全面建成更高水平小康社会取得决定性成就，顺利完成“十三五”规划各项目标任务，并成功创建全国文明城区、全国法治政府建设示范区等“金字招牌”，西青区各项事业逆势而为、奋起直追，推动高质量发展取得了新成绩，为“十四五”开好局、起好步打下了坚实基础。

李清强调，2021 年是中国共产党成立 100 周年，是“十四五”开局之年，也是西青发展进程中具有特殊重要性的一年。做好全年工作的总体要求是：坚持以习近平新时代中国特色社会主义思想为指导，全面贯彻党的十九大和十九届二中、三中、四中、五中全会精神，认真落实中央经济工作会议和市委十一届九次、十次全会部署，以习近平总书记对天津工作“三个着力”重要要求为元为纲，坚持稳中求进工作总基调，立足新发展阶段，贯彻新发展理念，推动构建新发展格局，以推动高质量发展为主题，以深化供给侧结构性改革为主线，以改革创新为根本动力，以满足人民日益增长的美好生活需要为根本目的，坚持系统观念，巩固拓展疫情防控和经济社会发展成果，更好统筹发展和安全，全力推进京津冀协同发展，扎实做好“六稳”工作，全面落实“六保”任务，确保“十四五”开好局、起好步，以优异成绩庆祝建党100周年。

李清对做好2021年经济工作和全局工作提出要求。西青区上下要把思想认识行动统一到党中央决策部署和天津市委要求上来,准确把握西青区发展面临的新矛盾新挑战,充分用好各种积极因素和有利条件,继续发扬"干在实处、走在前列"的精神,科学谋划全年工作,注重提气、打气、鼓气,为赢在开局营造激情干事氛围,注重补短板、强弱项、固优势,为赢在开局打牢坚实基础,重事功、练事功、善事功,为赢在开局提供坚强保障,以"十四五"高水平开局开创高质量发展新局面。

李清强调,围绕全年发展目标,要以"六个提升"为抓手,统筹做好各项工作,推动经济发展干在实处、走在前列、赢在开局。一是提升产业发展能级,打造经济发展新优势。要进一步推动科技创新,深入实施创新驱动发展战略和我区科技创新三年行动,着力打造优良创新生态。要进一步升级产业体系,加快构建现代工业产业体系,加快发展现代服务业,大力发展消费新模式、新业态。要进一步优化产业布局,巩固提升工业园区治理成果,高质量规划建设主题产业园区,不断拓展发展空间。二是提升改革开放成效,增强发展内生新动力。要实行高水平的对外开放,积极融入以国内大循环为主体、国际国内双循环相互促进的新发展格局,深度融入京津冀协同发展。要实行高质量的项目带动,实施招商引资三年行动,扎实推进新动能引育五年行动,千方百计服务项目建设。要实行高效率的改革攻坚,深入推进重点领域、关键环节改革任务,持续增强发展动力。三是提升综合环境质量,打造发展环境新高地。要打造优质生态环境,努力建设人与自然和谐相处、共生共荣的现代化美丽西青。要打造一流营商环境,提升政府服务效能,营造尊商亲商安商富商的浓厚氛围。要打造良好人文环境,巩固全国文明城区创建成果,高标准规划建设杨柳青大运河国家文化公园,推动文化旅游融合发展。要打造民主法治环境,建设更高水平的法治西青。四是提升城市发展水平,焕发现代城市新气象。要推进城市布局高端化,高水平规划建设赛达新城和西青辅城,加快形成"两城"发展格局。要推进城市建设品质化,实施城市更新行动,深入开展公园城市建设三年行动计划。要推进市域治理现代化,推动社会治理和服务重心向基层下移,完善网格化治理,营造舒适、整洁、靓丽的城市风貌。五是提升普惠共享标准,拓展民生改善新境界。要提高群众生活品质,高标准实施20项民心工程,优化教育资源布局配置,实施养老服务提升三年行动计划,大力发展文体事业,建设更高水平的健康西青。要提高兜底保障能力,千方百计扩大就业,多渠道增加群众收入。要提高安全稳定水平,做好常态化疫情防控工作,扎实推进安全生产专项整治三年行动,全域开展平安示范创建活动,建设更高水平的"平安西青"。六是提升乡村发展品质,展现现代乡村新风貌。要提高农业质量效益,提升设施农业建设水平,推进品牌化建设,提高农业综合质量和竞争力。要提高乡村颜值魅力,推进"双轨并行"村民康居工程,深化"百村示范、千村整治"工程,展现西青乡村独特魅力。要提高城乡互动水平,健全城乡融合发展体制机制,深化农村集体产权制度改革,激发乡村内生发展能力。

李清强调,做好2021年乃至"十四五"时期各项工作,党的建设是根本保证。要深入落实中央、市委关于全面从严治党的部署要求,聚精会神抓好党的建设,坚持固本培元,切实加强思想政治建设;坚持筑底强基,切实加强组织和干部队伍建设;坚持激浊扬清,切实加强作风建设;坚持立规明矩,切实加强纪律建设,为做好全年工作,开启"十四五"新征程提供坚强保证。李清强调，要坚持以学促干，迅速统一思想认识行动，全面把握和领会全会精神，迅速把全区党员干部群众思想认识行动统一到区委决策部署上来，凝聚起推动落实的强大合力。要坚持实干担当，推动会议精神加快落实落地，迅速启动新一年各项工作，跑出“快节奏”“加速度”，对照“六个提升”的任务体系、加快落实各项具体措施，围绕关键领域发力，认真实施好科技创新、招商引资、乡村振兴、公园城市建设及养老工作等新一批三年行动计划。要坚持统筹结合，用心抓好民计民生、疫情防控、安全生产稳定、节日廉洁等重点工作，凝心聚力推进“十四五”开局之年实现新突破、开创新局面。

中国共产党天津市西青区第十一届委员会第十二次全体会议决议

中国共产党天津市西青区第十二次代表大会批准李清同志代表中国共产党天津市西青区第十一届委员会所作的工作报告。报告站在时代和全局的高度，对区第十一次党代会以来的工作进行了全面总结，对今后五年的目标任务、思路举措作了全面部署，是动员全区各级党组织、广大党员干部群众在新时代谱写西青高质量发展新篇章的指导性文件。

大会一致认为，报告确定的“紧密团结在以习近平同志为核心的党中央周围，深入学习贯彻习近平新时代中国特色社会主义思想，团结带领全区人民，干在实处、走在前列，打造大运河闪亮明珠，建设现代化活力新城，奋力谱写西青高质量发展新篇章”的主题，体现了中央精神和市委要求，适应时代发展趋势，符合西青工作实际，反映了全区人民的愿望和期待。

大会充分肯定了中国共产党天津市西青区第十一届委员会的工作。一致认为，区第十一次党代会以来，区委面对经济发展进入新阶段、产业结构调整“阵痛期”、新冠肺炎疫情常态化等一系列深刻变化，始终坚持以习近平新时代中国特色社会主义思想为指导，坚决贯彻落实中央、市委决策部署，迎难而上，砥砺奋进，推动西青高质量发展再上新水平。全区经济发展深度优化，城市品质深度提升，农业农村深度发展，全面改革深度推进，民计民生深度改善，团结局面深度巩固，党的建设深度强化，各项工作干在实处、走在前列，取得了显著成效。

大会全面总结了区第十一次党代会以来的发展经验。必须坚持正确的思想引领，必须深刻践行以人民为中心的发展思想，必须坚持“干在实处、走在前列”的担当，必须找准干事创业的方法路径，必须坚持团结协作，必须坚持全面从严治党。这些经验是全区人民实践的创造、奋斗的成果、智慧的结晶，是宝贵的精神财富，必须倍加珍惜、持续发扬。

大会指出，我们身处伟大的时代、变革的时代、奋进的时代，必将大有可为，也必将大有作为。面对国际国内形势变化，与时俱进提升我区高质量发展水平、不断塑造区域发展新优势，要把提升发展活力摆在更加突出的位置，增强历史思维、战略思维、系统思维、辩证思维，围绕提升活力进行战略谋划和全面统筹。今后五年，全区要坚持以习近平新时代中国特色社会主义思想为指导，全面贯彻党的十九大和十九届二中、三中、四中、五中、六中全会精神，以习近平总书记对天津工作“三个着力”重要要求为元为纲，认真落实中央、市委决策部署，坚持稳中求进工作总基调，立足新发展阶段，完整准确全面贯彻新发展理念，推动构建新发展格局，以推动高质量发展为主题，以深化供给侧结构性改革为主线，以改革创新为根本动力，以满足人民日益增长的美好生活需要为根本目的，更好统筹发展和安全，巩固拓展疫情防控和经济社会发展成果，全面融入京津冀协同发展，持续深化“两城三带三区”发展布局，打造大运河闪亮明珠，建设现代化活力新城，奋力谱写西青高质量发展新篇章。

大会同意报告提出的全区今后五年的主要任务。强调指出，要厚植运河文化，激活城市活力，传承运河千年文脉，持续优化“两城”格局，提升城市宜居水平，彰显现代化城市新形象。要加大引育力度，增强产业活力，打造更优产业生态，释放更大消费潜能，夯实更强项目支撑，培育经济发展新动能。要持续深化改革，汇聚创新活力，坚定不移全面深化改革，坚定不移实施创新驱动发展，坚定不移优化营商环境，激发转型升级新引擎。要推进乡村振兴，提升农村活力，坚持抓党建促乡村振兴，着力抓产业促生活富裕，突出抓治理建幸福乡村，重焕乡土韵味新生机。要增进民生福祉，激发社会活力，全力提升人民群众幸福感获得感，全力维护社会安全稳定，全力巩固拓展团结和谐局面，开创共建共享新局面。

大会强调，走好西青未来的发展道路，关键在党的领导，关键在党要管党、从严治党。要深入贯彻落实中央、市委关于全面从严治党的部署要求，继续推进新时代党的建设新的伟大工程。要传承发扬党的宝贵经验，深入落实党的十九届六中全会精神，积极传承发扬“十个坚持”宝贵经验，注重用党的实践创造和历史经验启迪智慧、砥砺品格，以史为鉴、开创未来。要加强思想政治建设，坚持用习近平新时代中国特色社会主义思想武装头脑、指导实践、推动工作，不断增强“四个意识”、坚定“四个自信”、做到“两个维护”。要锻造更具活力的干部队伍，认真贯彻落实新时期好干部标准，健全素质培养体系、知事识人体系、选拔任用体系、从严管理体系，全力建设一支忠诚干净担当、堪当时代重任的干部队伍。要全面筑牢基层基础，着力加强党的基层组织建设，不断增强党组织的政治领导力、思想引领力、群众组织力和社会号召力。要建设清廉西青，坚定不移推动清廉建设融入经济社会发展各方面全过程，以清廉风尚护航西青事业发展。要坚持实干担当的工作作风，切实加强党的作风建设，保持干在实处的“恒心”、走在前列的“信心”，让实干担当成为西青干部队伍的鲜明特质，努力在新时代迸发新活力、展现新面貌、创造新业绩。

大会号召，全区各级党组织、广大党员干部群众要更加紧密地团结在以习近平同志为核心的党中央周围，在市委的坚强领导下，继往开来，拼搏进取，打造大运河闪亮明珠，建设现代化活力新城，奋力谱写西青高质量发展新篇章！

政府工作报告(节选)

——2021 年 12 月 12 日在天津市西青区

第十八届人民代表大会第一次会议上

西青区人民政府代理区长　殷学武

一、过去五年工作回顾

区十七届人大一次会议以来的五年,我们坚持以习近平新时代中国特色社会主义思想为指导,全面贯彻党的十九大和十九届二中、三中、四中、五中、六中全会精神,深入贯彻习近平总书记对天津工作“三个着力”重要要求和一系列重要指示批示精神,认真落实市委、市政府和区委决策部署,坚持稳中求进工作总基调,完整准确全面贯彻新发展理念,主动融入新发展格局,全力应对新冠肺炎疫情冲击,攻坚克难、砥砺奋进,干在实处、走在前列,高质量完成本届政府工作目标任务,全区经济社会发展再上新台阶。

2021 年,预计完成地区生产总值 915 亿元,比 2016 年增长 32%;一般公共预算收入 75 亿元,其中税收收入占比达到 76%,比 2016 年提高 14 个百分点;居民人均可支配收入达到 48300 元,比 2016 年增长 41.2%;全社会固定资产投资 467 亿元,五年累计达到 2107 亿元。

(一)发展质量明显提升

产业结构更加优化。2021 年三次产业比重预计达到 1.3∶43.3∶55.4。规模以上工业企业新增入库 330 家,总数达到 578 家,五年累计完成总产值 6138 亿元。以中芯国际、一汽丰田、大家制药等为代表的龙头企业发展势头迅猛,集成电路、汽车及高端装备制造、生物医药、新能源新材料等高端产业“压舱石”作用凸显,占全区规模以上工业增加值比重超过 70%。服务业累计实现增加值 2186 亿元,增长 39.5%,以人工智能产业园、新城市中心等为代表的现代服务业聚集区加速形成,中汽数据、美腾科技等一批高技术生产性服务业企业落地西青。成功获批北方首个国家级车联网先导区。形成宜家家居、社会山文旅港等一批核心商圈,全区接待游客总量、综合收入分别增长 50%和 114%。

新动能引育不断提速。新一代信息技术、高端装备制造、数字创意等战略性新兴产业企业达到 204 家,比 2016 年增加 113 家,战略性新兴产业占规模以上工业增加值比重达到 41.5%,年均增速 7.9%。医药制造、航空航天、电子通信等高技术制造业企业达到 101 家,高技术制造业占规模以上工业增加值比重达到 31%,年均增速 8.3%。华宁电子、武田制药等重点企业增加值实现大幅增长,海康威视、中科创达等一批新动能项目纷至沓来。

创新要素加速聚集。全区高新技术企业达到 676 家,市级以上“专精特新”企业达到 58 家,“雏鹰”“瞪羚”、领军企业达到 343 家,市级“杀手锏”产品达到 35 件,有效专利总量超过 2.5 万件,技术合同成交额五年累计 231 亿元。建成众创空间、重点实验室、产业技术研究院等区级及以上创新创业平台 28 个,赛达启航成功获评国家级孵化器。深入实施“海河英才”行动和“113

英才计划”，出台“人才新政25条”，围绕主导产业和战略性新兴产业，引进高层次领军人才团队175个、各类人才1.7万余人。成立天津市半导体集成电路人才创新创业联盟。设立中芯海河赛达、宜科天创等5只股权基金，累计投资项目29个，实现增值3.5亿元，撬动埃克斯工业、熵熵科技等10个项目落地。

（二）改革开放成效显著

项目带动后劲更足。日本日清丸红、泰国正大等137个世界和国内500强投资项目相继落户，杉杉奥特莱斯、呷哺呷哺等地区总部成功落地，库农美来、阿诺尼亚直播基地等新经济新业态不断涌现。五年累计引进项目1.2万余个，计划投资额超过3300亿元。健全重大项目建设统筹机制，福耀玻璃、巴黎贝甜等227个重点项目竣工投产，经纬恒润天津研发中心、盛驰精工等437个重点项目开工建设。五年累计实现内资到位额近800亿元、外资到位额14.6亿美元，为高质量发展注入强劲动能。

协同发展纵深推进。主动承接北京非首都功能疏解，成立驻北京招商中心，举办系列招商推介活动，引进中国电子、元气森林等重点项目320余个。全方位对接央企国企，国家电力投资集团、中国机械工业集团等13家央企项目落户西青。主动服务雄安新区建设，积极打造杨柳青镇和辛口镇两个美丽“口子镇”。加强京津冀大气、水污染联防联控，教育、医疗、文化等多领域合作进一步深化。

重点改革见行见效。深化供给侧结构性改革，清理“散乱污”企业2000余家，有效整合治理工业园区55个，实现“两重天”变“一重天”。高标准完成经济发达镇改革任务，设立津门湖街道，财政、教育、医药卫生等多领域改革全面推进。完成西青开发区管理体制改革。实施国企改革三年行动计划，注销清退低效国有企业100家，国有资本布局结构基本形成。深化“放管服”和“一制三化”改革，建成南北两个政务服务大厅，累计取消“五减”事项1731项，推出区级“四办”事项3497项，90%以上政务服务事项实现“网上办”。持续打造高水平营商环境，实施“双万双服”“亲商八条”等工作措施，推广审批代办“交钥匙”工程，“拿地即开工”“交房即交证”等典型经验走在全市前列。

（三）城市品质更加优化

城市功能不断完善。坚持“一张蓝图绘到底”，以“两城三带三区”为核心的国土空间总体规划形成初步成果。建设道路58条，打通卉锦道、泽杨道等一批“断头路”“卡口路”，新104国道、独流减河北堤路等骨架公路建成通车，南站区域路网建设顺利推进。地铁5、6号线建成通车，7、8、10、11号线稳步实施。提升改造乡村公路80余公里，开通优化公交线路46条。海绵城市建设初见成效，建成综合管廊2.1公里，完成杨柳青火车站、凯苑路等积水片区改造。累计建设5G网络基站3400余座，新增光纤入户115万户，在营公共充电桩3500个。

城市管理持续强化。扎实开展市容环境综合整治，整修街景立面78万平方米。全区城镇绿化面积超过5100万平方米，五年提升47.6%。落实“飞地”基层治理属地化工作，完成行政区划调整和社区整建制移交。提升改造老旧小区305万平方米，连续四年被评为天津市旧楼区长效管理示范区。高质量完成拆违治乱三年行动计划，治理各类违法建设930余万平方米，彻底清除京沪高铁、南曹线等“两路”沿线脏乱点位。扎实开展“大棚房”、违法用地等专项整治，土地利用管理工作获国务院通报奖励。建成西青生活垃圾综合处理厂，全区生活垃圾无害化处理率达到100%。成功创建全国文明城区、国家卫生区，在全市率先实现国家卫生镇全覆盖。

（四）乡村振兴深入推进

农业农村稳步发展。新增高标准农田1.2万亩、设施农业1.1万亩，建成放心菜、放心水产品、放心猪肉基地10个。实施小站稻振兴工程，引入国家粳稻中心育种基地，建成中化MAP示范农场、沙窝萝卜智能示范园区等一批优质农业项目。农民合作社、家庭农场等新型经营主体蓬勃发展。连续举办中国农民丰收节、天津国际种业博览会。获评国家农业绿色发展先行区和农产品质量安全区。完成农村集体产权制度改革。实施农村人居环境整治三年行动计划，积极推进“厕所革命”，修建公厕和卫生户厕近万座，全面完成农村生活污水治理工程，实现农村黑臭水体动态清零。深入推进规范合村并居工作。实施“双轨并行”村民康居工程，五年建成示范小城镇190万平方米。

脱贫攻坚圆满收官。高站位推进东西部协作与支援合作，为新疆于田县、河北平泉市、甘肃白银市景泰县和天水市麦积区4个受援地投入财政帮扶资金4.7亿元，实施帮扶项目209个，培育了美玉香馕、麦积蜂蜜等一批扶贫产品。创新开通旅游扶贫路线，完成消费扶贫4.6亿元，带动8.7万名建档立卡人口脱贫，提前完成脱贫摘帽任务。区政府被评为东西部扶贫协作暨中央单位定点扶贫先进单位。全面完成新一轮结对帮扶困难村工作，18个困难村集体年经营收入全部达到50万元以上。

（五）生态环境全面改善

污染防治攻坚战取得阶段性胜利。大气质量持续稳定向好，2021年，预计PM2.5年均浓度降至41微克/立方米，比2016年改善38%；年达标天数242天，比2016年增加28天；五年碳排放强度累计下降23.8%。淘汰老旧车7700余辆，完成206家工业企业VOCs治理，削减燃煤锅炉219台、2143蒸吨。开展“绿网换绿植”三年专项行动计划，治理裸地4.3万亩。水环境质量取得历史性好转，新建改造咸阳路、大寺污水处理厂，城镇污水处理率达到96.9%。开展河湖“四乱”等专项整治行动，地表水环境质量比2016年改善54.1%。加强土壤污染调查、管控和修复，污染地块安全利用率达到100%。全力抓好中央环保督察反馈问题整改。

生态文明建设成效显著。高标准建设绿色生态屏障，实施生态修复、植树造林、道路交通和旅游发展等重点工程，一级管控区内林地面积达到2.9万亩，生态屏障区蓝绿空间占比达到80%。全区五年累计新增造林8.5万亩、植树555万株，林木绿化率达到33%。实施西西海湿地生态修复、丰产河水系提升等22项生态治理工程，综合整治河道95.6公里，完成退渔还湿1.2万亩。王稳庄镇、辛口镇成功获评“绿水青山就是金山银山”实践创新基地，我区被命名为国家生态文明建设示范区。

（六）公共服务持续提升

民生保障更加有力。每年实施20项民心工程，直接用于民生领域的财政资金五年累计超过560亿元。教育发展三年行动计划圆满收官，新建中小学和幼儿园35所，新增学前教育学位1.2万个，荣获全国未成年人思想道德建设工作先进区称号。市一中心新院、石氏医院、微医集团等优质医疗资源汇聚，新建西青中医院、康汇医院，建成110个社区卫生服务站，15分钟步行就医圈基本形成。开展职业技能培训9.1万人次，实现新增就业17万人。深入实施全民参保计划，户籍人口基本养老保险参保覆盖率达94.5%。2800余名重度失能人员享受长护险待遇。新增养老机构2家，开办老人家食堂129家，综合为老服务中心和日间照料中心达到60家。扎实开展助残惠残工作，区残工委获评全国残疾人工作先进单位。区文化馆、图书馆获评国家一级馆，区档案馆被评为全国档案系统先进集体。211个村居文化中心投入使用,举办元宵节灯展、“运河记忆”非遗展等各类文化活动1.4万余场。建成西青体育公园、赤龙南街文体中心,成功举办第七届全民健身运动会。严格落实退役军人接收安置和优抚政策,连续五次获评全国双拥模范城。

社会治理更加有效。深入开展安全生产专项整治三年行动计划,消除隐患19.4万个,依法清退危化企业60家、重大危险源企业10家。实施电动自行车专项治理等消防安全隐患排查整治工作,全区连续三年未发生较大以上火灾和亡人火灾事故。做好防汛抗旱、森林防火等应急工作。全面开展扫黑除恶专项斗争。圆满完成新中国成立70周年大庆、全运会等一系列重大安保任务。开展“雷霆”“昆仑”“蓝天”等系列行动,有效打击电信网络诈骗、食药环等影响社会安全、群众反映突出的违法犯罪活动。建成智慧平安社区162个,道路交通事故死亡人数连续五年下降。健全基层社会治理“全科网格”体系,创新“网格化+便民热线”一体化运行工作机制,实现服务管理“一网覆盖”。积极主动化解社会矛盾,建成区、街镇两级矛调中心12个,连续四次捧得全国综治最高奖“长安杯”。民族、宗教、妇女儿童、慈善、气象、人防、国防等事业均取得新成绩。

疫情防控有序有力。2020年以来,面对突如其来的新冠疫情,我们迅速打响疫情防控阻击战。稳妥处置天津首例外地返津复阳病例、首例武汉来津无症状感染病例。主动承接天津动车机务段、来华外交人员转接隔离等任务,先后设立隔离点15家,累计服务入住人员近1.3万人次,区疫情防控隔离保障服务组荣膺全国抗击新冠肺炎疫情先进集体。全区核酸采样和检测能力达到8万份/日。全力推进新冠病毒疫苗接种,累计接种超过101.6万人,3岁以上人群接种率超过90%。

五年来,我们始终按照为民务实清廉的要求,不断加强政府自身建设。坚持全面从严治党,学懂弄通做实习近平新时代中国特色社会主义思想,政府工作人员增强“四个意识”、坚定“四个自信”、做到“两个维护”的思想自觉、政治自觉和行动自觉持续提升。高质量开展“不忘初心、牢记使命”主题教育、党史学习教育等活动,推动区政府系统学习教育常态化、规范化、制度化。认真落实中央、市委巡视整改各项任务。持之以恒加强作风建设,大力精简会议文件,持续为基层减负。严格落实中央八项规定及其实施细则精神,集中整治形式主义官僚主义,加大对全区政府系统不作为不担当问题的治理力度。积极落实“向群众汇报”制度,着力解决群众最关心最直接最现实的问题。大力加强廉洁政府建设,每年定期召开廉政工作会议,深入开展警示教育,坚持把纪律和规矩挺在前面。建设公开透明高效政府,主动接受区人大和区政协的监督,累计办理人大代表建议和政协提案760件,满意率均保持100%。广泛听取各民主党派、工商联、无党派、人民团体和社会各界人士的意见,多渠道倾听并解决群众诉求,累计办理群众来信、来电和网络留言30余万条。主动公开政府信息近3.3万件,依申请公开2000余件。推动法治政府建设,进一步规范行政应诉和行政执法,获评全国首批法治政府建设示范区。

2021年是中国共产党成立100周年,也是实现“十四五”发展目标的夯基之年。面对错综复杂的国内外宏观环境和艰巨繁重的疫情防控任务,我们坚持在危机中育先机,于变局中开新局,各项经济指标实现恢复性反弹,呈现出平稳发展的良好态势。我们聚焦构建“两城”发展格局,赛达新城发展实力持续增强,西青辅城空间布局更加优化。我们聚焦建设高质量发展引领区,抢抓京津冀协同发展和天津市构建“双城”发展格局机遇，友成汽车华北总部基地、大悦春风里等577个重点项目相继落户，京东智能制造等一大批“1010”工程项目开工建设，60余个科技创新项目签约入驻大学科技园，集成电路、车联网、生物医药、汽车和新能源汽车、高端装备等重点产业链得到补强，成功培育本土首家主板上市企业依依股份。我们聚焦建设生态宜居标杆区，完成杨柳青大运河国家文化公园规划设计及开工准备，梅江公园二期等一批城市公园、“口袋”公园建成启用，高标准建设绿色廊道等重点生态项目，水绿融合、生态惠民的空间格局初步形成。我们聚焦建设现代化治理样板区，西青大数据中心正式落成，“津心办”西青旗舰店、“在线店小二”等平台相继上线投用，津门湖新能源车综合服务中心投入使用，创建精武镇付村等垃圾分类精品示范单位，顺利完成行政复议体制改革，治理体系和治理能力现代化水平进一步提升。我们聚焦建设美好生活示范区，深耕“一老一小”，上线区级智慧养老平台，新建11家街镇级综合为老服务中心，与天津益中、南开敬业等优质教育资源合作办学，“双减”工作全面推进，25个社区卫生服务站顺利开诊，群众获得感幸福感安全感进一步增强。

二、今后五年的目标任务

今后五年，政府工作的指导思想是：坚持以习近平新时代中国特色社会主义思想为指导，全面贯彻党的十九大和十九届二中、三中、四中、五中、六中全会精神，以习近平总书记对天津工作“三个着力”重要要求为元为纲，认真落实中央、市委和区委决策部署，坚持稳中求进工作总基调，立足新发展阶段，完整准确全面贯彻新发展理念，推动构建新发展格局，以推动高质量发展为主题，以深化供给侧结构性改革为主线，以改革创新为根本动力，以满足人民日益增长的美好生活需要为根本目的，更好统筹发展和安全，巩固拓展疫情防控和经济社会发展成果，全面融入京津冀协同发展，持续深化“两城三带三区”发展布局，打造大运河闪亮明珠，建设现代化活力新城，奋力谱写西青高质量发展新篇章。

全区经济社会发展的主要任务是：

——厚植运河文化，激活城市活力，彰显现代化城市新形象。保护好、传承好、利用好大运河文化，加快重塑城市肌理，完善城市功能，不断提升城市发展活力和宜居宜业水平。加快建设杨柳青大运河国家文化公园。积极创建杨柳青古镇国家5A级景区。推进大运河艺术之城、中北“运河活力小镇”、西营门“运河文旅核心区”、辛口“生态康养绿镇”等一批运河文化项目建设。积极承接北京非首都功能疏解，主动服务雄安新区建设。加快赛达新城产城融合发展，深化西青辅城建设，推动南站科技商务区“站产城”一体化发展。大力实施城市更新行动，推动地铁5号线、7号线、8号线西延、10号线等轨道交通建设。高标准规划建设智慧城市，持续加强生态文明建设和生态环境保护，深入打好污染防治攻坚战，扎实做好“双碳”工作，全面推行生活垃圾分类，将西青建设成为生态宜居标杆区和天津西部“生态走廊”。

——加大引育力度，增强产业活力，培育经济发展新动能。深入实施项目带动战略，加快构筑现代产业体系，推动经济发展质量和效益不断跃升。深耕主导产业链条，进一步提升电子信息、汽车及高端装备制造、生物医药等优势产业发展水平，做大做强集成电路、车联网等五条产业链，加快串链补链强链。充分发挥大数据中心、人工智能产业园、国家级车联网先导区等产业引领平台作用。加快建设南站复游城、爱琴海购物公园等重点商圈，打造时尚魅力的消费地标。深入推进国家文化旅游消费试点城市建设，积极创建国家全域旅游示范区。扎实推进“1010”工程。紧紧抓住招商引资“生命线”，推动一批发展前景好、带动能力强的项目落户西青。

——持续深化改革，汇聚创新活力，激发转型升级新引擎。进一步打开脑袋上的“津门”，向改革开放要驱动力，向创新创业要竞争力，向营商环境要软实力，不断塑造发展新优势。统筹推进国企、数字政府、财政体制、税收征管等重要领域和关键环节改革。全力推进科技创新，建成投运一批大学科技园，打造高水平研发平台，努力突破更多关键核心技术。深入实施新时代人才强区战略，打造天津重要人才中心和创新高地。坚定不移优化营商环境，打好“放管服”组合拳，推进“拿地即开工”等创新服务模式常态化、制度化。着力构建“亲”“清”新型政商关系，厚植企业家健康成长土壤。

——推进乡村振兴，提升农村活力，重焕乡土韵味新生机。积极推行设施农业规模化种植、标准化生产、产业化经营和品牌化销售，提升小站稻、沙窝萝卜等优势产业。建设现代种业产业园与特色种业基地，打造国家种业发展示范区。着力发展都市型休闲农业和乡村旅游，擦亮“大美王稳庄”“七彩辛口”等乡村旅游名片。深入实施增收富民行动，扶持集体经济薄弱村加快发展。完善新时代乡村建设规划，推广康居工程建设试点，高标准建成一批乡村振兴示范村。接续推进农村人居环境整治五年提升行动，补齐农村基础设施和公共服务短板。加快建设美丽田园、美丽乡村、美丽庭院，着力打造具有西青特色的兴业之乡、宜居之乡、文明之乡、幸福之乡。

——增进民生福祉，激发社会活力，开创共建共享新局面。深刻践行以人民为中心的发展思想，坚持在发展中保障和改善民生，努力提高社会建设水平，创造西青更加美好生活。继续加大民生领域投入力度，坚持每年实施20项民心工程。强化就业优先政策，打造高质量社会保障体系。着力提升教育、医疗、养老、托幼服务品质，大力发展文体事业，统筹推进公益慈善、妇女儿童、残疾人等各项事业。持续做好新冠肺炎疫情防控工作。增强突发公共事件应急能力，提升自然灾害防御水平。坚决防范和遏制重特大事故，积极创建国家安全发展示范城市。坚决防范和打击各类违法犯罪活动，有效化解各类社会矛盾纠纷，常态化开展扫黑除恶斗争，建设更高水平的平安西青。深入推进全面依法治区，加快建设法治社会。

三、2022年的重点工作

2022年是全面贯彻落实区第十二次党代会精神的起步之年，也是新一届政府的开局之年，做好全年工作意义重大。我们要立足新发展阶段，把提升发展活力摆在突出位置，进一步整合提升优势资源，强化攻坚突破，持续深化“两城三带三区”发展布局，为建设现代化活力新城奠定坚实基础。全区经济社会发展的主要预期目标是：地区生产总值增长6.6%，一般公共预算收入增长6%，固定资产投资增长6%，居民人均可支配收入稳定增长。全年要重点抓好六个方面工作。

（一）坚持规划引领、运河点睛，不断优化城市功能

全力做好运河文章。以大运河为纽带，优化“两城三带三区”空间布局，高标准编制国土空间总体规划，精准划定“三条控制线”，为保障城市发展和产业布局提供充足的空间。深挖运河历史文化内涵，开工建设杨柳青大运河国家文化公园，打造元宝岛精品游览环境，启动建设国潮小镇首开区，加快推进天津传媒学院产学研创基地项目，推动天津市大运河文化博物馆落地。以推动天津美术学院、天津音乐学院新校址落地为契机，着力打造大运河艺术之城。

全力推进城市更新。实施梨双公路、芦北路、博桦道等重点道路工程。落实海绵城市、综合管廊建设任务。持续推动轨道交通、快速路天河桥、梨园头地铁上盖等市级重点工程。推进保障性住房建设，提升改造西营门街跃升里、中北镇溪华苑等7个小区73.2万平方米旧楼区，有序更新一批社区老旧供水管网，有效治理张家窝镇石化北里等积水片区，新建改造200个公共充电桩和11个电动自行车充电车棚，建设赤龙南街亲和良园等一批菜市场，补齐城市居住社区建设短板。

全力加强城市管理。开展背街里巷、城乡结合部环境卫生整治行动，对新华道、梅江周边等重点区域进行立面综合整修。加快推进公园城市建设三年行动计划，启动一批市级、区级公园建设工程，完成精武镇家兴路“口袋”公园、辛口镇中心小学街角公园等5个便民社区公园、街景绿地建设。深入推进垃圾分类“撤桶并点建厢房”，建设厢房不少于300个。启动区级渣土消纳场建设，推动建筑垃圾存量清零。建设一批交通信号灯“绿波带”。编制全区公共停车设施专项规划，加快建设民和道、知景道等停车设施。扎实开展土地领域问题综合整治工作，不断提升城市土地管理效能。

（二）坚持项目引领、实体优先，不断提升产业能级

大力实施制造业强区战略。做大集成电路产业链，加快推动中芯国际扩能、芯片测试中心等重点项目落地。做长车联网产业链，支持以京东物流为代表的无人配送、智能环卫等低速非载人车联网场景示范应用，确保经纬恒润天津研发中心竣工投产。做精生物医药产业链，依托同仁堂、盈科瑞等企业创新医药研究，积极推动精武医疗产业园、西营门健康产业园建设。做强汽车和新能源汽车产业链，大力推动上海龙创汽车设计、北方汽车零部件生产基地等优质项目聚集。做优高端装备产业链，鼓励支持宜科智能制造、瑞能电气等重点企业扩大产能、加快发展。

大力激发城市消费活力。围绕天津国际消费中心城市建设，加快推进杉杉奥特莱斯、大悦春风里等重点项目，全力打造赛达星悦、梅江天街等精品新商圈，培育壮大新零售、大健康等行业，进一步激活会展经济。实施树蛙部落等乡村旅游项目，深挖生态六埠、稻香农谷等农业观光资源，推动文化旅游融合发展。高标准建设青创科创园、电商直播园、数字经济产业园等特色服务业产业园区，构建优质高效、活力充沛的新产业体系。

大力推进招商引资攻坚。深入实施招商引资三年行动计划。以市场化为方向，加快招商体制改革，强化对招商人员的激励，推动街镇和西青开发区招商资源统筹、成果共享。健全完善产业链图谱和重点企业、配套企业名录，瞄准重点区域行业龙头企业开展精准招商，力求产生“引进一个，带动一批”的联动效应。强化与海河基金等优质产业基金合作。加快央企新材料生产基地、元气森林二期、上海新能源汽车线缆等一大批优质项目落户。推出新一批重点建设和储备项目，形成梯次继起的项目流。

大力深化区域协同发展。提升承接北京非首都功能疏解的质效，全方位吸引北京央企国企、民营龙头企业和行业领军企业落户。加快推动物美集团、东软集团等北京重点在谈项目落地。学习借鉴雄安新区规划设计理念，开展南站科技商务区“站产城”一体化建设方案国际征集，统筹整合“一区两镇”空间布局，建设瑞达路和南站快速通道二期等重点道路，加快导入产业载体，提升综合服务功能，着力打造京津冀协同发展“微中心”。

（三）坚持深化改革、创新驱动，不断增强发展活力

持续推进重点领域改革。加快“智慧国资”建设，确保高水平完成国企改革三年行动任务。进一步完善财政事权和支出责任改革，建成权责清晰、财力协调、区域均衡的财政体制。深化“放管服”“一制三化”“证照分离”改革，提升政务服务效能。继续推进综合行政执法体制改革，着力破解多头执法、多层执法难题。巩固农村集体产权制度改革成果，提高农村集体资产管理水平。

持续强化创新策源能力。深入实施科技创新三年行动计划。加速创新主体聚集壮大，高新技术企业总量突破720家，“雏鹰”“瞪羚”、领军企业分别达到300家、30家和20家，完成技术合同认定额79亿元，发明专利达到4100件，全社会研发投入强度持续增强。推进国家知识产权强区建设。加快建设4个大学科技园，建立健全运营管理模式和评估监测体系，重点引入一批科技含量高、成长潜力大的创新创业项目，将大学科技园打造成高校成果转化的“首站”，推动大学校区、科技园区和城市社区“三区联动”发展。深入推进质量强区工作。

持续优化区域营商环境。落实“亲商八条”工作举措，实现“全产业链条、全生命周期”跟踪服务，做到“无事不扰、有求必应”。推动上海发网华北总部、金地威新产业园等项目破土动工，推进鹏瑞利大健康城、中升挑战总部基地等项目加快建设，确保盛驰精工、宏仁堂二期等项目竣工达效。升级完善“亲清西青”平台和“津心办”西青旗舰店、“在线店小二”服务功能，持续打造“全市领先、全国一流”的营商环境。

（四）坚持绿色发展、生态先行，不断提升区域环境

深入推进乡村振兴。延伸小站稻、沙窝萝卜产业链条，培育特色农产品品牌，承办好天津国际种业博览会。实施最严格的耕地保护行动，稳定粮食播种面积，坚决整治耕地撂荒、“大棚房”问题。更新老旧设施农业大棚1500亩。开展“三美四乡”建设行动，集中打造白滩寺、青凝侯、第六埠等5个乡村振兴示范村，推动大沙沃村居改造试点项目加快实施、尽早入住。开展新一轮扶持集体经济薄弱村发展工作。推动3个受援地巩固拓展脱贫攻坚成果与乡村振兴有效衔接。

巩固污染防治成果。持续深入打好蓝天、碧水、净土保卫战。强化PM2.5与臭氧协同治理，推动完成华苑供热所9台燃煤锅炉改燃工程。严格落实河湖长制，建立河湖“清四乱”常态化规范化管理机制，推动雨污合流、入河排水口门综合整治。推进土壤、地下水污染防治和农业面源治理。全力抓好第二轮中央生态环境保护督察反馈意见整改工作，完成青凝侯污泥填埋场违规倾倒污泥和群众信访举报问题整改。

持续改善生态环境。积极推动“碳达峰”“碳中和”行动，完成“1+5”方案编制，提升全区碳汇能力。完成鸭淀水库围堤改造、津门湖水系生态修复一期等重点工程。实施独流减河北堤路、津港公路沿线环境提升项目。确保“绿网换绿植”三年行动计划圆满收官。巩固国家生态文明建设示范区和王稳庄镇、辛口镇“绿水青山就是金山银山”实践创新基地创建成果。建立绿色生态屏障长效管理机制，强化一级管控区管理，打造人与自然和谐共生、绿色转型发展的靓丽“名片”。

（五）坚持人民至上、普惠均衡，不断增进民生福祉

加快社会事业繁荣发展。推进新望道小学、东咀幼儿园等5所学校、幼儿园建设，新增小学学位1305个、幼儿园学位1200个。深化“双减”工作，综合治理校外培训机构，开展优质课后服务。新增4条校车运营服务线路。创建国家义务教育优质均衡发展区。推进健康西青行动，推

动 3 岁以下婴幼儿照护。实施第二人民医院、市口腔医院分院等规划建设，新增规范运行 31 个社区卫生服务站。大力发展“智慧医疗”，在全市率先实现基层“数字健共体”全覆盖。加大全民健身设施投入力度，新增智能体育园、多功能运动场、健身园等运动场所 129 个，加快推进张家窝体育公园项目建设，积极开展全民健身活动，强化“全国武术之乡”建设。实施文化惠民工程，组织百场文化送基层演出活动。

加强社会保障能力建设。全面落实稳就业政策，完成职业技能培训 1 万人，新增就业 2.3 万人。开展根治欠薪专项行动。多层次推进参保扩面，落实低保、特困供养等基本生活救助标准动态调整机制。实施好助残实事。推进养老服务提升三年行动计划，提升智慧养老服务中心功能，深入开展社区居家养老服务，新增日间照料中心、农村幸福院 10 处，养老服务设施覆盖率达到 90%以上。落实殡葬专项规划，加快西城寝园扩建改制。

加大社会综合治理力度。推进安全生产专项整治三年行动，全面开展城市安全风险评估、自然灾害风险普查。开展燃气、供热管网排查，构建热燃安全保障监管平台。加强消防救援队伍及装备建设，不断完善公共消防基础设施。做好党的二十大等重大活动安保维稳工作，进一步完善社会治安防控体系。完成智慧平安社区建设任务。夯实“全科网格”基础，提升网格机制效能。用好区、街镇两级矛调中心，大力化解疑难复杂信访积案。扎实做好常态化疫情防控各项工作，抓细抓实“外防输入、内防反弹”各项措施，落实“四方责任”，做好新冠病毒疫苗接种工作。

（六）坚持依法行政、转变作风，不断加强自身建设

始终把政治建设摆在首位。全面贯彻习近平新时代中国特色社会主义思想，增强“四个意识”、坚定“四个自信”、做到“两个维护”，自觉在思想上政治上行动上同以习近平同志为核心的党中央保持高度一致。践行以人民为中心的发展思想，提高政治判断力、政治领悟力、政治执行力，更加坚定、更加自觉地践行初心使命，落实全面从严治党要求。高质量完成中央、市委巡视反馈意见各项整改任务。

全面提升依法行政能力。深入学习贯彻习近平法治思想，全面加强法治政府建设，坚持民主、依法、科学决策，健全完善合法性审核工作机制，扎实推进政务公开。抓好“八五”普法，提高领导干部依法行政能力。加强行政执法监督机制和能力建设。全面深化行政复议体制改革。自觉接受人大法律监督、工作监督和政协民主监督，主动接受群众和舆论监督。

坚持不懈改进工作作风。大力推进清廉西青建设。坚决落实过“紧日子”的要求，提高公共财政资金使用效益。锲而不舍落实中央八项规定及其实施细则精神，整治形式主义、官僚主义突出问题，进一步改进文风会风，持续为基层减负，使基层单位有更多的精力抓工作落实。大兴调查研究之风，深入基层、深入一线、深入群众，用脚丈量西青土地。把“干在实处、走在前列”的标准落实到日常工作的方方面面，推动全区经济社会发展各项工作再创佳绩、再攀高峰。

专　记

新冠疫情防控纪实

2021年,西青区坚持“外防输入、内防反弹”总策略和“动态清零”总方针,着重提升核酸采样和检测能力,全力推进新冠病毒疫苗接种,圆满完成全区四次核酸检测“大筛”和重点区域六轮筛查,精准有效抓实抓细控面、隔离、救治、断源等重点疫情防控举措,持续抓好常态化新冠疫情防控。

一、发挥优势“强指导”,以专业力量助力全区疫情防控

2021年,区疫情指挥部健全指挥体系,全区各行业部门、属地街镇贯彻落实常态化防控各项措施。区卫健委切实发挥专业优势,配合区指挥部不断健全指挥体系,指导各行业部门、属地街镇贯彻落实常态化防控各项措施。建立以委机关综合统筹,西青医院、疾控中心、监督所发挥业务优势,各街镇社区卫生服务中心属地负责的三级疫情防控网。成立由处级干部牵头负责、240名专业技术人员组成的流调溯源、检验检测、消毒消杀、疫苗接种、督导检查5个疫情防控专班。制定疫情防控方案、应急处置预案、流调手册、消毒指南、大筛方案、疫苗接种方案、防控明白纸、隔离告知书等疫情防控工作方案和技术文件76个。对教育、市场、文旅、商务、公安等行业部门开展多轮次培训,培训3000余人次。卫健委组织疾控中心、监督所等专业人员对党代会、人代会、糖酒会、矿业大会、公务员考试等大型活动会

2021年8月,西青区疾控中心举办新冠疫情防控培训班

议进行现场防疫保障，指导各类公共场所开展消毒消杀，累计指导204次，派出960人次，进一步压实主办方主体责任和属地属事监管责任，确保各项防控措施落实到位。

开展新冠病毒疫情防控系列宣传，整理核心信息发送至各街镇、各部门，通过印制健康温馨提示、致居民一封信、线上宣传、线下健康大讲堂等多渠道、多途径普及科学防控知识、开展健康教育。利用手机短信、微信公众号等方式不定期推送新冠防控政策和相关技术指南，覆盖辖区98万人。与央视新闻、西青电台联合开展疾控工作专题宣传，使群众更清楚地了解疫情处置各项环节，增加群众对疫情防控的信心，营造疫情防控全民参与的良好氛围。

二、群体免疫“筑屏障”，全力推进新冠疫苗接种

区卫健委牵头制定《西青区新冠病毒疫苗接种实施方案》及配套的8个子方案，成立卫健系统新冠疫苗接种工作领导小组，5名处级干部分片包保，强化与属地、行业的协调对接，全面做好服务指导，疫苗接种工作安全平稳、有力有序，实现“三个确保”。

一是确保疫苗接种能力。面对任务重、医务人员少的情况，卫健委迅速在全区建成25个接种点（常态化后正在使用12个），设置接种台142张，日均配备医务人员500人。抽调组建5支区级移动接种队和6支市级移动接种队用于支援各接种点，日均接种能力3万剂次，切实满足全区疫苗接种任务需求。

二是确保疫苗接种安全。对全区各街镇疫苗接种点开展技术指导，从接种前禁忌症判定、接种中规范操作、接种后限时观察各环节实施闭环管理，组织开展培训25次，累计培训4000余人次，做到全员覆盖，实现100%完成培训，100%考核通过，100%持证上岗。确定西青医院和中医一附院为区2家定点医院，建立接种点、120急救、定点医院无缝衔接的救治保障工作机制。组建区级医疗救治专家组和区级巡诊专家组，每天每个点位至少3名医务人员负责现场救治，全区未出现接种事故和医疗事故。同时在西青医院设置新冠疫苗禁忌症鉴诊中心，累计判定临时禁忌症1600余例，绝对禁忌症100余例，推动非禁忌症人群应接尽接。

三是确保疫苗接种持续推进。2021年1月，区卫健委率先启动疫苗接种，全系统广大医务人员积极参与，累计接种5929人，接种率99.5%，位于各行业的前列。积极与市疾控对接，全力保障全区疫苗供应，根据各街镇任务、人口底数，合理分配疫苗108批，每天对接种数据进行统计分析，科学调度，持续推动适龄人群的应接尽接。3月26日至31日，在高校开设9个大型接种点，派出医务人员765名，实现仅用6天时间就完成17所高校12.8万人首针疫苗接种的任务，创下单日接种3.5万剂的记录。随后开展大范围人群接种，先后完成重点人群、目标人群、一老一小人群、加强针等6个阶段的接种任务，通过不断扩大接种覆盖面，加速构建高质量免疫屏障。截至2021年11月29日，全区共接种新冠疫苗220.3万剂次（其中一针101.6万剂次、二针87.1万剂次、三针31.6万剂次），接种率85%。

三、检测能力“再提升”，开展大规模人群核酸筛查

在区委区政府的大力支持下，区卫健委仅历时20天，高标准建成西青区的“防疫天眼”——西青区城市检测基地。配置实验室检测人员78人，检测设备45台，单日单检达到3万。2021年11月，按照市指挥部最新要求，迅速完成提升改造，增加设备15台，将检测能力提升至4万。依托城市检测基地、属地公立机构、第三方实验室，西青区检测能力达到单人单检8.02万（其中基地4万、5个三方实验室3.51万、3个公立机构0.51万)，1∶10混检达80万，切实满足2天内完成全人口检测的任务需求。区卫健委细化《西青区新冠病毒肺炎全员核酸检测实施方案》，并安排各社区卫生服务中心、疾控、信息化等人员与各街镇进行对接，强化业务指导，累计开展专题培训10次。将组织体系、流程分区、点位位置、底数信息形成明细，制定现场工作人员通讯录，确保测温、登记、采样、收集、转运、秩序维护等各项工作具体到人、责任到人。按照24小时完成采样，48小时完成检测的标准，全区新调整设置采样点561个，储备医务人员3248人，储备大筛物资3轮，切实做好随时启动的充分准备。

结合国内疫情，多次组织开展区级和街镇级大筛演练和预防性筛查，做到区域全覆盖。全年对河北省周边村落、七小行业、南站周边、建筑行业、返津学生、物流人员等开展7轮次筛查，统筹调度400名医务人员组建采样队伍和核酸检测队伍，累计采样检测23万份，均为阴性。

四、补短强弱“底到底”，严守医疗机构院感红线

区卫健委高度重视院感防控，针对其他省市出现的院感防控不到位、思想懈怠麻痹等问题，认真进行举一反三，狠抓整改落实。

一是完善感控体系。成立区级院感防控专家组，并下沉到基层医疗机构，加强业务指导，各医疗机构明确专人负责院感工作。全区34家一级以上医疗机构全部设置院感科，485名专兼职人员共同筑牢“横到边、纵到底”的区级、院级、科室三级院感防控网。

二是严格感控措施。将关口前移，严格预检分诊，规范执行“六步工作法”，做好测温亮码流调、医疗废物处置、个人标准防护、环境物体消毒等各项工作。加强精准预约，做好人员疏导，防止无序聚集。强化预警监测，发挥基层哨点作用，加密医务人员核酸检测频次至一周2检。提升改造西青医院发热门诊，扩增至526平方米，留观床位达到100张，实现“三区两通道”物理隔

2021年12月23日，在中北镇进行第二轮全员核酸检测的西青医院医护人员

离，日均接诊 60 人次，全部实施闭环管理，坚决杜绝发热病人失管失控。

三是强化督促整改。以“处级干部带队查、督导组专项查、属地中心包片查、医疗机构自行查”的方式，开展不同层级的督导检查。扎实开展院内自查 38 轮次、蓝军（疫情防控检查组）督导 28 轮次、质控专家巡查 22 轮次，共计查出问题 379 个，全部落实整改。2021 年 8 月 2 日，区卫健委先于市级部署，专人专司成立 4 个专项督导组，每日开展“四不两直”（不发通知、不打招呼、不听汇报、不用陪同接待、直奔基层、直插现场）督查，每两周做到全覆盖，形成检查、通报、整改的长效闭环管理机制，累计督导检查各级各类医疗机构 3813 户次，出动检查人员 2474 人次，对 71 家落实院感防控不力的单位予以关停，为辖区百姓营造安全的就医环境，有效控制院内感染的发生。

四是压紧压实责任。建立健全追责问责机制，明确一把手主体责任，对责任不落实，整改不到位的 5 名直接责任人和 7 名具体工作人员进行约谈。组织开展院感防控专题业务培训 9 次，严格规定，严格培训，严格执行，严格督查，强化感染防控“人人有责、人人负责”。同时针对民营机构接诊乱象，印制《医疗机构就诊须知》，与一级以下民营医疗机构签订《承诺书》，严禁接诊发热病人，切实补齐院感防控的短板漏洞。

五、升温加力“热运行”，快速精准做好疫情处置

区卫健委坚决筑牢“坚如铜墙、密如铁桶”的疫情防控壁垒，“快、准、严、实”地做好疫情处置工作。

一方面强化流调溯源。为彰显西青速度，确保处置工作快速有序开展，卫健委专门成立 3 个疫情处置组，每组 18 人。对流调溯源方案进行再梳理、再细化、再完善，加强“三公联动”，与公安部门联合组建 11 个流调小队，24 小时待命，确保一旦接到报告，公安、疾控同步启动响应，紧盯“黄金 24 小时”，规范时限管理，在严格执行“2+4+24”的基础上，将快速处置进一步升级，做到公安 3 小时报告行程轨迹、疾控 3 小时完成核心信息调查，24 小时排净密接次密接。确保“各司其职、反应灵敏、保障有力、运转高效”地开展细致、全面、专业的流行病学调查。先后完成碧城菜市场、王兰庄市场、红旗农贸、大桥道阳性食品、厄瓜多尔冻虾、南站进京列车、疑似阳性快递等涉疫情况的调查处置 100 余次。成功应对国内本土疫情，针对安徽、广州、南京、张家界、西北旅游等疫情快速反应，及时协查管控。妥善处置哈尔滨无症状感染者、重庆出差密接人员等涉疫事件。截至 2021 年年底，累计排查密切接触者 2365 人、次密接 932 人，均严格落实集中隔离医学观察，对其接触的环境、物品完成核酸采样检测 5.2 万份，全部进行终末消毒，切实消除风险隐患，全区未发生疫情传播。

另一方面强化集中隔离保障。加强集中隔离医疗保障力量，将 9 个社区卫生服务中心分为 3 组，轮流安排医务人员进驻隔离酒店，至少 200 名医务人员通过实战进行练兵，通过开展流行病史调查、健康监测、核酸抗体采集、紧急医学救治等工作，及时了解隔离人员身体状况，加强对留观人员的心理疏导。与隔离点、院前医疗急救机构、救治定点医院建立协作机制，做好隔离人员的闭环转运，严格落实从国门到家门的铁桶般无缝式管道管理，累计服务隔离人员 13303 人次，西青区隔离保障组也被授予“全国抗击新冠肺炎疫情先进集体”的荣誉称号。

2021 年 12 月 21 日，中北镇一名从浙江省绍兴市上虞区返津人员被确诊为新冠病例，西青区立即启动突发疫情应急机制，区指挥体系第一时间向东兴里社区封控现场前移，14 个专业组、专班主动与市级专班对接，实行扁平运行、合署办公，以最快的速度完成平战转换。精准划定封控区、管控区、重点防范区、防范区，实行分级管控。全区下沉1000余名机关干部，扎实做好居民基本生活服务保障、检查站值守、人员排查、核酸大筛等工作。中北镇群众全力配合政府各项管控工作，第一时间对东兴里相关区域实行封控、管控。对涉及接触阳性确诊病例的5名社区工作人员以及东兴里5号楼2门的居民实施集中隔离。并对东兴里东区3、4、5号楼以及东兴里菜市场实施封控。同时对东兴南里、东兴里西区以及东兴里东区(除3、4、5号楼)以外的90个楼门栋进行管控。划定外环线以西、卉康道以北、星光路以东、卉锦道以南的范围为疫情防范区。对重点区域进行4次大规模核酸筛查，有效阻断疫情传播。全区社会各界纷纷捐款捐物助力疫情防控，全区上下同欲、勠力同心，共同打赢中北疫情防控保卫战。

2021年12月21日，医护人员整装待命进入中北镇封控小区

（王　超）

杨柳青大运河国家文化公园建设侧记

2021 年，西青区将杨柳青大运河国家文化公园规划建设写入区政府工作报告。打造大运河文化带，保护好、传承好大运河文化，是党中央国务院的重大决策部署，是天津市委、市政府的重要责任，也是西青区委、区政府的重要任务。西青区杨柳青大运河国家文化公园建设情况主要有以下几方面：

一、深化调整杨柳青大运河国家文化公园建设方案

（一）元宝岛项目

2021 年初，西青区政府向天津市政府提交关于元宝岛西岛土地出让方案的补充说明，市政府批示请市规自局会同市发改委、市商务局、市文旅局等相关部门出具审核意见。2021 年 2 月 17 日，市政府召开杨柳青大运河国家文化公园项目建设专题会议，专题听取杨柳青大运河国家文化公园项目用地有关事项工作进度情况，要求西青区进一步研判项目是否符合大运河管控相关要求。力争早日完成西岛土地挂牌；并着手启动元宝岛东岛各项工作相关手续。

（二）历史名镇——国潮青年小镇项目

国潮青年小镇首开区一标段区域主要包括 15 个区块，总占地面积 12901.63 平方米。启动首开区一标段建设需先解决首开区还迁问题。首开区涉及共 557 户房屋拆迁，其中签协议待还迁的 355 户，需 430 套房屋。杨柳青镇拟购买张家窝融侨汀兰苑和龙湖自持部分的楼房共 1150 套。杨柳青镇与地产公司基本达成共识，正在沟通还迁户意愿。

（三）文化学镇项目

为方便后续土地利用，拟调整文化学镇板块用地性质、控规条件的有关内容，由杨柳青镇督促设计单位正在按照区领导的修改意见完善控规调整方案，修改后向区领导汇报。待方案通过后，将上报市政府审批，批复完成后履行规划条件、土地出让等手续，全力推进天津传媒学院产

2021 年 9 月 3 日，西青区召开杨柳青大运河国家文化公园建设推动会

学研创基地(科技园)、天津市大运河博物馆项目落地。取得考古挖掘二期执照。

二、促进招商引资

(一)确立招商思路

一是尽快确定项目策划设计方案及招商运营落地方案。通过已对接的知名文旅策划集团(TOP5)及国内文旅策划名人(TOP10)的互访交流,探讨并确定项目设计方案;筛选重点在谈文旅运营集团同步探讨招商运营落地方案。建议成立专家小组,集聚文旅策划、文旅运营、文旅学者、政府部门及天大设计院通过多轮探讨及论证,确定项目的“魂”及定位问题;算清“经济账”,探讨落地性及收支平衡周期。二是加强招商引资力度,提高招商引资效率。全力推动天津传媒学院产学研创(科技园)项目土地手续,促项目开工;尽快完成元宝岛已确定单体项目及历史名镇的招商引资任务,促进在谈相关项目华夏未来基金会、德云社等的落地;挖掘可在短时间内见成效的人气单体项目,尽快引人流,通过运河公园示范区及示范项目的建设,带动整个项目进度及人气。三是项目建设周期长、投入运营晚,面临运河国家文化公园概念热度退减问题,引入媒体项目持续对项目进度进行宣传、直播及报道。四是提前做好城市配套功能项目的招商引资,确保未来留住游客、留下二销产生的营收及税收;主要包括民宿、酒店、餐饮类的招商引资。

(二)拟定招商计划

一是项目投入大,需探讨资金平衡方案和运营收益模式。计划与国内龙头规模的文化基金或文投集团成立文产基金,或引进具有投资能力的文旅运营集团,共同投资、建设项目。二是为实现文旅产业全产业链发展,储备并招商引资影视投资、数字文化、文化创意等项目,在文化学镇板块打造体现运河文化特色的“文创产业谷”。三是考虑未来加强全区文旅产业的发展壮大,培养专门的文旅人才,探讨成立区属文投集团。

(三)落实招商项目

开拓及接触项目300余个,重点在谈100余个,涵盖文旅策划龙头、文旅运营集团、文化产业基金、文化集团龙头、特色民宿及精品酒店、沉浸式乐园、非遗文创类、央媒及OAT媒体类等近20个产业类别。其中重点落户项目有天津传媒学院产学研创基地(科技园)项目,总投资约15亿元。重点在谈项目包括大地造景等文旅策划集团、北文投等文旅运营集团、融创文旅等文旅运营集团民营企业、中国文化产业基金等央企北京基金、乐高乐园等沉浸式游乐园项目以及大唐不夜城步行街、非遗博览园、特色民宿、精品酒店、媒体类等单体重点项目。

三、历史文化资源发掘和研究

2021年,文史组主要以历史文化资源发掘和研究为主要途径,为设计、建设、运营工作做好史料支持和思路参谋。一是发掘文史资料。以刘喜奎、小菊处、王克琴、杜庆、廉金波等为主,深入发掘古镇名角(戏曲、曲艺)相关资源;以田野调查和文献研究相结合的方式,深入发掘杨柳青历史旧貌;以文献搜集为主要方式,发掘西青特别是杨柳青相关的古籍文章、古诗词;以杨柳青、大运河为主,发掘历史影像资料;为杨柳青年画老画师、赶大营后代做口述录像。二是编写文史著作。年初已经出版全国首部大运河诗钞——《西青大运河诗钞》。还计划编写以杨柳青、大运河历史影像为主的《运河明珠第二辑——明珠故影》《运河明珠第三辑》。三是研究文史工作。以什么是“中华魂”为重点,展开中西方文化分野研究;以杨柳青年画的中华传统文化特点为重点,进行年画本质、特征与市场定位研究;以杨柳青年画外应音义决为突破口,进行杨柳青吉祥文化的研究。

(冯 立)

奋进新时代 再启新征程

——西青区庆祝中国共产党成立 100 周年专文

党的十八大以来,西青区坚持以习近平新时代中国特色社会主义思想为指导,深入贯彻落实党中央、市委决策部署,扎实推进“五位一体”总体布局和“四个全面”战略布局在西青的实施,新发展理念深入人心,供给侧结构性改革强力推进,抗击新冠肺炎疫情取得重大战略成果,全面建成高质量小康社会取得决定性成就。“十三五”期间,西青区在党中央和市委、区委的坚强领导下,在经济、社会和文化等各方面都取得了可喜的发展成就,为“十四五”时期西青区开启全面建设社会主义现代化新城新征程奠定坚实的基础。

经济社会高质量发展

西青开发区是西青区高质量发展的一个缩影。作为西青区发展风向标,西青开发区领航区域经济发展,取得了辉煌成就。西青区始终坚持高质量发展不动摇,加快培育壮大发展新动能,经济发展呈现出结构优、动力强、效益好的良好态势。2020 年,天津(西青)国家级车联网先导区揭牌。位于西青区的面积为 1475 亩的智能网联汽车封闭测试场完成一期建设,并继续开展路测单元、激光雷达等智能化设施建设以及高精地图覆盖、车载终端部署等工作,为国内车联网企业开拓市场提供新商机。这是近年来西青区汽车、电子信息等优势产业提质增效的有力佐证。

“十三五”期间,西青区生物医药、新能源新材料、高端装备制造等战略性新兴产业不断集聚壮大,成功获批全国第二个国家级车联网先导区,顺利通过国家新型工业化产业示范基地创建验收。服务业经济规模显著提升,创新驱动发展战略深入实施,成功创建全市首个国家知识产权示范城区,拥有万人发明专利 33 件,综合科技创新水平位居全市领先地位。西青区持续借助京津冀协同发展激活内生动力,产业、交通、生态三大重点领域率先取得突破。积极承接北京非首都功能疏解,累计引进北京项目 490 多个,协议投资额超过 1600 亿元。承接平台集聚效应显现,天津南站科技商务区累计注册企业 47 家,海康威视、中科创达等一批高质量京企落户西青。西青区营商环境持续优化“一制三化”审批制度改革有力推动,90%以上的事项实现“一网通办”“最多跑一次”。智能化建设应用迈出新步伐,建成南、北 2 个市民中心,2 个政务服务“无人超市"投入使用,在全市率先实现 281 项行政许可事项、公共服务事项和公共资源交易“一门办理”、涉企审批服务事项“南北通办”。“3+1+1”国有资本布局结构基本形成,累计完成 8 户新设混改企业、注销清退企业 84 户,全区国有企业改革实现新突破。西青区经济发达镇改革取得重大进展,161 个村的农村集体产权制度改革全面完成,全区村级集体资产达到 712 亿元。西青区建成新 104 国道西青段、津静复线等国省干线公路和卉锦道、学智路等主干道路。打通泽杨道、润杨道、星光路等断头路. 协同推动津沧高速收费站南移、津石高速新建以及地铁7号线、10号线周边征地拆迁和配套设施建设，基础设施建设全面加强。

生态环境全面优化

生态文明建设成效显著。王稳庄镇万亩稻田稻菽翻浪胜景美不胜收，绿树掩映中的“绿水青山就是金山银山”实践创新基地引来无数游客驻足，西青区双城生态屏障建设与产业布局有机结合取得骄人成绩。成功创建天津首个国家生态文明建设示范区；获评第二批全国农业绿色发展先行区；被认定为全国20个农村人居环境整治激励县之一，获得国务院督查激励。以第六埠村为代表的田园综合体、以杨柳青文化旅游小镇和中北运河商务小镇为代表的特色小镇等项目正在逐步形成，乡村振兴画卷徐徐展开……

西青区高度重视生态文明建设，污染防治攻坚战成绩喜人。全区狠抓空气污染治理，深入抓好“五控”措施，关停取缔31个工业园区（集聚区）。燃煤锅炉实现基本清零，因全面推广车用乙醇汽油，全区PM2.5年均浓度较2015年下降25%，单位GDP二氧化碳排放强度下降22%。全区全面完成农村“煤改电”“煤改气”工程，万元GDP能耗累计下降20%。西青区还狠抓水污染防治，河湖水域“全面挂长”，建成区黑臭水体全部消除，实施南运河、中亭河、南引河等20条（段）河道治理工程，完成黄家房子泵站更新改造工程和新东场泵站重建工程，推动地下水超采综合治理，通过国家级节水型社会建设达标复核，地表水国控断面优良水体比例达到50%，地表水环境质量同比改善23.85%。土壤污染风险得到有效管控。国土绿化行动有序开展，双城绿色生态屏障启动建设，全区累计造林8.5万亩，市区最大湿地公园——水西公园于2018年正式开放。垃圾分类取得显著成效，分类设施覆盖率超过95%。全区深入实施城乡环境综合治理，完成“拆违治乱保安全美化环境促发展”三年专项行动，累计拆除各类违法建设930余万平方米。

民生事业蓬勃发展

“十三五”期间，西青区着力补齐民生短板，推动民生事业蓬勃发展。西青区连续实施民心工程，财政支出的80%以上用于民生。城乡居民一体化的社会保障体系基本建立，全民参保计划取得阶段性成果，户籍人口基本养老保险参保覆盖率达93.06%。全区城乡居民医疗保障待遇达

2021年，西青开发区全景

到全市最高水平，累计发放各类医疗补助3.46亿元，支付农籍居民参保补贴1.46亿元，惠及群众19万余人。西青区教育教学水平持续提升，高质量通过国家县域义务教育基本均衡发展评估认定。基础教育优质化发展取得新进展，新增幼儿园70所、中小学8所，分别增加学位18760个、9180个。开通医院绿色通道，建立家庭医生指导用药和健康咨询模式，实现手机预约、扫码挂号、等待叫号、医生看病、扫码缴费等“智慧医院”功能，提供社区康复中心复健治疗服务……西青区持续完善卫生健康投入机制，推动资源扩容、服务提质，缓解居民看病难问题。医疗卫生服务体系更加健全，西青区中医医院和西青医院二期建设启动，新建改造赤龙社区卫生服务中心和大寺镇社区卫生服务中心，建成标准化社区卫生服务站和村卫生室110个，总床位达到2788张，积极引入石氏总医院、微医集团等优质民营资本，成功创建国家卫生区、全国健康促进区、国家级妇幼健康优质服务示范区和全国计生基层群众自治示范区，疫情防控集中隔离保障组荣膺全国抗击新冠肺炎疫情先进集体。城市安全发展取得明显进展，成功创建全国平安建设先进区，信息化建设成果显著，亿元国内生产总值死亡率呈下降趋势，国家安全发展示范城市创建工作全面启动。就业局势稳中向好，城镇登记失业率控制在3.5%以内。全面建成“8+1”社会救助体系，新增日间照料中心36家，开办老人家食堂试点104家。连续四年做好提前和延长供暖工作。东西部扶贫协作和支援合作力度空前，建立“1+N”项目帮扶体系，累计完成帮扶项目39个，被评为东西部扶贫协作暨中央单位定点扶贫先进单位。西青区实施两轮区困难村帮扶，共帮扶困难村31个，建成产业帮扶项目44个，实现所有困难村集体经营收入每年超过50万元。持续改善人居环境，完成老旧小区及远年住房改造59.22万平方米、农村困难群众危改195户，新建及提升改造

2021年，王稳庄稻田丰收塔

农村公厕 365 座、户厕 8289 座。稳步推进供热老旧管网改造。集中供热普及率达到 99.9%。城镇化进程日益加快，王稳庄镇示范小城镇、张家窝镇示范小城镇一二期建设全面完成，中北镇、杨柳青镇特色小镇创建初显成效，全区乡村振兴战略扎实推进，成功获评国家农业绿色发展先行区。

2021 年，李宁运动中心

文化魅力更加彰显

2020 年，西青区以全国直辖市城区综合第二名的优异成绩荣膺“全国文明城区”荣誉称号。西青区高度重视精神文明建设，始终坚持把社会主义核心价值观融入日常，群众素质和社会文明程度不断提升，成功创建全国文明城区、全国双拥模范城，荣获全国未成年人思想道德建设工作先进区称号。杨柳青古镇国家 5A 级景区创建通过市级验收，推动杨柳青大运河国家文化公园建设，采用同雄安新区建设相一致的“国际咨询”模式，通过聘请专家“评”、赴先进地区考察“学”和组织专班研究“论”等形式，持续深化完善规划设计方案。文化遗产价值持续推广，开设了杨柳青年画大专班和本科班，成功举办第二届，第三届“运河记忆”非遗展，连续举办第十三至第十七届西青区民俗文化旅游节。文物保护修缮有序开展，累计鉴定单体房屋建筑 50 处，排查重点文物单位 11 家，解决隐患 23 项。打造王稳庄稻香文旅综合体、第六埠“重走长征路”等一批旅游产品，接待游客总量、旅游综合收入较 2015 年分别增长 139%、167%。公共文化服务供给效率不断提升，改造完成的区图书馆和区文化馆，成功获评国家一级馆。体育事业成绩斐然，成功引入李宁体育公园，率先完成区级“五个一工程”，实现行政村、社区 15 分钟健身圈全覆盖，三次蝉联全市运动会金牌榜榜首。

2021 年，中北运河公园

现代化新城建设全面启动

2021 年是“十四五”规划的开局之年，是“两个一百年”奋斗目标的交汇与转换之年。西青区好招不断，重点推出“1010”工程项目，在重点片区，产业园区、科技创新、先进制造、文化旅游、精品商圈、交通畅通、生态环保、教育提升，民生服务十个方面，每个方面各选取十个重点工程项目共计 100 个重点项目，总投资约 2880 亿元，高标准建设高质量发展引领区、生态宜居标杆区，现代化治理样板区和美好生活示范区。

“1010”工程项目主要有十大重点片区、十大产业园区、十大科技创新类、十大先进制造、十大文化旅游、精品商圈、十大交通畅通、十大生态环保、十大教育提升、民生服务等项目，涵盖赛达新城先导区、南站综合片区，杨柳青大运河国家文化公园片区；天津（西青）国家级车联网先导区测试区、赛达人工智能产业园，李七庄天祥产业园区；杨柳青大运河国家文化公园项目、复游城项目、国潮青年小镇项目，中北新城市中心商圈、梅江会展中心商圈，南站奥特莱斯购物中心等；西青生态绿廊建设工程、大运河绿色生态带建设工程、鸭淀水库水生态综合治理工程等。其中为明国际学校项目、九十五中学迁建项目、南开敬业学校项目、天津外国语大学附属九年一贯制学校项目、鹏瑞利国际健康城、康汇医院、市第二人民医院迁建项目，“智慧西青”城市大脑建设等项目主要投入民生领域。

随着项目的启动实施，更多的民生福祉将让西青百姓感受到更多的幸福。生态西青亮点频闪，王稳庄镇林地、湖面、小站稻田错落有致、相映成趣，绿色生态场景已初具雏形，生态廊道建设高质高效推进，将为广大人民群众提供更丰富，更优质的生态环境，让大家共享绿色发展成果，共享绿色生态福利。杨柳青大运河国家文化公园建设稳步推进，国家级文化公园即将全面落地西青；地铁 8 号线延长线、10 号线一期工程纷纷开工，如火如荼建设，交通出行将更加便利；一中心医院新址投入使用，西青区中医医院开始装修，医疗资源不断丰富；西青区已与天津益中赛达教育管理有限公司、南开敬业教育集团、英华国际等7家11所知名教育集团和学校签订合作协议，促进全区教育资源优质均衡布局，满足百姓对教育的多元化需求，提升基础教育整体水平。西青区2021年民心工程的20大项36个子项，整体推进项利，全部启动实施，其中“优化调整162、687两条公交线路”“维修昌凌路路灯”“实施‘飞地’点位整改提升工程”3个子项已完工。“完善红旗农贸市场和市公安局固边路网”等23个子项开工建设，“提升改造中北镇日东里等8个小区”等10个子项目正在加快办理前期手续。区级民心工程重点在三大民生领域精准发力、暖心惠民……新时代西青区大地上到处呈现出一派热火朝天的繁忙景象，各项工作都在有序推进，成效十分喜人。

2021年，天津南站

传承红色基因 凝聚奋进新时代的磅礴力量

百年风雨兼程，百年砥砺前行。在中国共产党成立100周年的重大时刻，西青区全力推动党史学习教育，开展主题宣讲174次，全区各级理论学习中心组开展体验式学习115次，3000余名党员干部参加。区委理论学习中心指导各级各部门开展学习研讨262场。深入开展“学史力行践初心、我为群众办实事”实践活动，切实抓好新一批20项民心工程，持续掀起党史学习教育热潮。

西青区广泛发动基层群众，组织一系列特色鲜明、形式多样的学党史、讲党史教育活动，在田间地头、广场社区、工厂学校等全面掀起学习热潮。开展“建党百年 文润西青——我们的变迁”主题征文活动、“回首望百年——点赞新时代”照片征集活动、“品红色经典、讲红色故事”庆祝建党100周年主题阅读活动、“百年红色光影 奋斗崭新征程”庆祝中国共产党成立100周年重点影视剧展映展播等活动。组织开展“童心向党”主题实践活动，引导全区未成年人和家庭参与网络文明传播。累计参与活动人数过万人，微博话题阅读量达60余万次，抖音话题阅读量达40余万人次。推出《唱支山歌给党听》快闪和庆祝建党100周年巡礼片《道路》，全方位、多角度、立体化呈现建党百年来西青区在经济、文化、生态等领域取得的突出成就，在全区营造广大群众礼赞建党百年的浓厚氛围。

2021 年，杨柳青运河

西青区作为天津未来发展重要机遇地区，立足资源禀赋和“双重优势”，在天津确立“一基地三区”功能定位和“社会主义现代化大都市“发展目标，加快推进京津冀协同发展、服务雄安新区、服务“一带一路”等重大国家战略进程中，迎来更好落实区成定位的新机遇，增添高质量发展的新动力，也承载着区域转型升级的更高要求。西青区面临着新的发展机遇，保持战略定力，整定发展信心，善于在危机中育新机、于变局中开新局，坚定信心、勇往直前，奋力书写习近平新时代中国特色社会主义思想在西青大地上的生动实践。

（翟金良）

大事记

1月

4日 区政府与乡伴文旅集团举行合作签约仪式,李清、白凤祥、于强等区领导出席,并与乡伴文旅集团董事长朱胜萱进行座谈交流。

5日 中国共产党天津市西青区第十一届委员会第十三次全体会议暨经济工作会议召开。会议由区委常委会主持,区委书记李清代表区委常委会讲话,区委副书记、区长白凤祥传达市委十一届十次全会暨经济工作会议精神,并就2021年经济工作作部署。区人大常委会主任王洪茹、区政协主席苑树发出席。会议讨论了《中共天津市西青区委常委会2020年工作报告》和《中共天津市西青区委常委会抓党建工作情况报告》,审议通过《中共天津市西青区委2021年工作要点》;审议通过《中国共产党天津市西青区第十一届委员会第十三次全体会议决议》。区委委员、区委候补委员出席会议。不是区委委员、区委候补委员的区领导,区纪委委员、有关方面负责人,各民主党派及工商联主要负责人、无党派代表人士、部分基层区第十一次党代会代表和社区、村党组织书记代表列席会议。

14日 国务院联防联控机制专项督查组杜江一行到西青区检查疫情防控工作。天津市委常委、市委教育工委书记于立军,区委书记李清,副区长高艳及有关部门负责人陪同。

16日 全区召开"聚西青·荟未来"2021年重点项目签约大会暨首批招商顾问聘请大会,李清、于强、陈力予等区领导出席。

18日 西青区召开新冠肺炎疫情防控工作专题会议,传达天津市疫情防控工作专题会议精神,部署疫情防控工作。区委书记李清出席会议并讲话。区委常委,区人大常委会、区政府、区政协领导班子成员,区有关部门主要负责人参加会议。

21日 天津市副市长王卫东带领市级有关部门负责人到西青区考察大运河国家文化公园项目有关工作并座谈。区领导李清、白凤祥、李桂强等陪同并参加座谈。

2月

4日 区委副书记、区长白凤祥主持召开区第十七届人民政府第136次常务会议,区领导于强、高艳、陈力予、马杰等出席。

7日 区委书记李清,区委副书记、区长白凤祥带领有关部门负责人到有关街镇调研新建项目情况。区领导杜全胜、张建华、高艳参加。

18日 西青区召开科技创新和招商引资工作现场推动会,深入贯彻落实习近平总书记对天津工作"三个着力"重要要求,落实天津市进一步推动科技创新大会和全市招商工作电视电话会议精神,聚焦创新驱动和项目带动这两个重要引擎,深入实施西青区科技创新三年行动和招商引资三年行动,为高质量发展加油赋能,推动全区经济社会发展取得更好成效。区委书记李清,区委副书记、区长白凤祥,区人大常委会主任王洪茹,区政协主席苑树发等区领导出席会议。各部委办局及直属单位主要负责人;各街镇、经开集团党委(工委)主要负责人;部分部委办局分管负责人;驻区金融机构代表参加会议。

25日 西青区召开审计事项整改情况反馈会。市审计局党组成员、副局长孙建国,市纪委监委、市委组织部有关负责人出席会议。会议由区委书记李清主持,区委副书记、区长白凤祥汇报了西青区审计事项整改落实情况。市审计局有关负责人分别反馈审计结果和相关情况。区领导于强、王冰、杜全胜参加会议。

27日 西青区召开公园城市建设现场推动

会，区领导李清、白凤祥、兰强、高向军等出席会议。各街镇、经开集团及有关单位负责人参加会议。

3月

1日 西青区召开中央巡视天津市反馈意见西青区整改落实工作部署会。区委书记李清主持并讲话，区委副书记、区长白凤祥，区人大常委会主任王洪茹，区政协主席苑树发出席会议。区级领导干部，区机关各部委办局及直属单位党政主要负责人，各街镇、开发区党政主要负责人参加会议。

5日 西青区津门湖街道办事处举行揭牌仪式。市民政局局长吴松林，区委书记李清，区委副书记、区长白凤祥，区人大常委会主任王洪茹等出席。区领导王冰、杜全胜、张建华，区有关部门负责人及津门湖街道办事处有关人员参加。

6日 西青区农村工作会议暨巩固拓展脱贫攻坚成果同乡村振兴有效衔接工作会议、区委农村工作领导小组会议、区扶贫协作和支援合作工作领导小组会议合并召开，深入学习贯彻习近平总书记在中央农村工作会议上的重要讲话精神以及中央、市委有关会议精神，研究部署新发展阶段西青“三农”工作。西青区委书记李清出席并讲话，区委副书记、区长白凤祥传达有关会议精神并安排部署相关工作。区领导于强、董秀琴、李桂强、张建华、陈力予、马杰及各街镇、有关部门负责人参加。

9日 西青区召开党史学习教育动员部署会，认真学习习近平总书记在党史学习教育动员大会上的重要讲话精神，对全区开展党史学习教育进行动员部署。区委书记李清出席会议并讲话，区委副书记、区长白凤祥主持会议。区委常委，区人大常委会、区政府、区政协领导班子成员，西青区法院院长、区检察院检察长，各部委办局主要负责人、各街镇党政领导班子成员，区属国有企业主要负责人参加。

10日 区委书记李清，区委副书记、区长白凤祥带领有关街镇、委局负责人深入中建钢构天津有限公司进行考察调研，与中建科工集团党委副书记、总经理戴立先，中建科工集团副总经理蔡玉龙等，就进一步加强区域合作发展进行座谈交流。

11日 西青区召开杨柳青大运河国家文化公园项目推动会，加快对规划设计方案进行深化完善，全面推进各环节工作。区委书记李清，区委副书记、区长白凤祥等区领导出席会议。区领导李桂强、杜全胜等出席。

24日 区委书记李清带领相关部门负责人先后来到广乐道、子牙河南路、宾水西道延长线等新开工重点项目建设现场，实地察看项目建设进展情况，听取工程工期和建设进度等方面的情况介绍，现场协调解决项目建设中遇到的难点和问题。

25日 沣邦天津西青金融科技大数据项目签约仪式在天津市西青开发区赛达企业家服务中心举行。区委书记李清，区委副书记、区长白凤祥等区领导出席签约仪式。副区长陈力予出席活动。

27日 区委书记李清深入属地内高校接种点，现场检查指导新冠疫苗接种情况，确保高校疫苗接种工作安全、规范、有序进行，推动全区疫苗接种工作平稳高效展开。

4月

7日 区委书记李清带领有关街镇、部门主要负责人深入到李七庄街天祥工业园、天山高科产业基地和津门湖街梅江会展中心进行调研。区领导杜全胜参加。

9日 西青区教育局与天津益中教育管理有限公司、天津南开敬业教育管理集团有限公司、英华国际学校等7家单位举行合作办学框架协议签约仪式。区委书记李清，区委副书记、区长白凤祥等区领导出席活动。区领导张建华、高艳以及相关部门和街镇负责人参加活动。

是日 西青区召开政法队伍教育整顿工作推进会暨查纠整改环节部署会。区委书记、区教育整顿领导小组组长李清出席会议并讲话，天津市第五指导组副组长李建国等出席会议。区委常委、区委政法委书记、区教育整顿领导小组副组长任福志主持会议并传达全市工作推进会精神，区委常委、区纪委书记、区监委主任、区教育整顿领导小组副组长王冰传达“自查从宽、被查从严”有关政策，副区长、公安西青分局局长、区教育整顿领导小组成员马杰对查纠整改环节工作进行部署。区人民法院院长、区教育整顿领导小组成员李卫东，区人民检察院检察长、区教育整顿领导小组成员单新源出席会议。天津市第五指导组相关工作人员，区教育整顿领导小组及办公室全体成员，各政法单位领导小组全体人员、办公室主任，区委政法委机关全体干部，区司法局、公安西青分局、区法院、区检察院政法干警代表参加会议。

10日 区委书记李清带领相关部门负责人深入王稳庄镇调研生态廊道建设和拆迁工作情况。区领导杜全胜参加。

27日 中芯国际天津公司举办三期扩建项目开工仪式。天津副市长王卫东，市工信局局长尹继辉，区委书记李清，区委副书记、区长白凤祥出席开工仪式。区领导和区有关部门负责人参加仪式。

5月

2日 区委书记李清带领有关部门负责人深入辛口镇调研民心工程项目、安全保障和设施农业发展情况。区领导杜全胜参加。

9日 区委书记李清召开书记专题会议，听取二季度及全年土地出让、财政收支有关情况汇报，白凤祥、于强等区领导出席。

15日 区委书记李清，区委副书记、区长白凤祥带领有关部门负责人到中北镇和张家窝镇调研智能网联车先导区建设和世界智能大会筹备情况。区领导于强、杜全胜参加。

26日 西青区、津南区、国家会展中心（天津）有限责任公司举行战略合作协议签约仪式。西青区委书记李清，津南区委书记刘惠，西青区委副书记、区长白凤祥，津南区委副书记唐小文，中国对外贸易中心副主任、国家会展中心（天津）有限责任公司副总经理王彦华等出席。西青区领导杜全胜、陈力予，津南区领导于瑞均、李庆、刘颜明及两区相关部委办局、街镇负责人参加。

27日 西青区与中国移动天津分公司签署战略合作框架协议。区委书记李清，区委副书记、区长白凤祥等区领导与中国移动天津分公司党委书记、董事长、总经理程伟一行座谈并见证协议签署。

6月

8日 区委书记李清带领有关部门负责人赴重庆、成都开展招商引资活动。区领导杜全胜参加。

16日 西青区召开杨柳青大运河国家文化

公园元宝岛板块城市设计情况汇报会，认真落实天津市委、市政府专题会议部署，加快推进杨柳青大运河国家文化公园建设。区委书记李清出席会议并讲话，区委副书记、区长白凤祥主持会议，区委副书记齐中波出席会议。区领导杜全胜、陈力予出席会议。区发展改革委、区文化和旅游局、规划和自然资源局西青分局、杨柳青镇等相关部门就方案细节、建设过程中存在的问题进行交流发言。

17 日 区领导李清、白凤祥、陈力予等出席忽米国家级双跨平台赋能京津冀经济圈发展论坛暨天津工业互联网生态创新基地开园仪式。

20 日 区委书记李清带领有关部门负责人及安全生产技术专家深入西青开发区开展安全生产大检查。区领导杜全胜参加。

22 日 西青区召开河湖长制领导小组会暨防汛抗旱工作会议，分析研判全区防汛抗旱和水环境治理工作面临的形势，统筹推进下一阶段防汛抗旱和河湖长制工作。区委书记李清出席会议并讲话，区委副书记、区长白凤祥主持会议。

是日 西青区召开扫黑除恶专项斗争总结会暨常态化扫黑除恶斗争部署推动会。区委书记李清出席并讲话，区委副书记、区长白凤祥主持并作传达。区委常委、区委政法委书记韩琳作安排部署。区委常委、区委组织部部长张建华，副区长、公安西青分局局长马杰，区人民法院院长李卫东，区人民检察院检察长单新源出席。

25 日 西青区庆祝中国共产党成立 100 周年表彰大会隆重召开。区委书记李清出席大会并讲话，区委副书记、区长白凤祥主持会议，区政协主席苑树发、区委副书记齐中波等区领导出席。区委常委，区人大常委会、区政府、区政协领导班子成员，区人民法院院长、区人民检察院检察长出席会议。

26 日 西青区庆祝中国共产党成立 100 周年专题展览在西青区档案馆开幕。区委书记李清出席并宣布展览开幕，区委副书记、区长白凤祥，区人大常委会主任王洪茹，区政协主席苑树发，区委副书记齐中波等区领导出席。区委、区人大常委会、区政府、区政协领导班子成员，区人民法院院长、区人民检察院检察长，有关单位负责人，基层代表、老党员代表，医护人员代表、教师代表、法院、检察院代表、部队官兵代表以及少先队员、大学生宣讲员代表共计 100 人参加。

7月

5 日 西青区大学科技园合作共建框架协议签约暨开园仪式在精武镇新华国际大学科技园举行。区委书记李清，区委副书记、区长白凤祥，天津市科技局副局长段志强，天津市委教育工委、市教委一级巡视员刘欣，区委副书记齐中波及驻西青区高校领导出席活动。区领导杜全胜、陈力予出席活动。市级有关部门、相关高校，西青区相关部门、街镇及运营单位和相关协会联盟平台负责人参加。

14 日 区委书记李清带领有关部门负责人赴甘肃麦积区、景泰县对接东西部协作有关工作。区领导杜全胜、陈力予参加。

22 日 清华大学精密仪器系——天津经纬恒润实践基地交流会在西青开发区赛达文化中心召开。区委书记李清，清华大学精密仪器系党委书记柳强，北京经纬恒润科技股份有限公司董事长兼 CEO 吉英存等人出席。

23 日 西青区委常委会（扩大）会议暨半年经济运行分析会召开，传达学习天津市委常委会扩大会议精神，总结全区上半年经济工作，部署下半年任务。区委书记李清出席会议并讲话。区委副书记、区长白凤祥传达了天津市委常委会扩大会议精神，并总结部署全区经济工作。区人大常委会主任王洪茹、区政协主席苑树发出席，区委副书记齐中波主持会议。区委、区人大常委会、区政府、区政协领导，各街镇、经开集团及有关部门主要负责人参加会议。党外人士代表列席会议。

28日 区委书记李清带领有关部门负责人赴辛口镇和大寺镇调研“大棚房”清理整治工作。区领导杜全胜参加。

8月

5日 区委书记李清主持召开区委常委会扩大会议暨疫情防控指挥部会议，区领导于强、高艳等出席。

是日 天津市副市长孙文魁带领有关市级部门负责人到西青区王稳庄镇现场检查推动双城中间绿色生态屏障建设工作。区领导李清、杜全胜陪同。

14日 西青区召开“1010”工程项目推动会，总结前一阶段工作进展，分析研判存在的问题，推动工程项目尽快落实落地。区委书记李清出席会议并讲话，区委副书记、区长白凤祥主持会议，区委副书记齐中波等区领导出席会议。区领导于强、李桂强、张建华、肖培芝、高艳、陈力予、柴林等出席会议。区有关委办局及各街镇主要负责人参加会议。

20日 区委书记李清赴有关街镇新建学校调研教育工作，现场协调解决学校建设过程中遇到的难题，高效推进项目建设，加速全区教育优质均衡发展。区领导杜全胜、张建华参加调研。

21日 天津市农委党委书记、主任王宝雨一行到西青区调研绿色屏障建设情况。区领导李清、杜全胜及有关部门负责人参加。

24日 西青区召开杨柳青大运河国家文化公园建设领导小组会议，进一步完善方案核心内容，推动项目尽快落地。区领导李清、白凤祥、齐中波、于强、李桂强、杜全胜出席。

26日 天津市委常委、市委教育工委书记王庭凯及市教委有关负责人一行到西青区大寺镇、王稳庄镇调研乡村振兴工作。区领导李清及有关部门负责人陪同。

9月

3日 区领导李清、陈力予等听取杨柳青大运河国家文化公园景观设计方案汇报。

7日 天津音乐学院党委书记索玉华一行到西青区考察，研究推动天津音乐学院在中北镇选址搬迁工作。区领导李清、李桂强、杜全胜参加。

是日 区领导李清等出席杉杉商业集团签约仪式。

9日 西青区举行独流减河北堤路通车仪式。区领导李清、齐中波、杜全胜、马杰、何有才等出席活动。区相关部门和街镇负责人、区人大代表、区政协委员、群众和建设单位代表参加活动。

19日 区委书记李清深入西青医院发热门诊、中北镇社区卫生服务中心、社会山都喜温泉酒店隔离点等地，慰问医护人员及相关工作人员。区领导杜全胜、张一谋参加。

23日 西青区与微医集团举行合作签约仪式，深化推进“互联网+医疗健康”，加快打造“数字健共体西青示范区”。区委书记李清，区委副书记齐中波出席并与微医集团董事长廖杰远进行座谈交流。区领导杜全胜、高艳参加。

30日 西青区在烈士陵园举行向烈士纪念碑敬献花篮仪式。区委书记李清、区人大常委会主任王洪茹、区政协主席苑树发、区委副书记齐中波等区委、区人大常委会、区政府、区政协领导，区人民法院院长，区人民检察院检察长，各街镇、经开集团、各部委办局主要负责人，区级机关及杨柳青镇干部群众代表，部队官兵代表、少先队员代表、烈士遗属代表、退役军人代表参加。

10月

13日 2021年国家网络安全宣传周西青区启动仪式暨西青区大数据中心揭牌仪式在天津市西青区大数据中心举行。天津市委宣传部副部长、市委网信办主任、市大数据管理中心主任王芸，区委书记李清，区委副书记齐中波，市委网信办副主任程勇，中国系统高级副总裁王晓亮出席并共同启动2021年国家网络安全宣传周西青区活动。区委常委、区委办公室主任杜全胜等出席活动。区相关部委办局，各街镇、经开集团主要或分管负责人参加活动。

是日 西青区召开领导干部警示教育大会，区委书记李清出席会议并讲话，区人大常委会主任王洪茹，区政协主席苑树发，市纪委监委第五监督检查室相关负责人出席会议，区委副书记齐中波主持会议。区委、区人大常委会、区政府、区政协领导班子成员，区人民法院院长，区人民检察院检察长，区委委员、区纪委委员；各街镇、经开集团党委（工委）主要负责人；各部委办局、直属单位、各人民团体和党的关系在区的市管单位主要负责人在主会场参加会议。区委巡察办、区纪委机关、区纪委派驻纪检监察组副处级以上干部；西青医院纪委书记，区税务局纪检组组长，公安西青分局纪委书记；各街镇、经开集团领导班子成员，纪（工）委专职纪检监察干部，各村和社区党组织书记，国有企业负责人（含驻区银行纪委书记）在分会场参会。

16日 西青区举行张家窝镇体育公园项目群众开放日活动，区委书记李清，区委副书记齐中波等区领导出席活动，与群众代表共同见证张家窝镇体育公园正式开工，向群众汇报项目建设情况。区领导于强、李寿强出席活动。区有关委办局及张家窝镇负责人参加活动。

18日 区领导梁军等出席世界五百强德国考泰斯集团高端汽车系统项目签约仪式。

19日 西青区举行大悦春风里项目签约仪式，区委书记李清等区领导与大悦城控股董事长由伟等企业相关负责人共同见证签约，并就下一步合作事宜进行座谈交流。区领导于强、王辉出席活动。区有关委办局及中北镇负责人参加活动。

22日 2021年“中国有约 A Date With China 你好天津 Hello Tianjin”国际媒体主题采访活动在杨柳青正式启动。国家互联网信息办公室副主任牛一兵，天津市政协副主席李绍洪，天津市委宣传部副部长、市互联网信息办公室主任王芸，西青区委书记李清，西青区政协主席苑树发等领导出席启动仪式。国家互联网信息办公室网络传播局一级巡视员、副局长张勇，中国日报社副总编辑王浩，中国日报网总编辑韩蕾，中国日报网副总编辑李欣，西青区委常委、区委办公室主任王辉，区委常委、区委宣传部部长卢盈出席活动。天津市和西青区有关部门负责人、中央新闻网站记者、商业网站代表、外国主流媒体驻京代表、中央新闻网站外籍专家、外籍知华友华人士、天津市媒体代表参加活动。

23日 西青区召开新冠肺炎疫情社区防控工作实施方案培训会议，就社区防控工作进行工作培训和推演演练。区委书记李清出席会议并讲话，区委副书记、代理区长殷学武，区政协主席苑树发出席会议，区委副书记齐中波主持会议。区新冠肺炎疫情防控工作领导小组全体成员，区新冠肺炎疫情防控工作指挥部各工作组牵头单位、成员单位主要负责人，区新冠肺炎疫情防控工作指挥部各防控专业组牵头单位、成员单位主要负责人，重点单位抽调参与社区防控工作志愿者领队代表参加会议。

24日 区委书记李清带领部分区领导深入全区部分重点点位走访调研，为下一步更加高效有序开展工作奠定坚实基础。区领导王辉、梁军、卢盈、张宇、王占勤、张忠芬、张建凤、柴树芳、庞铁强、邵岗、井春燕、郑伟、董照南、张云琦参加调研。

11月

2日 西青区在张家窝镇开展新冠疫情应急处置现场演练并总结部署。区委书记李清出席并讲话，区领导齐中波、韩琳、王辉、张宇、马杰、柴树芳参加。

4日 东丽区委书记谢元，区委副书记、区长贾堤，区人大常委会主任孙富霞，区政协主席李大勇带领东丽党政代表团来西青区考察调研。西青区委书记李清，区委副书记、代理区长殷学武，区人大常委会党组书记、主任提名人选王志平，区政协主席苑树发，区委常委、区委办公室主任王辉陪同。

5日 区领导李清、殷学武、梁军等出席北京歌德永乐文化发展有限公司天津传媒学院产学研创基地（科技园）项目签约仪式。

12日 区委书记李清，区委副书记齐中波赴河北工业大学现场调研学习、座谈交流、并签署战略框架合作协议。区委常委、区委办公室主任王辉，副区长张建凤参加调研。

24日 区委书记李清带领有关部门负责人深入大寺镇实地调研重点项目，现场办公，服务协调重点项目存在的难点问题，督导项目加快推进。区委常委、区委办公室主任王辉参加活动。

12月

2日-4日 中国共产党天津市西青区第十二次代表大会在西青宾馆会议中心隆重召开。大会批准李清代表中国共产党天津市西青区第十一届委员会所作的工作报告，书面审查了中国共产党天津市西青区第十一届纪律检查委员会工作报告、关于全区党费收缴使用和管理情况报告，审议通过了《中国共产党天津市西青区第十二次代表大会关于中共天津市西青区第十一届委员会报告的决议》《中国共产党天津市西青区第十二次代表大会关于中共天津市西青区第十一届纪律检查委员会工作报告的决议》，310名代表以无记名投票方式，选举出由34名区委委员和6名区委候补委员组成的中国共产党天津市西青区第十二届委员会，选举出由25名区纪委委员组成的中国共产党天津市西青区第十二届纪律检查委员会。

4日 中国共产党天津市西青区第十二届委员会第一次全体会议在西青宾馆举行。全会选举中国共产党天津市西青区第十二届委员会常务委员会委员和书记、副书记。全会通过中国共产党天津市西青区第十二届纪律检查委员会第一次全体会议选举结果的报告。区委书记李清在全会选举结束后代表新一届区委常委会讲话。中国共产党天津市西青区第十二届纪律检查委员会委员列席会议。

6日 区委书记李清带领有关部门负责人到杨柳青镇元宝岛调研。区领导齐中波、王辉、梁军参加。

7日 区委书记李清带领新一届区委常委参观位于杨柳青镇石家大院内的“新中国反腐败第一大案展”，并重温入党誓词。区领导殷学武、齐中波、张楠、王辉、梅来昌、梁军、卢盈、刘晓荣、张宇参加活动。

12日 中共西青区委组织出席区十八届人大一次会议和区政协十届一次会议的全体党员召开大会。区委书记李清出席并讲话。区委副书记、代理区长殷学武，区人大常委会党组书记、主任提名人选王志平，区委副书记齐中波出席。

21 日 区委书记李清主持召开疫情防控专题工作会议并现场调度，区委副书记、区长殷学武作部署讲话并现场调度。区委副书记齐中波现场调度。李清通报了一例外省返津新冠病毒核酸检测阳性人员有关情况，传达市委、市政府主要领导指示精神；殷学武就防范区疫情防控工作作了安排部署。区领导韩琳、王辉、梁军、张宇、马杰、张建凤、柴树芳、庞铁强等在现场指挥调度。

24 日 西青区召开“两节”期间安全生产和疫情防控工作部署推动会议，区领导梁军、陈力予、张建凤、庞铁强等参加。

区 情 要 览

地理位置

西青区位于天津市西南部，北纬 38° 51′ ~39° 51′ 、东经 116° 51′ ~117° 20′ 。东与红桥区、南开区、河西区及津南区毗邻，东南与大港相连，南靠独流减河与静海区隔河相望，西与武清区和河北省霸州市接壤，北依子牙河，与北辰区交界。西青区行政区划面积 557.30 平方千米。

行政区划

2021 年，西青区辖 5 街 7 镇，共有 133 个村委会、131 个居委会。西青区与红桥、南开、河西三区分别签订联合勘定的行政区域界线协议书。2021 年 5 月，西青区政府向社会公布《天津市西青区人民政府关于市人民政府批准调整部分行政区划设立津门湖街道办事处的公告》，西青区成立津门湖街道办事处。2021 年 10 月，津门湖街与李七庄街签订《天津市西青区李七庄街道和津门湖街道联合勘定的行政区域界线协议书》，津门湖街与大寺镇签订《天津市西青区津门湖街道和大寺镇联合勘定的行政区域界线协议书》。

人口与民族

2021 年，西青区户籍人口 479753 人，比上年末增加 1.17 万人，同比增长 2.5%。其中留宿人口 322068 人，境外人口 2252 人。全区流动人口 497387 人。全区共有少数民族 41 个，3068 户，11350 人。全区常住人口为 118.88 万人，较去年减少 0.63 万人，同比下降 0.53%。

2021 年西青区民族构成情况统计表

民族	户数	人口数	男	女	民族	户数	人口数	男	女
合计	176787	479753	236061	243692	畲族	4	15	7	8
汉族	173719	468403	230552	237851	水族	3	13	5	8
蒙古族	490	1909	896	1013	东乡族	1	2	1	1
回族	669	2056	1055	1001	纳西族	-	5	3	2
藏族	7	47	28	19	柯尔克孜族	-	5	1	4
维吾尔族	13	500	270	230	土族	5	14	7	7
苗族	22	118	55	63	达斡尔族	13	63	24	39
彝族	6	40	24	16	仫佬族	-	6	1	5
壮族	38	233	103	130	羌族	1	6	1	5
布依族	8	43	21	22	撒拉族	1	5	3	2
朝鲜族	350	1002	493	509	仡佬族	4	20	11	9
满族	1331	4639	2209	2430	锡伯族	10	45	23	22
侗族	15	67	30	37	普米族	-	1	1	-
瑶族	9	41	23	18	乌孜别克族	-	3	3	-
白族	4	23	15	8	俄罗斯族	1	9	3	6
土家族	48	258	118	140	鄂温克族	4	24	9	15
哈尼族	1	7	5	2	裕固族	-	1	1	-
哈萨克族	3	89	39	50	鄂伦春族	1	4	2	2

续表

民族	户数	人口数	男	女	民族	户数	人口数	男	女
傣族	-	8	3	5	赫哲族	2	5	3	2
黎族	4	15	7	8	穿青人	-	4	3	1
傈僳族	-	2	-	2	其他	-	2	2	-
佤族	-	1	1	-	-	-	-	-	-

填表单位：天津市公安局西青分局

说明：(1)2017年元月起，已取消农业和非农业户口性质，故无法提供非农业，农业人口数。(2)常住人口数据由天津市人口管理系统提供；留宿、境外、流动人口数据由天津市基础警务平台提供。

经济发展

2021年，西青区认真贯彻落实中央和市委、市政府决策部署，坚持稳中求进工作总基调，扎实做好"六稳"工作，全面落实"六保"任务，有效应对复杂多变的外部环境和各项风险挑战，持续巩固拓展疫情防控和经济社会发展成果，全区经济稳定恢复，民生福祉持续改善，社会和谐稳定。

【经济总量】 2021年全区实现地区生产总值932.41亿元，按可比价计算(下同)同比增长5.7%。其中，第一产业实现增加值11.93亿元，同比下降3.1%；第二产业实现增加值414.11亿元，同比增长4.4%；第三产业实现增加值506.37亿元，同比增长6.9%。

【财政收支】 2021年，全区实现财政收入256.71亿元，同比增长10.6%。其中，区级财政收入完成110.05亿元，同比下降16%；区级一般公共预算收入完成69.41亿元，同比增长2.7%。全区完成财政支出136.77亿元，同比下降31.6%。其中，一般公共预算支出103.61亿元，同比下降10.4%。

【固定资产投资】 2021年，全区共有在建投资项目430个(其中：计划投资亿元以上项目216个)，固定资产投资额同比增长0.3%，其中，第一产业同比下降68.1%，占比0.5%；第二产业同比增长44.5%，占比18.5%；第三产业同比下降5.1%，占比81%。工业投资和高技术投资高速增长，分别同比增长45.1%和61.8%，其中高技术产业投资占全区固定资产投资的13.6%，高技术产业投资占比居全市之首。

【农业】 2021年，全区农业生产总体平稳，粮食和畜牧业稳定增长。全区农业实现增加值12.10亿元，同比下降3.1%。其中全年粮食总产量3.19万吨，同比增长15.2%；生猪出栏1.53万头，同比增长378.1%，季末生猪存栏1.23万头，同比增长115.8%，牛出栏0.16万头，同比增长2.9%。

【第二产业】 2021年，全区第二产业实现增加值414.11亿元，同比增长4.4%。其中，工业实现增加值369.65亿元，同比增长7.9%；建筑业实现增加值44.78亿元，同比下降16.8%。

【第三产业】 2021年，全区第三产业实现增加值506.37亿元，同比增长6.9%。分行业来看，除交通运输业和金融业两个行业增速为负，其余行业均较快增长。其中批发零售业实现增加值103.05亿元，同比增长9%；住宿餐饮业实现增加值9.84亿元，同比增长11.5%；房地产业实现增加值60.39亿元，同比增长5%；其他服务业实现增加值251.67亿元，同比增长 9.2%。

【金融业】 2021 年，金融业实现增加值 26.22 亿元，同比下降 2%。存款方面，截至年底，全区中外资金融机构人民币存款余额为 1216.95 亿元，同比下降 0.2%。贷款方面，截至年底，全区中外资金融机构人民币贷款余额为 904.44 亿元，同比增长 2.4%。

【招商引资】 2021 年，全区完成外资到位额 2.48 亿美元，同比增长 4.9%；全区实现内资到位额 220.31 亿元，国内招商引资综合评价值在全市排名第 3 位。

【新经济】 新动能企业快速发展。2021 年，规模以上工业中的节能环保、新一代信息技术、生物产业、高端装备制造业、新能源、新材料、新能源汽车等七大领域战略性新兴产业增加值同比增长 14.1%，快于全区规模以上工业 4.7 个百分点，占全区规上工业增加值比重 41.4%，占比较上年提高 6.3 个百分点；高技术产业（制造业）增加值同比增长 15.6%，快于全区规模以上工业 6.2 个百分点，占全区规上工业增加值比重 30.8%，占比较上年提高 2.6 个百分点。

城乡建设和管理

【城乡建设】 2021 年，西青区城乡建设扎实推进。一是推进“1010”十大交通畅通项目实施。启动轨道交通综合线路建设，协同推进地铁 7 号线、8 号线、10 号线、11 号线建设进度，建设津静市郊铁路（地铁 5 号线车辆段至团泊新城）；推动津静公路立交桥重要入市口改造项目；启动拓宽津港公路、芦北路等赛达新城周边道路畅通项目；推进南站科技商务区二期配套 7 条道路建设。二是完善区内重点路网建设。完成 15 条配套道路建设。其中包括红旗农贸市场周边路网建设和市公安局周边路网 4 条民心工程，天津市第 95 中学、当城中学周边道路 5 条，精武镇丰华道、家兴路、纬华道、迎华道，李七庄街光明路，张家窝镇安华道，共计总长约 6 公里。加快推进子牙河南道、广乐道等主干道路建设进度，提高路网通达度。三是落实老旧小区提升改造。牵头推动中北镇日东里小区、寰东里小区、霞东里小区、凯信家园，西营门街夏茵里小区、宫民里小区、春畅里小区，大寺镇龙府花园小区共计 8 个小区提升改造，改造建筑面积 24.98 万平方米，受益群众 3100 户。

【生态环境】 2021 年，西青区大力开展国家生态文明建设示范区和“绿水青山就是金山银山”实践创新基地创建工作。先后完成了国家生态文明建设示范区复检工作和王稳庄镇“两山”实践创新基地复检工作；2021 年 10 月 12 日，辛口镇成功创建第五批“绿水青山就是金山银山”实践创新基地。2021 年，西青区环境空气质量综合排名第 10 位；PM2.5 浓度 41 微克/立方米，同比改善 21.2%；达标天数 241 天，同比增加 2 天，达标天数比例为 68.3%，完成了市下达的 PM2.5 浓度 47 微克/立方米和优良天数比例巩固提高的年度目标。西青区地表水环境质量综合污染指数为 2.03，同比改善 4.61%，地表水环境综合排名位列全市第 11 名，重点建设用地安全利用率 100%。

科教文卫事业

【科技】 2021 年，西青区深入实施科技创新三年行动计划，现有国家科技型中小企业评价入库 564 家、“雏鹰”企业 326 家、“瞪羚”企业 28 家，科技领军（领军培育）企业 15 家、高新技术企业 779 家（全市第 3），区级及以上研发载体 23

家，全区技术合同成交额达到71.08亿元。新增市级技术转移机构2家，总数达6家。我区共有41个项目荣获2021年度天津市科学技术奖，占全市获奖项目数量的24%，其中8家企业的9个项目荣获2021年度天津市科学技术进步奖，获奖数量和质量再创新高。聚焦大学科技园建设，促进高校科技创新与区域经济社会发展深度融合，出台《西青区大学科技园建设实施方案》和《西青区大学科技园“科创10条”支持政策（试行）》，联合驻区六所高校成功举办西青区大学科技园合作共建框架协议签约暨开园仪式，重点推进西青大学科技园、天津师范大学科技园等科技园建设。

【教育】 2021年，西青区加快教育新建项目建设步伐，建成14所学校、幼儿园，启动建设8所学校幼儿园，4所新学校正式开学。积极引进优质教育资源，与天津益中、南开敬业等多家教育集团和学校开展合作办学，满足百姓对教育的多元化需求。大力提升公办园在园幼儿占比，年内新增公办园7所，扩大公办园招生范围，做到应招尽招。贯彻落实“双减”工作要求，切实减轻义务教育阶段学生作业负担和校外培训负担。成立区“双减”工作专班，摸清247家校外培训机构底数，制定风险防控预案。围绕广告宣传、合同签订、教育教学、安全管理等方面进行严查，及时消除各类隐患。出台课后服务实施方案，形成各具特色的“一校一案”多样化服务体系，建立“四个长效保障”机制，根据学生年龄特点、学段要求和学校实际等情况，为学生提供系统性、个性化的课后服务。不断充实教师队伍，年内招聘新教师190名，重点补充思政课、音体美、校医、心理健康等师资缺口，加强专业化教育人才配备。

【卫生】 2021年，西青区全面推进新冠疫苗接种。建成25个接种点，配置123个冰箱、3个冷库，全区疫苗储存能力达20万支。抽调52人组建5支移动接种队，每日配备医务人员500人左右，最高可达765名，日均接种能力达3万剂次。推进目标人群接种。截至11月11日24时，全区累计接种188.7万剂次，其中第一针99.8万、第二针83.1万、第三针5.8万。精心做好疫情防控工作。严格落实“14+7”隔离保障制度，组织9个社区卫生服务中心轮流安排医务人员进驻隔离酒店，累计服务隔离人员8316人次。同时快速进行流行病学调查。组建区、镇、村三级专业技术队伍共175人，成立3个疫情处置组，每组10人，24小时待命，排查出的密接、次密接全部落实隔离医学观察。推进民心工程任务完成。已经完成今年25个站室的标准化运行并联通医保，选优配齐人员力量，实现106名乡医进站服务。推进社区老年健康服务。通过开展健康查体、健康咨询、慢性病管理、临床指导等，为老年人群提供健康服务，家医签约老年人72128人，为60岁及以上失能、半失能人员提供入户医疗护理服务5589人次。开展心肺复苏培训，通过“线上+线下”相结合的方式，扎实开展推广、培训、宣传，已完成标准化培训1391人，技术推广培训998人，切实提升了急救能力。

【文化】 2021年，西青区以建党百年为重点，高标准开展文化活动和文艺创作。组织开展“永远跟党走”庆祝建党100周年无人机飞行表演，新华社、人民日报等媒体平台报道，全网浏览量超百万。组织开展庆祝建党100周年交响音乐会等12项特色文化活动，开展建党百年系列文化活动136项。探索精准服务的文化供给新机制，开展“文化惠民超市”活动，根据群众需求，统筹将文艺演出、艺术创作辅导等公共文化服务配送至基层，满足人民群众精神文化生活新期待。全年文化惠民超市开展演出88场，“古柳讲坛”文化讲座24场”，深入基层培训百余次。持续推动文旅消费提档升级。西青区列入国家第一批文化旅游消费试点城市，同北方演艺集团合作发行西青文惠卡5000张，组织开展文旅消费活动66项，带动消费额度达20.77亿元。开展文旅品牌创建，指导杨柳青古镇景区入选国家第一批夜间文旅消费集聚区，辛口镇入选首批全国乡村旅游重点镇，中华武林园被评为天津市红色旅游景区，生态六埠等3家企业被评为市级乡村旅游景区，国家粳稻中心等7家企业被评为市级工业旅游基地。

【体育】 2021年，西青区进一步加大体育场地设施建设。在积极配建“更新健身园35套，新建多功能运动场2个、新建社区体育园9个”市级民心工程的基础上，积极协调区级专项资金，在全区11个街镇新建健身园19套，更新已达八年服务年限的老旧设施64套。截至2021年底，全区共有524套健身园器材、18个多功能运动场、17个笼式足球场、13个街镇体育公园、7个街镇级全民健身中心、9个困难村健身广场、9个社区体育园，实现了老百姓有地方健身、健得起身、智慧健身。

开展丰富全民健身赛事活动。一是依托各项体育品牌活动积极打造以“庆祝中国共产党成立100周年”为主题的线上“健身大拜年”、生态体育展演、百万市民健步大会（西青站）、“全民健身与奥运同行”全民健身日活动，以太极拳、太极扇、传统武术、柔力球等丰富多彩的表演形式将西青健身群众的体育运动风采进行展示。二是积极组织传统比赛。先后组织开展全民健身手抃球、“奔跑吧·少年”全民健身青少年游泳比赛、“我是棋王”中国象棋快棋赛、“我要上全运”社区运动会健身操舞、乒乓球、象棋、五子棋比赛等10余项赛事活动，调动全龄化群众参与健身活动的积极性和主动性。三是加大体育业务培训力度。结合健康天津考核、创文复检测评要求，组织全区各部门体育骨干以及社会体育指导员100余人进行第九套广播体操培训；组织开展社会体育指导员培训工作，培训二、三级社会体育指导员80余人，协助组织一级社会体育指导员15人，国家级社会体育指导员9人。开展2021年社会体育指导员“走基层送健康”志愿服务活动5次，受益群众千余人。

人民生活

【收入】 2021年，西青区居民收入水平不断提高。城镇单位从业人员平均劳动报酬同比增长4.4%；全区居民人均可支配收入46087元，同比增长8.5%，其中工资性收入26580元，同比增长15%；经营净收入3409元，同比增长131.4%；财产净收入8653元，同比下降8.1%，转移净收入7445元，同比下降12%。

【社会保障】 2021年，西青区坚持将就业工作摆在各项工作首位，突出项目拉动、强化技能提升、实施重点帮扶、优化就业服务，精准施策、促保并举，全区新增就业2.83万人。扎实推进职业技能提升三年行动和“海河工匠”建设工程，开展职业技能培训1.6万人次，新建企业培训中心3家、天津市技能大师工作室1家。大力推行失业保险稳岗返还免申即办服务模式，审核发放各类就业创业补贴资金8955.87万元，惠及企业8000余家、劳动者6.9万人次。鼓励支持创新创业，认定天津市创业孵化基地1家，开展创业培训526人，发放创业担保贷款7886.04万元。持续优化就业公共服务，开发设计西青人社云平台，创新推出“直播带岗”求职服务，打造“一南一北两级多点位”免费招聘场所，做优做强村级（社区）“就业红娘”服务品牌，全力推行全天候、不间断、零距离就业服务，开展各类招聘会170余场，入场企业4600余家次。深入推进全民参保计划，城镇职工基本养老、失业、工伤保险参保人数达21.56、20.29、20.47万人，户籍人口基本养老保险参保覆盖率达94.88%。完成基本医疗保险参保64.84万人，其中城居医保36.67万人，城职医保28.17万人。发放各类区级医疗补助7505.73万元，惠及群众3.39万人次，切实减轻群众医疗费用负担。

【社会福利与救助】 2021年，西青区强化社会救助对象动态管理，实现“应保尽保、应退尽退”；推出《西青区临时救助实施细则》《西青区救助准备金实施细则》，急难情形实行“先行救助”。全年新增困难群众582人，累计发放各类救助补贴7100余万元，惠及13万余人次。开展“走家入户送温暖”行动和农村低保专项治理巩固提升行动，走访慰问困难群众1万人次，支出资金85万元，解决个案问题83件。制定并深入推进《养老服务提升三年行动方案》，上线区级智慧养老平台，建成11家街镇级综合为老服务中心和52家社区日间照料中心，以“党建+养老”的服务模式推进村居为老服务站点建设，全区养老服务四级平台建设取得新突破。全年投入1000余万元完成2021年“助残四项实事”民心工程项目，为全区16688名持证残疾人免费缴纳133.50万余元意外伤害保险工作，为0~59岁符合条件的2400余名残疾人发放居家服务补贴584.22万元，投入375.8万元保障残疾儿童享有康复训练服务，开展“博爱送万家.点亮星星灯”送温暖活动，投入4.75万元慰问95户孤独症儿童家庭，为新增48名孤独症和残疾儿童办理救助手续，为2106名残疾人免费配发辅助器具16种2118件。

中共西青区委员会

重要会议

【区委第十二次代表大会】 2021年12月2日，中国共产党天津市西青区第十二次代表大会开幕。大会主题是：紧密团结在以习近平同志为核心的党中央周围，深入学习贯彻习近平新时代中国特色社会主义思想，团结带领全区人民，干在实处、走在前列，打造大运河闪亮明珠，建设现代化活力新城，奋力谱写西青高质量发展新篇章。

大会回顾了过去五年的工作，面对经济发展进入新阶段、产业结构调整“阵痛期”、新冠肺炎疫情常态化等一系列深刻变化，全区经济发展深度优化、城市品质、农业农村、民计民生各项工作均取得显著成效。

大会认为今后五年是西青发展的重要历史性窗口期，要坚持稳中求进工作总基调，立足新发展阶段，全面贯彻新发展理念，全面融入京津冀协同发展，持续深化“两城三带三区”发展布局，打造大运河闪亮明珠，建设现代化活力新城，奋力谱写西青高质量发展新篇章。

【区委十二届一次会议】 2021年12月4日，中国共产党天津市西青区第十二届委员会第一次全体会议召开。会议认为，新一届区委受命于“两个一百年”奋斗目标历史交汇关键节点，肩负着全面建设社会主义现代化新城的重要使命。未来五年，西青要全力担好“打造运河闪亮明珠，建设现代化活力新城”的担子，开创高质量发展新局面。要树立直辖市城区标准，在推动产业转型发展、改革创新、城市建设、生态文明、社会治理等领域持续走在前列。要始终坚持以人民为中心的发展思想，积极顺应人民群众对美好生活的向往。要加大民生投入，补齐民生短板，促进共同富裕，集中力量干一批民心工程、办一批民生实事，进一步提升群众获得感、幸福感、安全感。要坚决扛起全面从严治党的政治责任，把党风廉政建设和反腐败斗争引向深入。要时刻以违法乱纪案件为警为鉴，牢牢守住思想道德防线、党性原则底线、法规纪律红线，做到清清白白做人、坦坦荡荡为官。

【区委常委会会议】 2021年1月7日，区委常委会召开会议。区委书记李清主持会议。会议传达全市进一步优化营商环境工作会议精神，安排部署有关工作。会议强调，全力优化营商环境是市委、市政府深入贯彻落实党的十九届五中全会和中央经济工作会议精神、加快推动高质量发展和实现“十四五”规划目标任务的具体举措和实际行动。全面对照《天津市优化营商环境三年行动计划》，加快制定出台西青区贯彻落实具体措施。深入分析全区营商环境、投资服务环境的差距短板，打造全国一流、全市最优的营商环境。

1月15日，召开区委常委会暨区委党的建设工作领导小组（扩大）会议，听取各街镇、行业系统党（工）委书记抓基层党建工作述职，并进行民主评议。区委书记李清主持会议并讲话。会上播放了区委对各街镇、开发总公司和行业系统党建工作暗访纪实片，各街镇、开发总公司党（工）委书记和行业系统党委书记就抓基层党建工作情况逐一述职。李清分别进行有针对性的点评，之后进行民主评议。会议强调，要强化责任担当，以优异成绩献礼建党100周年。

1月23日，区委常委会召开2020年度民主生活会征求意见座谈会。区委书记李清主持会议。座谈会上，各街镇党（工）委书记、部分区政府部门主要负责人、“两代表一委员”结合各自工作和全区发展实际，对“十四五”规划、优化营商环境、乡村振兴、加强基层社会治理等方面，提出具有针对性和建设性的意见和建议。会议指出，要进一步统一思想，使民主生活会真正起到促进工作的作用，为实现“十四五”良好开局打下坚实基础。

1 月 29 日，区委常委会召开会议。区委书记李清主持会议。会议传达学习十九届中央纪委五次全会精神和习近平总书记在十九届中央纪委五次全会上重要讲话精神；传达学习市十七届人大五次会议和市政协十四届四次会议精神；听取区纪委十一届十次全会筹备情况汇报，审议并原则通过《区纪委十一届十次全会安排方案（审议稿）》；听取区纪委监委、区委有关部门、区总工会、团区委、区妇联 2020 年工作总结和 2021 年工作安排情况，安排部署有关工作。会议强调，要加强党性修养，强化政治监督，建设纪检监察铁军。要以“六个提升”为抓手，确保全年各项工作干在实处、走在前列、赢在开局。

2 月 5 日，区委常委会召开会议。区委书记李清主持会议。会议传达学习了中共中央政治局会议精神，习近平总书记同党外人士共迎新春时的重要讲话精神，市纪委十一届九次全会精神；审议并原则通过《关于 2020 年度落实全面从严治党主体责任检查考核情况的报告（送审稿）》。会议指出，要加强统战工作，引导党外各界人士积极建言资政，广泛凝聚共识。全区各级党组织要长期坚持“严”的主基调，持续推动全面从严治党向纵深发展。

2 月 9 日，区委常委会召开会议。区委书记李清主持会议。会议传达学习习近平总书记春节前夕赴贵州看望慰问各族干部群众时的重要讲话精神；传达学习中央第二生态环境保护督察组督察天津市情况反馈会议精神；传达学习全市组织部长会议精神；传达学习市委政法工作会议精神；审议并原则通过《西青区招商引资工作三年行动计划（2021—2023 年）（送审稿）》《西青区全面推进乡村振兴三年行动计划（2021—2023 年）（送审稿）》；听取西青区 2020 年度法治政府建设情况汇报，安排部署有关工作。

4 月 27 日，区委常委会（扩大）会议暨区委财经委员会会议召开。会议以重点项目调研及现场会方式，观摩重点项目建设取得的新成果，部署推动下一步工作。区委书记李清，区委副书记、区长白凤祥出席并讲话。会议指出，要抓好杨柳青大运河国家文化公园建设，引进储备一批大项目、好项目，深度融入京津冀协同发展。要推进科技创新三年行动，加快战略性新兴产业高新技术企业培育发展，要推动文化、旅游、城市融合发展，提升城市“气质”与“内涵”。要优化营商环境，提升全区教育发展水平。

5 月 21 日，区委常委会召开会议。区委书记李清主持会议。会议传达学习习近平总书记在中央政治局第二十九次集体学习时的重要讲话精神；传达学习习近平总书记在推进南水北调后续工程高质量发展座谈会上重要讲话精神和市委常委会扩大会议精神，安排部署有关工作。会议强调，南水北调是造福民族、造福人民的民生工程，要全力服务南水北调工程全局，认真实施好后续工程。

7 月 2 日，区委常委会召开会议。区委书记李清主持会议。会议传达学习《中国共产党组织工作条例》精神，听取全区贯彻落实举措汇报，安排部署有关工作；传达学习全市安全生产工作专题会议精神，听取全区贯彻落实举措汇报，安排部署有关工作。会议强调，要坚决扛起安全生产政治责任，坚决守住不发生重大及以上生产安全事故的底线，为庆祝建党 100 周年营造良好安全氛围。

7月23日，区委常委会（扩大）会议暨半年经济运行分析会召开，传达学习天津市委常委会扩大会议精神，总结全区上半年经济工作，部署下半年任务。区委书记李清出席会议并讲话。会议要求，要统筹产业升级和项目引建两个重点，持续提高发展质效，抓好“1010”工程、市级重点项目、“十大产业链”、杨柳青大运河国家文化公园建设和招商引资工作。新一届领导班子要身体力行、创新务实，努力推动西青高质量发展取得新的更大成绩。

7月30日，区委常委会召开会议。区委书记李清主持会议。传达学习习近平总书记在西藏考察时重要讲话精神和市委常委会扩大会议精神，研究部署全区贯彻落实工作。会议强调，要做好民族团结工作。要走生态优先、绿色低碳的发展道路，全面推进乡村振兴。会议强调要全面激活区、镇两级疫情防控指挥体系，加强物资保障和人员配备。

8月5日，西青区委常委会扩大会议暨区疫情防控指挥部工作会议召开。区委书记李清主持会议。会议传达了市委常委会扩大会议暨市防控领导小组和指挥部会议精神，并宣布关于调整西青区新冠肺炎疫情防控工作领导小组和指挥部的通知。会议强调，要充分认识疫情防控的严峻形势，加大力度、精准防控，坚决打赢疫情防控阻击战，切实保障全区人民生命健康安全。

8月13日，区委常委会召开会议。区委书记李清主持会议。传达学习习近平总书记对档案工作重要批示精神，研究部署全区贯彻落实工作。会议强调，全区档案系统要加快档案信息化步伐，强化档案资源开发利用，推动档案工作更好地服务西青发展大局、服务人民群众。会议强调，要把文明创建向群众关心关注的背街小巷、集贸市场、老旧小区延伸。会议传达学习市委常委会会议关于教育“双减”工作精神，切实把“双减”工作落到实处。

9月3日，区委常委会召开会议。区委书记李清主持会议。学习习近平总书记《总结党的历史经验 加强党的政治建设》文章，贯彻习近平总书记在中共中央政治局第三十二次集体学习时重要讲话精神、在中央党校（国家行政学院）中青年干部培训班开班式上重要讲话精神，研究部署工作落实。会议指出，要深刻认识国防和军队现代化建设在国家安全和发展全局中的重要位置，要加强民族团结教育，推动各民族坚定对中国特色社会主义的高度认同。

9月10日，区委常委会召开会议。区委书记李清主持会议。会议传达学习全市“双减”工作会议精神，听取各部门上半年工作总结和下半年工作安排。会议强调，“双减”工作具有历史性、战略性意义的重大教育改革，要扎实推进“双减”工作，促进学生全面发展和健康成长。要进一步加强校外培训机构监管，坚持从严治理、依法治理、源头治理、系统治理，及时处置各类风险隐患，确保“双减”工作稳妥进行。

9月30日，区委常委会召开会议。区委书记李清主持会议。传达学习习近平总书记在榆林考察时的重要讲话精神，研究部署西青区贯彻落实工作。会议强调，要加快推进治污与增绿双管齐下，推动生产方式和生活方式两个变革，实现碳达峰、碳中和目标，推动经济社会发展全面绿色转型。要深入挖掘“八大文化”，加快推进杨柳青年画振兴工程，推动杨柳青大运河国家文化公园建设。深入实施乡村振兴战略，将西青农村打造成宜居之乡、文明之乡、幸福之乡。

10月9日，区委常委会召开会议。区委书记李清主持会议。传达学习习近平总书记在中央政治局第三十三次集体学习时的重要讲话精神,传达学习习近平总书记在中央人才工作会议上的重要讲话精神和市委常委会(扩大)会议精神,研究部署西青区贯彻落实工作。会议指出,要加强西青区生物安全风险防治体系和能力建设,掌握生物安全主动权。要树立"人才是第一资源"理念,充分发挥人才引领高质量发展的关键作用。

10月21日,区委常委会召开会议。区委书记李清主持会议。会议传达学习习近平总书记在纪念辛亥革命110周年大会上的重要讲话精神,传达学习中央人大工作会议精神和市委常委会(扩大)会议精神,研究部署贯彻落实工作。会议指出,要厚植家国情怀,为奋进新时代凝聚强大合力。会议审议并原则通过《关于开展法治宣传教育的第八个五年规划(2021—2025)》,为全面建设社会主义现代化新城提供坚实法治保障。

11月2日,区委常委会召开会议。区委书记李清主持会议。会议传达学习习近平总书记在中央政治局第三十四次集体学习时的重要讲话精神,传达学习习近平总书记在深入推动黄河流域生态保护和高质量发展座谈会上的重要讲话精神和市委常委会会议精神,研究部署贯彻落实工作。会议强调,要深刻领会习近平总书记关于"数字经济已成为关键力量"这一重大判断的深刻内涵,提高数字经济思维。加强生态保护是重大政治任务,也是推动全区高质量发展的客观需要。会议强调要做好抗击疫情工作,要外防输入、内防反弹,有效遏制疫情扩散蔓延。

11月15日,区委常委会(扩大)召开会议。区委书记李清主持会议。传达学习党的十九届六中全会精神和市委常委会(扩大)会议精神,安排部署有关工作。会议指出,党的十九届六中全会是在中国共产党成立100周年的重大历史时刻、开启全面建设社会主义现代化国家新征程之际召开的一次具有里程碑意义的重要会议。全区上下要提高政治站位,要以全会精神为引领,进一步提高工作标杆,努力开创各项工作高质量发展新局面。

11月22日,区委常委会召开会议。区委书记李清主持会议。会议强调,要深入学习贯彻党的十九届六中全会精神,全面落实市委部署要求,要坚持原原本本读原文,认认真真悟原理,深入开展学习交流研讨,以优异成绩迎接党的二十大胜利召开。会议审议并原则通过《西青区2022年20项民心工程候选项目》,强调要高质量做好2022年20项民心工程立项工作,努力让人民群众更加充分地享受经济社会发展成果。

11月29日,区委常委会召开会议。区委书记李清主持会议。传达学习《法治政府建设实施纲要(2021—2025年)》精神和中央全面依法治国委员会、市委常委会关于贯彻落实有关工作要求,研究部署贯彻落实工作。会议强调,要提高政治站位,深刻认识法治政府建设的重要意义。要不断健全完善党委(党组)保证执法、支持司法、带头守法的制度机制。要树立大宣传理念,发动更多力量,把宣传工作做生动、做深入、做扎实,形成工作合力,增强传播效果。会议传达学习全市信访干部座谈会议精神,强调要更好履行"为民解难、为党分忧"的政治责任。要以清廉风尚护航西青事业发展。

12月10日,区委书记李清主持召开十二届区委常委会第一次会议,传达学习市委十一届十一次全会精神,审议《中共天津市西青区委关于深入学习贯彻落实党的十九届六中全会精神的工作措施》,安排部署有关工作。会议强调,要保持昂扬斗志，打造大运河闪亮明珠，建设现代化活力新城，奋力谱写西青高质量发展新篇章。会议听取新冠肺炎疫情防控工作汇报和60岁以上人群首剂疫苗接种工作汇报，强调要有序推进60岁以上人群疫苗接种，保障人民群众身体健康和生命安全。

12月17日，区委常委会召开会议。区委书记李清主持会议。传达学习中央经济工作会议精神和市委常委会（扩大）会议精神，传达学习习近平总书记在中央政治局第三十五次集体学习时的重要讲话精神，传达学习习近平总书记在中国文联第十一次全国代表大会、中国作协第十次全国代表大会开幕式上的重要讲话精神，研究贯彻落实工作。会议强调，要进一步做好经济工作，坚持稳中求进，全面融入京津冀协同发展大局。会议强调，要支持鼓励文艺工作者传承运河千年文化、挖掘历史文化内涵，创作出具有时代气息和西青特色的文艺精品。

【经济工作会议】 2021年1月5日，西青区委经济工作会议召开，总结2020年工作，部署2021年任务。区委书记李清在讲话中指出，面对突如其来的新冠肺炎疫情，西青区委深入贯彻习近平总书记重要指示精神，严格落实党中央和市委部署，统筹推进疫情防控和经济社会发展，园区治理、教育发展、拆违治乱、农村环境整治等一系列三年行动圆满收官。全面建成更高水平小康社会取得决定性成就，顺利完成“十三五”规划各项目标任务，并成功创建全国文明城区、全国法治政府建设示范区等“金字招牌”。西青区各项事业逆势而为、奋起直追，推动高质量发展取得新成绩，为“十四五”开好局、起好步打下坚实基础。

2021年，西青区要做好“六个提升”。一是提升产业发展能级，打造经济发展新优势。二是提升改革开放成效，增强发展内生新动力。三是提升综合环境质量，打造发展环境新高地，努力建设人与自然和谐相处、共生共荣的现代化美丽西青，营造尊商亲商安商富商的浓厚氛围，巩固全国文明城区创建成果，高标准规划建设杨柳青大运河国家文化公园，推动文化旅游融合发展，建设更高水平的法治西青。四是提升城市发展水平，焕发现代城市新气象。五是提升普惠共享标准，拓展民生改善新境界。六是提升乡村发展品质，展现现代乡村新风貌。迅速把全区党员干部群众思想认识行动统一到区委决策部署上来，凝聚起推动落实的强大合力。对照“六个提升”的任务体系、加快落实各项具体措施，凝心聚力推进“十四五”开局之年实现新突破、开创新局面。

重要决策

【支持民营企业改革发展】 2021年，区委、区政府印发《西青区关于营造更好发展环境支持民营企业改革发展的措施》。《措施》结合西青实际，由“总体要求”“打造公平竞争的市场环境”“完善精准有效的政策环境”“构建亲清政商关系”“组织保障”5个部分组成，推出深入实施市场准入负面清单、强化市场监管制度公平统一、积极探索政府与社会资本合作等12条具体举措。使民营经济在推进供给侧结构性改革中，进一步优化营商环境，增强民营企业家扎根西青信心，为西青做出更大贡献。

【推出领导干部“亲商八条”工作措施】 2021年，为深入贯彻习近平总书记关于优化营商环境的重要论述，认真落实市委十一届九次、十次全会精神和全市进一步优化营商环境工作会议部署，经区委、区政府同意，区委办公室、区政府办公室印发《西青区领导干部“亲商八条”工作措施》。《工作措施》结合西青实际，提出吹哨报到、政企会客、专班服务、定期走访、开工必到、“亲清”在线、早餐会商、下午茶叙 8 条工作措施，要求全区处级以上领导干部加强与企业家特别是中小微企业经营者的联系，帮助企业解决困难和问题，促进企业健康发展，加快提升西青市场化法治化国际化一流营商环境。

【实施招商引资工作三年行动】 2021 年，为进一步凝聚全区招商引资合力，不断拓展招商引资广度和深度，经区委、区政府同意，区委办公室、区政府办公室印发《西青区招商引资工作三年行动计划(2021—2023 年)》。《行动计划》从指导思想、基本原则、工作目标、主要任务、保障措施五个方面指导招商引资具体工作，明确聚焦重点产业招商、加强重点区域招商、全面加强载体建设、实施集聚高端人才行动计划、打造专业的招商队伍、创新招商方式、打造一流营商环境 7 个方面 19 项具体任务，力争到 2023 年，对外开放水平进一步提高、招商引资工作走在全市前列。

【实施科技创新三年行动】 2021 年，为进一步落实创新驱动发展战略，贯彻落实习近平总书记关于“打造我国自主创新的重要源头和原始创新的主要策源地”重要指示要求，经区委、区政府同意，区委办公室、区政府办公室印发《西青区科技创新三年行动计划(2020—2022 年)》。《行动方案》深度融入京津冀协同发展重大国家战略，强力聚焦自主创新、科技创新体制机制改革等内容，提出 22 项具体工作举措。力争到 2022 年，西青科技创新动力显著增强，全社会研发投入强度达到 3.85%以上。企业创新主体发展质量显著增长，高新技术企业总量突破 720 家。

【建立健全城乡融合发展体制机制】 2021 年，区委、区政府印发《关于建立健全城乡融合发展体制机制和政策体系的若干措施》。《措施》结合西青实际，与乡村振兴、公园城市、新型城镇化建设等全区重点工作相结合，从突破城乡空间分割、突破城乡要素流动壁垒、突破农村公共服务瓶颈、突破农村基础设施短板、突破农村产业单一局限、突破农民增收瓶颈等 6 个方面，提出完善城乡融合发展空间布局规划、完善城乡一体产业发展规划、健全以特色小镇为支撑的新型城镇化发展规划等 25 条具体改革举措。加快形成工农城乡关系，缩小城乡发展和居民生活水平差距，推进乡村全面振兴和农业农村现代化。

【实施全面推进乡村振兴三年行动】 2021 年，为加强美丽宜居乡村建设，不断完善乡村治理体系，经区委、区政府同意，区委办公室、区政府办公室印发《西青区全面推进乡村振兴三年行动计划(2021—2023 年)》。《行动方案》紧扣西青农业农村农民实际，从耕地资源保护、农业综合生产能力提升、都市型现代农业提质、农业农村绿色发展、宜居乡村建设、农村美好生活创建、乡村治理提升 7 个方面提出 20 项具体任务。力争到 2023 年，全区乡村振兴制度框架和政策体系初步健全，农民收入水平进一步提高，农村基本公共服务水平进一步提升。

【建立健全农村集体经济组织管理制度】 2021 年，为促进农村集体经济健康发展，保护农村集体经济组织及其成员的合法权益，加强和规范农村集体经济组织管理，经区委、区政府同意，区委办公室、区政府办公室印发《西青区农村集体经济组织管理办法(试行)》。《管理办法》紧密结合西青实际，根据相关法律法规和中央、市委有关文件精神，在适当参考外省市有关经验做法的基础上，从成员和股权管理、组织机构、资产管理运营、财务管理及收益分配、监督等7个方面提出49条具体制度，是天津市首部农村集体经济组织管理办法。

【实施养老服务提升三年行动】 2021年，为贯彻落实党的十九届五中全会和市委十一届九次全会精神，应对人口老龄化带来的养老服务压力，大力加强养老服务体系建设，实现养老事业与养老产业协同发展。经区委、区政府同意，区委办公室、区政府办公室印发《西青区养老服务提升三年行动方案（2021—2023年）》。《行动方案》从推进三级养老服务管理队伍建设、推进四级养老服务平台建设、加强养老服务阵地建设、推进老人家食堂建设、健全完善养老体系建设5个方面提出17项具体建设任务。通过实施三年行动，打造西青养老品牌，建设西青老年人幸福家园。

【实施公园城市建设三年行动】 2021年，为深入贯彻落实习近平生态文明思想，坚决贯彻新发展理念，着力推动西青绿色生态环境建设，进一步优化城市公园布局，大力建设美丽宜居的公园城市，不断满足人民群众优美生活环境的需要，经区委、区政府同意，区委办公室、区政府办公室印发《西青区公园城市建设三年行动方案（2021—2023）》。《行动方案》着眼建设高质量发展引领区、生态宜居标杆区、现代化治理样板区、美好生活示范区目标，结合大运河保护利用和公园建设要求，提出从市级公园、区级公园、社区公园、口袋公园、街景绿地、立体绿化6个方面发力，力争到2023年，全区新增绿地539公顷、各类公园74个，人均公园绿地指标提高到14平方米/人，确保将公园建在人民群众身边，通过公园增强人民群众幸福感和获得感。

重要工作

【文件管理】 2021年，区委办公室优化规范办文流程，全年收发市、区各类文件1.5万余份，提出拟办意见2000余份，处理文件1.3万余件。及时送区委常委传阅文件82次，办理领导批示转办件337件，处理市纪委转办及群众信访件238次，文件办理做到零错误、零延误、零失误。完善向市委请示报告重大事项程序和规范，累计向市委请示专项工作21项、报告情况47次，不断提升报告工作制度化、规范化、科学化水平。

【文稿信息起草】 2021年，区委办公室组织起草报告、请示、方案等各类公文200余件，起草汇报、讲话等文稿500余篇，完成区委十一届十三次全会有关材料和区第十二次党代会报告起草工作。编辑各类信息3600余篇，刊发《西青要闻》《信息专报》《西青情况》95期，处理突发事件信息40多件。

【会议服务】 2021年，区委办公室组织区委常委会会议55次、书记专题会52次，组织区委常委开展专题视察、调研推动、现场办公等活动110余次。完成区第十二次党代会各项议程，严控成本、压减开支、节俭办会。

【专项工作】 2021年，区委办公室牵头组织落实中央巡视天津市反馈意见整改、市委巡视一组反馈意见建议整改等工作，建立“三级递进”整改机制，推动192项整改任务取得阶段性成效。牵头组织政治生态反馈问题整改，出台十个方面二十条措施。统筹推动落实全面从严治党主体责任，研究制定12个方面42项具体任务，完成市委主体责任检查考核反馈问题整改落实，做实主体责任检查考核“后半篇文章”。抓好为基层减负工作，出台14条措施，推行总量控制、过程控制、绩效管理、负面清单四项措施。全年区委下发文件数量同比下降17%，会议数量同比下降13%。

【健全审核机制】 2021年，区委办公室健全党内规范性文件前置审核机制。审核区委文件30余件，审查各部门党内规范性文件52件，发现和处理问题文件20件，纠错率38.5%，有效维护党内规范性文件严肃性。开展“查重”专项治理，有效杜绝机械式、简单化套转上位文件等问题。

【党建教育】 2021年，区委办公室深入开展党史学习教育，组织专题读书班3期、集体学习10次，召开室务会、全体会、警示教育会57次，其中52项涉及或专题研究党建工作。召开支委会13次，党员大会18次，开展党日活动12次。加强1名预备党员和2名入党积极分子培养教育。加强干部队伍建设，完成人事任免9批次。

（王艳鹏）

区委巡察

【落实巡察全覆盖】 2021年，区委巡察办公室深化政治巡察，细化监督重点，紧盯政治责任，不断提高巡察全覆盖质量。组建11个巡察组，开展3轮巡察，对区委政法委、区农业农村委等11个部门开展常规巡察。以统配巡的方式对区供销社开展巡察整改“回头看”，对区发展和改革委员会（粮食办公室）、区粮油经营有限公司、区粮食购销有限公司开展涉粮问题专项巡察，延伸巡察所属区粮食储备有限公司和区军粮供应有限公司。巡察共发现问题528个，移交问题线索58件，推动解决各类问题75个，巡察利剑作用凸显。

【从严治党主体责任】 2021年，区委巡察办公室将巡察工作列入年度工作要点和全面从严治党主体责任考核内容。召开区委常委会会议7次，领导听取汇报、审定巡察年度计划、轮次巡察方案等，帮助解决困难和问题。召开书记专题会议3次，累计提出处置意见136条；区委区政府班子成员落实“一岗双责”，分管区领

2022年2月18日，区委办召开党史学习教育专题民主生活会

2021年3月，区委巡察办召开第一指导督导组专题培训会

导参加反馈会19人次。

【巡察具体化】 2021年，区委巡察办公室深化政治巡察，结合单位职能职责，细化160余项监督重点，推进政治巡察具体化。紧盯“关键少数”，制定“一把手”和领导班子政治评价指引，提高监督针对性和精准度。高质量完成区委任期内全覆盖任务，覆盖率100%。

【健全督导机制】 2021年，区委巡察办公室贯彻上下联动，高站位接受指导督导。与指导督导组同题共答、同向发力，补短板强弱项，健全完善人才库建设等制度机制7项，探索形成《关于如何制作巡视（巡察）报告问题底稿的方法指引》1套。深化巡视巡察联动，探索建立与市委巡视机构对接机制，扎实组织统配巡，发现典型问题78个，提交专题报告2篇，释放上下联动最大效能。

【建立巡察“智囊团”】 2021年，区委巡察办公室坚持贯通融合。巡前，邀请相关部门业务向巡察组集中通报情况3次，提供资料65份。巡中，函请相关单位协助核查事项17个。巡后，及时梳理问题线索清单、点人点事清单，分类移交相关部门共58件。组织召开10个区级部门和区纪委、区委组织部6个内设机构两个层面联席会，明确要求，压实责任。强化协作配合，精选财政局、审计局等9个单位业务骨干建立巡察“智囊团”，借助“外脑”有效破解难题。强化成果运用，区纪委监委结合巡察发现问题开展专项治理。

【健全整改督促机制】 2021年，区委巡察办公室压实整改责任，区委常委会听取3轮16个单位整改情况汇报，分管区领导18人次担任整改工作领导小组第一组长，参加反馈会、巡察整改专题民主生活会，全程跟进指导整改工作。健全整改督促机制，制定流程图和提示单，明确65项整改任务，使整改精准导航有据可循。强化跟踪问效，对整改难度大、问题复杂的供销社等单位，组建多部门参与整改专班，全程联动督促指导。开展整改情况“大起底”，对63个单位1777个反馈问题逐项“过筛子”，梳理未完成整改问题76个，采取全区通报情况、约谈后进单位、下发纪检监察建议书、召开联动整改推进会等方式，推动问题清仓见底。

（刘　兵）

组织建设

【队伍建设】 2021年，区委组织部全面提升基层党建工作质量，引领党建高质量发展。制定区委常委会抓基层党建工作清单，逐级督促指导建立本级党委（党组）工作清单，逐项抓好各领域党支部标准化建设清单落地落实。完成133个村、128个社区“两委”换届任务，选优“两委”班子成员特别是“一肩挑”，实现村、社区“两委”应换尽换。组织261名村、社区党组织书记集中培训，1513名“两委”班子成员轮训。关注基层干部选拔培养，选聘19名优秀村、社区党组织书记为事业编制人员，选拔5名优秀农村专职党务工作者进入乡镇领导班子。公开招录166名社区工作者，充实社区网格治理力量。以村、社区“两委”换届为契机，落实村居干部备案管理、资格联审、村（居）民议事会、村社区各类组织向党组织述职等制度，逐项抓实村级权力清单、村、居务公开等工作机制。开展社会组织“挂牌党建”问题专项整治，新建3个社会组织党组织，推进74家社会组织建立党组织。新建非公企业党组织63个。做好发展党员工作，全年举办发展对象短期集中培训班6期，共计发展党员797人。

【落实关怀政策】 2021年，区委组织部落实党的关怀政策，在元旦春节、七一重大时间节点，全区各级党员领导干部带头走访慰问获得党内功勋荣誉表彰的党员、生活困难党员、老党员、老干部和烈士遗属、因公殉职党员干部家属。元旦春节期间走访慰问共计479人，其中生活困难党员448人，新中国成立前老党员8人，生活困难的村（社区）老干部21人，因公牺牲的党员家属2人，发放慰问金96.5万元。“七一”前夕走访慰问共计1080人，其中获得党内功勋荣誉的党员2人，生活困难党员445人，新中国成立前老党员31人，老干部540人，烈士遗属60人，因公殉职党员家属2人，发放慰问金123.396万元。

【表彰优秀】 2021年，区委组织部开展评选表彰优秀工作，对优秀共产党员、优秀党务工作者和先进基层党组织进行评选表彰。全区推荐产生天津市优秀共产党员9名、天津市优秀党务工作者3名和天津市先进基层党组织5个；评选西青区优秀共产党员70名、西青区优秀党务工作者40名和西青区先进基层党组织40个。摸排梳理全区2528名老党员，并为其发放“光荣在党50年”纪念章。隆重召开西青区庆祝中国共产党成立100周年表彰大会，对区级“两优一先”进行表彰，并为老党员代表颁发“光荣在党50年”纪念章。

【公务员队伍管理】 2021年，区委组织部不断加强公务员队伍宏观管理。优化源头结构，新招录公务员和选调生64人，其中“双一流”高校（学科）毕业生、研究生招考人数占49.3%。规范借调人员管理，严把人选关、程序关和纪律关，审议办理人员调配事项194人次。制定出台《西青区机关事业单位借调干部管理办法》，促进干部合理有序流动。加强年轻干部培养选拔，统筹用好职务与职级两个序列，充分调动各层次、各年龄段干部工作积极性。用好公务员奖励资源，加大对基层一线公务员评优奖励力度，全区考核优秀公务员432人，其中49人记三等功。用好及时奖励政策，给予在急难险重任务中取得显著成绩的10个公务员集体和22名公务员嘉奖、记功，进一步树立重事功、重实绩的鲜明导向。推进专业技术类公务员分类管理，完成试点单位首次任职资格评定、职级套转和晋升等工作。

【引进教育人才】 2021年，区委组织部加大高层次教育人才引进培养力度，优化区内教育系统人才结构。研究起草《西青区加快集聚培养高层次教育人才三年行动方案》，提出“外引内培、择优培养、以用为本、重在实效”整体工作思路。利用三年时间建设一支引领性强、影响力大的教育高层次人才队伍。设立名师名校长“双名工作室”，精准育才，打造本土人才全过程培育体系，对现有高层次人才进行梯次培养。围绕教育人才落户、住房、

2021年，区委组织部举办“赓续红色基因·接力奋斗征程”新党员入党宣誓仪式

子女入学等实际需求，整合区委人才工作领导小组35个成员单位服务资源，合力进行突破，让引进的人才留得住、用得好。

【个人事项填报】 2021年，区委组织部结合工作实际，创新提出"预习+复习+检查作业"新理念。预习，即每次填报前，组织领导干部对个人事项涉及的"八项家事和六项家产"逐项进行讲解，让干部明白填报政策要求。复习，即填报完成后，针对房产、股票、基金、投资型保险、经商办企业等11类易错点，再次进行重点讲解，答疑解惑。检查作业，即对照领导干部个人事项填报表，及上报各类佐证材料，逐一进行核对，重点看"材料齐不齐、项目全不全、逻辑对不对、子女报没报"，确保不出现问题。从查核情况看，全区查核干部较上一年增加3倍，如实报告率较上一年有明显提升。

（陈　尚）

宣　传

【学习教育活动】 2021年，区委宣传部重点围绕习近平总书记"七一"重要讲话精神等专题交流学习心得，开展党史学习3000余场次、专题研讨700余场次。开展"西青区干部学习大讲堂"、处级领导干部党史党性教育专题培训等。以"千名书记讲党课 万名党员抒感言"活动为抓手，讲专题党课2000余场次。依托红色资源，打造党史教育实境课堂，12万余人次接受红色教育。全区1643个党支部全部按要求召开专题组织生活会，列出问题清单6300余条，党员干部查摆问题6.76万个，制定整改措施6.5万条。开展理论文章征集活动，累计报送学习体会110余篇。

【优化网信环境】 2021年，区委宣传部优化网信队伍结构，全区网评员队伍达3000余人。发挥微信、微博、头条号、抖音等新媒体矩阵平台在舆论引导中的重要作用，发布信息1万余条。举办西青区国家网络安全宣传周活动，提高人民群众网络安全意识。升级"西青区网络安全态势感知平台"，梳理确定24家重保系统、40个重点LED屏幕，对7个重要APP进行个人隐私安全检测和安全测试检查，发现并督促整改安全问题170余处。以区大数据中心为依托，打造IOC指挥中心、IDC数据中心及办公区等场地环境。推动"数字底座"项目建设，搭建地理信息一张图、政务云等场景平台。全年共搜集涉区网上负面舆情931条，共计发送《网络舆情预警单》218期、撰写《网络舆情专报》18期。

【疫情防控宣传】 2021年，区委宣传部扎实做好疫情防控与疫苗接种宣传工作。拟写《西青区新冠病毒疫苗接种宣传工作方案》。成立以宣传部为牵头单位，区卫健委、区委网信办等为成员单位的工作宣传舆情组，从社会动员、新闻宣传、舆情引导等方面进行细化分工，周密部署，确保宣传工作有序开展。积极向区外媒体供稿推介，刊发疫情防控新闻40条次。

【对外宣传】 2021年，区委宣传部注重对外新闻宣传工作。区属各媒体平台在首页首屏、重要版面开设专题专栏，区融媒体中心成立全媒体报道小分队开展调研采访，深挖各领域发展成就亮点，累计刊发各类新闻600余篇。举办"讲好西青故事 共谱时代华章"媒体走进西青活动，宣传展示西青经济社会发展成果。开展"文明西青 你我同行"新时代文明实践志愿服务活动，推动热带植物观光园等景区景点实践阵地建设。紧扣建党百年主题主线，对外推介经济社会发展成效亮点，在人民日报、新华社、中央电视台、天津日报等媒体累计刊发宣传报道860余篇次。

【推进媒体融合】 2021

年，区委宣传部推进区级媒体融合，打造立体化宣传矩阵，提升"统筹策划、一次采集、多种生成、多元传播、科学评价、有效应用"平台建设。完善智能指挥调度系统功能，采编全员在线听指挥的同时，将全区160余名基层通讯员纳入宣传队伍。形成一张网覆盖全区各角落、新闻现场第一时间抵达的高效新闻报道体系，实现"横"做到新闻大影响力传播，"纵"贯穿不同受众人群。"两台一报一网一端两微一云平台"全媒体传播矩阵持续发力。

【精神文明创建】 2021年，区委宣传部推进群众性精神文明创建活动，对文明单位、文明社区、文明村镇、文明校园等精神文明创建典型及候选单位进行实地走访调研，考察创建情况，指导创建思路。遴选一批创建积极性高、成效突出的中小学校，作为2021—2023年创建全国文明校园先进学校，加强重点督导。依托春节、元宵、清明等传统节日，在文明社区、文明村镇组织开展文艺活动、文化讲座、时代新风宣传等活动。在"文明西青"微信公众号开设"文明范儿"专题专栏，宣传精神文明创建先进典型经验。在《天津日报·聚焦西青》深化文明单位创建专栏及其他区融媒平台宣传，营造浓厚社会氛围。加强道德模范、身边好人宣传。加强未成年人阵地建设工作，发动各街镇组织申报创建第六批"五爱"教育阵地16个，2021年快乐营地20个。推进新时代文明实践阵地创建，建成1个区级新时代文明实践中心、11个街镇级实践所、261个实践站，实现全域覆盖。

【全国文明城区创建】 2021年，区委宣传部巩固提升全国文明城区创建成果。推进10大巩固提升工程和8大文明素质培育行动，针对6项重难点问题开展文明行动。深入各街镇开展调研，打造村居"公共晾晒区"、农贸市场"红色菜篮子"、文明单位"24小时爱心驿站"、样板示范校园等亮点，深挖基层创文特色。组织第三方测评，测评主要针对全域创建点位，采取召开创文调度会、下发黄色督办单等措施确保测评效果。开展创文线上有奖问答活动，总参与人次超40万，进一步提高群众知晓度和参与度。改造提升市政道路，推动有关部门改造老旧小区路灯设施，开展背街小巷清整行动。推行"黄橙红"三色督办机制和区级领导领办督办制度，将创文工作纳入区委20支督导组常态化督查内容，将创文测评标准纳入网格员日常巡查范围。

（白　杨）

统一战线

【教育实践活动】 2021年，区委统战部以庆祝建党百年为契机，推动中共党史学习教育向统一战线延伸覆盖。举办西青区统一战线大讲堂、书画作品展和"风雨同舟百年路、高歌奋进新征程"主题健步走活动。指导各民主党派、党外知识分子开展交流研讨、实践考察30余场。组织民族宗教

2021年6月4日 区委宣传部举办世界环境日暨"青少年探索小屋"主题活动

界人士参加“唱支山歌给党听”“重走长征路”等主题活动22次。面向新的社会阶层人士开展“寻美·天津”西青篇研学体验活动，网络话题阅读量超7640万次。举办党外干部“迎接建党百年、致敬峥嵘岁月”演讲比赛，侨海人士党史学习读书会等各具特色的教育实践活动。

【人才选用】 2021年，区委统战部以区人大、政协、工商联换届为切入点，做好代表委员和常委人选推荐提名、联合审查、组织考察等工作。176名党外人士在换届中得到政治安排，其中新推荐人员占到71%。年龄结构、学历层次进一步优化。为做好党外干部选用工作，统战部举办党外干部培训班，共同与党外中青年干部谈心交流，有30余名党外干部得到职务职级提拔。制定《西青区关于进一步加强党外干部沟通联系和日常管理的工作制度》，建立区、处、科三个层级200余人的党外干部人才库，推荐65人入选市级“十百千工程”。

【东西部协作】 2021年，区委统战部开展东西部协作社会动员工作。动员全区820余家民营企业、统战和社会组织，6000多名爱心人士捐款捐物1931.02万元。所有款物全部用于三个对口支援地区，实施27项社会帮扶项目，在全市率先超额完成工作目标。

【参政议政】 2021年，区委统战部引导党外人士积极议政建言，紧扣全区中心工作，以“同心西青·建言十四五”为主题开展参政议政。召开政党协商会议、调研考察活动7场，形成意见建议200余篇，关于推动乡村振兴的意见建议专刊得到区委主要领导批示肯定。协同民进市委会对西青区“绿色生态屏障建设”开展专项民主监督，组织专项汇报15次。支持工作组实地调研点位10余个，行程800余公里。对市委会专家反馈的30余条意见建议全部予以落实，区绿色生态屏障建设基本完成，累计绿化造林超3万亩。

【协调联动】 2021年，区委统战部发挥区工商联和基层商会、区新联组、侨海联谊活动组等组织的联系协调优势，举办“凝聚新力量、筑梦新时代”、台青就业创业、港澳台侨联谊会等主题活动100余场。《多部门联动解决用工难，助力台企复工达产》的案例入选全市“我为群众办实事”经典案例推选展示活动。连续6年与《台湾导报》合作，实现入岛宣传。为120余名港澳台胞和华人华侨提供新冠疫苗接种服务。建立20名优秀青年教师组成的外派教师师资库。制定出台《西青区民营经济统战工作协调机制》、西青区领导干部“亲商八条”等政策文件。组织全区处级以上领导干部开展“政企会客厅”“早餐会商”“下午茶叙”等活动，为民营企业解决经营难题200余个。发挥好民族宗教区、镇、村三级网络和基层网格员作用，有效地推进

2021年，区委统战部开办“学党史、聚合力、开新局”统一战线大讲堂

非法宗教专项治理。

（马佩瑶）

政策研究

【调查研究】 2021年，区委研究室围绕区委、区政府重点工作和中心任务，确定年度重点调研课题。收集整理2020年度区委常委、副区长重点调研课题成果转化报告，形成总结上报市政府研究室。梳理汇总区级领导“十四五”规划调研成果，编辑出版《深入调研 科学谋划——区级领导“十四五”规划调研报告汇编》。开展重点调研课题申报工作，向74个区级部门下达2021年重点调研课题通知书，筛选立项119个重点调研课题开展调研。围绕村集体经济纳税，深入税务等相关委局和街镇、村走访座谈，形成村集体经济组织纳税问题调研报告。围绕南站科技商务区管理运营体制改革开展巡查调研，完成《南站科技商务区管理运营体制改革的对策建议》和《关于南站公司员工薪酬体系问题的对策建议》。围绕招商体制改革，对接发改委、经开集团开展座谈，研究形成招商体制改革意见建议。精选全区各单位调研成果，择优编发《区情调研》21期，编发《区情调研》（区级领导调研成果专刊）9期。

【深化改革】 2021年，区委研究室制定出台《区委深改委2021年工作要点》《西青区2021年全面深化改革任务台账》《西青区2021年十大重点改革任务清单》，对全年改革重点工作作出部署。加强组织推动，审议农村集体经济组织管理办法等重要改革文件。组织召开区委深改委（扩大）会议，安排有关委局、街镇就全面深化改革工作做现场和书面交流，互学互促推动改革工作，呈报区级领导领衔改革任务清单。强化督察督办，形成改革任务督察整改方案和整改报告上报市委改革办。通过书面督查、实地走访等多种形式，全面掌握各单位落实区委深改委扩大会议精神情况及各项改革任务工作进展。

【重点与专项工作】 2021年，区委研究室落实全区重点工作，起草《区委2021年工作要点》及其任务分工方案，制定区委“十四五”规划建议任务分工方案，参与起草《区委党建工作2021年工作要点》部分内容。高标准完成上半年农户劳动力就业及进城情况调查、农民家庭可支配收入调查、农民负担监测调查、年末农户农村调查等常规调查任务和农村劳动力返乡留乡就业创业专项调查任务，积极参加全国农村固定观察点调查员培训。深入观察点村调研村级集体经济建设短板和困难，研究提出对策建议。

（徐梦迪）

网络安全和信息化

【大数据中心揭牌】 2021年1月，区委网络安全和信息化办公室（简称区委网信办）

2021年，区委研究室在辛口镇开展生态产品课题调研

正式启动西青区大数据中心项目建设。历经10个月建设期，于10月13日成功举办揭牌仪式。天津市委宣传部副部长、市委网信办主任、市大数据管理中心主任王芸，西青区委书记李清出席活动并为西青区大数据中心揭牌。大数据中心落成标志着西青区进入数字西青建设的新时代，成为全区数据归集汇聚的总仓库、数据共享交换的总通道、数据治理清洗的总平台、数据规范标准的总策划和数据安全开放的总闸门。

【网络服务平台上线】2021年5月，区委网信办举行企业发展服务综合平台上线仪式。区政府办、区委网信办、区发改委、区政务服务办、区网格中心相关负责同志出席，城西供电、中电(天津)大数据有限公司、阿里云计算有限公司等10家企业参与本次上线仪式。仪式上，各相关单位负责人分别对西青企业发展服务综合平台情况及“政务旗舰店”上线功能、“经济驾驶舱”上线情况进行演示，对“在线店小二”上线情况及功能进行介绍。西青区将以这个平台为起点，不断提升服务、优化功能，更加精准服务，打造企业“家的港湾”。

【网络安全培训】2021年，区委网信办组织开展“网络安全大讲堂”活动，围绕《中华人民共和国网络安全法》《中华人民共和国数据安全法》《中华人民共和国个人信息保护法》及工作中的网络应用和密码管理、网络诈骗等安全风险隐患，邀请网络安全专家深入各街镇和部分委办局开展网络安全专场培训20场，累计参训人数2000余人，提高了全区广大干部职工网络安全防范意识，提升了网络安全防护能力。开展网络安全线上答题等线上新媒体宣传活动，宣传网络安全知识，共计580余人次参与线上答题活动。新媒体平台开设“聊聊网络安全这点事儿”“文明上网小课堂”等专题专栏，围绕“文明上网、清朗空间”等主题，营造“网络安全为

2021年10月，西青区大数据中心启用

2021年，区委网信办在社区开展的网络安全宣传

人民,网络安全靠人民”舆论氛围。

【网络安全进校园】 2021年,区委网信办组织开展网络安全进校园活动。邀请网络安全专家走进杨柳青二中,宣传网络安全相关知识,增强学生们参与网络举报的积极性和主动性。好网民志愿者分享的云端网络安全寄语,宣传“清朗空间,有你有我”的理念,传播网络正能量。充分利用科技周等时间节点,积极开展文明上网、网络安全等相关主题宣传活动,积极向社会公众宣传介绍常见互联网违法和不良信息的类型,鼓励社会公众共同守护清朗网络空间。

(王 宁)

机构编制管理

【开发区体制改革】 2021年,区委机构编制委员会持续完善开发区管理模式和运行机制改革,推动开发区转型升级和高质量发展,制定印发《西青区规范开发区管理机构实施方案》。摸清开发区机构编制底数,规范开发区管理机构设置,设立中共天津西青经济技术开发区工作委员会,调整开发区工委、管委会处级领导职数,实现党政“一肩挑”。

【综合行政执法改革】 2021年,区委机构编制委员会深入推进综合行政执法改革。在完成市场监管、生态环境保护等7个领域综合行政执法改革基础上,推动人力社保、水务2个领域综合行政执法改革,组建人力社保、水务领域综合行政执法支队。通过改革,有效整合2个领域的行政执法职责,增强了执法的统一性和权威性,完善了全区综合行政执法体系。

【党政机构改革】 2021年,区委机构编制委员会通过对区发改委、区城管委、区文旅局等部门的工作职责进行调整完善,充实优化政府工作部门机构职能,有效提升政府社会治理水平和服务效能。调整区纪委监委、区委政法委、区农委等多个部门机构设置,为区协同办修订“三定”规定,推动了部门职能优化协同高效,党政机构改革取得成果。

【事业单位改革】 2021年,区委机构编制委员会组织开展事业单位分类改革落实情况“回头看”,协调解决“8890”便民服务专线管理工作职责、城镇排水相关工作职责划转等问题。督促指导51个事业单位完成法人变更、注册登记,破解已撤销单位法人长期未注销的历史遗留难题。事业单位改革任务得到落实、改革成效得以体现。

【机构编制管理】 2021年,区委机构编制委员会全面提升机构编制管理规范化水平,完善管理制度,组织各单位建立统一的机构编制台账和文件档案。严格执行机构编制纪律,组织各单位报告2020年度机构编制事项。因机构改革造成超编问题均列出整改台账,制定解决措施,按时完成整改任务。调整规范22个单位科级领导职数,强化机构编制信息共享,建立编制管理超编预警机制。定期发布超编预警信息,向组织、人事、财政预算部门提供机构编制信息,加强机构编制信息共享。

【机构编制核查】 2021年,区委机构编制委员会组织开展第二次全区机构编制核查,严格按照“准备、实施、总结”三个阶段和“单位自查、群众监督、数据比对、实地核实、数据更新”五个环节统筹推进,高质量完成核查工作。调剂使用行政编制41名,调剂使用事业编制496名,提升编制资源统筹配置效用。加大民生领域机构编制保障力度,批准设立赛达津衡实验小学、西青区中医医院等,增加中小学和幼儿园编制87名、卫生事业编制332名,调整九十五中学和妇幼保健计划生育机构等。批准设立津门湖街道办事处及其下属机构，为优秀村(社区)党组织书记选聘事业编人员核拨专项编制，保障基层治理体制机制创新。

(吴　琼)

区级机关党建

【政治建设】 2021年，区级机关工委结合习近平总书记在建党一百周年重要讲话精神，开设“区级机关：我想对党说”视频展播专栏，以机关党员干部爱党爱国爱社会主义真挚情感，向建党100周年献礼。举办党史学习教育主题知识竞赛，夯实模范机关创建”系列主题活动，通过“最强支部、模范机关”擂台赛、推荐精品主题党日等形式，展示提升党建质量成功经验，提高党建工作实效。

【思想建设】 2021年，区级机关工委以专题读书班、学习交流研讨、“三会一课”和主题党日等形式，组织党员干部悟初心、践使命。研究制定《2021年区级机关党员教育培训计划》，将党的十九届六中全会精神和党史学习教育内容作为各级各类培训重点课程，提升党建业务工作质量。全年培训基层党组织书记、党务干部、党员干部、发展对象和入党积极分子650余人。

【制度建设】 2021年，区级机关工委研究制定全面从严治党责任清单和任务清单、抓基层党建责任清单，增强纪律约束力和制度执行力。制定《区级机关党组织基本情况台账》《区级机关所属基层党组织基本情况台账》，督促指导45个基层党组织做好成立、撤销、换届选举、补选委员等工作，调整党组织书记47人。严把政治首关，全年发展新党员63人，34名预备党员按期转正。围绕党建基础工作难点、易错点，制定基层党组织标准化手册，建立区级机关党组织基本情况工作台账。完善党费收缴、管理制度，规范党费使用程序。

【作风建设】 2021年，区级机关工委履行区委“讲担当促作为抓落实、持续深入治理形式主义官僚主义不担当不作为问题”专项行动机关作风建设工作组职责，制定实施方案、负面清单，组织推动区级机关开展自查自纠。开展群众工作，落实“我为群众办实事”实践活动。确定10项实事项目清单，围绕党员活动室建设、党建基础工作等开展“点单式”“一对一”服务10余次，推动问题从根本上得到解决。加强党组织和在职党员“双报到”工作，推动“双报到”与“入列轮值”“听民声”等工作相结合。走访慰问困难群众2600余人，为社区治理提出“金点子”550余个，认领“微心愿”等好事实事1700余个，收集群众意见整理成账，及时销账。

【组织建设】 2021年，区级机关工委发挥片区机制作用，丰富组织生活形式，巩固党员党性修养。通过联合主题党日、集中汇报演出、重温入党誓

2021年，区级机关举办的党务干部培训班

词、瞻仰革命遗址等形式，组织开展“奋斗百年路 启航新征程”等联建活动20余场，增强各单位工作相互交流协作，展现党员干部朝气蓬勃精神风貌。发挥党建品牌示范作用，推动党建品牌建设从先进基层党组织向各级党组织延伸，实现从先行先试到全面实施转变。《天津机关党建》《天津支部生活》等刊发创建成果，进一步形成党建引领促发展、创新服务见成效的良好效果。依托“西青机关党建”微信公众号发布党史故事、知识测试等500余篇，每季度精选20题组织测试，巩固学习成果。

【机关建设】2021年，按照区级机关工委、部门党组（党委）、机关党委（含不设党委的总支、支部）3个责任主体，分3个部分共25条责任清单，明确到人，具体到事，确保责任界限清晰，责任内容有机衔接。从绩效考核、述职评议、列席监督等方面，压实部门单位党组（党委）履行机关党建主体责任。机关工委以《新时代机关党建工作机制的实践与思考》为题，开展调查研究工作。征求对机关工委工作意见建议，对巡视巡察整改任务落实、党内政治生活制度情况进行调研指导、督促整改。

（谭　念）

督促检查

【重点工作督查】2021年，区委督查室围绕全区“十四五”发展规划、区委年度工作要点、区政府工作报告、区级民心工程等落实情况开展综合督查。对全区疫情防控、区政府协议履约情况，1010工程进展情况，合村并居、市委巡视反馈问题整改等问题开展跟踪督查。对招商引资项目落地情况，设施农业建设情况，土地整理地块、农村生活污水处理实施改造等问题开展专项督查。形成督查专报14期，疫情防控督查专报80余期，有力推动区委、区政府各项决策部署落地见效。进一步统筹规范督查检查考核，制定13个“督检考”事项，总量与去年持平，继续为基层减负。

【督查体制改革】2021年，区委督查室积极推进西青区督查体制机制改革，探索建立督查专员制度，整合督查力量，组建20支督导检查组。形成“五个一”工作体系，即组建“一支队伍”管督查，推行“一张清单”下计划，制定“一套培训”方法，编辑“一份专刊”晒成果，拟定“一个办法”立制度，制发《西青区督查专员管理办法（试行）》，形成系统性顶层设计且方便操作。督导检查组对党史学习教育、巡察整改、换届风气、深化改革、创文复检、市委巡视整改等33项重点工作开展专项督导检查。

【办理网民留言】2021年，区委督查室圆满完成区主要领导批示办理及网民留言办理工作。共办理领导批示件968件，对疫情防控、重点工程、重大民生工作的批示专门督办，逐件分析研判，科学限定办理时限。共承接3360件网民留言，全部按时回复，回复率100%。坚持畅通网络问政渠道，走好网上“群众路线”，打造“信得过”网上问政平台。深挖大数据资源，每季度对留言进行热点问题趋势性分析，为政府决策提供精准服务。

【绩效考核】2021年，区委督查室完成市级绩效考评工作，考评总成绩位列全市第四，被评为优秀等次。做好绩效管理综合协调，组织推动和监督检查工作。出台《西青区2021年度绩效管理工作实施方案》《西青区2021年度绩效管理公众评议方案》等制度文件，对街镇、党群、政府、双管4个系列77个单位开展年终绩效考评，发挥绩效考评“指挥棒”作用，激励部门争先进位，激励干部担当作为。

（孙连华）

老干部管理

【组织活动】 2021年，区委老干部局组织离退休干部学习，加强思想政治引领。完善阅读文件、情况通报、参加重要会议、参观考察等制度，开展重阳节“我看西青发展新成就”绿色生态游主题活动，引导老同志积极为西青发展建言献策。推动老干部工作纳入党建工作总体布局，着力加强离退休干部党组织建设，深入开展“推进离退休干部党建融入城市基层党建”专题调研，规范主题党日、组织生活会等组织生活制度，推进离退休干部党支部工作标准化建设。发挥离退休干部独特优势，组织动员离退休干部参加党史宣讲团、志愿服务队，一大批老同志活跃在志愿服务岗位上继续发挥余热。

【学习宣讲】 2021年，区委老干部局组织老同志收看网上专题报告会，举办红色主题知识竞答等活动。谋划开展“光荣在党50年”纪念章颁发仪式、“我的入党故事”分享会、“丹心向党”祝福寄语、“我看建党百年西青发展新成就”调研座谈等系列主题活动，牵头举办“回望百年路 奋斗新征程”“诗书画影”作品展、文艺汇演、重阳节绿色生态游等大型活动。会同区机关工委、区档案馆开展“革命徽章进校园”主题宣讲展览。组织“五老”宣讲团、“党史小宣讲员”活动，开展主题宣讲535场，受教育群众达3.8万人次。

【服务管理】 2021年，区委老干部局巩固和完善离休干部生活待遇“三个机制”，落实定期通报、健康体检等政治、生活待遇，建立重大节日、重病住院、特殊困难等“六必访”制度。出台西青区干部荣誉退休制度，集中开展“铭记功绩 情暖夕阳”走访慰问活动，为27名离休干部建立“一人一策”管理服务台账，为540名副处级以上干部更新数据库。落实老干部特困帮扶制度，多方协调资金15万元，为88名“五老”人员落实特困帮扶措施。实施“智慧助老、乐享生活”专项行动，举办“智慧助老”智能手机应用培训95场次。

【搭建宣传平台】 2021年，区委老干部局提升区老干部活动中心管理水平，搭建墙上、纸上、台上、线上四大宣传平台，擦亮“夕阳大讲坛”、《夕阳生活》报等“夕阳”主题学习活动品牌，邀请党校教师宣讲授课，举办义诊和健康讲座，组建区“五老”艺术团等老干部文体团队11个。开展“光影上的西青”摄影采风活动，举办诗书画影作品展、主题文艺汇演，引导老同志讲好党的故事、中国故事，传承红色基因、赓续精神血脉。规范制度建设，健全完善文体活动、服务管理和常态化疫情防控制度。

（杨立广）

2021年10月27日，区委老干部局举办离退休干部健康体检暨智能手机知识咨询会

档案工作

【丰富馆藏资源】 2021年,区档案馆为丰富馆藏资源,重点做好区产改档案、疫情档案、扶贫档案接收工作,严把案卷质量关,保证进馆档案规范整理,材料齐全。全年接收并已完成交接手续13个全宗单位,文书、会计档案1494卷,12110件,实物36件,照片1274张,光盘1084张。征集照片27张,实物220件,光盘109张。入库报刊资料《中国档案报》《中国档案大观》1998至2020年度合订本共计56本。采集《正风反腐就在身边》等6部政论专题片视频档案。

【档案宣传】 2021年,区档案馆利用“6·9国际档案日”“9·5档案开放日”强化档案宣传。深化思政小课堂,由区委宣传部牵头开展“党在我心中 红色精神润心田”党史宣讲,组织“百年恰是风华正茂,红色档案进校园”“童心向党、传承红色基因”夏令营、“铮铮少年音,声声颂党恩”讲解展示等系列活动。用好新媒体,通过“天津市西青区档案网”发布信息74篇,发布“记忆中的元宵节”专题展览1次,“云上西青”发布信息16条,“西青档案”微信公众号制作发布信息495条。

【采录口述史和特色视频】 2021年,区档案馆挖掘档案内涵,开展口述史和特色视频录制,共完成4800个特色视频录制。参与《美丽乡村说》《文博不打盹》《津云调查》等节目制作和录制,开辟《崇文书院》专栏,对赶大营文化、杨柳青年画文化进行抢救挖掘。开展口述视频访谈录制,与相关单位联合出版《赶大营记忆》《寻根大运河》系列丛书等,发挥资政作用。

【革命徽章进校园】 2021年5月,区档案馆与区委宣传部、区教育局、区老区建设促进会、区关心下一代工作委员会联合举办革命徽章展进校园活动,深入西青区实验小学、杨柳青第二小学,围绕千枚徽章,以建党百年发展历程为脉络,以徽章和重大历史事件为主线,让广大少年儿童不出校门看徽章、听故事、学党史。同时,通过线上线下的方式,开展党史小宣讲员培训。在暑假期间,以西青区《奋斗百年路 启航新征程》建党100周年专题展为阵地开展“夏令营”。

【查档与布展】 2021年,区档案馆做好查阅档案接待工作,全年共接待查档1202人次,查阅档案64627卷,复印材料约9642张,出具证明1853份。围绕全区中心工作,高质量完成建党100周年布展,打造“奋斗百年路 启航新征程”专题展,讲述好在中国共产党的领导下,西青人民取得的巨大成就。引导全区广大党员干部追寻红色记忆、感悟初心使命、激发奋进力量。成功举办2次剪报集报展,展出天津市集报协会60余位会员百余件作品。

【档案数字化】 2021年,

2021年8月14日,区档案馆组织召开《崇文书院》年度研讨会

区档案馆推动档案数字化，对纸质档案进行数字化扫描。现有文件级馆藏纸质档案168万余件，完成数字化扫描165万余件，馆藏纸质档案数字化率约为98%。全年完成27个全宗112619件档案抽检及入库，接通“馆室一体化系统”全宗单位45家，开展档案数字化成果在线移交10家，移交档案11000余件。完成馆藏资源管理系统国产化改造，迁移原有数据8TB。推动档案馆与各全宗单位档案业务线上对接，实现档案数字化成果在线移交，对接电子文件归档各项技术指标，为推动电子档案归档做好准备。

（朱焱彤）

志鉴编修

【年鉴编辑出版】2021年，区志办根据2020年机构设置情况及区情重点内容，拟写2021卷《西青年鉴》栏目框架及图片征集范围。开展2021卷《西青年鉴》资料征集，共征集单位110个，征集稿件资料60余万字。制定2021卷年鉴编写规范和编写方案，召开年鉴编写例会，按照任务分工，开展年鉴条目撰写。同时，联系年鉴出版审核工作，办理年鉴审题，签订出版合同。年内完成2021卷《西青年鉴》出版工作。

【区志出版工作】2021年，区志办克服疫情在区志编写人力和出版经费等方面带来的困难，完成区志的编写出版工作。因疫情和财政政策影响，2021年3月，重新开展《西青区志（1979—2010）》印制项目政采。依法依规，完成区志出版费用使用申请。按照出版要求，开展区志排版，组织人员，对排版稿进行审读修改。完成区志终审稿市、区领导审核。与方志出版社就区志印制问题进行沟通，开具印制准印证明，高质量完成区志出版印制工作。

【展陈资料征集】2021年，区志办积极参与建党一百周年专展。以座谈、实地采访等形式，对建党一百周年专展方案进行研究，参与确定最终展陈大纲方案。积极配合展陈设计公司，深入街镇村开展采访调研，挖掘展陈资源和实物资料。根据展陈需要，研读方志、年鉴等区情资料，提供各类图照1000余幅。征集西青区成立党组织以来红色名人和优秀共产党员并形成名录。根据建党一百周年展“方志岛”布展需要，核准村志村名，征集162个村志资料等，为专展提供亮丽板块。

【街镇村志编审】2021年，区志办继续组织村志评审组人员，对村志开展出版前审读、评审工作，推动大沙窝村志终审稿编写。完成村志复审18部，累计完成162部。完成终审29部，累计达到161部。指导李七庄、西营门街道志编写、出版。对街道志编写及完成进度进行情况调查。对《天津市西青区西营门街道志》出版情况跟踪检查。指导完成街道志封页设计，版心设计及正文字体字号调整，组织指导《西营门街道志》完成出版工作。继续推动全国名镇志名村志工作。对《杨柳青镇志》进行审读、修改，镇志中模糊问题进行资料核实。

【区情资料挖掘】2021年，区志办完成天津市地方丛书选题申报。按照市志办天津地情资料丛书选题要求，撰写赶大营及杨柳青年画情况介绍，完成《赶大营口述史料汇编》《杨柳青年画口述史料汇编》地情资料丛书申报。按照馆内工作要求，撰写《西青花会法鼓艺术简介》，从相关志书中整理出区内有代表性的18道花会法鼓艺术的历史来源及演出等相关资料。为法鼓花会口述音像项目申请制作做好资料准备。完成西青《大运河志篇目》拟定。按照中指办大运河志编写策划要求，以及为国家大运河文化公园建设提供地情资料。通过研究大运河西青段发展历史，大运河与西青的社会文化关系，查阅相关运河文献，完成拟写西青—大运河志篇目设计。

（朱焱彤）

党校教育

【理论学习】 2021年，区委党校深入学习贯彻习近平新时代中国特色社会主义思想，全面对标对表习近平总书记关于加强和改进新形势下党校工作的重要讲话精神，从中找思路、找方法，找准党校高质量发展的着力点。坚持理论中心组领学，党支部督学，党小组带学，党员自学相结合的学习方法。不断升级“‘党建+’激活事业发展新动能”党建品牌，放大党建引领叠加效应，实现党建资源与工作资源相互支撑，党建优势与工作优势相互转化，持续推进党校事业高质量发展。

【质量立校】 2021年，区委党校举办第十九期、二十期处级班，第十六期中青年干部培训班，十九届五中全会精神培训等8类34个重点主体班次。会同区委统战部联合举办党外中青年干部培训，新的社会阶层人士专题培训等13个主体班次，培训人数累计2500余人次。强化资政功能，完成重点调研课题、决策咨询课题等16项，全部结项。获得市委党校建党100年理论征文一二三等奖各1项。在“人民日报客户端”、《解放军报》等中央级媒体发表言论文章5篇。围绕建设一流人才队伍目标，实施人才兴校战略和“名师工程”，定期召开教学、科研辅导会、座谈会、交流会，建立专兼职师资库。两位青年教师参加天津市环城新四区党校青年教师精品课大赛，被评为优质课教师。

【从严治校】 2021年，区委党校制定《西青区委党校学员管理规定》等制度，健全实施班主任一线管理、班委协助管理、校领导班子分析研判的管理机制，在处级主体班次设立组织员，由校内处级干部担任。创新实施学员微信群管理制度和手机“上墙入袋”制度，加强学员课堂和日常管理，提高学员管理水平和教育培训质量。完成区委对区委党校的常规巡察整改，针对巡察反馈的25项问题，研究制定59项整改措施。召开区委党校领导班子巡察整改专题民主生活会。召开6次班子（校委）会，2次专题会，研究部署巡察整改工作，按要求建立区委党校校委会，完善西青区委党校校委会议事规则等制度7项，推动整改落地见效。

【基层宣讲】 2021年，区委党校宣讲团推出“学党史”“习近平新时代中国特色社会主义思想”“七一”讲话精神等专题课程菜单22讲，向全区各委局、街镇、村厂社区开展点单式宣讲。扎实落实党课进

2021年11月30日，区委党校在东碾坨嘴小学宣传文明行为促进条例

企业、进农村、进机关、进校园、进社区和进网络要求，宣讲450余次，受众2万余人。遴选石家大院反腐倡廉教育基地、王兰庄“一二·九”抗日救亡运动纪念馆等五处实践教学基地，与王稳庄镇联合打造专题体验式教学精品党课，形成“红色电影、红色党课”立体式党史学习教育体系。党校教师兼任区7所中小学思想政治课老师，进行思政课讲座30余次。围绕党史学习教育、高质量发展、全面推进乡村振兴、党的光荣传统和作风等10个主题编辑《西青学习参考》供全区各单位学习参考。

（付春颖）

西青区人民代表大会

重要会议

【人民代表大会】 2021年1月12日至13日，西青区第十七届人民代表大会第八次会议在西青宾馆举行。会议听取和审议了西青区人民政府工作报告；审查和批准了西青区国民经济和社会发展第十四个五年规划和二〇三五年远景目标纲要；审查和批准了西青区2020年国民经济和社会发展计划执行情况与2021年国民经济和社会发展计划草案的报告，批准了2021年国民经济和社会发展计划。审查和批准了西青区2020年预算执行情况及2021年预算草案的报告，批准了2021年区级预算。审议了关于西青区2020年民心工程项目完成情况和2021年民心工程项目征集情况的报告；听取和审议了西青区人大常委会工作报告；听取和审议了西青区人民法院工作报告；听取和审议了西青区人民检察院工作报告。补选了天津市西青区第十七届人民代表大会常务委员会副主任，票决产生了西青区2021年民心工程项目。

2021年12月12日至14日，西青区第十八届人民代表大会第一次会议在西青宾馆举行。会议听取和审议了西青区人民政府工作报告；审查和批准了西青区2021年国民经济和社会发展计划执行情况与2022年国民经济和社会发展计划草案的报告，批准了2022年国民经济和社会发展计划。审查和批准了西青区2021年预算执行情况及2022年预算草案的报告，批准了2022年区级预算；听取和审议了西青区人大常委会工作报告；听取和审议了西青区人民法院工作报告；听取和审议了西青区人民检察院工作报告。选举产生了天津市西青区第十八届人民代表大会常务委员会主任、副主任、委员；选举产生了西青区人民政府区长、副区长；选举产生了西青区监察委员会主任；选举产生了西青区人民法院院长；选举产生了西青区人民检察院检察长。决定了天津市西青区第十八届人民代表大会专门委员会主任委员、副主任委员、委员人选；票决产生了西青区2022年民心工程项目。

【人大常委会会议】 2021年，西青区第十七届人民代表大会常务委员会召开了第三十八次至第四十五次会议，西青区第十八届人民代表大会常务委员会召开了第一次会议。

2月25日，区第十七届人大常委会召开第三十八次会议。会议传达学习市十七届人大五次会议精神，表决通过有关人事事项，为被任命人员颁发任命书，举行庄严的宪法宣誓。审议通过《区人大常委会2021年工作要点（审议稿）》《区人大常委会关于西青区2021年民心工程项目监督测评方案（审议稿）》《区人大常委会关于开展西青区第十七届人民代表大会优秀代表评选活动的安排方案（审议稿）》；通报主任会议成员工作分工情况；审议区人大常委会主任会议关于提请审议刘方等请求辞去代表职务的议案，并做出决定；通报市纪委监委对钱雪梅的处分决定。

4月13日，区第十七届人大常委会召开第三十九次会议。会议传达学习十三届全国人大四次会议精神；表决通过有关人事事项，为被任命人员颁发任命书，举行庄严的宪法宣誓。听取和审议《西青区法治政府建设（2015—2020）情况报告》《西青区2020年生态环境质量状况和生态环境保护目标完成情况的报告》；表决通过《西青区第十七届人民代表大会优秀代表的决定（草案）》。审议区人大常委会主任会议关于提请审议兰强请求辞去代表职务的议案，并作出决定。

5月26日，区第十七届人大常委会召开第四十次会议。

会议表决通过区人大常委会关于同意《天津市西青区土地利用总体规划（2015—2020年）》涉及中芯国际三期配套危险品仓库项目修改方案的决定，邀请天津医科大学第二医院王林教授就“高血压的防治”及相关健康知识开展专题讲座。

7月14日，区第十七届人大常委会召开第四十一次会议。会议传达学习习近平总书记在庆祝中国共产党成立100周年大会上的讲话精神；表决通过有关人事任免事项，为被任命人员颁发任命书，举行庄严的宪法宣誓。听取和审议区政府关于区十七届人大八次会议期间代表建议办理情况的报告、关于西青区2021年20项民心工程上半年进展情况的报告；听取和审议区人民法院关于坚持以人民为中心思想，深入推进民生案件审判执行工作情况报告；表决通过区人大常委会关于区、镇人民代表大会换届选举问题决定、《天津市西青区人大代表换届选举委员会组成人员名单（草案）》《天津市西青区人大代表换届选举各镇选举委员会（街选举工作组）组成人员名单（草案）》。

8月26日，区第十七届人大常委会召开第四十二次会议。会议表决通过有关人事任免事项，为被任命人员颁发任命书，举行庄严的宪法宣誓。会议听取和审议关于西青区2021年国民经济和社会发展计划上半年执行情况的报告；听取和审议区政府关于西青区2020年财政决算草案情况的报告、关于西青区2020年度区级财政预算执行和其他财政收支的审计工作报告。表决通过关于批准西青区2020年财政决算的决议；听取和审议区政府2020年度国有资产管理情况综合报告、2020年度企业国有资产管理情况报告。听取和审议关于发挥检察公益诉讼职能，助推全面依法治区工作情况报告；观看警示教育片《忏悔实录》。

10月20日，区第十七届人大常委会召开第四十三次会议。会议传达学习中央人大工作会议精神和天津市委常委扩大会议精神，听取和审议区政府2020年预算执行和其他财政收支审计查出问题整改情况的报告，听取区第十七届人大代表变动情况报告。会议还通过了有关人事事项。

10月23日，区第十七届人大常委会召开第四十四次会议。会议作出接受部分区、镇选举委员会成员辞职决定；传达学习天津市委换届选举工作推动会议精神；听取和审议区政府2021年1—8月财政预算执行情况和2021年预算调整情况报告。听取“八五”普法规划编制情况报告，作出相关决议；听取和审议区政府关于养老服务提升三年行动工作情况报告，并开展专题询问。会议还通过了有关人事事项。

11月29日，区第十七届人大常委会召开第四十五次会议。会议作出召开区第十八届人民代表大会第一次会议的决定，决定天津市西青区第十八届人民代表大会第一次会议于2021年12月12日至14日在西青宾馆召开。会议传达学习党的十九届六中全会精神；通过有关人事事项；听取和审议区政府2021年民心工程完成情况和2022年民心工程候选项目征集情况报告，作出相应决定。听取和审议2021年民心工程项目监督工作报告，对2021年民心工程项目实施情况进行满意度测评。听取和审议代表建议办理和督办情况报告；听取区、镇人大代表选举工作报告，代表资格审查委员会关于区第十八届人民代表大会代表资格审查报告。会议审议区人大常委会工作报告（审议稿）；会议审议区人大常委会主任会议关于提请审议都应顺请求辞去代表职务议案，并作出决定；书面审议区十七届人大以来规范性文件备案审查工作情况报告，西营门街、李七庄街、赤龙南街、津门湖街人大工作委员会工作报告；书面听取部分西青区选出的市人大代表述职。

12月30日，区第十八届人大常委会召开第一次会议。会议表决通过有关人事事项，举行庄严的宪法宣誓；补选西青区出席天津市第十七届人民代表大会代表。通过《区人大常委会关于加强自身建设的决定》；审议主任会议关于提请审议《天津市西青区第十八届人民代表大会常务委员会代表资格审查委员会主任委员、副主任委员、委员名单（草案）》的议案，通过有关名单。

【其他工作会议】2021年，区十七届人大常委会共召开主任会议14次，会议内容主要涉及讨论人民代表大会、常委会议、民心工程监督、“双联系”活动等常委会重点工作，指导和协调各专门委员会日常工作。

决定任免

【遵循任免原则】2021年，区人大常委会严格遵循党管干部原则，坚持对拟提职任命人员法律知识考试制度和宪法宣誓制度，被任命人员与常委会组成人员见面制度。不断推进区人大及其常委会人事任免工作依法、规范、有序进行。

【人事任免】2021年，区人大常委会按照市委组织部要求，通过加开两次人大常委会议，把市委换届提名的区长人选、副区长人选、监委主任人选和检察长人选依法任命到位，保证了“一府一委两院”工作的接续开展。全年区人大常委会共依法任免区人大及“一府一委两院”工作人员96人次，举行宪法宣誓47人次。

监督工作

【监督调研】2021年，区人大常委会紧紧围绕全区中心工作谋划和推进人大监督工作，共召开常委会会议8次，听取和审议专项工作报告18项，组织开展视察、执法检查等监督活动26次。区人大常委会组织代表对招商引资、乡村振兴、公园城市建设3个三年行动计划情况进行视察。对应急管理工作情况、落实《天津市养老服务促进条例》、街镇综合文化服务中心建设情况进行视察。听取和审议区政府关于养老服务提升三年行动方案实施情况报告，并开展专题询问。对贯彻实施《中华人民共和国固体废物污染环境防治法》等法律法规情况开展执法检查。对2021年上半年经济运行、实施科技创新三年行动计划、加强土地管理、完善科学防控与疫情应急体系建设、推进义务教育优质均衡发展、智慧平安社区建设等情况开展调研。

【监督民心工程】2021年，区人大常委会针对区十七届人大八次会议票决产生的民心工程项目的监督工作，出台《西青区人大常委会关于西青区2021年民心工程项目监督测评方案》，坚持“一季一督查、半年一报告、一年一测评”，形成督查工作专报，打造完整监督闭环。针对重点民心工程项目的落实情况，区人大常委会三次组织代表进行全面监督，对重点民心工程项目建设进展情况开展专题视察。听取和审议区政府关于2021年民心工程项目完成情况和2022年民心工程项目征集情况的报告，听取和审议关于西青区2021年民心工程项目监督工作情况的报告并进行满意度测评。

【民主法治监督】2021年，区人大常委会推进民主法治建设，对2021—2025年法治政府建设工作进行督导调研。组织代表对《天津市文明行为促进条例》等4部法律法规贯彻实施情况进行执法检查。配合市人大常委会完成8部法律法规立法征询工作。认真做好人大信访工作，落实主任会议成员重点信访件督办制度和信访工作联席会制度。认真做好规范性文件备案审查工作，深入推动规范性文件备案审查工作联网监督，对区政府报备的《关于废止西青区农籍居民医保政策行政规范性文件的通知》（西青政备〔2021〕1号）规范性文件依职权主动进行备案审查。

【依法决定重大事项】 2021年，区人大常委会全面贯彻区委《关于健全人大讨论决定重大事项制度、政府重大决策出台前向人大报告的实施意见》，严格落实《西青区人大常委会讨论、决定重大事项的规定》，进一步健全区委办牵头，人大办、政府办共同参与的重大事项协调机制，实施清单式管理，正确行使好宪法和法律赋予的职权。听取和审议区政府2021年上半年国民经济和社会发展计划执行情况报告，听取和审议区政府关于2020年财政决算报告、2020年财政预算执行和其他财政收支审计情况的报告，并作出批准2020年财政决算的决议。听取和审议区政府2021年1—9月份财政预算执行和2021年预算调整情况的报告，并做出相应决议；听取和审议区政府2020年财政预算执行和其他财政收支审计查出问题整改情况的报告。审议并同意区人民政府关于《天津市西青区土地利用总体规划（2015—2020年）》涉及中芯国际三期配套危险品仓库项目修改方案，作出区、镇人民代表大会换届选举有关问题的决定。

代表工作

【创造履职条件】 2021年，区人大常委会尊重代表主体地位，积极为代表依法履职创造条件提供服务，促进代表作用充分发挥。开展闭会期间活动，举办有针对性和实效性的培训活动，组织开展"十四五"期间重点项目专题培训、习近平法治思想专题培训。制定下发基层人大代表联络站工作安排，指导街镇进一步完善相关制度、丰富活动内容、加强基础性管理。开展优秀代表评选表彰活动，共评选出17名区级优秀人大代表。深入开展常委会组成人员联系代表、代表联系选民活动，广泛听取意见建议，积极回应群众关切，自觉接受人民监督。

【会前视察知情】 2021年，区人大常委会组织区级市人大代表开展会前视察，为代表知情知政创造条件。注重发挥区人大专家咨询团队作用，不断提高监督工作专业化水平。落实代表建议提出、办理、答复、通报和评价全过程管理机制。对区十七届人大八次会议以来代表提出的建议加强转办、督办工作。召开代表建议答复座谈会，落实主任会议成员领衔督办制度，组织开展代表建议集中督办活动。区人大

2021年6月10日，区人大常委会对贯彻实施《天津市文明行为促进条例》开展执法检查

常委会专题听取和审议区政府关于代表建议办理情况的报告，对重点代表建议和重点民生工作落实情况开展专题视察。

【规范换届选举】 2021年，区人大常委会按照区委决策部署，依法组织本区各级人大代表换届选举工作，严格规范法定程序，确保选举工作依法有序、风清气正。顺利选出区十八届人大代表233人、镇十九届人大代表572人。代表的政治素质进一步提高，结构进一步优化。

自身建设

【强化政治担当】 2021年，区人大常委会把加强党的政治建设摆在首位，充分发挥党组领导核心作用，强化政治担当、落实政治责任，着力提升履职能力和水平。落实全面从严治党责任，切实履行党组书记第一责任人责任、班子成员"一岗双责"责任。以区委巡察整改为契机，加强机关党建工作，落实整改措施26条。

【加强教育提升水平】 2021年，区人大常委会认真落实民主集中制，深入开展警示教育。高标准开展党史学习教育，在"我为群众办实事"中践行初心使命。加强和改进人大新闻宣传工作，提升全区各级人大工作整体水平。认真落实区委人大工作会议精神，围绕如何做好新时代人大工作这一课题，主任会议成员深入各街镇人大和相关部门开展调研。推进基层人大工作和建设，定期召开街镇人大工作联席会。

（张　瑞）

西青区人民政府

重要会议

【常务会议】 2021年,区政府召开常务会议28次,研究审议议题216项次。

1月7日,召开第十七届人民政府第一百三十三次常务会议,研究审议议题11项。内容有传达学习《京津冀地区安全风险分析及防范措施》,听取2020年安全生产重点工作开展情况和2021年工作计划汇报,审议《西青区关于全面加强危险化学品安全生产工作的实施意见(送审稿)》《西青区人民政府关于公布行政规范性文件评估清理结果的通知(送审稿)》等。研究人事任免事项。

2月24日,召开第十七届人民政府第一百三十八次常务会议,研究审议议题2项。内容有审议《西青区公园城市建设三年行动方案(2021—2023)(送审稿)》等,研究人事任免事项。

3月26日,召开第十七届人民政府第一百四十次常务会议,研究审议议题3项。内容有听取关于明确《西青区2021年国民经济和社会发展计划》成片开发建设用地具体地块情况汇报。听取关于新建中芯国际天津公司配套危险化学品仓库项目工作情况汇报。研究人事任免事项等。

4月14日,召开第十七届人民政府第一百四十一次常务会议,研究审议议题14项。内容有传达学习市委理论中心组集体学习全国人大农业与农村委员会主任委员陈锡文关于全面推进乡村振兴与农业农村现代化专题辅导精神;听取第一季度污染防治攻坚战进展情况汇报;研究部署国家卫生区复审工作;审议《西青区2021年老旧住房改造工程实施方案(送审稿)》;审议《天津市西青区法治政府建设(2015—2020)情况报告(送审稿)》等拟报区人大常委会审议议题。研究人事任免事项等。

4月29日,召开第十七届人民政府第一百四十三次常务会议,研究审议议题9项。内容有听取关于2020年度行政执法"典型差案""示范优案"情况汇报;听取2021年一季度安全生产工作进展情况汇报;听取一季度民心工程工作情况汇报;审议《西青区打击治理电信网络新型违法犯罪工作联席会议制度(送审稿)》及《实施细则(送审稿)》。研究人事任免事项等。

6月26日,召开第十七届人民政府第一百四十七次常务会议,研究审议议题6项。内容有围绕《关于建立行政执法争议协调机制的意见(试行)》进行区政府常务会议学法;听取关于西青区测绘中心改革事项有关情况汇报;审议《天津市西青区人民政府关于区十七届人大八次会议期间代表建议办理情况的报告(送审稿)》等拟报区人大常委会审议议题。研究人事任免事项等。

7月27日,召开第十七届人民政府第一百四十九次常务会议,研究审议议题5项。内容有围绕《政府督查工作条例》进行区政府常务会议学法;审议《关于落实国务院〈政府工作报告〉重点工作任务清单(送审稿)》;审议《关于西青区国民经济和社会发展2021年上半年执行情况的报告(送审稿)》等拟报区人大常委会审议议题。听取资金审核意见情况汇报等。

8月24日,召开第十七届人民政府第一百五十一次常务会议,研究审议议题8项。内容有围绕《中华人民共和国土地管理法实施条例》进行区政府常务会议学法;传达贯彻市委主要领导调研绿色生态屏障指示要求精神;听取2021年上半年安全生产工作进展情况的汇报;听取组织开展天津南站地区一体化设计研究工作有关情况汇报;听取大额资金审核意见情况汇报。研究人事任免事项等。

9月29日，召开第十七届人民政府第一百五十三次常务会议，研究审议议题13项。内容有传达中央、市委、区委关于教育“双减”工作指示要求和会议精神，听取“双减”工作进展情况汇报；审议《天津市西青区关于建立健全城乡融合发展体制机制和政策体系的若干措施（送审稿）》；听取区政府系统落实十一届市委第九轮巡视反馈问题整改工作进展情况汇报；部署“十一”国庆假期重点工作；听取大额资金审核意见情况汇报。研究人事任免事项等。

10月30日，召开第十七届人民政府第一百五十五次常务会议，研究审议议题14项。内容有研究区政府领导班子成员调整工作分工；传达廖国勋在市政府常务会议研究前三季度经济运行工作时讲话精神；集体学习《西青区人民政府工作规则》；审议《西青区固定资产投资项目统计入库联动工作机制（送审稿）》；听取大额资金审核意见情况汇报。研究人事任免事项等。

12月17日，召开第十八届人民政府第一次常务会议，研究审议议题15项。内容有传达区“两会”精神，就新一届区政府工作提出要求；围绕习近平法治思想进行区政府常务会讲授法治课；审议《西青区人民政府2022年重点工作任务清单（送审稿）》；审议《西青区2022年20项民心工程进度和责任清单（送审稿）》；围绕《法治政府建设实施纲要（2021—2025年）》进行区政府常务会议学法；审议《西青区2021年食品安全工作报告（送审稿）》；听取大额资金审核意见的情况汇报。研究人事任免事项等。

12月29日，召开第十八届人民政府第二次常务会议，研究审议议题4项。内容有审议《天津市西青区政府性债务风险应急处置预案（送审稿）》；审议《天津市西青区计划生育协会改革方案（送审稿）》。研究人事任免事项等。

【其他工作会议】 2021年6月1日，区政府廉政工作会议召开。以习近平新时代中国特色社会主义思想为指导，全面贯彻落实十九届中央纪委五次全会、国务院第四次廉政工作会议精神，按照市委、市纪委十一届九次全会要求，总结去年政府系统党风廉政建设和反腐败工作，部署全年重点任务。区委副书记、区长白凤祥出席会议并讲话。

6月14日，西青区召开安全生产工作会议。贯彻落实习近平总书记重要指示、李克强总理批示、公安部有关会议精神以及天津市委市政府相关部署要求，通报湖北十堰市张湾区艳湖社区集贸市场燃气爆炸事故有关情况，专题研究部署全区安全生产工作。区委副书记、区长白凤祥主持会议并讲话。

12月24日，西青区召开“两节”期间安全生产和疫情防控工作部署推动会。会议分领域对安全生产和疫情防控工作进行部署，要求深入贯彻落实习近平总书记关于安全生产和疫情防控工作重要指示批示精神，动员全区上下进一步统一思想、压实责任、强化措施，坚决防范遏制各类生产安全事故和疫情风险，全力营造“两节”期间欢乐祥和安全的节日气氛。区委常委、副区长梁军主持会议并讲话。

主要工作与活动

【提升发展质效】 2021年，区政府发展质效稳步提升。实现地区生产总值932亿元，同比增长5.7%；完成一般公共预算收入69亿元，其中税收收入占比达到77.7%；固定资产投资468亿元；全区居民人均可支配收入同比增长8.5%。规模以上工业企业总数达到577家，集成电路、汽车及高端装备制造、生物医药、新能源新材料等高端产业占工业增加值比例超过70%,新一代信息技术、数字创意等战略性新兴产业占工业增加值比例达到41.4%。现代服务业加快发展,全区限上服务业企业达到684家,高技术服务业增速达到17.3%。以人工智能产业园为代表的生产性服务业聚集区加速形成,带动限上服务业营业收入增长14.7%。全区高新技术企业达到676家,市级以上"专精特新"企业达到58家,"雏鹰""瞪羚"、领军企业达到343家,市级"杀手锏"产品达到35件,有效专利总量超过2.5万件。成功培育本土首家民营主板上市公司依依股份。全年引进各类人才5759人。

【加快协同发展】 2021年,区政府加大承接北京非首都功能疏解、服务雄安新区等重点任务推进力度,开展央企招商攻坚,推动13家央企子公司落户境内。借助北京招商中心,成功举办"携手央企·共赢未来"等重点项目签约活动,共引进北京项目70个。深入落实美丽"口子镇"建设,成功引进友成汽车华北总部基地、德国考泰斯高端汽车系统等重点项目577个,其中亿元以上项目42个;新增注册企业5008个,注册资本合计359亿元。启动实施"1010"工程项目,分级分类推动项目建设,38个市级重点建设项目完成投资84亿元,200个区级重点项目完成投资288.2亿元。已有车联网先导区一期智能基础设施及应用平台建设工程、利福特电梯等149个项目开工。

【推进重点改革】 2021年,区政府加快实施国企改革三年行动,量化指标完成率达到89.5%,位居全市第一。借助项目合作带动资本混合,累计成立11家混改企业。飞地治理取得实效,11个旧楼区纳入长效管理。营商环境持续优化,推广"一站式"政务服务,制定首期20个事项"一件事"办理目录,取消行政许可事项7项。深化"证照分离"改革,承诺制审批服务走在全市前列,在全市率先实现"交房即交证"。围绕企业帮扶精心"护苗",全区各部门组织接链促需会等活动80余场。加快社会信用体系建设,企业年报率达95.6%。

【完善城市功能】 2021年,区政府在全市率先完成区级国土空间阶段方案编制,建立"1+11+25"规划编制体系。推动控规编制及修改20余项,完成18个村庄规划编制。科学编制区内综合交通、生态修复、绿色生态屏障等专项规划。完成杨柳青大运河国家文化公园规划设计及开工准备,梅江公园二期等一批城市公园、"口袋"公园建成启用,高标准建设绿色廊道等重点生态项目。提升改造中北镇日东里等8个老旧小区,受益群众3100户。完成成智路、新望道等14条道路建设,整修重点道路立面18.7万平方米。协同推进地铁7、8、10、11号线建设。实施泽杨道、海泰北道等绿化提升工程,提升改造绿化面积6.3万平方米。新建5G通信基站776座。

【加快乡村振兴】 2021年,区政府乡村振兴活力迸发,农业经济加快发展,新增设施农业1.1万亩,完成粮食播种面积8.9万亩、产量3.7万吨。成功举办天津国际种业博览会,完成全区农业种植资源普查。振兴小站稻产业,完成小站稻播种3.1万亩。开展正宗沙窝萝卜专销及产地溯源,打响"生态六埠""大美稻香"等农业观光旅游品牌。创建市级示范家庭农场4家,新培育农户家庭农场8个。深入推进"双轨并行"村民康居工程,辛口镇大沙窝村起步区20套示范样板房实现还迁入住。组织实施农村人居环境整治五年提升行动,健全长效管护机制。持续巩固脱贫攻坚成果,为3个受援地拨付区级财政帮扶资金超过1亿元，帮助受援地农村劳动力实现就业7870人，完成消费帮扶2.6亿元。

【优化区域环境】 2021年，区政府完成68家企业VOCs低效设施提升治理和杨柳青电厂7号机组脱硝再生工程，推动8项水污染防治重点工程，加大土壤污染防治、固体废物管理和农业面源治理力度，强化联防联控和精细化管控。全区PM2.5年平均浓度降至41微克/立方米，空气质量达标天数比例达到65.3%，地表水考核断面达标比例达到83.3%。全力抓好第二轮中央生态环境保护督察反馈问题和信访举报问题整改。稳步推进“双碳”工作，成立碳达峰碳中和工作领导小组，制定“碳达峰”行动方案，不断提升全区碳汇能力。新增造林绿化200亩、植树1.4万余株、地被花草和水生植物30万平方米。辛口镇成功获批全国“绿水青山就是金山银山”实践创新基地。全国文明城区和国家卫生区创建成果持续巩固。

【发展民生事业】 2021年，区政府开展职业技能培训1.33万人，发放各类就业创业补贴1.4亿余元，全年新增就业2.3万人。深入推进全民参保计划，城镇职工养老、工伤、失业保险参保人数分别达20.5万人、19.6万人、20万人，户籍人口基本养老保险参保覆盖率达到94.5%，2800余名重度失能人员享受长护险待遇。上线区级智慧养老平台，建成11家街镇级综合为老服务中心和66家社会化运营的社区日间照料中心。夯实困难群体基本生活保障，全年发放各类救助补贴7000余万元，惠及13万余人次。启动建设8所学校幼儿园，14所中小学。推进“双减”工作，综合治理286家校外培训机构，课后服务形成“一校一案”多样化服务体系。新建25个社区卫生服务站顺利开诊。开展建党百年系列文化活动136项，组织开展“文化惠民超市”等文化活动近百场。发布《西青全域旅游地图》，实现“一部手机游西青”。辛口镇入选第三批全国乡村旅游重点镇，精武门·中华武林园被评为天津市红色旅游景区。深入推进全民健身工作，更新、新建健身园118个，新建社区体育园9个、多功能运动场2个。

【创建平安西青】 2021年，区政府贯彻总体国家安全观，组织开展第6个全民国家安全教育日系列活动。深入开展安全生产专项整治三年行动，聚焦重点行业领域，整改隐患22790项，重大隐患整改率达到100%。统筹推进全区用电安全风险调查工作，完成智能电气大数据平台建设。完成全国自然灾害综合风险普查第一阶段清查工作。累计排查住宅小区238个，居民楼院1068栋，为8家养老院、21家幼儿园安装智能灭火盒1797处。做好防汛抗旱、森林防火等应急工作。深入开展扫黑除恶专项斗争。圆满完成建党100周年庆祝大会等重大安保任务。实施食品生产经营单位风险分级监管，保持打击非法收售药品高压态势。创新深化网格化管理体系建设，网格累计排查问题隐患超12万件，结案率达到96.9%。

【巩固抗击疫情成果】 2021年，区政府抓好常态化疫情防控，全力提升核酸采样和检测能力，日最大核酸检测能力达到8万份。全力推进新冠病毒疫苗接种，3岁以上人群接种率超过90%，60岁以上老年人接种率大幅提升。12月21日，中北镇一名从浙江省绍兴市上虞区返津人员被确诊为新冠病例，西青区立即启动突发疫情应急机制，区指挥体系第一时间向东兴里社区封控现场前移，14个专业组、专班主动与市级专班对接，实行扁平运行、合署办公，以最快速度完成平战转换。精准划定封控区、管控区、重点防范区、防范区，实行分级管控。全区下沉1000余名机关干部,扎实做好居民基本生活服务保障、检查站值守、人员排查、核酸大筛等工作。中北镇群众全力配合政府各项管控工作,社会各界纷纷捐款捐物助力疫情防控,共同打赢了中北疫情防控保卫战。

(李　程)

信　访

【信访受理】 2021年,区政府信访办公室受理各类信访事项4253件,信访事项及时受理率和按期办结率均为100%,纳入满意度评价信访事项群众信访部门参评率90.27%、群众满意率97.92%,责任单位参评率87.33%、群众满意率97.57%。重复信访占比30.32%,重复网上信访占比43.47%。办理人民网网民留言1600余件,答复率100%。各项指标均达历史最高水平。

【攻坚化解积案】 2021年,区政府信访办公室对积案集中攻坚化解,集全区之力开展"苦干200天 打好疑难信访案件化解攻坚战"。区党政主要领导带头,全体27位区级领导、110位处级领导、207位科级干部对信访积案逐案落实,区、处、科三级领导包案,全力推进问题化解。国家信访局、市信访联席办、市矛盾调解中心交办重点信访事项和中央巡视组移交信访案件均按要求妥善办理,提前50天实现"清仓见底"目标,工作效果居全市前列。

【疫情期间创新招】 2021年,区政府信访办公室信访干部在疫情期间坚守岗位,稳步推进信访工作。创新招推代办,畅通就地反映诉求"直通车",推行源头发现、代办上报、分流转办、跟踪督促、办结反馈"五步闭环"工作法,按照难易程度限期完成办结,确保代办事项都做到"事心双解""案结事了"。落实信访代办1300余件,解决大量关乎民计民生小矛盾、小隐患。

【快速调解机制】 2021年,区政府信访办公室基础业务稳步提升,不断拓宽畅通信、访、网、电等信访渠道,进一步完善群众信访诉求快速反应机制,在全区推行"受理—转办—督办—办结—反馈—回访"的快处、快办、快速反应机制。制定出台《西青区网格中心与矛调中心协调联动工作制度》,实现网格中心与矛盾调解中心有机衔接,形成基层社会治理合力,及时化解矛盾纠纷。"1227"专项工作中上级交办的58件案件全部办结。受理各类矛盾纠纷1589件,已办结1445件,办结率90.94%。

【法治信访环境】 2021年,区政府信访办公室严格落实诉访分离和依法分类处理制度,理顺信访途径与其他法定途径关系,把好入口、精准分类,切实减少行政诉讼、行政复议等法律风险。深化律师参与信访工作制度,落实律师主动走进街镇、村居,促进源头依法化解矛盾纠纷。坚持"情理法"

2021年6月,信访办领导接待信访群众

相结合，落实“三到位一处理”要求，遏制“以闹求决、以访牟利”现象，推动形成办事依法、遇事找法、解决问题用法、化解矛盾靠法的良好信访环境。

（邢　勇）

区域和产业协同

【党建引领】 2021年，区域和产业协同办公室开展党组理论中心组学习36次，深入学习贯彻党的十九届五中、六中全会精神，全面落实区委第十二次党代会精神和工作部署等，实现思想“再充电”、精神“再补钙”、工作“再发力”。制定《区协同办2021年落实全面从严治党主体责任任务安排》和责任清单、任务清单，将党组落实全面从严治党主体责任细化分解为12个方面29项具体内容。全年共召开党组会40余次，其中专题研究党建工作16次，专题研究全面从严治党工作5次，做到党的工作与业务工作同部署、同落实、同检查、同考核。

【招商引资】 2021年，区域和产业协同办公室聚焦重点行业，创建南站科技商务区品牌。以厦门国际投资贸易洽谈会、第四届中国国际进口博览会等大型会展论坛活动为契机，组织招商人员参展参会，梳理人工智能、网联大数据、现代服务业等新兴产业的重点企业名录，与企业建立长期联系，探讨合作模式。结合产业定位，加强对京联系，派出专业招商人员与北京招商中心联动开展宣传推介和项目招引，就北京重点项目和中央企业项目的区域布局、投资趋向进行信息获取。通过双向的信息资源共享，吸引更多北京项目落地。全年引进项目24个，注册资本共计5.96亿元。

【规划编制】 2021年，区域和产业协同办公室聚焦商务区重点任务，开展天津南站地区一体化设计研究工作，从规划层面对地区整体资源进行整合设计。发布国际方案征集资格预审公告，共有55个设计机构递交资格预审申请文件，涉及美国、英国、德国等10个国家和地区。聚焦京津冀协同发展，编制西青辅城总体空间发展战略规划，深入相关街镇收集规划基础资料，确保规划紧贴实际、科学谋划。以区域发展视角，统筹谋划西青辅城总体空间发展战略，将西青辅城作为完整的发达城市进行空间统筹，积极融入京津冀区域发展的历史要求。

【开发建设】 2021年，区域和产业协同办公室全速推进市政基础设施建设，集中精力解决群众出行难题。已完成专用通道一期建设，统筹推进专用通道二期、瑞达路等对外通道及南站二期周边配套17条道路的建设。优化教育资源配置，完善区域配套公建，“民心”工程九年一贯制学校已经建成并投入使用。

【项目服务】 2021年，区域和产业协同办公室突出实体经济、尊重爱护企业家，全时段

2021年，西青区九年一贯制学校投入使用

跟踪经纬恒润、鹏瑞利等域内重点项目,听取问题难点,解决电价政策解读、基础设施配套等各类问题90个。配合重大项目需求积极进行规划调整,统筹推进项目土地手续办理,完成杉杉奥特莱斯项目地块控规局部修改工作。积极推进与复星集团“复游城”项目的洽谈合作,同步推进项目地块土地规划调整及控规编制工作。

(冯庆娟)

政务服务

【协调安排政务】 2021年,区政府办公室积极推进区政府领导调研、考察、会见、谈判等活动协调,全力推动疫情防控、招商引资、项目建设、安全生产、环境保护、民生保障等重点工作。全年安排领导政务活动1000余次,编发《政务要情》251期。精心做好经济运行分析会、招商引资项目签约会等重要活动的组织实施。先后完成区委、区政府主要领导经济责任履行情况专项审计、绿色生态屏障建设专项审计、自然资源管理和环境保护专项审计、土地出让情况专项审计、土地出让金使用管理专项审计及部分审计移送处理决定反馈事项整改工作的推动协调和整改情况上报等工作。

【以文辅政】 2021年,区政府办公室完成《政府工作报告》等一批重要文稿,全年起草专题会议材料、汇报材料、调研报告、区政府领导讲话等各类文稿千余篇。做好公文规范化运转工作,优化文件分类。完善流转程序,日常文件呈阅实行“并联式”运转。全年接收、送阅、办理各类文件8373件次,接收、处理各级各类请示、函件、报告1773件次。制定下发《天津市西青区政府办公室印发关于进一步加强政府系统公文规范管理和会议管理意见的通知》。全年组织区政府常务会议、区长办公会议56次,审议议题377个。认真落实为基层减负工作举措,实行政府规范性文件前置审核制度,以区政府和区政府办公室名义制发正式公文413件,其中下发公文36件,比上一年度减少30.8%。

【建议提案办理】 2021年,区政府办公室承办国家、市、区级建议提案159件,其中国家级人大代表建议1件、市级建议提案25件、区级建议提案133件,所有建议提案均按照有关要求办复完毕,满意率达到100%。组织相关部门向区人大常委会报告重大事项15项,配合区人大常委会、区政协开展调研、视察、督办、座谈等活动14次。

【外事工作】 2021年,区政府办公室认真学习贯彻《习近平外交思想学习纲要》。严密有序做好邀请外国人来华工作,为区内企业申办外籍人士入境邀请函121批次、199人次。坚决做好涉外疫情防控,全力抓好接驳转运,筑牢从“国门”到“家门”全链条“铁桶般无缝管道式”境外疫情防控关口。精心谋划外籍人士疫苗接种工作,共接种770人次、1703剂次。深化国际抗击疫情合作,先后选派3名骨干医生分别赴加蓬和刚果(布),进行为期1年的医疗援外任务。

【企业服务】 2021年,区政府办公室锚定“无事不扰,有求必应”原则,践行应必速办的工作目标,依托“双万双服”服务企业平台,为海澜德科技、维多利亚房地产、中兴通讯等20余家企业解难解困。深入落实《2021年关于西青区领导干部“亲商八条”定期走访的工作措施》,组织开展“政企会客厅”、企业恳谈会等活动8场,召集20余个职能部门和街镇为80余家企业协调解决融资贷款、专项补贴发放、招工用工、营销推广、人才引进等问题诉求80余件。实地走访调研稳力环保科技、锐德检测等公司,探索企业家同政府共同研判形势、分析问题、讨论对策、共谋发展的企业服务新模式。

【全面从严治党】 2021年,区政府办公室认真履行全面从严治党责任,制定“两个清单”,专题研究部署全面从严治党工作,定期听取党组成员和支部委员主体责任落实情况汇报。全年共召开党组会议40次。强化警示教育,及时传达违法违纪通报10余次,集中观看《警钟长鸣》《蜕变》等警示教育片,开展任前谈话3人次。深入开展党史学习教育活动,组织党员干部全面深入系统学习党史,召开高质量专题组织生活会。扎实推动“我为群众办实事”实践活动,制定10项重点实事项目清单,建立群众诉求清单,实行销号式动态管理。举办党的十九届六中全会精神专题研讨班,进行党课宣讲活动7场,邀请党校老师讲党课1次,党总支和党小组集体学习20次,组织集体参观平津战役前线指挥部纪念馆等红色基地。

(李　程)

民族宗教

【依法管理】 2021年,区民族和宗教事务委员会发挥嵌入式管理模式优势,持续做好少数民族群众服务管理工作。深入开展民族团结进步创建“九进”工作,大寺镇人民政府、宁德社区建设促进中心被评为天津市民族团结进步创建单位。落实宗教活动场所负责人例会制度,开展与宗教界人士谈心谈话活动,不定期与各宗教活动场所主要教职人员座谈。坚决落实宗教活动场所疫情防控“双暂停”举措,常态化开展疫情防控检查工作。进一步完善各宗教活动场所财务管理、消防安全、建筑安全等各项管理制度。依法管理宗教事务,打击非法宗教活动。

【宣教工作】 2021年,区民族和宗教事务委员会广泛开展中央民族工作会议精神和全国宗教工作会议精神宣传工作,举办学习宣传中央民族工作会议精神培训班。宗教界学习贯彻习近平总书记“七一”重要讲话精神、党的十九届六中全会精神、全国宗教工作会议精神等宣讲报告会。组织开展“民族宗教政策法规宣传月”“民族团结进步宣传月”“宪法宣传周”等活动。在民族宗教领域开展“颂党恩,跟党走”庆祝中国共产党成立100周年系列活动,组织开展党史学习教育宣讲活动,引导各族群众和信教群众听党话、感党恩、跟党走。

【服务慰问】 2021年,区民族和宗教事务委员会成员在区委书记带领下,前往宗教活动场所进行调研,了解宗教工作开展情况,与宗教界人士亲切座谈。在宗教节日、少数民族节日及春节等中国传统节日期间,走访慰问民族宗教领域代表人士,送去慰问品。两次走访慰问九十五中学新疆高中班师生,送去区委区政府的关心关怀,勉励学生刻苦学习,努力成为栋梁之材。

行政审批与营商环境管理

【党史教育促工作】 2021年,区政务服务办公室邀请党校讲师进行专题宣讲,开展党员领导干部讲党课,党员干部线上党史故事“微宣讲”等活动。举办党员“政治生日”仪式,组织党员干部参观红色教育基地,观看红色电影,学唱红色歌曲。梳理群众诉求80余件,落实“我为群众办实事”70余件。党员干部在“入列轮值”过程中解决群众诉求11个。策划开展“向部门报到”活动,走访营商环境建设相关责任单位14个,商会解决部门间审批环节不对称问题6个。

【政务一网通】 2021年,区政务服务办公室梳理形成

《西青区政务服务事项目录》（2021年版），通过政府网站公开。落实《加强基层政务服务工作实施方案》，梳理调整各社区（村）代办点办理各项可办事项，形成区统一代办点目录清单。组织全区34个部门、11个街镇和249社区村，完善政务服务事项办理地点、咨询电话、办理流程等信息4000余条。对照市办负面清单，梳理形成《西青区政务服务事项"网上办"和"一次办"负面清单》（2021年版），其中"网上办"负面清单36项，"一次办"负面清单15项，清单以外政务服务事项均可网上办理或"最多跑一次"。"网上办""一次办"实办率均超过99%。梳理形成《西青区政务服务事项承诺制清单》（2021版），明确区级涉企经营许可告知承诺事项、证明告知承诺事项以及信用承诺事项。采用承诺审批办理业务2711件，占总办件量的58.43%。加强承诺审批事项监督管理，牵头全区32个单位编制细则239份，上传"政务一网通"平台。

【项目审批改革】 2021年，区政务服务办公室深化工程建设项目审批制度改革，扩大社会投资低风险项目范围。实行项目在线自动备案，一般社会投资工程建设项目从项目备案到取得施工许可证的审批时间压缩在40个工作日内。完成社会投资低风险项目立项审批1个，自动备案56个。44家企业提出代办服务申请，解决审批问题191件。继元气森林项目成为全市首个成功案例后，北京奔驰汽车线束生产线项目和金地威新永泰西青智造园项目又一次实现"拿地即开工"。同时元气森林项目评为2021年天津市十大行政执法优秀案例，并向全国推广典型经验。组织区内1个国家级工业区、4个市级工业园区及19个保留工业聚集区完成区域评估调查摸底工作，确定开发区、赛达工业园及张家窝汽车工业区为区域评估工业园区，建立区域评估清单。开发区和赛达工业园已完成能评、环评、震评等六大类区域评估招标事宜。

【优化营商环境】 2021年，区政务服务办公室按照《西

2021年7月1日，区政务服务办举办"唱支红歌给党听"主题活动

2021年，区政务服务办举办政企对接服务活动

青区关于落实〈天津市优化营商环境三年行动计划〉工作措施2021年任务清单》,积极推动全区28个单位高标准落实任务清单46条措施。会同区委督查室对市场监管局、发改委等单位落实情况进行跟踪督导,有效确保营商环境三年行动计划顺利实施,年底完成全市营商环境第三方评价工作。持续落实政企会客厅“接待日”制度,举办会客活动7次,接待企业30家,解决问题35个。在此基础上,牵头推动落实西青“亲商八条”工作措施,全区400余名处级以上领导干部累计开展茶餐叙谈活动940余次,帮助企业解决难题400余件。每季度对企业办理业务情况进行电话回访,搜集问题建议,及时反馈、即时整改。向450家企业征询西青营商环境意见建议,满意率达97.8%。

【提升便利服务】 2021年,区政务服务办公室全面提升政务服务便利度,将“多窗”变“一窗”,实现“一站式”向“一窗式”转化。设立“一件事”综合窗口,制定20个高频事项“一件事”办理目录,将企业群众“一揽子事”并联成“一件事”。创建“一张表单、一套材料、一个窗口、一次办结”集成审批服务新模式。智慧大厅建成包括排队预约、电子范例、双屏交互评价、移动端服务、视频采集监控等5个应用系统智能化项目。通过“津心办”西青旗舰店发放预约号1.8万余个,办事群众注册6万余人,办件总量达18万余条。完善适老办事服务办法,实施“事未办成”登记制度,做到未办成事项沟通协调不超24小时。打造“15分钟政务服务圈”,在各街镇政务服务中心设立1~2个综合窗口,使所有街镇级政务服务事项均可办理。完成区级和街镇政务大厅“跨省通办”窗口设置,第一批58项高频政务服务事项“全市通办”“跨省通办”已实现。坚持落实“只进一扇门”改革,日均办理业务量达到1000余次,实现681个事项在市民中心集中办理。

（扈立洁）

政协西青区委员会

重要会议

【政协西青区十届一次会议】 中国人民政治协商会议天津市西青区第十届委员会第一次会议，于 2021 年 12 月 11 日至 13 日举行。区委书记李清，区委副书记、区长殷学武等区领导出席会议，参加联组讨论，听取委员意见建议，与委员共商全区高质量发展大计。会议审议批准苑树发代表区九届政协常务委员会所作的工作报告和高向军代表区九届政协常务委员会所作的提案工作报告。会议选举产生区政协第十届委员会主席、副主席、秘书长和常务委员。

【九届常委会会议】 2021 年 3 月 25 日，政协西青区第九届委员会第三十一次常委会议在区政协机关四楼举行。会议传达并学习了全国政协十三届四次会议精神，通报了西青区政协党史学习教育工作方案、西青区领导班子 2020 年度民主生活会情况和中共政协西青区委员会党组 2020 年工作要点，审议并通过了区政协 2021 年度工作计划和有关人事事项。

2021 年 7 月 28 日，政协西青区第九届委员会第三十二次常委会议在区机关会议楼举行。会议听取区政府关于经济社会发展情况的通报，听取区政府办关于区政协九届五次会议以来提案办理落实情况的通报，传达学习了习近平总书记“七一”重要讲话精神和中共天津市委办公厅印发《关于加强换届风气监督确保区和乡镇换届风清气正的实施意见》的通知。

2021 年 10 月 28 日，政协西青区第九届委员会第三十三次常委会议在张家窝镇万科四季花城举行。常委会组成人员先后就张家窝镇瑞欣家园充电桩、人寿堂养老院、万科四季花城社区委员联络站等民心工程建设情况开展视察调研，听取相关负责人情况介绍。

政治协商

【围绕中心工作协商】 2021 年，政协西青区委坚持协商议政工作与全区中心工作同频共振，把为“十四五”规划实施建言献策作为履职主线，围绕落实“两城”发展格局，聚焦实施区科技创新三年行动和招商引资三年行动，助推“1010”工程项目实施。制定围绕加快产业转型升级、大力发展信创产业、助推全区高质量发展三个重点协商课题和三个专题协商计划，积极为全区高质量发展建言献策。

【调研视察】 2021 年，政协西青区委研究确定 11 个重点调研视察课题，举办专题协商会议 4 次，形成 4 篇协商成果。围绕“大学科技园”建设、加强安全生产等重点工作，组织开展 8 次专题调研视察活动，提出意见建议 30 余条。抓好党组成员联系界别、党员委员联系党外委员制度落实，走

2021 年，区政协就强化社会治理，建设和谐平安西青进行专题视察调研

访联系21名新社会阶层人士，到12家委员企业调研座谈。深入推进政协协商向基层延伸，建立区政协委员履职活动中心西营门街联络站和张家窝镇联络站，鼓励委员到社区报到，推动政协走进基层、委员贴近群众。

民主监督

【专委会监督】 2021年，政协西青区委搭建专委会议政监督平台，定期召开区情通报会，利用微信平台推送区情信息。专委会、委联组组织委员调研视察、沟通联系，让广大委员及时了解全区改革发展情况。搭建基层协商平台，建立11个街镇社区委员联络站，协商议政向基层延伸，让委员充分发挥协商监督作用，走到群众身边听呼声。

【重点工作监督】 2021年，政协西青区委定期开展积案化解、信访接访活动。积极反映群众合理诉求，协调化解矛盾问题，凝聚民心民智。先后督导化解信访积案104件。研究确定11个重点调研视察课题，围绕“大学科技园”建设，加强安全生产，构建全民健身公共服务体系、促进生活垃圾无害化处理、加强疾病预防控制体系建设、创建食品安全示范城市等议题，组织开展8次专题调研视察活动，提出意见建议30余条。

参政议政

【改进提案工作】 2021年，政协西青区委加大重点提案跟踪督办力度，对立案的101件提案进行全面梳理。遴选9件重点提案由主席会议成员领衔督办，召开重点提案督办会议2次。针对委员提出的“关于进一步加快我区电动汽车充电基础设施建设”，推动有关职能部门在区机关和部分住宅小区建设一批充电桩设施，受到群众普遍欢迎，在服务民生中体现政协担当。九届五次会议期间提案已全部办复，委员满意率、基本满意率达100%。

【社情民意反馈】 2021年，政协西青区委立足服务群众所需所盼，围绕推进安全生产专项治理、加强社区物业管理、加强疾病预防控制体系建设、创建食品安全示范城市、促进文化旅游产业发展等课题，以专门委员会为依托，组织开展专题调研视察活动，向各级职能部门反馈群众诉求65条。

抗击疫情

【机关全体动员】 2021年，政协西青区委按照区委区政府部署要求，组建由主席会议成员牵头、机关干群全体动员，深入开展疫情防控、疫苗接种督导督查工作，区政协机关经常开展入户宣传疫苗接种工作并圆满完成承担的疫苗接种指标任务，确保区委、区政府疫情防控各项决策部署的落实。在常态化疫情防控中，充分发挥政

2021年，区政协召开重点提案督办工作座谈会

协作为统一战线组织功能，引导广大政协委员密切联系界别群众，通过社区报到、联系困难户等方式协助党委政府做好疫情防控中的宣传引导、解疑释惑、稳定人心工作，为区委、区政府更好地开展工作减少阻力、增加助力。

【深入基层督查】 2021 年，政协西青区委组建 5 个蓝军督查队伍，深入农村社区、交通物流、养老机构、餐饮商超、学校医院等防控点位开展全天候、全方位督查，认真查找薄弱环节，协调解决各类问题，累计上报《督查专报》64 期，推动疫情防控各项决策部署的落实。党组第一时间发出抗击疫情倡议书，广大委员积极响应，深入一线值班值勤、积极建言献策、踊跃捐款捐物。累计捐款 40 余万元，捐物价值 20 余万元，有力地支援了全区抗击疫情和复工复产工作。

（李　晔）

2021 年，区政协领导深入社区入户宣传疫苗接种工作

中共西青区纪委
监察委

重要会议

【区纪委十一届八次会议】 2021年2月7日,中国共产党天津市西青区第十一届纪律检查委员会第十次全体会议在区机关会议楼二楼会议厅举行。出席会议的区纪委委员22人,列席151人。区委书记李清出席会议并讲话。区委常委、区人大常委会、区政府、区政协领导班子成员出席会议。有关方面负责人参加会议。会议以习近平新时代中国特色社会主义思想为指导,深入贯彻党的十九大、十九届二中、三中、四中、五中全会精神,全面落实十九届中央纪委五次全会、市纪委十一届九次全会和区委十一届十三次全会部署,回顾2020年纪检监察工作,部署2021年任务。全会审议通过王冰代表区纪委常委会所作的《立足新阶段 担当新使命 努力为开启全面建设社会主义现代化新城新征程提供坚强保障》的工作报告,通过了《中国共产党天津市西青区第十一届纪律检查委员会第十次全体会议决议》。

【区纪委十二届一次会议】 2021年12月4日,中国共产党天津市西青区第十二届纪律检查委员会第一次全体会议在西青宾馆举行。出席会议的区纪委委员25人。张楠应大会主席团委托,主持会议。会议通过了《中国共产党天津市西青区第十二届纪律检查委员会第一次全体会议选举办法》;通过了监票人名单;讨论并通过了《中国共产党天津市西青区第十二届纪律检查委员会常务委员会委员和书记、副书记候选人名单》。选举产生了中国共产党天津市西青区第十二届纪律检查委员会常务委员会委员和书记、副书记,并提请中国共产党天津市西青区第十二届委员会第一次全体会议通过。

【区纪委常委会会议】 2021年,区纪委共召开49次常委会议、监委委员会议。会议传达学习习近平总书记有关重要讲话精神和中央、中央纪委国家监委和市委、市纪委监委以及区委有关重要会议精神和部署,审议通过干部任免、财务支出等重大事项和有关审理报告。

其他工作会议

【区纪委监委年度总结会】 2021年2月22日于区机关会议楼二楼会议厅召开。会议分四个篇章对2020年纪检监察工作进行总结,对2021年工作进行展望部署。区委常委、区纪委书记、区监委主任王冰出席并致辞。

【区纪委监委党史学习教育动员部署会】 2021年3月17日在区机关会议楼二楼会议厅召开。会议学习贯彻习近平总书记在党史学习教育动员大会上的重要讲话精神,全面落实党中央和市委、市纪委监委、区委动员部署要求,对区纪委监委机关开展党史学习教育进行动员部署推动。区委常委、区纪委书记、区监委主任王冰出席并讲话。

【西青区纪检监察系统深化回访教育暨基层监督工作推动会】 2021年4月25日在区机关会议楼二楼报告厅召开。会议传达学习全市深化回访教育工作会议精神,总结部署回访教育工作,对加强基层监督工作进行进一步推动。区委常委、区纪委书记、区监委主任王冰出席并讲话。各街镇纪(工)委书记、区管企事业单位纪委负责人、区纪委监委各部门负责人参加会议。

【纪检监察工作推动会】 2021年5月20日在区机关二楼会议厅召开。会议深入贯彻落实十九届中央纪委五次全会和市纪委十一届九次全会精神,总结2021年以来纪检监察工作,对下一阶段重点任务进行安排部署。区委常委、区纪委书记、区监委主任王冰出席并讲话。

纪检监察

【政治监督】 2021年,区纪监委加强监督检查,及时纠正贯彻新发展理念不坚决、融入新发展格局不主动、干事创业精神气不足等问题。深入开展粮食购销领域腐败、经济开发区腐败、违建别墅以及国企、金融、土地、政法、供销系统等20余项专项整治,确保政令畅通、令行禁止。强化疫情防控监督,针对中北镇疫情形势,迅速反应、闻令而动,组建10个监督检查组,监督检查全区260个点位,发现并督促整改问题61个。严明政治纪律和政治规矩,立案查处违反政治纪律和政治规矩问题8人。深化民主生活会全过程监督,对全区79个区管单位党员领导干部参加民主生活会情况进行监督,提出意见建议208条,提醒纠正13次,以刚性政治监督保障民主生活会质量。推进政治巡察全覆盖,开展3轮对11个单位常规巡察,发现问题528个,移交问题线索58件,推动解决问题75个。结合全区各单位职能职责,细化160余项监督重点,推进政治巡察具体化。

【惩治腐败】 2021年,区纪监委保持从严惩治和高压震慑,有效惩治腐败。全年受理检举控告类信访举报815件,处置问题线索690件,立案248人,结案252件,处分237人,留置11人,移送司法15人,挽回经济损失1.78亿元,制定《西青区关于贯彻落实〈关于一体推进不敢腐不能腐不想腐的意见〉的工作措施》,召开全区领导干部警示教育大会,拍摄《借"土"生金的不归路》警示教育片,编印《画说四风》《案件警示录》等系列丛书,教育广大党员干部以案为鉴、汲取教训。对60个单位制发纪检监察建议书87份,对制度执行不到位等248个问题提出整改建议。

【创新基层监督】 2021年,区纪监委试行涉权事项公开。以张家窝镇为试点,将镇党委政府"一把手"、村(社区)"一肩挑"书记(主任)41人作为报告主体,报告公开其亲属涉权事项,形成24项涉权事项清单,建立521条党员干部亲属关系数据库,用"晒权力"遏制"微腐败"。探索开展提级监督,制定《关于对有关村(集体经济组织)实行提级监督的工作办法》,选取18个集体"三资"达到一定规模或信访问题突出的村居"一肩挑"书记(主任),以及街镇综合执法、"三资"管理、建管部门等29名负责人,作为提级监督对象,用"级差"打破"熟人壁垒"。

【换届监督】 2021年,区纪监委开展换届监督,监督保障换届选举风清气正。把好前期排查、廉洁教育、专项监督、廉政意见回复四个关口,严格落实"九不能""五不宜"要求。审查2918名村(社区)"两委"候选人廉政情况,筛查出不具

2021年4月1日,区纪监委召开加强基层监督工作部署推动会

备参选资格人员25名，提出否定性意见11人，严肃查处拉票贿选、说情打招呼等违反换届纪律行为。严把党风廉政意见回复关，围绕选拔任用、表彰奖励、换届选举等方面工作，累计回复党风廉政意见15889人次，提出否定意见106人次。

【作风建设】 2021年，区纪监委推动中央八项规定精神落实。严防反弹回潮、疲劳厌战，紧盯元旦、春节、五一、端午等重要节点，及时进行廉政提醒，对大操大办、违规吃喝、滥发津补贴、违规收送礼品礼金等隐形变异、顶风违纪问题露头就打、反复敲打。全年查处违反中央八项规定精神问题86件，处理129人，通报曝光典型问题5起。深入治理形式主义官僚主义和不担当不作为问题，制定专项行动三年工作方案，明确6个方面23项具体治理重点。全年查处形式主义官僚主义、不担当不作为问题35起，处理党员干部53人。建立四级联动回访教育机制，对252名受处理党员干部开展回访教育，为4人澄清正名，激发党员干部干事创业正能量。

【深化体制改革】 2021年，区纪监委深化纪检监察工作联络站建设，以村（社区）“两委”换届为契机，推动全区261个村（社区）、25个股份经济合作社全部设立纪检监察组织，其中72个党委建制的村（社区）设立纪委，发挥专责监督作用。提升派驻监督质效，制定《区纪委监委派驻机构“轮驻式”监督工作办法》，开展第一轮“轮驻式”监督。制定《开展“轮驻式”监督驻在部门领导班子及其成员政治评价“画像”操作指引》，从政治忠诚、责任落实、选人用人、廉政风险防控等8个方面进行监督和评价，查找出8大类70个问题，及时向驻在部门通报、对症开方，“派”的权威、“驻”的优势进一步显现。

（刘雪茹）

2021年4月28日，区纪监委组织新一届农村（社区）纪检监察干部专题培训班

民主党派

民革西青区工委

【组织建设】 2021年,民革西青区工委充分挖掘吸纳“三农”“社会法制”等具有民革特色领域的优秀人才,发展7名党员,确立7名入党申请人。夯实基层组织建设,一季度先后完成区工委第一、第二、第三支部换届,新一届支部班子平均年龄38岁,研究生学历达44%。与区残联机关党支部签订结对共建协议。规范工作小组建设,将原有的4个工作组调整为组织建设、宣传思想、参政议政、社会服务、祖统联络5个工作组。

【参政议政】 2021年,民革西青区工委在区政协第十届一次会议上,提交大会政协提案15篇。“关于发挥政协委员作用,促进民营企业中小企业发展的建议”“关于制定区级民心工程实行‘拿地即开工’‘绿色通道’的建议”作为联组发言,“履行政协委员职责 为推动我区经济建设做出贡献”作为大会书面交流材料。完成区委统战部调研课题征集,“充分利用‘行业’高校资源 推动‘产学研用’深度合作的对策研究”荣获西青区统战理论政策研究创新成果二等奖。在民革市委会调研课题征集中,“推动产业数字化转型加快我市数字经济高质量发展”被市政协列为2022年重点培养课题。

【社会服务】 2021年,民革西青区工委多渠道开展募捐活动,73人响应区委统战部“西青区凝聚社会力量助力巩固脱贫攻坚成果同乡村振兴有效衔接倡议书”,捐款1.69万元;49人向河南灾区捐款1.5万元;67人向甘肃麦积疫情防控捐款1.43万元。联合区新联组深入对口帮扶的第六埠村、木厂村,开展困难母亲慰问活动;在六一儿童节来临之际,赴大柳滩中心小学开展“同心·助学圆梦”社会服务活动。联合农工党西青区工委、区残联深入张家窝社区开展“我为群众办实事,志愿服务进社区”主题活动,为群众提供法律咨询、残疾预防宣传、卫生清整等志愿服务。

(毛冶成)

民进西青区工委

【组织建设】 2021年,民进西青区工委不断强化组织思想建设。深入开展中共党史和民进会史学习教育活动,集中观看建党百年庆祝大会。举办“学习百年党史,坚守合作初心”专题教育培训班,组织参观石家大院、平津战役前线指挥部和“海河上的天津——红色记忆展”等红色教育基地。全年会员共撰写学习心得87篇,报送加强理论学习方面高质量意见建议8篇。不断健全会内制度建设,班子成员职责更加明确,在会员信息管理、信息报道、建言献策征集上更加规范。先后赴盘山烈士陵园、梨木台爱国主义教育基地、金汤桥、觉悟社等地实地探寻革命先烈英雄足迹,赴张家窝助老服务中心、生态绿色屏障、中化农业种植基地等感受西青经济社会发展成效。

【参政议政】 2021年,民进西青区工委全年完成统战工作实践创新成果1个,完成统战理论政策研究成果1个,政协提案1件,建言献策25篇。积极投身全区疫情防控、环保治理、支教服务、名师讲堂、创文创卫等重点工作,积极建言献策,贡献力量。参加各种议题的政党协商会议20余次,参加人员达30余人次。民进会员还分别在住建委、税务局、规自局、检察院等单位担任特约监督员,发挥民主监督、建言献策作用,为区委科学决策、民主决策、依法决策提供保障。

【社会服务】 2021年,民进西青区工委先后有50余人参加不同方式的疫情防控工作,16人次参与环保课堂授课。3 人参加援疆、援藏、援甘支教对口帮扶。延续 20 年的名师讲堂，成为西青民进的名牌项目。会员积极投身文明校园、文明课堂、文明家庭的创建活动。全年向天水市麦积区捐赠防疫款 9650 元和价值 9500 元的防疫物资，向河南水灾捐款 3900 元。

（邢 楠）

农工民主党西青工委

【组织建设】 2021 年，农工民主党西青区工委举办“学习百年党史 坚守合作初心”党员教育培训班，筑牢不忘合作初心、继续携手前进的思想根基。赴蓟州区开展党史学习教育和实践考察活动。参加农工党天津市委会组织的《中国共产党统一战线工作条例》专题培训。组织优秀骨干党员参加西青区委统战部组织的“统一战线大讲堂”、农工党天津市委会组织的农工党中央党史宣讲会。组织优秀骨干党员赴市委会“党员之家”“石家大院反腐倡廉教育基地”实地参观学习。组织党员观看电影《长津湖》，进一步强化党员的爱国情怀。联合农工党河西区委员会赴西青区王稳庄镇绿色生态区实地学习考察。

【参政议政】 2021 年，农工民主党西青区工委组织开展参政议政专题培训会，引导党员参政议政，提高建言献策能力和水平。积极参加政党协商工作，提交涉及医疗卫生、生态环境、社会民生、学生教育及农村农业意见建议 15 份，为区委区政府科学决策提供参考。重视调查研究，承担统一战线理论政策研究课题，提交理论政策研究成果报告《中国特色社会主义参政党建设问题研究》，提交实践创新成果《充分利用高校资源，推动产学研深度合作的对策研究》。围绕医药卫生、智慧交通、生态环境保护等社会及民生问题，开展调查研究，在两会期间共提交 8 篇提案。

【社会服务】 2021 年，农工民主党西青区工委举办健康大讲堂，为群众讲解健康知识，开展义诊咨询服务。响应区委统战部号召，为应对甘肃天水疫情期间防疫物资紧缺情况，发动党员共计捐款 10350 元。为甘肃麦积区、景泰县和新疆于田县捐款 11000 元。践行“我为人人，人人为我”的公益理念，向“农工党爱心公益基金”捐款 4510.09 元。选派优秀党员赴新疆参与当地支教工作。农工党主界别以医药卫生，人口资源生态环境保护为主，在新冠肺炎疫情防控战役中，医生党员投身抗击疫情一线，非医生党员投身志愿服务一线。

（刘红军）

致公党西青基层委员会

【组织建设】 2021 年，致公党西青基层委员会组织党员参观“海河上的天津红色记忆展”，收听收看中国共产党成立 100 周年大会，组织党员积极撰写心得体会。开展 2021 年“不忘合作初心，继续携手前进”党史学习教育主题实践考察活动，组织基层委员会班子成员、各基层支部主委、委员及骨干成员参加盘山烈士陵园、梨木台爱国主义教育基地、蓟州区罗庄子金水泉山—抗日战争胜利 60 周年纪念碑、蓟州区地质博物馆等祭扫参观学习活动，进行交流研讨并撰写心得体会 7 篇。

【参政议政】 2021 年，致公党西青基层委员会做好建言献策，组织党员撰写各类建言献策信息 22 篇。针对河南郑州等地暴雨的专门稿件 2 篇，针对教育“双减”政策稿件 2 篇。

【党员培训】2021 年，致公党西青基层委员会召开线上学习会议，骨干党员述说党史学习体会，统一思想共识，夯实统一战线理论基础。动员致公党员参加西青区党外人士第三期“网聚同心”线上培训班。成功举办致公党西青基层委员会 2021 年党员教育培训班，共计 23 名党员参加。

【社会服务】2021 年，致公党西青基层委员会发动党员开展捐款活动，为西部地区乡村振兴贡献致公力量。利用 2 天时间捐款 12800 元，为天津市慈善协会和西青区红十字会捐款 12800 元。响应区委统战部号召，发动党员为天水市麦积区慈善协会捐款 7400 元，通过致公党中央“西好货”电子商务平台，发动 18 位党员采取以购代捐消费模式购买酉阳好货 4539.7 元，助力酉阳乡村振兴工作。

（王科峰）

民建西青总支部

【组织建设】2021 年，民建西青总支部组织会员坚持政治理论学习，认真开展“不忘合作初心，继续携手前进”主题教育活动。开展蓟州区主题教育实践学访活动，观看革命历史题材电影故事片《长津湖》。组织会员认真学习《中共中央关于加强中国特色社会主义参政党建设的意见》《中国共产党统一战线工作条例》等文件，提升会员整体素质。全年召开全委会会议 6 次，理论学习中心组学习 4 次，监督委员会会议 4 次，警示教育大会 1 次。加强申请人的“四史”学习教育，全年共发展会员 7 名。

【参政议政】2021 年，民建西青总支部提高会员履职能力。在区政协十届委员会第一次会议上，撰写提交《繁荣夜间经济扮靓“夜西青”》《关于加强西青区园林绿化病虫害防治提高生态文明建设的建议》提案，被列为联组会发言。向市委会、区委统战部报送调研文章和社情民意信息共计 14 篇，涉及疫情防控、经济发展、城市建设、农业农村、民族宗教等多个领域。围绕“民建在新时代如何更好地发挥作用”这一主题展开深入调研。《社会资本参与乡村振兴的制度壁垒破除问题》获得 2021 中国（天津）非公有制经济发展论坛论文二等奖，《民营企业大发展助力乡村大振兴》获得 2021 中国（天津）非公有制经济发展论坛论文优秀奖。

【会员之家】2021 年，民建西青总支部为了增强基层组织凝聚力、战斗力和号召力，推动基层组织工作健康发展，在西青区民和道 24 号设立区级民建之家。为了方便会员，在导航系统中设立位置，让会员能准确快速地找到民建之家。民建“会员之家”提升了组织活力，丰富了会员活动形式，成为会员的大家庭。

（曹承鸿）

社会团体

西青区总工会

【产业工人队伍建设改革】 2021年，区总工会全面推动产业工人队伍建设改革，制定《2021年西青区产业工人队伍建设改革工作要点》。组织开展劳动和技能竞赛，助推经济发展提质，让产业工人共享改革发展红利。创新工作方法，推行“维权向前一步”“服务向前一步”，引领新业态职工从“要我入会”转变为“我要入会”。联合各街镇举办集中入会现场推进仪式，最大限度吸引、稳固新业态职工。全年有1500余名新业态职工加入工会组织，在全市专项工作通报排名中居中靠前。

【疫情防控】 2021年，区总工会列支513万元专项资金，为近11万在职职工发放“清感饮”21万余盒。为全力保障新冠病毒疫苗接种工作有序推进，在端午、中秋、十一重要节点和“送凉爽”活动中慰问疫情防控一线职工4批次，开展慰问活动11场，慰问职工10000余人次，累计使用慰问经费近200万元。

【弘扬劳模精神】 2021年，区总工会大力弘扬劳动模范工匠精神，组织劳模事迹报告会，开展劳模先进人物座谈会，邀请劳模讲述奋斗故事，开设劳模风采专栏。组织职工参观弘扬劳模精神、劳动精神、工匠精神教育展10场次，充分展示当代劳模锐意进取、不懈奋斗的风采。开展对劳模春节慰问和生日走访慰问，累计发放慰问金35.35万元。全区1名个人和1个集体分别荣获全国五一劳动奖章和工人先锋号称号；2个单位、2名个人和4个集体分别荣获天津市五一劳动奖状、奖章和工人先锋号称号，并授予奖章、证书和奖牌。

【工会福利】 2021年，区总工会累计投入500余万元，推出免费体检、免费观影、健身、景区游览等普惠职工服务项目。发放各类福利券30余万张，10万余名职工享受福利。聚焦职工因患病致困的痛点问题，建立多维度困难职工帮扶体系，推出“重病关爱、大病救助、住院慰问”的组合性救助举措。发放各类温暖福利、助困救助金850余万元。为1994名困难职工、一线环卫工及农民工提供免费查体服务，提高困难职工和农民工的幸福指数。为83名罹患五种重大疾病的职工会员发放一次性专享保障救助金83万元，1名遭受火灾职工发放一次性救助0.946万元，共计83.946万元。为576名因患病住院的在职会员进行住院关爱慰问，累计发放慰问金54万元。为60名患大病在职会员分梯度给予1~5万元大病救助，共计慰问金218万元。为建档困难职工发放医疗救助金共计10929元，发放慰问品、生活补贴共计3.75万元。为74名退休及在职因病致困职工进行现场救助，发放救助金7.13万元。

【保障职工权益】 2021年，区总工会为4928个企事业单位建立职代会制度、实行厂

2021年，区总工会为困难职工和农民工免费查体

务公开民主管理。组织区优秀企业参加市总工会组织的“聚合力促发展”优秀职工代表提案征集推荐活动，有效保障了职工的知情权、参与权、表达权、监督权，提高了工作生产积极性。653 家单独建会企业签订工资集体协议，区域工资集体协议覆盖企业 4128 家，维护了企业职工薪酬权。3875 家企业开展“安康杯”竞赛活动，参赛职工达 83393 人。开展各类女职工维权活动 113 场，参加女职工 5012 人次。开展“情系女职工 法在你身边”专题讲座暨赠书活动，发放女职工维权书籍 600 余册，营造全社会关注和维护女职工权益的良好氛围。

（刘 敏）

共青团西青区委员会

【开展主题活动】 2021 年，团区委深化思想政治引领。开展“学党史、强信念、跟党走”学习教育，与植树节、清明祭扫、纪念五四运动、庆祝中国共产党成立 100 周年紧密结合，深入开展百团传承五四魂、百年和声诵党恩、百红行动植春绿、百爱圆梦微心愿、百人宣讲话党情、百项服务建新功等系列主题活动。全区 830 个团支部开展特色活动、主题实践 400 余场，1.2 万余名团员青年全员当先锋、全员受教育。创新开展“三堂课”，邀请党政领导干部、专家教授、老党员老战士与青年面对面叙党史、话担当。开展主题团课近百场、党史宣讲 30 余场、“请党放心 强国有我”主题团日活动 20 余场、教育引导广大青年厚植爱国情怀、传承红色基因、展现时代担当。在全区各界青年中开展学习宣传贯彻习近平总书记在庆祝中国共产党成立 100 周年大会上的重要讲话精神活动。

【组织建设】 2021 年，团

2021 年，团区委组织团员青年担当疫情防控志愿者

区委加强基层团组织规范化建设。235个村居团组织全部完成换届选举工作，台账化实时督促指导各级基层团组织应换尽换。深化区域化团建，成立区域青年工作委员会，吸纳区市属机关、国有企业、高校、驻津团工委等驻区单位20余家，联手举办7场共建活动。全区共建“青年之家”16家，实现街镇和西青开发区全域覆盖。认真履行全团带队职责，联合区教育局以“五个红色”为主线深化少先队党史学习教育，做好新时代少先队各项工作。认真做好团干部培训、发展团员等基础工作。

【志愿活动】 2021年，团区委发挥服务社会生力军和突击队作用。抗击疫情期间推动超万名团员青年组成青年志愿服务队，投入新冠病毒疫苗接种攻坚战工作。团区委干部深入西营门街、张家窝镇入户走访、摸排登记、宣传动员，圆满完成组织群众接种疫苗目标。试点发动101名机关青年捐款25340元，认领136棵树苗，在西青郊野公园捐种首个“西青青年林”，引领团员青年在助力公园城市建设、保护生态文明中勇当生力军突击队。发起“寸草心”“手足情”志愿助老行动，组织10个街镇成立志愿助老服务队。组织参与“抗汛救灾 津豫同行”行动，广泛动员社会各界青年捐款捐物，共募集善款17.7万余元，款物折合金额共计36万余元。围绕创文创卫、人居环境整治等，组织推动全区各级团组织开展志愿服务活动100余场次。

【关注青少年教育成长】 2021年，团区委关注青少年教育成长。年初组织57家成员单位召开联席会，把加强青少年法治教育、预防青少年违法犯罪作为落实《规划》12项重点工作之一，推动“十四五”期间青年工作健康高质量发展。面向青年企业家、团干部和团员青年开展7场“海河青听”实践活动，征集包括创新创业、为基层减负等各类意见建议425条，围绕青少年教育提升、婚恋交友等普遍迫切的需求及时回应处置，通过解决青年“小问题”推动共青团事业“大发展”。举办“青春送暖 海河天山心相连”与内高班（新疆少数民族学生在内地高中班）共话成长、“幸福新西青 青春手牵手”等困难青少年暖心活动。举办西青区“百年初心 缘定西青”第二十二届青年集体婚礼、“缘聚西青 一见‘青’心——青春有约 津彩团缘”西青区青年交友联谊活动，切实解决适龄青年婚恋交友诉求。组织第二期“青马工程”培训，为全区各条战线培养高素质人才。

（耿丽金）

西青区妇女联合会

【思想引领】 2021年，区妇联结合中国共产党成立100周年主题，举办“献礼建党百年华诞”系列活动。开展“礼赞百年心向党·巾帼奋斗新征程”纪念三八国际妇女节111周年

2021年10月，区妇联系统举办“领头雁”培训班

大会暨先进女性事迹报告会、“党旗引领·百年芳华——天津妇女听党话跟党走百年发展成就”主题巡展、“家庭献礼建党百年”活动、“红心唱响新时代·昂首阔步新征程”群众性歌咏活动等。组建“巾帼党史宣讲团”，编发《党史学习教育巾帼大宣讲资料汇编》，开展巾帼大宣讲184场。结合“互联网+”，与西青融媒体联合开展“致敬西青巾帼力量”专题宣传活动，多渠道讲好西青女性故事，做强典型引领。

【组织建设】 2021年，区妇联完成133个村和108个社区妇联换届工作，选举村（社区）妇联主席241人，专（兼）职副主席624人，执委2173人，实现村、社区妇联主席100%进“两委”。制定《西青区妇联关于深化妇联组织建设改革实施“破难行动”工作方案》和《西青区妇联执委履职工作办法》，建立各级执委工作室，搭建履职平台。建立妇女微家100余家，涵盖志愿服务、健康保健、文艺活动等领域。举办区妇联系统2021年“领头雁”基层培训班，提升妇联队伍专业化水平。

【助力创业】 2021年，区妇联围绕“六稳”“六保”，面向在津工人和女企业家，开展“留津过大年”微心愿活动。围绕疫情促就业，举办女大学生和社会女性专场招聘会，为110家优质企业提供2354个岗位，1800余名女大学生和社会女性参加招聘，意向达成率近28.3%。推荐8名女企业家加入天津市女企业家协会，其中一名参选协会副会长。推介杨柳青年画社参加2021年国际妇女儿童产业博览会。深化新时代“美家美院”创建，推报优秀“美家美院”488户。举办收拾归纳、家居美化大讲堂55场，家庭环境卫生集中大清整5次。巾帼志愿者帮扶1813户行动困难家庭清整卫生。

【维权助困】 2021年，区妇联开展“建设法治西青·巾帼在行动”主题活动，开展法治文艺汇演、集中宣传、民法典讲座等40余场，2万余人直接受益。三级妇联接待妇女来信来访74件次，妇女法律心理帮助中心提供一对一心理疏导194人次。开展心理健康咨询，构建女性安康保险和大病救助双重保障，女性安康保险参保248.2万元，赔付224人，理赔金额176.7万元。为低收入困难母亲发放春节慰问款物23.3万元，为32名困难学生发放阳光助学款物6.85万元，为19名“两癌”患病困难妇女申请“农村低收入妇女两癌救助”专项基金19万元。联合区法院为平泉留守儿童捐赠学习、生活用品753件。

【家风家教】 2021年，区妇联实施家庭文明新风计划。成立“红色家风故事宣讲团”，开展“家风村风大家谈”200余场，寻找最美家庭124户，32户家庭被评选为市级最美家庭，1户家庭被评为京津冀最美绿色家庭，1户家庭被评选为全国最美家庭。举办“传承红色家风·献礼百年华诞”家风家教建设成果展示暨“最美家

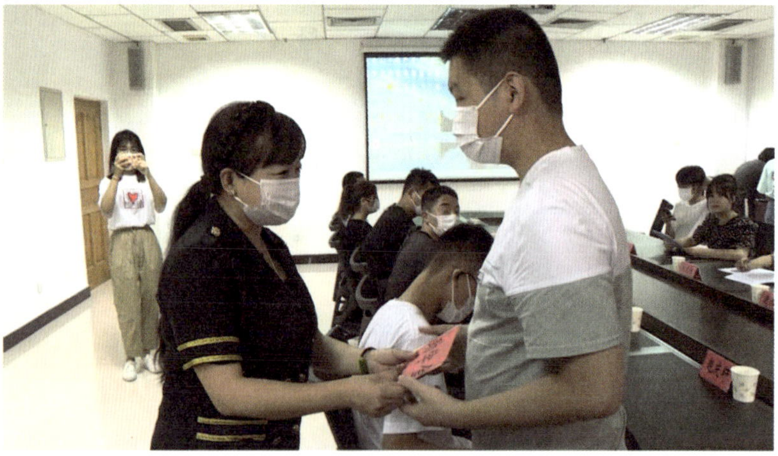

2021年8月，区妇联举办“扬帆起航，放飞梦想”阳光助学主题活动

庭”事迹分享会，推报区档案馆成为天津市首批家风家教实践基地。开展“把爱带回家”“学党史颂党恩·守护安全伴成长”等活动共计193场。举办文明家庭大讲堂、家庭教育大讲堂26场，开展核心价值观主题实践活动200余场，征集百户最美家庭绘党史作品108幅，进一步弘扬优良家风。

（袁文静）

西青区科学技术协会

【组织建设】 2021年，区科协加强组织建设。1月29日，区科协第四届常务委员会第一次全体会议召开，区委常委、统战部部长董秀琴出席会议并讲话。会议通报区科协第四届委员会委员、常务委员会委员、副主席和主席辞职及相应增补人选情况，传达学习中国科协在津召开的全域科普工作和基层科协组织建设现场会会议精神，并就区科协系统2020年工作完成情况作报告，对2021年工作作出安排。

【科技工作者日】 2021年5月25日，区科协举办科技工作者日活动。在第五个全国科技工作者日到来之际，区科协组织科技工作者代表参观调研常青藤国际艺术小镇、国家火炬天津西青信息安全特色产业基地等科技文化元素显著的科普阵地，了解在党领导下的科技给生活带来的巨大改变。举办“众心向党 自立自强”科技工作者座谈会，向参会人员汇报工作思路、举措和成效，街镇科协做交流发言，倾听科技工作者建议和意见。

【科技周活动】 2021年5月，区科协举办科技周活动，组织“百年回望：中国共产党领导科技发展”主题巡礼展、“众心向党，科普惠民”志愿服务联合大行动和“智能时代、数字社会、全域科普”科技体验活动。主场活动累计展出展牌60余块（135平方米），发放宣传材料8000余份，参与群众1000余人。有27家区委办局参加众心向党，“科普惠民”志愿服务联合大行动，杨柳青逸夫小学，京津冀智能科技发展（天津）中心等7家智能科技型企业参加科技体验演示活动。区科协指导全区各单位、街镇、社区（村）、学校举办科技周活动190余场。

2021年5月，区科协在杨柳青广场举办第35届科技周主场活动

【科普阵地建设】 2021年，区科协规范基层科普阵地建设，印发《西青区全面推进基层科普规范化建设工作实施方案》，召开全面推进基层科普规范化建设工作动员部署会。各街镇、经开集团、科协及部分社区（村）代表等70余人参加会议。全区把科普体验馆（站）、科普活动室、科普学校、科普图书室、科普宣传栏等科普活动宣传阵地“嵌入”党群服务中心、新时代文明实践中心（所、站）等场所，按照“一室多用、一栏多宣”原则，落实建设标准。

（张凌迪）

西青区工商业联合会

【推动乡村振兴战略】 2021年,区工商联深入推动乡村振兴战略,制定《西青区"万企兴万村"专项工作2021年实施方案》,联合区委统战部召开动员部署会,引导民营企业参与结对帮扶工作。动员全区203家企业捐款292.35万元,其中向甘肃景泰拨付80万元,向甘肃麦积拨付85万元,向新疆于田拨付92.35万元,建立防返贫资金池35万元。深入开展新疆扶贫工作,实地考察托格日尕孜村示范村、库尔班·吐鲁木纪念馆、龙湖、于田县木尕拉镇扶贫基地等点位,助力于田县新农村建设。用实际行动引导基层商会党组织主动联系新疆于田县中小学校,为该校购买15种体育用品,共计2万余元。

【搭建服务平台】 2021年,区工商联主动为企业搭建服务平台。强化金融服务,联合金融局邀请建设银行等金融机构座谈交流,探索开拓服务企业渠道。深化与建行西青支行合作,签署《天津市西青区工商联与中国建设银行股份有限公司天津西青支行全面战略合作协议》。整合资源、拓展合作,为助力民营企业融资提供支撑。召开"政银会企"四方合作座谈会,与西青农商银行签署全面战略合作协议。围绕都市型乡村振兴战略,深度整合金融资源,为专精特新中小企业发展保驾护航。坚持日常走访联系、"下午茶"会客等制度,主动与企业家拉近距离、谈心交友。共走访合思医疗科技、稳力科技、诺电子等企业30余家,深入了解企业诉求,解决金润天销路拓展、瑞林迪企业贷款等8个问题。

【创建法治文化】 2021年,区工商联强化法治宣传教育,联合区司法局、律师事务所举办"百家律所联百家商会"活动。召开民营企业"法治体检"推动会,推动10个基层商会与10家律师事务所开展合

2021年9月24日,区工商联赴新疆于田县考察、帮扶

2021年10月21日,区工商联召开"政银会企"四方合作座谈会

作，建立常态联系机制。与公安西青分局签署《关于进一步优化营商环境服务企业发展的实施意见》，加强双方沟通联系。开展“5·15 企业服务日”，前移法律保护关口，为民营经济健康发展提供优质法律服务和良好法治环境。创建民营企业法治文化征文活动，各基层商会会员企业和商会干部广泛参加，上报优秀征文 21 篇。

（冯仁敬）

西青区红十字会

【组织体系改革】 2021 年，区红十字会扎实推进群团改革，健全红十字事业发展组织体系。拟制上报《西青区红十字会关于机构设置及人员调整的请示》，编制增加 2 名，内设机构由 1 个增至 2 个，由综合科调整为办公室和业务科。进一步完善《西青区红十字会改革方案》，经区委常委会、区发改委会议审议通过，印发至全区 11 个街镇及教育、卫生等相关单位。强化红十字基层组织建设，及时将新成立的赤龙南街、津门湖街纳入红十字会基层组织体系，实现组织、阵地、工作的有效覆盖。

【开展救助活动】 2021 年，区红十字会元旦春节期间开展“红十字博爱送万家”活动，走访慰问困难家庭 121 户，发放慰问款物合计 68150 元。在“5 · 8 世界红十字日”、六一儿童节、世界急救日，开展“红十字博爱助孤、助残、助学”活动，会同教育局、卫健委等走访慰问困难户 40 余户，送去党和政府对困难群体的关怀和温暖。在重阳节，联合中北镇红杉花苑社区开展“红十字博爱助老”主题活动，组织红十字志愿者为社区老人提供义务修脚、义务理发等志愿服务。

【应急救护培训】 2021 年，区红十字会应急救护知识普及性培训任务，制定《西青区红十字应急救护知识技能培训工作实施方案》，充分发挥现有 26 名国家级、市级红十字应急救护培训师资作用，确保培训质量。全年完成民心工程红十字应急救护普及性培训 2200 余人次，红十字救护员培训 426 人次，有力提升广大群众的防灾避险意识和自救互救能力，为保障人民群众生命安全和身体健康提供有力支持。

【增强救援能力】 2021 年，区红十字会救灾、救援能力不断增强。积极开展为河南暴雨自然灾害捐款接收工作，累计接收社会爱心捐款 43 笔，共计 1168219 元，全部拨转至天津市红十字会账户，用于支援河南救灾。聘请第三方会计师事务所，对河南暴雨自然灾害期间社会爱心捐款进行有效监督。12 月，中北镇疫情防控工作启动紧急响应，第一时间在管控区现场设立临时工作站，以西青区新型冠状病毒疫情防控指挥部社会捐助组的名义接收社会捐赠。累计接收爱心企业、社团和爱心人士捐款 9 笔，共计 228.07 万元。接收社会爱心捐物共 19 笔，价值 167.1293

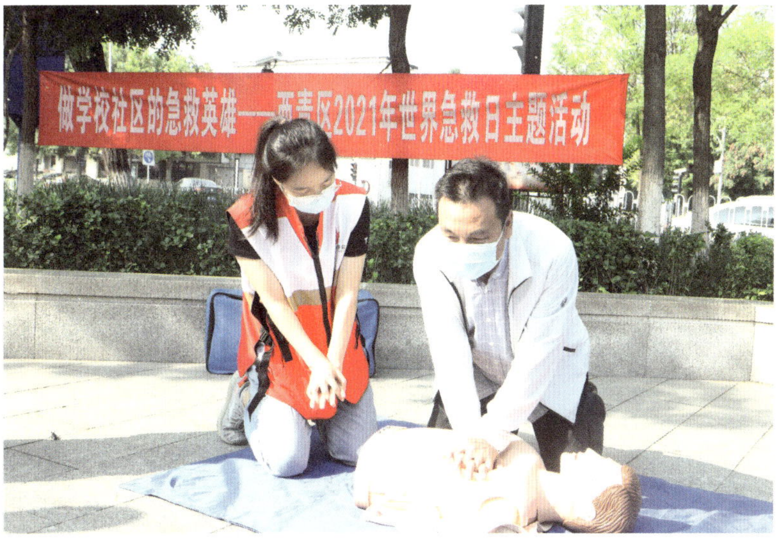

2021 年 9 月，区红十字会举办应急救护培训活动

万元。动员社会力量参与东西部协作和支援工作，聘请“天津中乔会计师事务所”，对红十字会募捐账户捐款的接收、使用、管理进行监管。累计接收爱心单位和个人捐款266笔，共计1686.147万元。

【器官捐献与献血】 2021年，区红十字会助推城乡社区文明建设，稳步推进红十字“三献”工作。以“3·5学雷锋日”“5·8世界红十字日”“6·14世界献血者日”“世界急救日”等纪念日活动为平台，加大人体器官捐献宣传力度。清明节期间，举办“奉献者生命礼赞，红十字清明追思”清明缅怀纪念活动，人体器官、遗体捐献者家属、医疗志愿者、捐献登记志愿者等30余人参加活动。开展“生命接力·就在身边”人体器官捐献志愿登记宣传季活动，组织红十字志愿者、应急救护培训讲师深入各街镇、村（社区），积极主动开展红十字“三救三献”宣传服务活动，促进社会和群众对人体器官捐献的认知、认同。全年累计完成人体器官志愿捐献登记1386人，153名造血干细胞捐献志愿者顺利完成血样采集。

（付 颖）

法 治

政法与社会综合治理

【政治生态建设】 2021年，区委政法将教育整顿作为重大政治任务，筑牢政治忠诚、清除害群之马、整治顽瘴痼疾、弘扬英模精神，狠抓学习教育、查纠整改，工作作风进一步转变、素质能力进一步增强、执法司法公信力进一步提升。全面压实从严治党主体责任，荣获落实全面从严治党主体责任考核优秀单位、抓基层党建述职评议考核优秀单位。牵头教育整顿，全区共排查问题及案件总数20万件，累计发现、收到、办结违法违纪线索约900件，处理干警170人，政法系统政治生态不断改善向好。

【维护社会稳定】 2021年，区政法委着力防范化解重大风险，提升矛盾化解质效，妥善处置各类突发事件。继续保持全年"进京零非访"成绩，圆满完成全国两会、庆祝建党100周年以及十九届六中全会等历次敏感节点维稳安保任务。提高第三方评估机构评估比例和质量，打造一批优秀评估案例，建立健全社会稳定风险评估机制。全年组织各单位对60项重大决策实施社会稳定风险评估，充分发挥源头把控、主动创稳。组织各街镇、各单位开展各类矛盾纠纷排查调处，通过反复多轮排查，彻底摸清存在的各类风险隐患。

【疫情防控】 2021年，区政法委在抗击疫情工作中，牵头组建实体化专班，统筹各街镇、各部门对海量推送数据进行"地毯式"排查，协同公安部门追查失访人员，督促各街镇、社区村全面开展社区落控管理工作。牵头落实组建社区防控办公室及8个专业组，制定《西青区关于疫情重点区域实施隔离封锁管控措施的工作预案》《西青区新冠肺炎疫情社区防控工作实施方案》。组织相关单位召开会议，进行社区防控培训、桌面推演，解读社区防控实施方案，明确各单位管控职责，进行实战化应急演练。疫情发生后，综合协调组立即启动应急响应机制，严格落实市委、区委有关工作部署要求，强化各专项组间的沟通联系，做到思想统一、配合默契、行动有力。

【严打违法犯罪】 2021年，区政法委建立新的反邪教工作协调机制，深入开展反邪教斗争，实现全年无邪教人员进京滋事，无邪教人员大规模聚集，无广播电视插播，无有影响的反宣案事件发生。全年共侦破毒品犯罪案件43起，刑事拘留毒品犯罪嫌疑人47名，缴获各类毒17.59克，管制类药品6000余片。查获吸毒人员58人次，其中强制隔离戒毒、社区戒毒27人。抓住重要时间节点，采取多种禁毒宣传形式，做到禁毒宣传经常化、制度化。对在册吸毒人员，开展精准评估，"一人一策"制定帮扶计划。着力防范制毒物品流入非法渠道，改进易制毒化学品管理方式，综合治理新型毒品问题。对易制毒化学品使用和经营实行网上申报、网上审批、网上监管。

【维护妇女儿童权益】 2021年，区政法委依法维护妇女儿童合法权益，深化平安西青建设、加强基层社会治理，将维护妇女儿童合法权益工作纳入平安西青建设考评体系。开展婚姻家庭矛盾纠纷排查化解，确保底数全兜清、矛盾全掌握。开展妇女儿童群体社会心理服务工作，协助区妇联在街镇、村居综治中心引入专业心理机构，设立"心灵驿站"和心理咨询室，为妇女和群众进行心理疏导。推动预防青少年违法犯罪工作，会同团区委、区教育局等部门，畅通严重不良行为青少年教育矫治渠道，抓好青少年关爱保护阵地建设。组织开展防溺水宣传教育工作，开展防治中小学生校园欺凌专项整治行动，维护好妇女儿童合法权益。

（郭智超）

法治政府建设

【政府信息公开】 2021年，区政府及时更新发布全区重大行政决策事项、规范性文件等政府信息8250条。积极回应群众关切，全年共受理依法申请公开57件，答复率100%。强化“全员报信息”工作机制，全年共收集政务信息2742条，累计上报市政府办公厅政务信息430余条、被采用59条，编发《政务信息》22期、采用各单位报送信息187条。政府网站新增“决策意见征集”“疫情防控政策措施”“乡村振兴”等栏目，方便企业和群众及时获取相关权威信息。建立政务新媒体宣传矩阵，全区42家单位，开办政务新媒体账号共90个。全年政府网站上传维护各类信息14976条，网站访问总量152万次，发布微博7046条，转评赞167.5万次，阅读量7781.7万次。

【行政执法】 2021年，区司法局严格执行行政执法，审核区政府重大行政决策事项、行政规范性文件、重要合同文本以及其他政策文件237件，提出审核意见901条，参与土地征收事项的社会稳定风险评估论证会审工作31件次。建立行政执法系统行刑衔接工作联络机制，落实行刑衔接数据月报制度。全年共向区检察院通报移送案件信息16件，办理执法监督案件2件。

【行政复议】 2021年，区司法局制定《西青区重大、疑难行政复议案件会审规定（试行）》等13项制度，不断提高行政复议透明度。共受理行政复议案件153件（含上一年度结转39件），审结130件。代表区人民政府办理一审行政应诉案件18件，行政应议案件2件，无败诉案件发生。

（凌　斌）

公　安

【维护稳定】 2021年，公安西青分局完成全国“两会”、建党一百周年纪念活动及各类大型群众性活动、大型国际性会议安保68场，其中正月十六民俗活动等群众性活动6个，中国国际矿业大会等国际性会议2个。活动时间累计达169天次，出动警力6609人次。对全区反恐重点目标持续开展督导检查。落实属地管理、分级管控，准确掌握各类涉稳群体、人员及易肇事肇祸精神病人，排查化解各类矛盾纠纷18499起，化解率达到98.2%，确保不出现规模聚集、进京非访和个人极端案事件。

【打击犯罪】 2021年，公安西青分局先后破获各类刑事案件10445起，抓获犯罪嫌疑人6874人，刑事拘留1573人，直接取保1073人，移送起诉2101人，查处治安案件13115起，治安拘留3221人。坚持小案快破，制定侦查破案快速反应工作机制，对重大、恶性、敏

2021年2月27日，公安西青分局民警执行杨柳青旅游景区民俗活动安保任务

感案件做到多警联动、强力攻坚,现行命案全破,八类案件破案率 97%。先后破获大寺镇地区系列强奸、强制猥亵案,王稳庄镇骗取拆迁补偿金系列案等重特大、敏感案件。推进“雷霆五号”专项行动,破获年内电诈案件 576 起,破案率 49.1%。破案绝对数 7215 起,抓获犯罪嫌疑人 4190 人,百起抓获人数达到 358 人。

【疫情防控】 2021 年,公安西青分局落实常态化疫情防控措施,先后处置涉疫敏感警情 600 余起,接驳转运入境人员 4169 人,累计核查市、区两级涉疫人员数据近 30 万条。快速反应、妥善处置中北镇新冠疫情,会同市局有关部门每日出动近 1000 名警力,按照“封圈、护线、守点”的总体要求,全面开展涉疫情流调溯源、重点区域交通管控、封控管控区点位值守、核酸筛查点治安秩序维护和涉疫情敏感警情处置等工作,疫情防控阻击战取得全面胜利。

【社会管控】 2021 年,公安西青分局通过警情研判确定易发案部位和时段,加强夜间巡控警力,同步开展舆情管控。累计启动高等级巡逻模式 63 天,最高等级巡逻模式 62 天,日常平均街面见警率提高一倍,巡控警力抓获犯罪嫌疑人 582 人。对全区 129 家宾馆酒店、55 家网吧等高风险场所开展对抗性检查。针对隐患问题,召开治安场所管理工作会议 15 次,压实行业、场所管理责任人主体责任。建立黄赌违法人员数据库,通过大数据碰撞,针对发现可疑线索开展研判打击,共抓获涉黄涉赌违法犯罪嫌疑人 2026 名。

【社区安全】 2021 年,公安西青分局制定社区民警工作绩效考核办法,每半月通报一次社区民警考核情况,用“考核”“考实”强化社区防范责任落实。组织社区民警每晚 6 时至 9 时延时入户,推进入户核查、防范宣传等工作。采取定制宣传方式,针对 12 所高校学生,通过宣传进校进班,压实院校领导、班级辅导员责任。联合师范大学制作反诈短视频,带动学生参与反诈宣传。针对企业、医院等重点单位,建立“警种+属地”条块结合的双管理模式,压实单位内部管理责任。推进社会治理现代化。区内建成智慧平安社区 276 个,全部实现对非访、邪教、精神病、吸毒等重点人员以及社区孤寡老人等弱势群体的日常分类管理和布控预警。

（邵志刚）

检　察

【惩黑除恶】 2021 年,区检察院批准逮捕各类刑事犯罪嫌疑人 672 人,提起公诉 1050 人。对易引发涉黑涉恶的非法拘禁、聚众斗殴等 9 个罪名案件批准逮捕 131 人,起诉 156 人,全面推动扫黑除恶专项斗争常态化开展。坚持因案施策,对 4 起涉企案件召开公开听证会并作出不起诉决定,保

2021 年,公安西青分局民警开展疫情安保工作

护企业家创业热情。深入20余家区内企业开展司法调研，征集司法需求21条，压实“点单式”服务责任，助力营造法治化营商环境。制定《不起诉案件公开听证工作规则》，以公开促公正，有效化解矛盾纠纷。

【法律监督】 2021年，区检察院强化刑事检察监督，监督立案10件，监督撤案7件，纠正漏捕漏诉3人。针对侦查活动中的违法行为提出检察建议14件，对判决确有错误的刑事案件提出抗诉12件。对1990年以来的54038件减刑、假释、暂予监外执行案件开展专项排查，查找各类问题2168个，压实案件质量，提升监督效果。办理民事监督案件117件，支持讨薪讨债6件，支持弱势群体起诉追索抚养费、赡养费12件。促成26件行政争议的实质性化解，发现20件非诉执行案件存在执行程序违法情形，制发15件检察建议，促进依法行政。立案公益诉讼案件54件，向行政机关制发诉前检察建议44件。

【社会治理】 2021年，区检察院实行少捕慎诉，推进诉源治理做出不批准逮捕决定591人，不捕率46.8%。决定不起诉241人，其中对182名情节轻微，具有从轻处罚量刑情节的犯罪嫌疑人适用相对不起诉。制定《关于进一步做好相对不起诉考察教育工作的办法》，有效帮助不起诉人重新融入社会，降低再犯罪率。推动适用认罪认罚从宽制度，认罪认罚适用率达到89.07%。推进群众来信件件回复制度，接收群众来信来访407件，保持涉检非正常访“零记录”。开展检察长轮班“大接访”系列活动，近距离体察民情民意。落实区委社区法律顾问服务要求，在9个街镇搭建“线上+线下”社会治理平台。

【队伍建设】 2021年，区检察院打造“便民、利民、护民、为民”四项工程，为群众办实事127件。高效办理线索60件，处理干警14人次，总结建立30项长效机制。将领导干部干预司法活动、插手具体案件纳入监督视线，中层以上干部带头填报“三个规定”等重大事项35项。坚持素能提升为要，举办、参加刑检业务、巡回检察、信息写作、档案整理等培训10余次，21篇调研文章在市级以上刊物发表。组织开展公益诉讼等岗位练兵活动10余次，提升队伍专业化水平。

【案件办理】 2021年4月21日，最高人民检察院就青凝侯污泥填埋场及倾倒淤泥案件线索向天津市人民检察院发送《交办（转办）案件线索通知书》，天津市检察院要求西青区检察院依法调查核实相关情况，对符合公益诉讼立案条件的，依法立案办理。经过调查核实和法律论证，依法决定对西青区生态环境局等七个街镇和行政部门提出公益诉讼诉前检察建议，相关行政单位均予以接受，按照检察建议迅速整

2021年7月15日，区检察院在张家窝镇社会矛盾调处中心举行“服务系统启动”仪式

改落实，对违法倾倒、填埋的污泥进行治理。

（杜 芳）

审 判

【刑事审判】 2021年，区法院审结刑事案件1120件，判处罪犯1327人。依法审结邪教组织犯罪9件。严惩涉众型经济犯罪，审结集资诈骗、跨境电信诈骗、非法吸收公众存款罪11件，帮助信息网络犯罪活动罪31件，涉案被害人、集资参与人4694人，涉案金额9.3亿余元。严厉打击强奸、故意伤害、“两抢一盗”等多发性暴力犯罪334件。严厉惩治腐败犯罪，审结职务犯罪13件。成立扫黑除恶斗争领导小组及办公室，对38件涉黑涉恶线索进行倒查，加强涉黑恶案件财产刑执行力度。

【民商事审判】 2021年，区法院审结民商事案件17409件。依法维护市场秩序，审结买卖合同、加工承揽、建设工程等案件2862件。审结兼并重组、股权纠纷、破产清算等案件57件。依法支持违建别墅治理，平稳调撤41名原告诉天津市金虹置业发展有限公司违建别墅案。依法规范房地产市场，审结104名原告诉天津建泰房地产开发有限公司、164名原告诉天津天富融盛房地产开发有限公司逾期交房案。

【行政审判】 2021年，区法院依法审结违法占地、环境污染、市场监管等行政及非诉案件289件，行政机关负责人出庭应诉率近100%。促进行政争议实质性化解，顺利调处董某诉中北镇人民政府行政协议案。助力“拆违治乱”工作，快审快结中央督导组督办的天津市规资局西青分局诉靳某某行政处罚案。通过业务培训、司法建议、联席座谈等方式，对全区中心工作提前介入，引导行政机关规范行政行为，源头预防行政争议。

【执行工作】 2021年，区法院执结各类案件9500件，执结率89.56%。开展涉民生专项执行“春风行动”，妥善处置天津市丽通运业有限公司等涉众劳动争议案件650件。执行完毕涉苏司兰能源（天津）有限公司各类执行案件13件，拍卖土地为国家直接创税4600余万元。妥善执结涉天津市百城物流有限公司、涉李七庄街邓店村委会腾房等重点案件。用足用好强制措施，累计拘留、罚款7人次，限制出境5人次，限制高消费4568人次，2457人被纳入失信被执行人名单。

【司法便民】 2021年，区法院构建刑事速审审判团队，完善民事速裁和“速执”工作机制，速审、速裁、速执团队结案11611件，占全院结案总数的40.89%，有效提高了办案效率。认真落实“只跑一次”改革要求，为群众解决纠纷提供菜单式、集约式、一站式诉讼服务。深化立案登记制改革成果，当场立案率90%，跨域立案、邮寄立案、网上立案、线上保全18447件。在诉讼服务大

2021年10月15日，区法院“家事法庭”调解现场

厅安装智能法律服务机器人，解答当事人常见问题。开通诉讼服务绿色通道，对军人、孕妇、残疾人、65周岁以上老年人等群体优先服务，办理事项时间不超过15分钟。

（卜丹娜）

司法行政

【服务企业与社会】 2021年，区司法局围绕市、区重点中心工作，依托区“民营企业法治体检服务团”，为企业发展提供优质高效法律服务。全年共服务企业59家，开展“法治体检”服务94次，挽回企业经济损失368.07万元。创新优化公证服务方式，为民营企业、外资企业开辟绿色通道，缩短办证时限，累计办理国内外经济类公证40余件。在违建别墅拆除、公租房摇号、小城镇建设等工作中，提供全程优质高效公证法律服务，确保重点工作依法顺利推进。

【社区矫正】 2021年，区司法局在维护社会稳定中迈出新步伐，创新工作方法，制定《天津市西青区社区矫正手册》。所列管社区矫正对象无脱管、无漏管、无重新犯罪。推进“智慧矫正”建设，部门之间信息共享，实现社区矫正工作网上运行、智能管理、业务协同、互联互通。组建以基层司法所为骨干力量的法律服务队伍和社会矛盾纠纷调处化解队伍。深入基层为群众送服务、化解矛盾纠纷。全年调解纠纷2076件，调解成功2074件。

【法律服务与援助】 2021年，区司法局强化智慧公共法律服务平台建设，统筹全区律师资源，充实公共法律服务律师资源库。各级公共法律服务智能终端累计访问量达到50757人次，其中视频咨询770人次，排在全市智能终端使用量第一位。开展首届“西青区公共法律服务宣传服务月”以及“乡村振兴 法治同行”“法援惠民生·为民办实事”等活动，成立“星火”志愿法律服务队，提供高能高效法律服务和法律援助。全年受理各类法律援助案件495件。

（凌　斌）

2021年，司法局开展法律宣传服务活动

军　事

人民武装

【军事训练】 2021年，区武装部落实开训动员令，聚焦实战实训、联战联训、科技强训、依法治训，全面发力，精准施策。参加上级军事理论授课，适应国防动员和后备力量建设发展。开展使命课题研究，着力研究破解制约战斗力生成的矛盾问题。组织首长机关课题训练，围绕设定科目研判，合理调用全区力量资源，锻炼提高应对突发事件能力。组织首长机关军事训练，定期组织军事理论、技能考核，检验训练效果，不断提升个人军事素质。

【专职武装干部集训】 2021年，区武装部依据法规文件，组织专职武装干部集训。集中学习民兵组织建设、国防动员、兵役征集、基层武装部建设、民兵政治工作等业务工作的方法和组织流程，夯实业务基础，提高组织指挥能力。区武装部领导、科室负责人围绕民兵整组、人民武装、军事工作、政治工作等进行授课辅导。参观杨柳青镇、张家窝镇武装阵地建设，规范相关设置。结合参观见学，组织干部围绕如何正确理解武装工作地位作用，高标准开展潜力调查、民兵整组、兵役征集、军事训练、政治工作等内容进行交流。

【兵役征集】 2021年，区武装部适应“两征两退”兵役征集制度改革，召开征兵工作部署会，安排部署征兵工作。加大征兵宣传力度，结合学生放假、过年返乡等时机，开展多种形式的征兵宣传，组织专人深入街镇、高校进行征兵政策宣讲解读。按照《天津市量化定兵工作实施办法》对双合格人员进行量化排名，确定预定新兵人员，及时公开公示，确保阳光透明。

【双拥共建】 2021年，区武装部发挥驻区部队牵头协调作用，落实随军家属就业安置政策，协调为驻区部队官兵家属办理家属随调，落实军人子女入学优待政策，协调为部队官兵子女办理入学、入托。发挥军人军属法律援助服务站功能作用，畅通驻站律师服务渠道，为涉法涉诉、侵权伤害等官兵提供法律援助。结合法治宣传周活动，组织法律宣讲团送法进军营，为驻区部队官兵答疑解惑，提升部队官兵学法用法能力水平。

【国防教育】 2021年，区武装部发挥主体功能作用，开展国防教育进机关、进街镇、进社区、进校园、进家庭、进企业活动。到张家窝中学、张家窝镇社区、精武中学、精武镇社区、区机关等单位开展国防教育宣传，讲授国防教育课程，普及国防知识。武装部领导深入区委党校为处级领导干部讲授国防教育课程，提升党政领导干部国防意识。

（张　良）

2021年，区武装部召开实弹射击部署动员会

人民防空

【人防训练】 2021年，区人防办制定年度人防训练工作计划，按照计划进度逐步开展训练工作。完成“京津冀人防无线通联演练”任务，对演练中涉及的设备设施进行全面维护保养。

【警报设施巡检】 2021年，区人防办对警报设施进行维修巡检，完成9·18警报试鸣任务。结合警报试鸣活动，会同区国防教育办公室开展以“提高国防人防意识，融入经济社会发展”为主题的宣传活动。安排部署街镇、媒体等开展防空防灾系列宣传活动，宣传人防法律法规，普及人民防空知识，强化全民居安思危的国防观念和人防应急准备意识。

【人防工程管理】 2021年，区人防办会同市人防服务中心、津门湖办事处督导建设单位富力集团，完成人防工程竣工未验收整改。中北镇“平战结合”地下工程主体已完工，通过人防工程质量竣工验收。定期对“平战结合”人防工程进行安全检查，确保人防工程运转正常。服务企业，服务基层，确保新建项目如期投产。做好联合验收工作，出具人防建设意见36份，批建人防工程16处。回复“多规合一”意见58条次，出具联合验收意见65份。

【人防易地费追缴】 2021年，区人防办制定了《追缴人防易地费工作方案》。市人防办要求必追必缴的23个项目全部核实完毕，完成追缴22个，10个需要进一步核实的项目完成3个。按照市人防办要求和区政府第42次区长办公会纪要，完成御河人家项目以房产抵顶人防易地建设费整改。

（曹忠强）

驻军及驻区支队

【特战第二支队】 2021年，武警第一机动总队特战第二支队扎实开展极限训练。在恶劣环境下全面锤炼特战队员身体、生理素质。极限训练紧贴国际国内反恐形势，采取红蓝实兵对抗、红红比武对抗、单兵应用技能考核方式，创新基于任务、基于方案、基于实景的实战化练兵模式，倒逼特战官兵从训练场走向战场。支队邀请天津市国安局处长进行“四反”专题教育，强化安全防范意识和能力，共筑反奸防谍钢铁长城。采取理论诠释、实例讲述、析事明理、归纳总结方法，细致分析近年来涉军领域间谍敌情严峻形势。

（陈振宇）

【消防救援转型升级】 2021年，公安西青消防救援支队建成专业力量，组织专业培训，128人次取得专业资质，成功处置警情3090起，圆满完成河北沧州“5·31”石化火灾增援和“7·21”强降雨排涝救援，实现灭火救援“零失误”，作战训练“零伤亡”。检查单位2603家次，发现整改隐患3330个，

2021年，区人防办开展安全月防灾减灾知识宣传

下发《责令改正通知书》1718份，临时查封51家，“三停”21家，处罚127起，罚款165万元。约谈问题单位19家，建设充电车棚89处，为29家重点单位安装智能灭火盒1797个，新增消防物联网单位5家。入户开展宣传，覆盖群众1.6万人，连续3年无亡人和较大以上火灾。严格管酒治酒和“八小时以外”管理。完成政治巡察和“三个专项”整治，整改巡察问题66个，自查案件2起，警示提醒71人，辞退2人。加强消防安全监管责任落实，督导检查“九小单位场所”21459个（次），落实整改各类消防隐患1744处。

（高 君）

西青经济技术开发区

主要工作

【赛达新城建设】2021年，西青开发区管理委员会寻求破解赛达新城建设缓慢的办法，采用“大项目好项目撬动滚动建设开发模式”的方式，加大与社会资本对接力度。探索开发建设方案，与建设“中科中交创新谷”项目深入洽谈。牵头推进梨双公路拓宽改造项目实施，组织相关部门定期开展专项推动会，推动项目道路工程、管线综合工程、环境综合整治工程的设计、拆迁、前期工作开展，完成项目占地位置90%拆迁工作。针对梨双公路两侧设施老旧、立面附着物凌乱等问题，协调项目主体单位对接设计单位，完成环境综合整治样板点位设计。发挥区域内重点项目统筹协调作用，推动中芯国际危险品仓库建设、110kV第二专用变电站外边电源线工程、中芯国际二期项目等实施。

【开发区改革】2021年，西青开发区管理委员会配合西青经济开发集团完成开发区改革、国家级经济开发区考核各项工作。以政府购买服务方式解决财政支持通道，年度支持资金4.5亿元。落实机构改革相关工作要求，完成开发区管委会所属五个事业单位注销工作。

【指标完成情况】2021年，西青开发区完成规模工业总产值666亿元，完成税收41亿元，完成固定资产投资87亿元，实现内资到位额51亿元，实现外资到位额0.855亿美元。

疫情中招商

【疫情防控】2021年，西青经济开发集团及下属公司成立31个疫苗推动专项工作组，班子成员带队下沉企业、商户一线，奋力实现“应接尽接”目标任务。摸排推动辖区群众接种疫苗超6.5万剂次，接种率达97.6%。落实好“两码查验”、体温监测、人员限流等防控措施，组织完成检测5万人次，反馈结果均为阴性。

2021年9月9日，区领导就赛达新城重点项目建设情况进行座谈

2021年6月28日，西青经济技术开发区举行重点招商项目签约仪式

【招商与产业升级】 2021年，西青经济开发集团新引进及增资项目566个，外资企业9家，投资总额3722.85万美元，内资企业557家，注册资本49.4亿元。主要涉及集成电路、大数据、汽车配套、大健康、高端装备制造、新材料等领域，项目来源是北京、杭州、深圳、佛山、济南等区域。引进企业中，新增世界500强旗下企业2家，落户代表项目包括亚洲特色商品展销中心项目、天津互联网信息商会MCN基地项目、北京码上赢西青大数据研发中心项目、北京中科慧眼华北研发生产及结算中心项目、南开国家中医药绿色发展研究院项目等。

管理服务

【项目建设管理】 2021年，西青开发区完成赛达工业园控规修编并上报市政府，可释放赛达工业园土地资源750亩。推动中芯国际T3配套危险品仓库规划落地，配套市政基础设施建设、110kV外部电源线工程项目实施。推动赛达九支路道路工程进场施工，民和道停车楼项目顺利启动。做好预征地清查整治工作，零成本完成引河518.13亩土地复耕整改，“绿网换绿植”成效显著。完成道路大修改造工程、夯实企业配套。

【创建营商环境】 2021年，西青经济开发集团制定实事项目清单2000余条。完善组织领导、健全组织架构、优化薪酬体系、规范用人机制、细化绩效考核。营造良好的营商环境，全年走访企业6800余次。开展政企对接会、银企对接会、政企会客厅、茶话会、早餐会等特色活动10余次。推进安全生产各项工作落实落地，累计检查企业1858家(次)，复查企业837家(次)，发现隐患3317条，整改隐患3085条，整改率93%。持续改善生态环境，巩固“创文”成果，开展“绿色发展·生态赛达”专场宣教13场，为35家企业提供环评预审服务。美化园区环境，推动文明施工，做好防汛应急工作。全年共协调处理各类矛盾纠纷案件68件，成功调处率100%。

（鲍金蓉　刘　晶）

2021年西青经济技术开发区企业名录

序号	企业名称	负责人	主要产品	员工数	成立时间
1	中建钢构天津有限公司	杨正军	金属钢结构	639	2012.12.11
2	万绿达(天津)再生资源利用有限公司	陈金	纸片、塑料、金属废料和碎屑加工处理	120	2013.01.11
3	天津锦湖泰新车灯有限公司	申东俊	LED汽车灯、汽车尾灯核心部件SMT	185	2013.10.14
4	神钢汽车铝材(天津)有限公司	谷川正树	汽车用铝板材	229	2014.01.08
5	天津莫莱斯柯科技有限公司	汤元健志	胶粘剂(卫材尤妮佳婴儿尿不湿，佰安汽车车辆上毡垫)	48	2014.03.12
6	天津市振华预应力技术有限公司	田兆义	系列矿用锚具	142	2001.05.18
7	天津宝隆包装技术开发有限公司	张颂明	塑料包装(宝洁汰渍碧浪洗衣液)	74	2014.05.06
8	天津昱纬汽车管件有限公司	石峰	汽车头枕管和坐椅管	22	2014.10.17
9	天津康宏盛代实业有限公司	谢津卫	鲜香回味粉、增香剂等调味品	70	2014.06.05

续表

序号	企业名称	负责人	主要产品	员工数	成立时间
10	天津博真卫生用品有限公司	王秀义	月如意卫生巾、口罩	40	2015.03.18
11	普拉那(天津)汽车部件有限公司	周强	汽车内饰:汽车轮胎罩,行李箱侧护围等	113	2015.04.16
12	天津兴森快捷电路科技有限公司	刘炜	印制电路板 PCB 贴装	93	2015.07.02
13	天津市菲莱科技有限公司	李家桐	芯片测试设备	8	2015.07.28
14	天津市霓星电子有限公司	盖青	通信基站上的绝缘及非绝缘垫片	17	2010.04.16
15	欧科能源技术(天津)有限公司	韩民	燃气设备制造,中石油中石化管道控制设备	59	2010.08.09
16	天津康森生物科技有限公司	贾敏立	为美国、澳大利亚代工生产的消毒湿纸巾	85	2010.09.07
17	天津市大满制罐有限公司	张磊	金属包装容器制造	53	2010.08.24
18	科菲特饲料(天津)有限公司	刘博维	饲料加工	93	2010.10.13
19	丰和(天津)机床有限公司	石原啓充	金属成形机床制造	9	2011.05.24
20	天津三樱飞跃汽车部件有限公司	大垣雅弘	丰田汽车输油管、新能源汽车用电制动系统	164	2011.08.08
21	尤妮佳包装材料(天津)有限公司	藤田宪治	塑料包装	32	2011.11.11
22	稳德福无纺布(天津)有限公司	邓伟其	无纺布制造	73	2011.11.01
23	天津二商迎宾肉类食品有限公司	孙咏健	猪肉制品	323	2011.10.31
24	普林特科(天津)标签有限公司	三宅英树	本田汽车和优衣库服装标签	98	2012.07.16
25	天津庆南电子有限公司	具亨根	微波炉和冰箱上的灯泡电器制造	49	1993.08.09
26	天津理研维他食品有限公司	长谷部忠	起酥油、消雾剂	148	1993.10.25
27	飞马(天津)缝纫机有限公司	美马成望	工业包缝机和绷缝机	430	1994.02.19
28	天津富通漆包线有限公司	杨超	漆包和纸包线	70	1993.10.16
29	天津武田药品有限公司	单国洪	抑那通、前列腺癌艾可拓、2 型糖尿病必洛斯等	636	1994.03.08
30	天津市康婷生物工程集团有限公司	杨琪	美容营养水、保湿乳	508	1996.09.09
31	天津松下电子部品有限公司	西浦泰郎	石墨散热片、片式电阻、热敏传感器	912	1995.11.20
32	天津宝洁工业有限公司	许敏	洗发水、沐浴露、牙膏	328	1995.10.20
33	空气化工产品(天津)有限公司	HONG KOK MENG	液氧、液氮、液氩	130	1995.11.24
34	天津驰达电机有限公司	李振堂	油气回收电机(YBB 系列),潜油泵	93	1996.04.05
35	天津大和电器实业有限公司	王伟	电线插座及电器配线器具	216	1996.09.04
36	萧爱矿业设备(天津)有限公司	蒂莫西·肖	硫化机、修补器和冷硫化胶	34	1997.08.25

续表

序号	企业名称	负责人	主要产品	员工数	成立时间
37	天津力登维汽车部件有限公司	王炳根	海绵条、EPP 发泡成型件、高分子密封材料	95	2007.04.12
38	舒驰容器(天津)有限公司	Udo Schütz	塑料钢铁和塑钢工业容器	102	2007.08.16
39	蒂普拓普(天津)橡胶技术有限公司	李逸泉	聚酯弹性体、胶面板和修补条	423	2007.09.26
40	嘉盛德(天津)电工材料有限公司	李国斌	空调电热管绝缘材料,电工级氧化镁粉	8	2007.11.14
41	天津瑞能电气有限公司	张传卫	风力发电机组电气系统	382	2008.02.29
42	天津拿努识特电子有限公司	金炯泰	空调手机电视传感器、霍尔传感器	147	2008.04.23
43	天津纳努光电子有限公司	曹允钟	手机的各种小部件的托盘	33	2008.04.09
44	天津上林标识科技有限公司	史虎林	OPPO 手机不干胶标识	65	2008.06.19
45	天津凡进模具有限公司	朴正吉	长城汽车注塑模具	5	2009.08.28
46	研二电子(天津)有限公司	JUNG JAESUNG	电视 LED 加工费,三星视界手机全价产值	852	2009.11.11
47	千住金属(天津)有限公司	野泽龙一	滑动轴承、配油盘	56	2000.08.23
48	天津东明电子工业有限公司	王玉林	施耐德开关和插座	83	2001.12.24
49	天津汇泽精密塑料制品有限责任公司	刘文英	兰蔻化妆刷子把,风能叶片降噪和导流管	54	2002.09.04
50	天津市大千管业有限公司	薛德源	金属软管	63	2003.03.31
51	天津神技夹具设备有限公司	椛泽透	丰田汽车钢结构、夹具,工业机器人	74	2003.07.09
52	天津市大唐富地商用厨具有限公司	刘树娜	中餐炒炉、不锈钢橱柜	40	2003.08.08
53	天津富奥电装空调有限公司	甘先国	汽车空调一体单元	846	2003.10.31
54	天津大信电子有限公司	金一夫	锂电子电池壳	138	2003.12.05
55	槌屋(天津)汽车配件有限公司	大原鉱一	装饰、标签类制品	122	2004.05.12
56	天津好利来工贸有限公司	罗红	面包、西点	501	2004.09.10
57	派克汉尼汾液压(天津)有限公司	YIFEI HOU	液压泵、多路阀	298	2005.04.05
58	松尾(天津)电子有限公司	松尾基	刀杆刷、传感器基座	170	2005.05.17
59	威瑞(天津)机电有限公司	刘洋	水泵、节能泵	46	2005.08.09
60	天津北方报业印务股份有限公司	高建光	印刷	141	2005.10.24
61	讯创(天津)电子有限公司	刘冬生	电子设备(OPPO 手机天线)	63	2006.04.06
62	天津威世运动纺织品有限公司	刘世清	生产加工服装	120	2006.04.20
63	陆美嘉(天津)滚筒有限公司	Marco Attilio	托辊	62	2006.08.31
64	天津华政包装制品有限公司	田立斌	纸制品制造(塑料薄膜中纸轴,包装木板)	60	2006.08.29
65	井上(天津)汽车部件有限公司	井上雅弘	生产汽车零部件	34	2006.12.20

续表

序号	企业名称	负责人	主要产品	员工数	成立时间
66	天津凯普瑞特新能源科技有限公司	卢智超	电池上的陶瓷隔膜	32	2016.03.07
67	金智达(天津)复合材料科技有限公司	江德生	汽车皮革材料	50	2016.08.02
68	天津进发汽车零部件有限公司	陈昆	汽车零部件制造	58	2016.08.26
69	天津大三新材料有限公司	孔伟	建筑用跨长江大桥斜拉索生产和润滑加工	14	2017.03.29
70	天津格兰德科技有限公司	周岳峰	节能家用电器零配件	26	2017.07.05
71	天津林子科技有限公司	王锡俊	合成树脂制造	10	2017.10.20
72	汉肯(天津)科技有限公司	川村纯一	挖掘机大小臂挖掘斗消音器	150	2017.10.27
73	天津军泰承顺机械制造有限公司	常丽梅	轴承	89	2017.11.09
74	天津村上汽车配件有限公司	吉永晃	汽车后视镜	62	2018.01.24
75	依博汽车部件(天津)有限公司	ALFRED WILLI STAAF	汽车座椅加热垫	171	2018.07.20
76	因泰立科技(天津)有限公司	高东峰	雷达及配套设备、导航用雷达设备	28	2018.11.05
77	布尔顿紧固件(天津)有限公司	王頔	碳钢、不锈钢、铜材螺钉、螺栓	90	2019.01.17
78	天津益晟科技有限公司	王旭林	加工芝麻,芝麻脱皮	22	2019.04.18
79	天津江津印刷科技有限公司	郑志伟	壳牌润滑油、化妆品、洗洁精、不干胶标签	36	2016.02.26
80	西卡汽车零部件(天津)有限公司	Christoph Roettges	奔驰宝马通用的车门沥青片隔音降噪减震	46	2015.11.12
81	天津进和智能装备制造有限公司	内田有红	智能机器设备维修	14	2019.11.25
82	天津市金诚制衣服饰有限公司	刘险峰	时尚女装	123	1996.05.14
83	顺安(天津)塑胶制品有限公司	王昆	手机外壳、电脑服务器外壳、玩具喷漆、喷粉	163	2012.08.15
84	纳誉防静电材料(天津)有限公司	李冠浩	防静电托盘制造	32	2013.04.08
85	欧瑞特(天津)汽车设备制造有限公司	何建	模具制造	48	2013.04.26
86	天津天赐高新材料有限公司	马美朋	锂离子电池材料制造表面活性材料制造	63	2013.09.17
87	卡本复合材料(天津)有限公司	丁忠文	碳纤维固件制造	0	2013.10.10
88	天津天物金佰微电子有限公司	初亚东	半导体零部件、半导体硅材料	293	2014.03.21
89	天津万华股份有限公司	曹铁	聚酯薄膜	210	1979.07.16
90	天津宏仁堂药业有限公司	张彦森	中成药	254	1980.01.01
91	天津同仁堂集团股份有限公司	张彦森	中成药	229	2002.05.22
92	天津市赛达燃气公司	邓卫疆	天然气居民用户、天然气工商业用户	88	1993.05.04
93	天津新科成套仪表有限公司	孙建勋	供应用仪表及其他通用仪表	194	1996.02.29

续表

序号	企业名称	负责人	主要产品	员工数	成立时间
94	天津桃李食品有限公司	吴学亮	糕点、面包	604	2014.07.30
95	米诺(天津)轧制技术有限公司	Matteo Forapani	冶金机械、液压电气、自动化控制设备开发	39	2015.08.28
96	均胜汽车安全系统(天津)有限公司	朱晓峰	汽车方向盘、安全气囊、汽车安全带	710	2012.03.21
97	乐志明康(天津)文教用品有限公司	佐佐木康道	文教用品制造	100	2012.02.02
98	维港包装(天津)有限公司	尹晓愚	包装箱及容器制造	72	2012.08.03
99	天津三国有限公司	秋叶弘一	包装箱及容器制造	253	1994.01.25
100	图尔克(天津)传感器有限公司	Christian Wolf	传感器及自动化产品	176	1994.09.06
101	天津新艺电子有限公司	刘寿山	新能源汽车电池组,电源及 LED	57	1991.06.14
102	天津三和电机有限公司	朴钟温	铝电解电容器	671	1993.06.05
103	天津康美林食品有限公司	纪勇汉	饼干及其他焙烤食品制造	107	1993.10.09
104	天津东洋油墨有限公司	宫崎修次	油墨	583	1993.12.30
105	天津神钢电机有限公司	张国旺	微型电磁离合器	208	1994.09.05
106	天津三电汽车空调有限公司	Nakayama Rai	生产汽车空调器	330	1994.12.31
107	欧菲晶创光电(天津)有限公司	乐宇明	光学镜头	498	1994.11.18
108	天津市立孚光电线缆开发有限公司	赵浮云	室外光缆	133	1994.11.06
109	日新(天津)塑胶有限公司	Timothy Wayne Traud	手机塑胶壳	2349	1995.08.14
110	高达食品设备有限公司	Axel Ralf Josef Beck	提拉式洗碗机、通道式洗碗机、小型洗碗机	289	1995.09.13
111	天津高乐高食品有限公司	施恭旗	高乐高饮料制造	97	1996.03.22
112	电装(天津)马达有限公司	井上英治	制造汽车刮水器电机	695	1996.04.03
113	天津威盛电子有限公司	廉相德	声表面波滤波器	534	2008.07.28
114	天津宝利达电子有限公司	黄勳	手机摄像头模块和电路板组件	77	2008.08.26
115	天津市百利溢通电泵有限公司	张殿强	潜油电泵、潜水电泵	310	2009.02.27
116	乐天工程塑料(天津)有限公司	朴琎荣	EP 树脂 、ABS 树脂	82	2009.06.24
117	天津市山佳医药科技有限公司	崔耀	医疗设备及器械	107	1998.01.06
118	恩智浦半导体(中国)有限公司	Eric Wang	集成电路	4010	2004.04.14
119	中芯国际集成电路制造(天津)有限公司	高永岗	8 寸芯片	2575	2003.11.03
120	天津优瑞纳斯液压机械有限公司	王建中	液压缸	172	2002.06.11
121	天津信一包装制品有限公司	文道	三合一纸塑复合袋、集装箱袋	127	2002.08.16
122	申克(天津)工业技术有限公司	Knut Udo Wiszniewski	矿业筛分设备、皮带秤、失重秤、煤粉秤	273	2002.12.12

续表

序号	企业名称	负责人	主要产品	员工数	成立时间
123	尤艾乐（天津）电子有限公司	LEE SOON YOUNG	手机按键	12	2002.12.23
124	松美可（天津）汽车配件有限公司	岩田健一	球接头、稳定杆	281	2003.04.15
125	天津市百利开关设备有限公司	孙文志	高低压成套设备	78	2002.11.27
126	宜科（天津）电子有限公司	张鑫	绝对值编码器、增量编码器、转速控制开关	658	2003.10.29
127	天津电装空调管路有限公司	大矢修三	空调管路	562	2004.01.13
128	天津武藏涂料有限公司	柳田政行	手机涂料、汽车内饰涂料	100	2004.03.11
129	东睦（天津）粉末冶金有限公司	曹阳	家电配件、汽车配件、摩托车配件	266	2004.07.09
130	天津佰安汽车用品有限公司	松本隆司	汽车脚垫	165	2004.09.02
131	天津盛日通信电子有限公司	玄玉洙	手机用 LCD 电路板	1006	2004.09.30
132	绿点（天津）精密电子有限公司	Timothy Wayne Traud	手机模具	480	2004.09.30
133	天津市宇程电梯配件有限公司	魏长勇	电梯配件	75	2004.10.13
134	电装（天津）空调部件有限公司	村木俊彦	蒸发器、冷凝器、散热器、中冷器	1136	2005.01.21
135	日铝全综（天津）精密铝业有限公司	武汉琦	冷凝器扁管	96	2005.04.11
136	天津丰通有色金属有限公司	五藤晃雄	铝卷、铜线、扁管	40	2005.06.24
137	天津大兴汽车配件有限公司	柳东羲	汽车用减震器	189	2005.08.25
138	天津日北自动化设备有限公司	小岛敏生	汽车夹具	88	2006.02.22
139	斯伦贝谢（天津）采油机械有限公司	李辉	潜油电泵机组 456、潜油电泵机组 540	37	2000.09.28
140	天津三佑电子有限公司	任承赫	手机壳	0	2006.03.02
141	恒安（天津）纸业有限公司	许连捷	心相印抽纸、卷筒纸、面巾，卫生巾、纸尿裤	350	2006.03.22
142	天津裕晟电子有限公司	姜信旭	手机用电路板	92	2006.07.25
143	奥普拉（天津）塑料制品有限公司	ROLAND WALLNER	塑料包装瓶、金纺、奥妙塑料包装瓶	166	2006.06.19
144	天津市赛达水务有限公司	邓卫疆	自来水供应	28	2006.07.26
145	纱帝技术网布（天津）有限公司	阿乐贝托·诺瓦雷息	B032HY 纱布	88	2006.08.24
146	天津倜茂沃电子有限公司	马树磊	手机按键电路板 KBGTBSF2100	76	2007.01.23
147	天津艾丝碧西食品有限公司	李明旭	蛋糕	381	2016.03.21
148	天津市精益交通设施有限公司	王大鹏	机动车牌制造	72	2016.04.14
149	大青医疗器械（天津）有限公司	王欣	医用喉管罩	0	2017.07.12
150	法雷奥西门子电动汽车动力总成（天津）有限公司	张劲松	新能源汽车电机	149	2017.08.10

续表

序号	企业名称	负责人	主要产品	员工数	成立时间
151	天津富晟李尔汽车电器有限公司	刘学	汽车线束	728	2017.09.21
152	天津福尔欣汽车线缆有限公司	董青	汽车线缆	84	2017.11.13
153	天津康派特宠物用品有限公司	王鹏杰	宠物食品	62	2017.12.19
154	天津胜维德赫华翔汽车零部件有限公司	YIQIAN WANG	汽车零部件	78	2018.05.10
155	埃恩斯工业技术(天津)有限公司	刘伟峰	自动化控制系统	251	2018.08.28
156	卡本科技集团股份有限公司	丁忠文	碳纤维固件制造	96	2018.09.18
157	天津三花福达智能科技有限公司	翁伟峰	汽车零配件制造	181	2018.11.02
158	天津恒宸科技有限公司	李勇	扬声器等相关配件	25	2018.12.18
159	天津恒易信科技有限公司	田钰生	配电开关控制设备	4	2019.07.10
160	天津补给舰供应链管理有限公司	周永通	肉类加工	140	2019.12.03
161	元气森林(天津)饮料有限公司	李炳前	饮料	208	2020.08.18
162	天津经纬恒润科技有限公司	吉英存	天窗控制器	827	2016.01.06
163	天津大昭和纸加工有限公司	齐藤了介	剥离纸制造	38	2013.01.22
164	天津市弘仁金属材料有限公司	张彦峰	汽车用蒸发器、冷凝器精密管	80	2014.01.17
165	吉中(天津)汽车内饰件有限公司	罗积宗	皮革座椅等	270	2014.01.20
166	依蒂尔申达汽车零部件(天津)有限公司	龚杜弟	汽车纺织部件、内装饰件	70	2014.02.25
167	天津力生制药股份有限公司	郑洁	片剂、硬胶囊剂、颗粒剂、滴丸剂、塑料瓶	883	1981.06.17
168	天津怀仁制药有限公司	姜培恒	德茨®替米沙坦片、盐酸氨溴索片等	105	1996.04.09
169	美来纳米科技(天津)有限公司	田富显	显示器扩散片	38	2014.11.05
170	赛提斯(天津)航空内饰制造有限公司	Christophe Jean Lucien CADOR	从事飞机、高铁内饰和零部件的制造、销售	20	2015.06.08
171	天津易盛泰精密部件有限公司	李峰	小罐茶金属外壳	283	2010.02.04
172	西科沃克瑞泰克热处理设备制造(天津)有限公司	Slawomir Wozniak	真空炉、钎焊炉等	66	2010.05.05
173	天津乐敦中药有限公司	黄济华	中药提取物、植物提取物	57	2010.05.28
174	天津市盛通机械制造有限公司	王富武	潜油电机、电泵部件	42	2010.05.26
175	环亚包装(天津)有限公司	尹晓愚	塑料包装容器和塑料制品	87	2010.07.28
176	马勒工业热系统(天津)有限公司	Daniel Bentele	变压器冷却单元、变流器冷却单元	71	2010.08.17
177	津田(天津)精密工业有限公司	横山滋弘	球销、螺母等	109	2011.01.06
178	尤妮佳生活用品(天津)有限公司	寺川琢己	妇女卫生用品系列、纸尿裤系列	174	2011.01.06
179	天津福莱迪科技发展有限公司	朱奎锋	自动化设备	33	2011.02.11

续表

序号	企业名称	负责人	主要产品	员工数	成立时间
180	马尔特涂装工具（天津）有限公司	大山敏一	滚筒刷等涂装工具	64	2011.04.19
181	艺利磁铁（天津）有限公司	Jaisen Nathaniel Kohmuench	湿式磁选机、悬挂式除铁器等	77	2011.04.25
182	西马克技术（天津）有限公司	Burkhard Dahmen	炉辊、轧辊等	29	2011.05.04
183	天津市百纳川模具有限公司	陈俊伟	铝制模具	51	2011.06.01
184	尤妮佳无纺布（天津）有限公司	寺川琢己	无纺布及其相关产品	34	2011.11.11
185	桧山电子薄膜（天津）有限公司	桧山宽	防静电膜	65	2012.02.09
186	天津新特印刷有限公司	孟三良	产品包装装潢、胶印	54	1993.12.11
187	天津松华机电有限公司	郝遂东	医用X光机限速器、医用CT结构件	63	1994.07.06
188	天津岛津液压有限公司	福岛伸久	液压齿轮泵	138	1994.08.24
189	天津杏林白十字医疗卫生材料用品有限公司	石学敏	成人纸尿布、护理垫	46	1994.09.02
190	天津市兰普里克照明电器有限公司	肖云	复印机和打印机卤钨灯、工程复印等	124	1995.04.26
191	天津阳光塑料有限公司	Kindarto Kohar（郭京华）	双向拉伸聚丙烯塑料薄膜	94	1995.12.21
192	天津艾柯夫采矿技术有限公司	Karl Heinz Rieser	设备维护、维修、备件供应、现场技术支持	72	2007.06.19
193	天津志水鹏映塑料有限公司	横井俊之	风门副总成、轴承、储油罐，汽车空调塑料件	68	2007.06.21
194	天津赛维标识科技有限公司	贾建华	各种标签、标牌	44	2007.06.28
195	科仪工业（天津）有限公司	陈潮坤	芯片老化测试	518	2007.06.29
196	赫氏（天津）复合材料有限公司	Thierry Philippe Merlot	高性能复合材料	51	2007.10.09
197	天津爱帝力亚汽车部件有限公司	孙希根	汽车零部件、发动机零部件	35	2007.11.14
198	天津德通电气股份有限公司	王冬平	配电柜等自动化控制系统	124	2008.06.05
199	意艾斯帝（天津）静电有限公司	张龙春	胶带保护膜、防静电托盘	259	2009.07.17
200	天津浩丰源模具技术开发有限公司	孙丙申	医疗模具、注塑喷涂	170	2009.07.24
201	天津市百成油田采油设备制造有限公司	王欣	潜油电泵、电机	141	2009.12.01
202	医乐世（天津）医疗器械技术有限公司	Conny Jan Jakobsson	诺和笔零件	112	2009.12.22
203	蓝月亮（天津）有限公司	罗东	洗衣液等家庭清洁剂	355	2010.01.06
204	天津市浦海新技术有限公司	陈先瑞	工业自动控制系统装置	90	1999.04.08

续表

序号	企业名称	负责人	主要产品	员工数	成立时间
205	爱尔建材(天津)有限公司	刘东	路面砖、路缘砖	86	2000.01.06
206	天津协进电子有限公司	金俊植	显示屏背光源SMT粘贴	210	2002.04.22
207	天津笠谷精密机电有限公司	笠谷昌宏	不锈钢冲压件	76	2002.04.26
208	天津市欣工金属制品有限公司	李华典	金属制品、普通机械设备	24	2002.07.05
209	天津华宁电子有限公司	杨作泉	防爆开关、矿用通讯终端	733	2002.10.10
210	天津古河电气部件有限公司	河本光生	焊钳等	46	2002.10.23
211	图尔克(天津)科技有限公司	Ulrich Walter Turck	接插件、传感器	160	2003.01.10
212	天津市百利电气配套有限公司	李乔	配电开关控制设备	60	2002.11.20
213	天津市通洁高压泵制造有限公司	齐茂林	高压泵、活塞泵等	257	2003.05.26
214	捷太格特汽车部件(天津)有限公司	井上一男	汽车助力转向泵、驱动轴及动力转向齿轮等	292	2003.07.11
215	艾普斯电源(天津)有限公司	曾宗贤	稳压电源	73	2003.11.03
216	天津京洛塑料有限公司	长濑孝充	汽车后备箱盖板	167	2004.01.14
217	天津日特固防音配件有限公司	野岛雅宽	座椅靠背、隔音垫	130	2004.02.25
218	天津大丰精机汽车设备有限公司	阿部田明寿	汽车零部件的生产与销售	32	2004.05.28
219	斯宝亚创(天津)电器有限公司	Kai Schiefelbe-in	储热式电暖器	103	2004.07.02
220	天津朗兴电线电缆有限公司	孙子元	电线电缆	24	2006.04.20
221	天津津滨供热有限公司	武世彬	供热工程设备安装,项目建设咨询管理服务	90	2005.02.01
222	天津葆婴生物科技有限公司	JIM HILLARD BROWN	化妆品、保健食品	28	2005.04.20
223	韩天电子技术(天津)有限公司	李长范	胶带保护膜	254	2005.08.16
224	天津美迪斯医疗用品有限公司	邹德伟	医疗导管	129	2005.09.01
225	天津狗不理食品股份有限公司	张营	猪肉包、三鲜包等	259	2005.08.10
226	天津市供热发展有限公司	宋杰	供热	60	2005.10.12
227	梅田特殊钢模具(天津)有限公司	福嶋正彦	汽车锻造模具、热处理和加工	31	2005.11.04
228	博阳鸿(天津)印业有限公司	邢国文	包装盒、说明书	72	2005.12.08
229	天津诺迪克相框制品有限公司	VELJO TOODO	木制相框	51	2006.04.06
230	奥瑞(天津)工业技术有限公司	张晋喜	振动筛、激振器	179	2006.04.18
231	天津耐迪模具有限公司	黄世畯	压铸模具	55	2006.08.24
232	奥克兰高分子医用材料(天津)有限公司	张颖	医用体位垫、回路垫	53	2007.01.23

续表

序号	企业名称	负责人	主要产品	员工数	成立时间
233	天津市仁合峻成科技发展有限公司	河海今	打磨抛光机等电动工具	122	2017.01.19
234	天津市协远汽车部品有限公司	金后军	汽车零部件	25	2017.09.30
235	福新安仕怡（天津）科技发展有限公司	福泽一新	自行车、电动车等	19	2017.10.27
236	天津可隆汽车配件有限公司	PARK JI GON	汽车座椅套为主	184	2018.01.04
237	天津鼎芯膜科技有限公司	张磊	环境污染处理专用药剂材料	42	2018.03.08
238	天津峰海塑料科技有限公司	周浩	塑料包装箱及容器	30	2018.11.14
239	天津瑞隆达食品有限公司	杜朗	农副食品	130	2019.02.20

生态环保

环境质量

【空气环境质量】 2021年，区生态环境局严控空气环境质量。空气质量达标241天，同比增加2天；优良天数比率68.3%，同比上升3个百分点；细颗粒物（PM2.5）平均浓度为41微克/立方米，同比改善21.2%。可吸入颗粒物（PM10）、二氧化硫（SO_2）、二氧化氮（NO_2）、臭氧（O_3）、一氧化碳（CO）五项大气主要污染物指标全部得到改善。

【水环境质量】 2021年，区内地表水环境质量排名位列全市第11，地表水综合污染指数2.03，同比改善4.61%。地表水考核断面调整为6个，水质优良比例达到33.3%。全面消除劣V类水体，饮用水水源地逐月水质均达标，水源达标率为100%。

【声环境质量】 2021年，境内居住区、工业区、铁路干线两侧区域，昼、夜间噪声均值均符合国家标准。建成区区域环境噪声昼间平均值为51.2分贝（A），比2020年下降1.5分贝（A），声环境质量总体为“二级较好”道路交通噪声昼间平均值为66.6分贝（A），比2020年上升0.4分贝（A），总体声环境质量为“一级好”水平。

环保督察

【督察反馈整改】 2021年，区生态环境局全力做好第二轮中央生态环境保护督察反馈问题整改工作。对标对表全市第二轮中央生态环境保护督察反馈问题整改方案，编制《西青区贯彻落实第二轮中央生态环境保护督察报告反馈问题整改方案》。细化明确17项整改任务，62条整改措施，于11月30日由区委、区政府印发实施。

【信访问题整改】 2021年，区生态环境局全力进行中央生态环境保护督察转交信访举报问题整改督办。区整改办到实地进行推动督办，对整改

2021年，区生态环保局开展“低碳生活绿建未来”主题活动

2021年，区生态环保局开展环境执法检查

落实滞后的街镇分管领导进行约谈。全年组织召开调度会、整改推动会8次，对重点难点问题逐一调度分析，持续推动。按照四级联签程序，对第二轮中央生态环境保护督察转交群众信访举报问题的阶段性办结件开展跟踪督办，严格落实“四级联签”验收销号程序。全年督促64件阶段性办结件结案销号，并持续做好现场复核、台账更新、档案整理工作。中央生态环境保护督察组转交的186件信访举报问题，办结181件，5件在持续整改。

生态文明建设

【创新基地建设】 2021年，区生态环境局巩固、提升国家生态文明建设示范区创建成果，实践创新基地建设。按照《国家生态文明建设示范市县建设指标》要求，完成国家生态文明建设示范区复检工作。加大王稳庄镇“绿水青山就是金山银山”实践创新基地成果转化推动力度，完成实践创新基地2021年复审工作。积极推动辛口镇创建全国第五批“绿水青山就是金山银山”实践创新基地。10月12日，生态环境部正式命名辛口镇为第五批“绿水青山就是金山银山”实践创新基地。

【大气污染防治】 2021年，区生态环境局完成83家企业VOCs综合治理以及16家31台燃气锅炉低氮改造任务。督办各类大气问题331个。拦检柴油车9133辆，对1265辆尾气超标车辆进行处罚，对103家施工工地的679台非道路移动机械进行现场检查，对4家使用排放不合格非道路移动机械的施工单位立案处罚。累计检查抽测加油站80家，对1家油气回收设施不正常运行的加油站进行立案查处。

【水源环境监测】 2021年，区生态环境局推动实施雨污管网建设改造、水产养殖综合治理、人工湿地建设3类8项重点工程。独流减河、大沽排水河沿岸完成主体工程建设。王稳庄镇水环境修复工程完成审批工作。开展区域水环境质量监测，落实水生态环境区域补偿办法，形成月通报，推动属地开展水污染防治攻坚。按照工业园区规范化整治方案，加强工业园区集中污水处理设施监督监管，定期对城镇污水处理厂开展执法监测。开展饮用水水源地巡查保护工作，完成年度西青区集中式饮用水水源环境状况评估报告。

【土壤污染防治】 2021年，区生态环境局土壤污染防治重点建设用地安全利用率100%，组织10家重点监管单位完成隐患排查、土壤和地下水自行监测。严格建设用地土壤污染状况调查评审，开展评审项目8个。推动建设用地土壤污染风险管控和修复，将暂不开发利用污染地块辛口镇福运道南侧仓储项目地块划为管控区域，完成西青区化学试剂一厂地块及外围地块、侯台区域地块治理修复主体工程。推动青凝侯污泥填埋场污泥违规倾倒问题整改，完成倾倒地块的污染源调查、现场清理处置技术路线评估。完成绿洲苗圃地块整改，推进10处污泥倾倒地现场清理处置。开展机动车维修等行业危险废物专项、工业园区污水处理厂污泥处置专项整治专项行动。危险废物产生单位年度管理计划备案1200余家，转移危险废物2.22万吨。加强农业面源污染治理，对14家农村污水处理设施出水水质开展监督管理。

环境执法

【严打环境违法】 2021年，区生态环境局坚持将各项环保专项行动和“双随机”环境监察相结合，严查严打环境违法行为。累计立案77件，罚款425.65万元，实施查封扣押、限产停产，对2件涉及行政拘留案件移送公安机关，移送犯罪案件1件，下达黄牌警示通知9件，2件生态环境损害赔偿案件磋商成功。坚持将服务寓于执法之中，解决企业反映的各类涉及生态环境问题。

【环境信访】2021年，区生态环境局通过电话、网络、上级交办、微信举报平台等途径受理环境信访2058件，其中大气污染618件，水污染68件，噪声污染1210件，咨询及其他162件。所有信访问题全部妥善处理并按时回复。

环境管理

【控制污染总量】2021年，区生态环境局全力抓好主要污染物总量控制，化学需氧量、氨氮、二氧化硫、氮氧化物、挥发性有机物均完成天津市下达的“十四五”期间的减排任务。强化建设总量审核，累计批复项目146家。推动排污许可证核发，按照天津市固定污染源排污许可全覆盖工作进度，完成2228家排污许可证核发工作，对存在问题的12家企业下达整改通知书。

【企业环境治理】2021年，区生态环境局推动保留工业园区规划环评编制，组织召开1场工业园区（集聚区）规划环评专家评审会，出具3家工业园区（集聚区）规划环境影响评价报告书复函。推动企事业单位突发环境事件应急预案备案工作，年度备案244家。搭建区环保指挥调度平台，建设大气环境扩散风道监测网，研发智慧风环境实况分析预报服务平台，加强空气、水和噪声环境质量监测。

环境保护宣传

【网络广场宣传】2021年，区生态环境局通过双微和大屏幕等平台对国家安全日、安全生产、防电信诈骗、民法典视频及文章进行宣传。微信公众号推送信息1248篇，原创内容263篇。在新城市中心、杨柳青广场等地开展防灾减灾日、爱国卫生月、世界地球日等宣传活动。广泛宣传环境保护法律法规，宣扬绿色环保意识。6月5日，在大寺镇王村广场举办西青区世界环境日主题宣传活动。活动围绕“人与自然和谐共生”主题，开展大型宣传活动和图书交换漂流活动。发放“碳达峰 碳中和”“公民环保绿色行为公约”等宣传资料1000余份，发放印有绿色低碳常识的宣传品500余份。

【进校园宣传】2021年，区生态环境局组织人力进入校园宣传环保，开展“我是小小生态环境局长”活动，组织演讲比赛和知识竞赛。全区33所小学师生参赛，实现全区小学全覆盖，取得良好的教育效果。6·5世界环境日到来之际，邀请30余名少年儿童，以人与自然和谐共生为主题，以提高社会公众环境保护参与度，知晓率为目标，助推精神文明，生态文明建设。组织开展“我为群众讲监测”水站公众开放活动，

2021年，区生态环保局开展群众与环保“零距离”活动

大学生走进纪庄子桥水质自动监测站，切实了解地表水水质监测真实面貌。

【全区广泛宣传】 2021年，区生态环境局与区委宣传部联合发文，在全区范围内开展“星期六创文志愿服务”暨“6·5世界环境日”集中宣传活动。组织全区12个街镇、40余家委办局、开发总公司开展宣传活动。为提高环境保护、生态文明建设参与率、知晓率、重点宣传环境保护、生态文明、垃圾分类等内容，倡导大家选择低碳、环保、绿色的生活方式。共发放各式宣传材料1万余份。

（孙　雪）

农　业

农业与农村建设

【农村集体经济建设】 2021年，区农业农村委巩固农村集体产权制度改革成果，制定出台《西青区农村集体经济组织管理办法（试行）》《西青区关于开展村民委员会与村级集体经济组织分账管理工作的指导意见》，完成全区159个村集体经济组织换届，入选第三批全国农村集体产权制度改革试点典型经验交流单位。发挥农村产权交易平台功能，规范农村各类产权交易，全年完成备案审核82件，涉及金额3.9亿元。建设智慧农业、数字乡村，打造惠农利民互联网平台，推动益农社工作健康发展，完成全区137家益农社摸底排查工作，培训益农社信息员150名，表彰优秀信息员13名，有25名信息员加盟京喜平台服务本村村民，全年销售额39万元。农村居民人均可支配收入稳定增长，2021年西青区农村居民人均可支配收入34434元，增速9%。

【实施绿色发展】 2021年，区农业农村委在辛口镇、杨柳青镇分别建立1个镇级农田残膜回收网点，回收处理废弃地膜52吨。实施农药包装废弃物回收处理，设置回收点12个，回收并集中处置农药包装废弃物12.8吨。农作物秸秆综合利用面积8.26万亩，收集秸秆4.44万吨，机械化秸秆综合利用率99%。做好畜禽粪污资源化利用，设备配套率100%。推行水产健康养殖，增殖放流各类苗种60.3万尾。

【提升人居环境】 2021年，区农业农村委开展村庄清洁行动春季战役，健全长效管护机制。组织开展人居环境日常巡查176次，发现问题点位500余个，全部整改完毕并通过复验。按照《西青区农村全域清洁化考核办法（试行）》规定，组织城管委、卫健委、水务局、生态环境局、运管局对9个街镇开展4次专项考核。高标准完成26个村农村生活污水治理任务，全区农村生活污水治理覆盖率为100%，运维管护工作已全部移交区水务局。研究制定区“十四五”农村厕所实施方案和改厕后续配套服务体系专项方案，全面完成摸排整改任务。持续开展新时代“美家美院”创建活动，打造首批美丽庭院示范户488户。

【外援帮扶】 2021年，区农业农村委制定《西青区高质量推进东西部协作和支援合作助力巩固拓展脱贫攻坚成果同乡村振兴有效衔接2021年实施方案》，与3个结对地共同谋划区财政帮扶资金项目56个，涉及财政资金1.1亿元。全年专技人才支援56名，动员社会力量捐款捐物1951.02万元。完成消费帮扶2.55亿元，832平台完成金额782.72亿元。组织培训班37场，培训农村劳动力1931人，实现就业7870人，举办各类招聘会2场、入场企业40家、提供岗位2402个，达成就业意向19个。招收麦积区“两后生”48名到西青职业学校就读。引导12家企业赴受援地投资，实际投资额1.04亿元。与结对地区确定乡村振

2021年，区农业农村委实施的绿色生态屏障工程

兴示范村9个，已完成规划。为甘肃麦积区、景泰县分别协调区级财政赈灾款100万元，为麦积区捐赠防疫款物129.3万元。

种植业

【开发新品种】 2021年，区农业农村委编制《西青区种业发展规划（2021—2030年）》。出台支持现代种业发展相关政策，推进现代种业产业园建设，召开现代种业发展专题招商推介会。国家粳稻中心在限制杂交粳稻发展制种、优质、广适、抗寒等核心技术方面取得重大突破，先后荣获天津市科技进步一等奖、专利金奖等荣誉。"天隆优619"连续三年荣获"全国优质稻品种食味品质鉴评"金奖，被列为天津市首批优质小站稻推介品种。沙窝萝卜育种在西青基地和景泰同时开展自交不亲和单株筛选，开发选育具有自主知识产权的杂交种，收获种一万粒。举办2021年第五届天津国际种业博览会，近800家企业参展，设置地展面积115亩，展示各类优质品种5000余种。

【培训新技术】 2021年，区农业农村委展示4项农业主推技术，开展观摩培训10期，培训285人次。培育农业科技示范主体50个，学习应用"稻田生态综合种养技术"等六项年度主推技术。构建"专家+农技人员+示范基地+示范主体+辐射带动户"链条式推广服务模式，出动农技人员584人次，举办技术培训班12次，培训304人次。开展冬春农业科技大培训和科技下乡活动，现场培训、宣传7期，举办农民创业培训19期，完成专业生产型高素质农民培育任务20人，组织3期农民手机应用技能培训。

（马世晴）

【科润蔬菜研究】 2021年，天津科润农业科技股份有限公司蔬菜研究所主要创新成果有："耐弱光紫圆茄设施专用新品种选育"，天津市科技重大专项与工程项目，于2021年11月17日通过结题验收；"甜瓜优质高效栽培技术集成及应用"，天津市优秀农业科技特派员项目，于2021年6月15日完成材料验收；"松散型花椰菜种质创制及新品种选育"，天津科润农业科技股份有限公司自选项目，于2021年8月23日通过成果鉴定，成果达国际先进水平；"花椰菜花球变紫定性定量分析及相关基因表达研究"，天津市农科院青年科研人员创新研究与实验重点项目；"利用分子标记技术鉴定白菜类蔬菜品种纯度体系的构建与优化"，天津市农科院青年科研人员创新研究与实验项目；"青麻叶大白菜抗根肿病近等基因系的构建及评价"，天津市农科院青年科研人员创新研究与实验项目。放心菜基地25个，严格落实粮食安全省长责任制和"菜篮子"市长负责制，全年完成粮食播种面积8.05万亩，产量3.25万吨；蔬菜种植8.3万亩，产量28.5万吨。

（肖　瑜）

2021年，区农业农村委召开第五届天津国际种业博览会

畜牧水产业

【产品生产供给】2021年,区农业农村委建成放心水产品基地6个,放心猪肉基地2个。生猪存栏1.2万头,出栏1.5万头;羊出栏0.35万只;牛出栏0.098万头;活禽出栏6万羽,禽蛋产量1.77万吨;生牛奶产量0.52万吨;水产养殖投产面积2.5万亩,产量1.53万吨。与天津农学院、天津农科院等科研院所建立合作,成立淡水产业创新体系西青区综合试验站,实施“秋繁加州鲈鱼健康养殖关键技术集成与应用”项目推广示范。选树农业科技示范展示基地2家,建设800亩鱼池现场观摩展示基地。

【产品安全检查】2021年,区农业农村委持续巩固国家农产品质量安全县创建成果,农产品质量安全定量检测2000批次,定性检测21000批次,合格率100%。落实食用农产品达标合格证和追溯管理制度,为相关农产品生产企业出具合格证25000余张。动物疫病全年监测指标7087份。

林果业

【造林绿化】2021年,区农业农村委针对3142.19亩受污染耕地开展安全利用工作,改为林地227.9亩。设置植物疫情监测点9个,新增造林200亩,植树1.4万株,栽植地被花草和水生植物30万平方米。实施西兰丝织厂服务中心改造工程,对绿色生态廊道小金庄段、小年庄段、小柏村段内原有鱼池进行改造升级,形成湿地湖岛相间、阡陌稻田交错,集林、田、水、草为一体的复合型生态廊道片区,其中水域面积2160亩,绿化面积1650亩,栽植树木13万余株,地被植物36万平方米。形成“翠萍泊舟”“金田绿屿”“年庄枕水”三大游览板块,累计接待参观考察团体100余批次,1.6万余人。

【果业生产】2021年,区农业农村委采取发放宣传资料、技术人员下乡宣传和培训等形式,在林果品生产重点杨柳青镇和张家窝镇,开展宣传推广林果生产技术,增强人民群众食品安全法律意识和监督意识活动。明确专人深入基地督导,强化投入品使用监管,严格控制高毒、高残留农药、化肥、激素及其他有毒有害物质的使用。加强病虫害预测预报,推广诱捕器、生物农药等防治措施,加强病虫害预测预报,引导果农科学用药、合理用药,提高全区果品质量安全水平。

农机管理

【涉农补贴】2021年,区农业农村委按照市农委要求,严格进行机具核实工作,逐台核实购机信息以确保工作准确性。及时更新网上农机购置补贴信息,推行农机购置补贴手机APP录入申请,方便购机者了解资金情况、实施进度,及时申请补贴。实各项涉农补贴政策,农业支持保护补贴总面积82556.08亩,受理补贴各类农机具989台套,受益户数217户。加强先进高端农业机械推广,西青区获评全国第六批率先基本实现主要农作物生产全程机械化示范县。

【农机服务】2021年,区农业农村委深入重点村队、走家串户上门服务,实地检查审验,农机户现场办公,将服务与宣传有机结合。加强农机安全生产教育,用真实案例导致的危害性、追究责任者刑事责任的利害关系,教育农机手自觉遵守各项法律、法规。深入农机合作组织,开展农机生产宣传服务工作,共召开现场会5次,安全生产培训会3次,参加“科技下乡”活动3次,发放农机化生产等宣传材料500余份。

(马世晴)

农田水利

【地下水开发与利用】2021年,区水务局开展取用水管理专项清理整治整改提升工作,全年完成28个农业用地表水项目和5个园林绿化取地表水项目的取水许可证办理工作,对系统内68个问题取水项目完成销号处置。推进地下水超采综合治理工作,开展水源转换机井封填工程,对已完成水源转换的地下水机井和报废机井进行封填。制定农村灌溉井安全管理办法,对发现存在安全隐患的61眼灌溉井安装防护措施。落实取水许可和水资源论证制度,协助区审批局办理取水许可83户,实施水资源论证49户。加快推进取水许可电子证照转换工作,全年累计转换项目51个。

【控沉管理】2021年,区水务局对地面沉降防治工作进行系统总结,结合市控沉办提供的INSAR图以及本区自建的20个控沉水准点监测数据,对王稳庄镇部分监测点位沉降量加剧原因进行多角度分析,现场调查JC1834点位周边的工业企业、设施农业以及高速公路项目用水户用水情况。推动王稳庄镇分层标建设,分层标监测已投入试运行。完成区内剩余12眼无采矿许可证地热井的封停工作,全年平均沉降量为13毫米,完成全年24毫米的市级考核指标。超过50毫米沉降区面积为2平方公里,完成全年27平方公里的市级考核指标。

【供水管理】2021年,区水务局对清洗消毒情况进行检查核实,全年完成529家二次供水设施清洗消毒证明的审批。制定《西青区供水突发事件应急预案》,组织各街镇、西青开发区对赛达水务供水设施、地下水、二次供水卫生安全隐患进行排查,对供水末端水质进行化验,未发现安全隐患,化验水质全部达标。完成957家自来水用户用水计划指标核定并按季度进行考核。对超计划用水实施累进加价制度,收取率达100%。完成57家企业和单位的计划用水指标调整及临时用水指标的审批工作。

【水生态环境建设】2021年,区水务局治理河湖"四乱",完成6条黑臭水体效果评估,加强日常养护。建立健全长效养护机制,杜绝黑臭水体反弹。开展百日清河行动,对境内所有河道、坑塘、沟渠进行拉网式排查,清理整治各类水环境问题。联合多部门开展独流减河、子牙河西青段集中清障专项行动,累计出动工作人员280余人次、车辆渔船70余台次,清理河道地笼、渔网110余套,清理渔船60余艘。

【河(湖)长制】2021年,区水务局开展区级河湖长定期通报制度,召开河湖长制工作调度会5次,解决水环境问题40余个。开展河湖长制履职尽责专项整治,电话查访各级河湖长70人次,暗访发现问题24个,对发现的问题明确下一

2021年夏,区水务局组织力量对大清河、子牙河堤防子埝进行加固

步整改措施。开展“河长集中行动日”活动，发现解决问题75个。组织镇村级河长专题培训，累计培训700余人。推动“河湖长+检察长+警长”依法治河机制，联合公安西青分局侦破非法捕捞案件2起，抓获犯罪嫌疑人2人，扣押各类作案工具10余件。与静海区、津南区、红桥区、河西区开展联合巡河、交流座谈、集中整治等活动，推进跨界河流联防联控常态长效化。

【工程建设】 2021年，区水务局实施独流减河沿岸生态修复工程。工程位于独流减河左堤外侧沿岸，北起陈台子村，南至小孙庄村，总跨度约8.9公里，总占地面积约696.969公顷，总投资25595.9万元，其中中央资金11700万元。实施西青区大沽排水河沿岸生态修复工程。工程位于大沽排水河左岸，与西青郊野公园隔河相望，起点为跑水洼泵站，终点为赛达大道，跨度3公里，总占地面积205.128公顷，总投资4696.43万元，其中中央资金2150万元。实施西青区重点河道提质增容综合治理工程，总投资7625.55万元，中央资金2400万元；其中，中亭河治理长度6.46公里，南引河治理长度13.8公里。实施西青区丰产河、大沽排水河水系提升工程，总投资2536.4万元，中央资金760万元。实施西西海生态湿地周边路网及水系提升工程，总投资约1970.53万元。实施西青区大沽排水河（外环河—跑水洼泵站）综合治理工程，总投资约5670万元。

【水政监察】 2021年，区水务局结合执法队，日常检查人次300余次、车辆100余次，发现问题并立案调查15起。涉及河堤毁损、河道周围围垦违建等河湖案5起，水土保持案1起，涉及供水、排水等水务案8起，水资源案1起，行政处罚金额共计62.32万元。开展联合执法两次，清理围垦种植2处，零星商户12户，联动执法机制成效初显。

【鸭淀水库管理】 2021年，区水务局持续开展水库日常养护服务项目，包括迎水坡打草、堤防日常维修、堤防垃圾捡拾和清运、公里桩、标志标牌、限行设施维修等内容。对3.14万平方米水库绿化工程片林以及124.07万平方米储备林项目片林提供绿化养管服务，包括土壤管理、追肥施肥、修剪、浇水、除杂草、苗木补种、树木涂白等树木保养工作。

（王继凯）

【西河闸管理处】 2021年，西河闸管理处针对水情、雨情、工情及防汛信息做出明确规定，落实任务分解。组织开展防汛业务培训2次，水文测验技能培训12次，防汛演练3次，水文应急演练4次。成功应对台风“烟花”和辖区内4次强降雨，启动防汛Ⅲ级应急响应1次。组织完成汛期值班880人次，工程检查巡查共计160余次。顺利通过海委水利工程管理示范单位复核验收。完成节制闸闸门防腐处理、止

2021年7月，西河闸水文人员进行雨量观测

水损坏、护坡维修、变压器检测、钢丝绳养护等项目，累计完成投资74.00万元。汛期累计启闭闸门12次，泄水15313.94万立方米，其中反向337.8万立方米，正向15293.7万立方米。观测水位2690次、雨量350次、发送报文198条，完成汛期泄水流量测验工作52次，未出现漏报、错报问题。

（张　伟）

【独流减河进洪闸管理处】 2021年，独流减河进洪闸管理处开展日常检查16次、定期检查2次、“4·19”唐山滦县地震等专项检查3次，水闸运行期间开展每日巡查。开展水行政执法巡，巡查河道长度204公里，制止钓鱼等违法行为240余次。以“世界水日”“中国水周”为契机，与西青区辛口镇第六埠村进行联动，开展普法宣传。全年实测降水量830.4毫米，最大日降雨量144.0毫米（7月29日），测流405次，最大实测流量444立方米/秒（7月18日），最高水位6.22米（10月11日）。全年共计观测水位7570余次，蒸发、水温、岸温各365次，地下水72次，降雨67次，发送水情报文1000余条，全年无漏报、错报、迟报现象。加强应急管理建设，开展火灾事故应急救援演练。完善风险防控机制，全方位开展危险源辨识和风险分级管控工作，形成风险分级管控报告成果并通过专家审核。组织安全生产检查12次，专项检查8次，无安全生产事故发生。

（时艺桢）

2021年，独流减河进洪闸管理处开展检修闸门防汛演习

工业 建筑业

工业和信息化管理

【统筹经济运行】2021年,区工信局在疫情防控期间做好生产企业物资保障工作,摸排应急物资生产企业产能及相关情况,形成产能清单,为储备工作提供保障。制定《关于做好防疫物资生产保障和工业企业生产运行服务的通知》,帮助企业协调原材料运输等难题,确保疫情防控应急物资市场供应稳定。做好工业企业跨省市运输保障工作,及时出台《西青区工业企业进出天津市疫情防控应急物资运输车辆通行证办理规范》,为企业申办出入津通行证,打通物流通道。做好工业企业外籍人员来津审查工作,严格做好工业企业外籍员工或有关人员入境来津的材料审核,保障企业人才要素稳定。

【安全生产管理】2021年,区工信局开展安全生产专项整治行动,制定交通安全隐患集中整治"百日攻坚行动"工作方案。联合区市场监管局开展道路机动车专项整治行动,对企业生产是否符合标准及是否存在非法改装情况进行检查。要求企业签订主体承诺书,压实企业主体责任。开展查处打击涉及冷光烟花和"钢丝棉烟花"生产违法违规行为专项治理,督促工业企业安全生产主体责任落实。在制定惠企政策时,坚持将企业安全生产纳入考核。倒逼企业不断加强安全生产责任制落实力度,提高企业整体安全生产水平。

【产业优化升级】2021年,区工信局帮助企业打通物流通道,累计开具通行证明233份。全年577家规模以上工业企业累计实现总产值1469.6亿元,占全市比重7.1%,同比增长17.2%,比2019年增长22.1%,累计实现利税总额101.3亿元。规模工业增加值同比增长9.4%。制造业规模稳步增长,总产值占规模以上工业总产值比重达到95.6%,比2020年提高了1个百分点。制定制造强区建设实施方案和车联网和集成电路产业链工作方案,实行重点产业链发展工作机制。组织接链促需活动9场,400余人次企业家参加,推动产业链畅通。车联网、集成电路等5条重点产业链集聚规模以上工业和限上服务业企业140家。全年累计实现工业总产值507.7亿元,同比增长21.4%,高于规模工业增速4.2个百分点,占规模工业比重达到34.6%。

【引育重点项目】2021年,区工信局以国家级车联网先导区建设为依托,京东智能物流、经纬恒润等一批新动能项目加速向区内聚集。204家战略性新兴产业规模工业企业产值占规模工业总产值比重达到38.0%,比2020年提高3.5个百分点。105家高技术制造业规模工业企业产值占规模工业总产值比重达到25.7%,比2020年提高3.5个百分点。全区工业固定资产投资累计完成

2021年,区工信局召开安全管理基础知识交流会

84.6 亿元,同比增长 45.1%,较去年同期提高 49.9 个百分点,制造业固定资产投资同比增长 67.1%。十大先进制造项目进展顺利,实现 100%开工率和 30%投产率,当年完成投资 62 亿元,年度投资完成率达 156%,累计完成投资 145.3 亿元,达到总投资的 79%。招商引资持续注入活力,新引进项目 25 个,计划投资 1.8 亿元。培育市级单项冠军企业 4 家,国家专精特新“小巨人”企业 7 家。天津市“专精特新”中小企业 23 家,第一批种子企业 11 家,推荐 80 家企业申报第二批种子企业。市级服务型制造示范培育企业 1 家,市级工业设计中心培育企业 2 家,市级绿色工厂 3 家。

【落实服务政策】2021 年,区工信局政策服务提质增效,充分利用“线上”+“线下”服务方式,帮助企业准确把握政策项目申报方向,提高项目申报命中率和成功率。全年兑现中央、市、区资金 1.25 亿元,成功培育市级主题产业园区 1 个,市级小微企业双创示范基地 2 家,国家中小企业公共服务示范平台 1 家。2 家国家级小微企业双创示范基地通过复核。推动网络环境不断完善,加快 5G 部署,新建 5G 基站 1037 座,累计建成 3897 座。

(李梦雨)

建筑业

【房地产市场管理】2021 年,区住建委完善房地产市场监管机制,确保房地产市场态势平稳。全区新建商品房销售面积 103.37 万平方米,销售金额 240.54 亿元。二手房成交面积 74.09 万平方米,成交金额 100.01 亿元。

【配套道路建设】2021 年,西青区加快配套道路建设。启动轨道交通综合线路建设,协同推进地铁 7 号线、8 号线、10 号线、11 号线建设进度,建设津静市郊铁路(地铁 5 号线车辆段至团泊新城)。推动津静公路立交桥重要入市口改造项目。启动拓宽津港公路、芦北路等赛达新城周边道路畅通项目。推进南站科技商务区二期配套 7 条道路建设。完成 15 条配套道路建设,包括红旗农贸市场周边路网建设和市公安局周边路网 4 条民心工程,天津市第 95 中学、当城中学周边道路 5 条,精武镇丰华道、家兴路、纬华道、迎华道,李七庄街光明路,张家窝镇安华道,总长约 6 公里。启动聚源道拓宽工程,推进宾水西道延长线、子牙河南道、广乐道等主干道路建设进度。

【建筑行业监管】2021 年,区住建委强化工程质量监督及安全文明施工管理,将项目按风险等级划分为四个级别,坚决防范和遏制重特大安全事故。全年办理质量监督手续 99 项、联合验收 68 项、竣工验收备案 73 项。质量方面下达整改通知书 68 份,停工 6 份。安全方面下达整改通知书 95 份,停工通知书 19 份。扬尘方面下达整改通知书 455

2021 年,区住建委对房地产市场问题开展调研

份，停工通知书32份。建设市场方面下达整改通知书1份。房地产执法方面下达整改通知书19份，停工通知书1份。约谈违法违规项目85次，累计行政处罚81件，总金额达955.22万元。保障农民工权益，与相关部门建立联动机制，累计解决欠薪案件154起，解决发放欠资3722万元。

【深化特色服务】 2021年，区住建委健全完善“服务专员”机制，不断优化采取提前介入、及时对接、全周期服务的工作模式，对龙湖地产、融创地产、融侨地产等企业面对面交流解决实际问题，提供全过程精准服务。深化落实“向群众汇报”制度，在旧楼区改造工作中，由之前“政府制定改造方案”变为“百姓建议改造方案”，组织居委会及居民代表召开“向群众汇报”会，实现民意导向推进旧楼区改造工作。以元气森林项目为试点，优化验收服务流程，提高服务效能，实现企业“拿地即开工”“竣工即投产”。

（田爽男）

商　贸

商　务

【完成商务指标】2021年，区商务局完成服务业增加值498.44亿元，同比增长6.9%，占全区生产总值的比重为54.3%。实际利用外资2.4769亿美元，同比增长22.3%。实现外贸进出口331.6亿元，同比增长22.8%。按照市商务局安排部署，开展津门老字号认定工作，全区4家企业通过区级审核。圆满完成第105届全国糖酒商品交易会场外展活动。展会面积近2万平方米，共有参展商500余家，参展人数1500余人，是全市25家酒店会外展中参展面积最大和人流量最多的场外交易会场。

【推动商业发展】2021年，区商务局重点推动40余个服务业项目。帮助企业协调解决存在的问题，推动服务业高质量发展。梳理"十四五"期间十大精品商圈，跟踪调研服务十大精品商圈建设，重塑商贸业态。制定《2021年西青区"海河国际消费季"促消费活动方案》，组织商场、超市、汽车等领域开展促消费节庆活动，推动消费提质扩容。全区消费市场加快复苏，限额以上社会消费品零售额增长16%。组织社会山国民度假夜市等参加第二届夜生活节，开展夜市促消费活动。落实《西青区支持夜间经济发展扶持政策》，为社会山国民夜市落实政策资金187万元。按照疫情防控指南要求，为十七届中国（天津）国际装备制造业（工业）博览会等37个展会做好协调备案工作，推进会展行业稳定发展。

【树立诚信理念】2021年，区商务局在商业活动场所普及信用法规及信用知识，提高从业人员和人民群众诚信意识。在各街镇、经济开发集团和主管行业领域布置诚信建设相关工作，对诚信工作进行督导检查。开展"2021年度天津市诚信经营承诺示范店"活动，遴选3家"诚信经营承诺示范店"，共遴选出31家"诚信经营承诺示范店"。参加商务部组织的"诚信兴商十大案例"

2021年，区商务局组织社会山国民度假夜市促销费活动

2021年4月25日，区商务局举办"西青宴·西青特色美食"评选活动

征集评选活动，在全区范围组织开展商务领域“诚信兴商宣传月”活动。

【打造“西青宴”】 2021年，区商务局西青宴为展示西青区烹饪餐饮行业技艺和美食风采，向广大市民及外地游客推广西青区特色美食，4月25日下午，“西青宴·西青特色美食”评选活动暨颁奖典礼在社会山酒店举行。本次活动最终结合现场专业评审团打分评审，选出列入“西青区必吃榜”的30道菜品。

【防疫物资保障】 2021年12月21日凌晨，区商务局第一时间启动应急响应机制，立即启动《西青区商务局新冠肺炎疫情社区防控工作后勤保障组生活物资应急保供预案》（3.0版），成立综合协调、物资采购、调拨运输、后勤保障4个专岗。10家保供单位共储备各类生活物资1000余吨。2021年12月21日至2022年1月4日，累计供应东兴里区域及周边中北镇居民各类生活物资100余吨，保障了封控区域、管控区域群众的正常生活需求。累计为抗击疫情工作人员供餐近5万份，调配方便面、火腿、水等食品约5吨，为抗击疫情干部提供了坚强的后勤保障。

【消费扶贫】 2021年，区商务局完成消费帮扶金额2.55亿元，超额完成上级下达的1.6625亿元的任务。对符合《西青区消费扶贫奖励办法》规定的3家企业进行奖励资金拨付，共计拨付奖励资金118.49万元。通过推动，西青区对口帮扶的新疆于田“三居三直、一村一品”工程——库尔班手工坊，7月22日中央电视台综合频道播出的纪录片《雪莲花开——对口援疆纪实》中进行了报道。

对外经济贸易

【促进外贸业务】 2021年，区商务局定期实施外贸数据分析和监测预测，完成宏观运行数据汇总分析。组织开展政策宣传，组织企业申报政策支持项目。企业开拓国际市场，参加出口产品转内销展卖，推动外贸企业融入双循环。举办“畅物流稳外贸”航运服务对接会，依托信用保险降低市场风险。推动企业做好自主品牌申报，组建交易分团开展第四届进博会参展。制定下发方案，组织参展动员，筹划招商拜访，完成注册报名、初审上报、制证申请等会务工作，协同召开招商座谈会，组织招商项目会见。确保实际利用外资进度，全面落实外商投资企业信息报告制度，开展信息报告执法检查。统筹外资招商，开展招商调研，组织招商培训。组织参加大连数交会、服贸会。完成新批技术合同备案和技术贸易合同变更160余家次，完成服务贸易合同备案及合同执行审核1360份。

【外贸服务】 2021年，区商务局通过对接撮合、跟踪服务，共计引进落地项目15个，投资额1.69亿元，超额完成1.4亿元的目标任务。推动签订《天津市西青区人民政府、天津市津南区人民政府与国家会展中心（天津）有限责任公司战略合作框架协议》《天津市西青区人民政府与华润置地有限公司战略合作框架协议》。

（赵继欣）

供　销

【企业经营】 2021年，区供销社系统销售总额28489.68万元，同比增长80%；营业总收入26080.78万元，同比增长78%。区供销社农资公司采取主动走访客户，增加新品种等措施，实现全年销售化肥2000余吨，销售农膜50余吨。供销集团商贸公司开办自创品牌“哏农鲜”供销超市，月销售额20余万元，解决就业20人。

【供销企业改制】 2021

年，区供销社按照区土地整理中心年度土地收储时间安排，对原商业局A、B地块内树木、土堆、原建筑基础、门房、杂草等进行整理，完成地块内换热站的迁出任务。完成天津市跃华工贸有限公司、天津市西青区李七庄供销合作社等7家企业注销工作。对供销集团下属分公司、子公司情况进行排查、清理投资，完成注销供销集团下属分公司1家，退出股权1家。供销农业发展公司创办系统内第一家供销社农民专业合作社—天津市中联农业发展专业合作社，引进天津农科院培育的葡萄新品种开展特色种植，开通无公害蔬菜采摘群，组织采摘300余人次。

【安全治理】 2021年，区供销社与所属企业签订安全生产、消防安全责任书，制定并下发《西青区供销社关于开展2021年安全生产排查整治工作的实施方案》《西青区供销社迎建党100周年安全生产隐患排查整治方案》等文件。学习习近平总书记、李克强总理对安全生产工作指示批示精神。落实企业主体责任，以本单位经营场所、仓库运输车、网点为重点，对安全生产隐患进行自查自纠自改。共查出隐患31处，均得到有效整改，未发生安全事故。

【巡察整改】 2021年，区供销社开展专项整治，结合区委第一巡察组对区供销社党总支开展巡察“回头看”，认真查找梳理问题，落实整改任务。巡察反馈的四个方面17类57个问题，已按照时间节点全部完成或取得阶段性成果。已完成整改问题43个，取得阶段性成果14个。制定178条整改措施，已完成159条，取得阶段性成果19条。

（陈　倩）

石油管理

【调控资源促营销】 2021年，西青石油分公司实行薪酬收入与经营业绩、管理质量挂钩。加强油价走势分析，加快资源流转速度，不断以低价资源更替原有库存，实现库存资源的价值置换，保证库存处于低位。搭建微信营销平台，加强网络宣传，通过微信平台进行交叉营销，实现加油卡充值优惠，最大力度回馈加油卡客户。制定会员专属优惠与福利，提升会员吸引力。分公司实现轻油销量52.09万吨，其中零售销量46.97万吨，直销批发销量5.12万吨。

【承包管理】 2021年，西青石油分公司实行中小型加油站承包，提高员工和站长积极性。增加高标号汽油销售，合理安排加油站油品布局，高标号销量同比增加显著。优化调整加油站营业时间，发挥现有网点功能。通过对加油站进行改造，视觉效果、服务功能、安全保障得到提升，客户消费环境进一步优化，为零售增量创效奠定基础。

【提升服务质量】 2021年，西青石油分公司开展“加油站综合服务提升年”活动，组织专业人员下站传授培训服务礼仪，使员工在微笑服务、商品推介、为顾客提供最佳购物方案等方面均能做到主动、热情。设立“为民服务创先争优”服务咨询台，开展加油卡“网上充值体验”活动，通过上门、客户来站充值等途径进行大客户回访活动。

【安全管理】 2021年，西青石油分公司在油品管理上严把安全质量关，抓住进货、储存、加油机检测等关键节点，进行全过程控制。严格执行油品计量、装卸油操作规程。加强与计量局联动，对到期加油机及时检验，全年检验加油机616台次，检验枪数1304把次。与员工签订《安全承诺书》《夜间安全责任书》，加大安全督查及夜间安全监管力度。加强设备管理及隐患治理，及时落实整改提升，对加油站进行油气回收改造，所属加油站油气回收改造工作全部完工。针对油气回收改造和隐患整改工程，严格落实作业现场安全管理规定，杜绝事故发生。

（王志刚）

烟草专卖

【市场经营】 2021年，区烟草专卖局完成销售卷烟2.89万箱，实现销售收入8.63亿元，实现税利2.61亿元。对各档客户订货跟踪分析，逐步推进差异化货源投放，进一步提升货源投放精准度。提高重点品牌集中度，重点品牌销量2.84万箱。开展文明吸烟区建设，在全区设立30个吸烟点。

【市场监控】 2021年，区烟草专卖局对违法违规重点监控户增加检查频次，严格落实集中治理工作措施，做到虚假客户彻底清零。联合市场监管部门加大对电子烟的法制宣传力度，开展"守护成长"专项行动，严厉打击向未成年人出售电子烟的违法行为。落实严把许可关口，提升烟草专卖零售许可证监管水平。

【打击非法经营】 2021年，区烟草专卖局与公安西青分局建立联合打击涉烟违法犯罪协作机制，构建起"案件带动、信息共享、协同打击、综合治理"的协作模式。推进与邮政管理局第三分局的协作机制，深挖大案要案线索，加强对辖区重点区域的摸排布控，完成对辖区所属物流寄递站点的定位查处。全年查处涉烟违法案件132起，查获卷烟600万支。破获5万元或20件以上案件28起。

（王咏卉）

重点企业

【南站科技商务发展有限公司】 2021年，天津南站科技商务发展有限公司于12月完成股权划转工作，出资人由西青区项目服务中心变更为区国资委。公司主要负责该区域土地整理、基础设施建设、融资招商等工作。8月9日，南站公司与央企中国铁路通信信号集团以及大型国企天津市轨道交通集团、东方电子股份有限公司等5方合资，成立天津津轨汇海科技发展有限公司，项目注册资本5000万元人民币，从事智慧轨道交通以及轨道信号设备的研发、建设、运维业务。8月19日，南站公司与杉杉商业集团有限公司签署正式协议，"1010工程"杉杉奥特莱斯高端商业综合体项目正式落地。南站公司联合智能网联车龙头企业经纬恒润与清华大学精密仪器系联合打造人才实训基地，吸引近百名清华硕士、博士生到西青实习、就业。

【永泰恒基投资有限公司】 2021年，永泰恒基投资有限公司营业总收入4783万元，净利润489万元，纳税532万元，所有者权益19.18亿元，实现国有资产保值增值目标。公司累计引入项目76个，累计新增注册资本8.1亿元，协助相关街镇、经开集团新增对外出租面积1.16万平方米。强化产业链招商工作，推动落地车联网产业项目7个，累计注册资本近2亿元，租赁面积约9300平方米。赛达检测认证园累积出租面积5.06万平方米，总出租率84.41%，引入见康医学检测、上海科州等检测类及药物研发类企业118家；赛达创意产业园累计出租面积0.67万平方米，总体出租率为90.75%，引入白泽科技、阿卡贝斯等文化创意企业15家；西青人工智能产业园7号楼累计出租面积1.26万平方米，总体出租率为79.75%，吸引畅索、灿芯半导体等17家大数据、人工智能企业。公司参股新设基金1支，基金规模5039万元，投资方向为电子信息、汽车、高端制造及其相关产业。公司累计出资8.5亿元参股中芯海河赛达、宜科天创智能制造、永钛海河、奇安菁英、天创和鑫5支股权投资基金，撬动5.67亿元外部资金进入区内，累计投资项目30个。虚拟测试场新增采集道路里程210万公里，新增图片、点云标注520万例，新增环境测试用例15万例，累积测试用例超215万例，持续为上汽、广汽、北汽等30家企业提供研发服务。集中对天津南站区域路口进行智能化改造升级，完成全息路口改造60个，为车联网先导应用和复制推广提供良好环境支撑。

（焦梓栒）

2021年，永泰恒基公司智能网联汽车驾驶场景仿真平台

金　融

金融服务

【服务实体经济】2021年，区金融局做好驻区银行、区级部门、各街镇“三个联合”，推动区政府与天津农商银行签署全面战略合作协议。推动驻区银行围绕区委区政府重点工作安排，加大对区域重点项目建设、科技创新、民营经济、创新创业等重点领域的金融支持力度。加强与区级部门及各街镇的联合，与区发改委、科技局、人才办等部门以及各相关街镇联合开展“信易贷”专场银企对接会、科技金融对接会、半导体集成电路人才创新创业联盟金融服务对接活动。各驻区银行累计投放贷款176.4亿元，其中中小微企业贷款92.6亿元，涉农贷款10.3亿元，支持实体经济持续健康发展。

【扶持企业上市】2021年，区金融局及时调整企业上市工作领导小组成员单位，涵盖22个区级部门以及各街镇、经济开发集团。组织各街镇在全区范围内开展上市后备企业摸底调查，上市后备企业达到16家。组织依依股份、捷威动力等5家重点上市后备企业参加深圳证券所主题培训活动，加快企业上市进程。对成功上市企业，在市级补助500万元基础上，区级再一次性补助500万元。5月18日，依依股份成功在深圳证券交易所主板上市，成为区内首家上市公司和首家民营上市公司。至年末，境内上市公司达到3家。同仁堂报深交所创业板在审，捷威动力、捷通达汽车正在稳步推进上市计划，上市后备梯队逐步完善。

【风险防范宣传】2021年，区金融局巩固完善防范和处置非法集资工作机制，推进部门协同，形成合力。推进防范非法集资宣传教育，组织开展防范非法集资宣传月活动，集中开展宣传活动434场次、发布原创作品247篇、网络阅读量超过120万次、发放宣传品10万余份，营造了防范非法集资浓厚氛围。开展全区全年涉嫌非法集资风险常态化排查，通过互联网排查、社会面排查、行业排查、资金异动排查、媒体和公众监督等多种方式手段，及时排查消除风险隐患，实现市级风险化解率100%。

【化解金融风险】2021年，区金融局稳妥防范化解地方金融风险，稳妥处置私募基金风险。开展财富管理类公司清理整顿。完成8家机构分类整治，实现私募基金领域风险全面出清。落实全市延长债务期限缓释化解风险和公开市场债券风险监测预警工作要求，季度跟进化解，月度监测公开市场债券动态，实现债务缓释与债券监测有序运行。发挥市级易产生非法集资风险类工商企业照前会商研判机制，严把风险关，累计研判变更事项39个，新设立机构2个。依法依规开展地方金融组织非现场监测、监管评级、监管计分及年审，推进地方金融组织服务和

2021年6月15日，区金融局举办防范非法集资集中宣传日活动

日常监管水平提升。

（金　铭）

银行保险

【银行网点】

中国农业银行股份有限公司天津西青支行　2021年，农行西青支行不断促进平台高效、深度应用。聚焦设施农业，做好贷款投放及项目跟进。有效挖掘客户需求，在综合营销、需求对接、业务办理等环节为“三农”重点客户做好服务，在信贷政策、办贷效率、信贷规模、减费让利、尽职免责、风险管控等方面享受到优惠政策。对客户实现精准定位与存款理财产品的营销对接，增强客户黏性，提升智能服务，巩固提升存款市场竞争力。重视客户服务体验，不断提高贵宾客户满意度。

（张　媛）

天津农商银行西青中心支行　2021年，农商西青支行各项存款余额230.47亿元，同比增长4.93亿元；各项贷款余额120.50亿元，增长4.44亿元。设立云锦分理处、大侯庄金融服务站，升格大学城分理处为学府园区支行，填补金融服务空白区。打通面向乡村中老年客户线下服务的“最后一公里”，共设立33家营业网点，25家金融服务站。全年智能柜台业务量超过9.8万笔，服务社保卡客户6.7万户。储蓄存款时点余额182.53亿元，增长17.39亿元；累计募集理财资金36.75亿元。投放涉农类贷款12.66亿元，对154个行政村开展整村尽调工作。关注中小微企业融资需求，将央行政策红利传递到小微企业客户，累计投放普惠小微贷款28.73亿元，为2571户农户、个体工商户及小微企业提供资金支持。

（何　欣）

中国农业发展银行天津市西青支行　2021年，农发行西青支行累计发放各项贷款4.78亿元，收回4.11亿元。各项贷款余额67.23亿元，各项存款余额9.07亿元，日均存款余额10.07亿元，实现FTP利润7909万元。全年累放储粮储备轮换贷款0.67亿元，支持区级储备粮收储2.4万吨。向德农和盛禾公司发放粮食购销贷款0.33亿元。以流动资金贷款稳规模，累计发放流动资金贷款2.24亿元；向双发公司发放农村土地流转和规模经营流动资金贷款1亿元。向赛达伟业发放1亿元流动资金贷款，发放厂房建设资金贷款0.18亿元。向子公司赛达物业发放小微贷款0.09亿元。向津南城投公司葛沽佳沃农业示范园项目发放0.6亿元，完成葛沽佳沃农业示范园项目6亿元贷款绿色信贷认定工作。营销子公司津城时代大学科技园项目贷款0.84亿元并发放贷款0.1亿元；积极推进10.8亿元天南创新谷项目。以农产品采购形式向生源、三尚行和贝脆思公司发放扶贫贷款0.54亿元。

（张佳佳）

中国工商银行股份有限公

2021年，工商银行天津西青支行举办防范经济犯罪宣传日活动

司天津西青支行 2021年，工商西青支行实现拨备前利润1.43亿元，实现中间业务收入0.45亿元。各项人民币存款（含同业）总额为74.4亿元，各项人民币贷款总额为35亿元，不良贷款余额约为0.096亿元，较年初呈下降趋势。积极参与区政府、各乡镇政府组织的各项活动，如杨柳青镇政府、中北镇政府举办的庆祝中国共产党成立100周年活动、王兰庄村“芳华百年正青春”文艺演出活动、全国公安机关打击和防范经济犯罪宣传日活动、“学法用法护小家，防非处非靠大家”主题宣传活动等。通过各类活动宣传金融知识，保住老百姓钱袋子。

（蔡柄辰）

中国工商银行股份有限公司天津津西支行 2021年，工商津西支行实现经营利润2.62亿元，人均实现利润129.7万元。各项存款余额67.66亿元，各项贷款余额127.95亿元，其中公司贷款余额27.74亿元，个人贷款100.21亿元。实现中间业务收入4418万元。累计发放个人住房贷款19.2亿元。在乡村振兴方面，拓展涉农企业金融服务渠道，普惠贷款2.65亿元。以外汇账户营销带动外汇存贷款、结算和汇兑业务拓展，实现国际业务中间业务收入997万元，国际业务结算量29亿美元，结售汇业务量6.3亿美元，国际业务大中型客户净增18户。拓展郊县区域村镇资源，与4个村镇实现“工银惠民服务站”挂牌并达成服务合作意向。办理黄金积存1000万元，实现了外币储蓄存款和贵金属中间业务收入双提升。

（刘 嘉）

天津银行股份有限公司西青支行 2021年，天津银行西青支行各项存款比年初增长50270万元，其中对公存款增长5614万元；储蓄存款（含结构性）增长44655万元；各项存款日均余额329664万元，增长58362万元。各项贷款比年初增长34756万元，对公贷款增长30297万元，个人贷款余额14284万元，增长4458万元。支行不断优化网点布局，整合资源，更好地服务大众，为地方经济发展提供了优质、高效的金融服务。

（元 叡）

中国银行股份有限公司西青支行 2021年，中行西青支行实现经营净收入2.42亿元，同比增长711万元。本外币时点存款余额123.20亿元，较年初增加4.86亿元。本外币日均存款余额122.18亿元，较年初增加7.28亿元。本外币各项贷款余额88.79亿元，较年初增加15.22亿元，积极营销重点民营企业日积月累及结构性存款，累计金额2.5亿元，联动上游客户叙做一级福费廷5亿元，为下游客户核定1500万敞口授信额度，新增国际结算量1亿美元。跟进某企业并购项目，成功营销其下属子公司开户，新增存款沉淀1000万元。积极营销某企业开立NRA账户，争揽外币存款1499万美元。全面提升有贷户存款及全量金融资产贡献，重点营销银团授信客户提升存款份额，办理7天通知存款1.5亿元。跟进营销区内重点房地产客户两个项目公司开立资金监管账户6户，累计新增进款2.66亿元。办理协定存款及表内外理财业务，形成有效存款补充。关注政府专项债及土拍资金留存情况，成功争揽某企业配套专户落地提升行政事业日均存款0.36亿元。

（赵 伟）

中国建设银行股份有限公司西青支行 2021年，建行西青支行全口径存款余额105.22亿元，贷款余额91.58亿元。支行成立住房租赁业务营销推动领导小组，开立奖补资金专用存款账户13户，客户数新增230户，住房租赁奖补系统申报应用企业3户，保租房系统上线房源894套。通过核心企业助力小微企业发展，全年实现普惠金融授信客户新增222户，贷款新增35103万元。涉农领域贷款余额11.44亿元，较年初新增1.9亿元。跟进村股份经济合作社改革，完成9个村股份经济合作社账户开立，实现存款新增2200万元。累计为绿色信贷项目提供融资支持超过6000万元。中型授信客户新增2户，贷款投放0.98亿元，实现中型存款客户新增11户，存款新增0.88亿元。在“裕农·春播”活动中，实现覆盖行政村93个，乡村覆盖率100%。

（刘　恋）

【保险企业】

中国人民财产保险股份有限公司西青支公司　2021年，公司累计承担保险责任金额8887.38亿元，签单保费收入11100万元。支付各险种赔款7141.85万元，利润618.82万元。夯实车险经营基础，剔除同期高风险业务后，增速22.8%。家财险拓展与属地政府业务合作，以村镇为单位，统保王稳庄镇和张家窝镇部分村家财险，保障居民财产安全。为中北镇提供商业楼宇及场所责任保险，实现中北镇商业楼宇及工业厂房统保。启动食责险承保工作，对学校和为学校配餐企业实现食责险全覆盖。承保西青应急局应急费用补偿保险，在应急事件中运用保险补偿机制解决事。加强政策性农业保险，全年支出赔款520万元，受益农户632户次。为西青区王稳庄镇“大美稻香”、辛口镇“沙窝萝卜特色小镇”、“三河汇景”田园综合体等特色农业项目提供保险服务。

（王　芳）

中国人寿保险股份有限公司西青支公司　2021年，公司实现保费3.82亿元，短期险保费2430.4万元。全年支出理赔款2115.99万元，其中长期险赔款支出1178.01万元，短期险赔款支出937.98万元。公司拥有覆盖全区的7个销售网点和近200名销售人员。向个人及团体提供人寿、年金、健康和意外伤害保险产品，满足客户在人身保险保障和财务管理需求。联合广发银行、国寿财险等开展各类客户经营活动，为客户提供金融服务。为客户推出国寿寿险APP和智慧柜员机客户端、国寿e店销售端，在保全、理赔等方面进行服务升级，开通智能柜面预约功能，提前预约，减少等待。

（吕　芳）

中国人民人寿保险股份有限公司西青支公司　2021年，公司保险产品有团体渠道产品，分为团体意外伤害保险，团体重大疾病保险。个人保险渠道产品分为无忧人生重大疾病保险系列产品，温暖百分百系列产品，百万守护系列保险产品，人保福，个人意外伤害保险等100余款保险产品服务。为更好地服务客户，公司完成柜面升级改造，为客户提供更人性化优质服务，人保寿险E服务与人保寿险管家为客户提供更多更优在线自助服务和自助理赔服务。

（毕桂莲）

交通 邮电 网络

交通运输

【证件办理】 2021年，区运管局为运输企业新办货车营运证1558部、换发7457部，客运新办31部，年审80部。全区驾驶员从业资格证诚信考核7039人，继续教育2501人，新办从业资格证250人，到期换证877人。办理小客车摇号业务1555件，审核按照新国标与道路运输车辆检验检测系统进行对接的机动车检测机构3家，完成上报机动车驾驶员计时培训教练车辆1467部，拆解淘汰中重型柴油货运车辆1959部，有效推动区内道路运输行业健康发展。

【疫情防控】 2021年，区运管局在1至2月的疫情防控工作期间，于当杨公路设立进津车辆检测点，对河北省来津车辆进行逐车登记、逐人检测。累计拦截车辆18486辆，劝返车辆1197辆。推动行业从业人员新冠疫苗接种，累计完成行业内从业人员疫苗接种13804人次，行业从业人员疫苗接种比例达到99%。结合疫情防控形势任务和群众投诉举报，对违反《天津市客运出租汽车管理条例》行为的61台运营车辆进行整治，查扣处罚61台，罚款38.35万元。

【公共交通】 2021年，区运管局听取社会各界对境内公共交通线路调整意见建议，协调市公交集团实地考察论证。引入公交线路1条，优化调整公交线路7条。破解精武镇、赤龙南街、王兰庄温州国际商贸城、中北中学等公交需求问题。对公交162路和687路进行优化调整，提升精武镇示范镇群众出行效率。牵头多部门制定出台《天津市西青区关于鼓励规范互联网租赁自行车发展的实施细则(试行)》《西青区互联网租赁自行车服务质量考核办法(试行)》，规范区内互联网租赁自行车行业管理，解决了城市交通出行“最后一公里”问题。

【综合治理】 2021年，区运管局依托治超检测点开展路面治超，严查车辆超限超载违法行为。共查出超限超载车辆135辆，其中本地83辆，外地52辆，超限50%以上车辆74辆，“百吨王”57辆。超限货物以钢材、砂石料为主，卸载各类货物8898.76吨，对查到的“百吨王”车辆逐一进行源头倒查，向相关区县移送货运装载源头、行径路线等信息。针对“两客一危”、普货企业、维修企业、驾校、铁路道口、水运企业等重点行业，累计出动检查人员117人次，检查企业73家次，检查发现安全隐患5处，整改5处。加强铁路沿线安全隐患治理，牵头开展平安铁路“清朗行动”，落实陆地“双段长”工作制度，完成98处隐患点位整治工作。

【公路养护】 2021年，区运管局探索以市场化模式实施公路日常养管工作，对外公开招标。完善路网指挥调度中心功能，结合“声光电”应用，将辖区内公路停车区、服务区监控信号接入平台，对9座铁路涵洞进行实时监控。对重点积水点位的铁路涵洞安装实时水位监测系统，汛期及时掌控积水情况并发出预警，为人民群众出行提供安全保障。围绕创文验收工作，及时调整、补齐油饰，清洗、更换小型标志及设施，确保公路附属设施齐全鲜明有效、功能完善。改造提升镇南、周庄、万桥等公路服务站，全面提升公路服务水平。

【工程建设】 2021年，区运管局完成了独流减河北堤路工程及津港公路拓宽改造工程建设任务。独流减河北堤路工程全长约7.8公里，全线采用双向四车道一级公路标准建设，同步实施道路、泵站、绿化、照明、交通设施，项目总投资62283万元，2021年9月9日正式通车。津港公路(外环南路—西青津南界)拓宽改造工

2021 年 9 月 9 日，独流减河北堤路通车

程全长 8.07 千米，一般路段设计速度 60 千米/时，工程造价 12336.0089 万元，于 11 月竣工通车。两条公路拓宽改造为带动西青区经济社会发展提供了有力的公路交通保障。

（祝建岣）

邮 政

【经营服务】 2021 年，邮政西青分公司经办国内和国际信件包裹寄递、电子商务、邮政汇兑、邮票发行、报刊订阅，金融、速递物流等 100 余种业务。强化监督检查。通过现场与非现场检查，开展普遍服务工作专项整治活动，加强邮政普遍服务管理，提升服务质量和水平。围绕经营中心工作，拓展邮政服务项目，方便百姓用邮，实现业务收入 8736.86 万元。

【普惠金融】 2021 年，邮政西青分公司发挥网点遍布城乡贴近群众的优势，倾力服务民生、服务“三农”。服务养老群体，每月做好养老金代发工作。服务小微经济，减免小微商户手续费 60 万元。借助营销平台，通过短信、电话做好客户“到期转存，错峰办理”工作，为客户节省等候时间，提升网点服务概率。调整人员分工，增加专属客户经理一对一服务。通过手机银行、信用卡渠道派发合作商户优惠券、折扣券，满足客户多元化需求。

【便民服务站】 2021 年，邮政西青分公司打造“邮政便民服务站”。通过联合中国移动、中国联通、中国电信、电力公司、广电公司等单位，为百姓解决缴费、出行难题，为公共事业单位解决收费难问题。分公司有 50 个邮乐购站点，为全区百姓提供代收话费、电费、有线电视费等多项便民服务。邮乐购站点全年代收电费 2.96 万笔，代收移动、电信、联通话费 2.66 万笔，代收警邮业务 321 笔。邮掌柜线上批销交易额 50.41 万元。

【邮政进校园】 2021 年，邮政西青分公司开展校园专项寄递工作，为西青区域内的高校提供大学生录取通知书和大学生档案收寄服务。为做好此项工作，分公司对接区域内城建大学、师范大学、理工大学、工业大学、农学院和津沽学院等 6 家高校，提前沟通，了解需求，制定服务方案。累计收寄大学生通知书和学生档案 4.7 万件。

（王 丽）

电 信

【电信业务】 2021 年，中国电信天津西青分公司坚持推动公司持续健康快速发展，助力智慧天津建设，做网络强国主力军和城市管理水平提升的倍增器。在基础网络建设方面，发力“新基建”。全年固网业务收入5534万元，移动业务收入7455万元，全业务收入12989万元。

【电信服务】2021年，西青分公司为政府机关、多家企事业单位提供网络攻击防护、安全漏洞扫描等服务，有效保障网络安全。加强网信安全，严格落实市公司出台的落实网信安全工作责任制实施细则，推进防范打击通讯信息诈骗、实名制、网络信息安全等专项工作，手机实名率100%。围绕网络智能化，业务生态化，运营智慧化，不断提高公共服务水平。

（张　彤）

广电网络

【高清互动业务】2021年，广电西青分公司开展高清互动业务，通过有线数字电视双向网络，基于高清交互机顶盒，使用户能够自主选择自己喜好的节目。高清互动数字电视节目的影视点播、老年人大学、休闲健康、本地生活等服务内容，使电视拥有7天记忆，通过“电视回放”模块，让用户轻松回看央视、天津电视台、各地卫视等直播频道的精彩节目。让用户充分体验数字化带来的全新视听感受，足不出户享受魅力无限的全方位资讯服务。

【有线宽带业务】2021年，广电西青分公司开办宽带业务，一种采用“光纤网络覆盖+同轴电缆”模式，发挥光纤网络高带宽的特点，利用居民楼内预建的同轴电缆基础设施，解决了线缆入户施工需穿墙打眼、走明线等诸多扰民问题。另一种采用光纤到户技术，可实现接入带宽，使直播、点播视频、语音和数据宽带完美融合。可有效拓展物理网络对传输信号的数据格式、速率、波长和协议的多样性，降低网络对环境和供电的要求，满足用户对高带宽多媒体业务及互联网业务的需求。

【集客业务】2021年，广电西青分公司积极发展视频、数据、语音等多种业务，使网络成为覆盖全区、连接全市、技术先进、安全可靠的信息传输网，成为信息化建设重要平台。通

2021年，张家窝镇营业厅的营业员为用户办理有线宽带业务

过覆盖全区 170 个机房，为政府机关、企事业单位、银行、学校、医院、社区、商业区、商务写字楼等诸多单位提供便捷接入服务。通过升级、改造，形成包括高清交互平台、VPN（虚拟专用网络）平台、互联网平台、智能语音平台在内的业务平台种类，为客户提供多样化业务服务。

【5G+智慧广电】 2021 年，广电西青分公司基本完成“全国一网”整合，广电 5G 一体化建设正式启动。西青分公司立足新发展格局，以“融合发展”为出发点，全面对接中国广电 5G 建设一体化发展大局，着力建设新型的媒体融合传播网、数字文化传播网、数字经济基础网和国家战略资源网，实施家客、集客“双轮驱动”发展战略，实现“5G+智慧广电”高质量发展，为智慧城市、乡村振兴、公共服务、基层治理、智慧文旅等领域赋能。

（张　鑫）

通　信

【移动通信】 2021 年，移动西青分公司在区域内建设 5G 基站达到全覆盖，光纤宽带覆盖 60 余万户。通讯基础设施建设已实现杨柳青镇内重要景区、重点生活区、各大院校医疗场所行政通讯全覆盖。疫情期间，全力做好网络保障，联合西青公安分局反诈专班、属地派出所、社区党组织等开展打击治理电信网络诈骗犯罪宣传活动。联合市工信局、区工信局共同举办“智能制造，两化融合”主题政策宣贯会，对 5G、工业互联网领域、智能制造政策进行解读，展现 5G 网络基础设施优势。聚焦创新项目，推动区域内“5G+智慧城市”“5G+智能制造”、智慧社区、数字乡村等 5G 应用项目落地，助力提升区域营商环境和智能制造水平。

（吴　曦）

【联合网络通信】 2021 年，联合网络西青分公司围绕三千兆（千兆宽带、千兆 Wi-Fi、千兆 5G）发展，在存量公众小区、新建驻地网小区、低渗透率小区、沿街商铺开展营销服务。全年宽带用户份额 54.6%，移动用户份额 41.1%。加快 5G 精品网建设及宽带网络改造。累计开通 5G 基站 162 个，5G 室分 61 个。基站规模达到 1219 个，微站 181 个，室分 423 个，其中 5G 基站自建 921 个，电信共享 199 个。全年新建扩容万兆端口 1680 个，改造替换万兆 OLT 端口 5568 个，万兆端口达到 16232 个，实占率 96.18%。实现万兆资源全覆盖，为全面推动“三千兆”发展打下网络基础。实施数字乡村项目，支援辛口镇政府打造特色农业、特色乡村发展，实施“数字乡村演示平台示范项目”。向村民提供农业生产经营、生活事务、就业劳保、知识技能培训等方面信息化服务。

（田丽莉）

2021 年，移动西青分公司在社区举办反诈骗宣传

经济综合管理

发展和改革

【经济运行成果】 2021年，区发改委加强经济运行监测，牵头制定全区国民经济和社会发展计划，确定全年发展目标。做好全区一季度、上半年、前三季度经济运行分析。2021年，全区实现地区生产总值932.41亿元，同比增长5.7%；一般公共预算收入69.41亿元，同比增长2.7%；固定资产投资468.12亿元，同比增长0.3%，民间投资占比达到61.6%；居民人均可支配收入达到46087元，同比增长8.5%。

【经济政策调整】 2021年，区发改委组织各相关单位对各项经济政策进行调整梳理，经过多次专题会研究、多种形式意见征求，将200余条政策精简至30条，形成促进新动能引育支持产业发展经济政策体系。正式印发《西青区关于加快新动能引育构建现代产业体系若干支持政策》，涉及加大招商引资力度、鼓励企业发展壮大、支持科技创新等六个方面对企支持政策，包含企业上市补助、降低用地成本等政策条款，不断优化企业发展环境。

【大运河文化保护】 2021年，区发改委深入贯彻习近平总书记关于大运河文化保护传承利用的重要指示批示精神，统筹推进境内大运河段文化保护传承利用工作。编制《西青区大运河文化保护传承利用实施规划》，坚持以目标和问题为导向，分步实施，科学管理，为打造大运河上闪亮“明珠”做好顶层设计。科学制定《西青区大运河文化保护传承利用行动方案》，按照“项目化、清单化”原则，聚焦文化内涵挖掘丰富、文化遗产保护传承、河道水系综合治理、生态环境保护修复、文化旅游融合发展、城乡区域统筹协调六大任务，推动千年古运河焕发时代新活力。

【京津冀协同发展】 2021年，区发改委共引进乐友全国供应链总部、绿盟安全科技等北京项目257个，计划投资额130.79亿元。推动“2+X”承接载体积极申报市级重点承接平台，加快完善南站地区平台建设，稳步推进天津南站一体化工作。推进杨柳青镇、辛口镇两个美丽“口子镇”建设，实施交通畅行、环保强化等十大工程。建设对接服务雄安新区的津门首驿和津西绿城。

【“1010”工程项目】 2021年，区发改委为确保“十四五”规划重点任务落地落实，组织各相关单位，按照工程化、项目化、清单化的工作要求，推出“1010”工程项目。该项目涵盖重点片区、产业园区、科技创新、先进制造、文化旅游、精品商圈、交通畅通、生态环保、教育提升、民生服务等十个方面，各十个重点工程项目。区发改委牵头编印“1010”工程项目图册，组织宣传。每季度组织各单元牵头单位汇总梳理各项目进展情况、存在问题、解决建议。召开“1010”工程项目推动会，推动工程项目加快建设。组织推出58个市级重点项目，计划总投资2144亿元，全年完成投资94.5亿元。组织推出200个区级重点项目，计划总投资4261亿元，全年完成投资317.2亿元。引进重点项目957个，其中亿元以上项目51个。实际利用内资完成额220.31亿元。

【能源碳达峰】 2021年，区发改委推进碳达峰碳中和工作，形成碳达峰碳中和“1+8+10”政策体系编制思路。拟制《打造西青区电力“碳达峰、碳中和”先行示范区落地实施方案》，制定《西青区热电厂供热半径15公里范围内燃煤锅炉关停整合工作方案》，完善农村地区居民冬季清洁取暖台账，做好冬季清洁取暖补贴发放。全年累计发放居民冬季清洁取暖补贴资金5828.27万元，降低居民冬季取暖成本。加快全区新能源汽车公共充电基础设施建设，建设完成公共充电桩925台。新建居民小区公共充电桩779台，老旧小区公共充电设施覆盖率达30%。新建公共区域公共充电桩108台，津门湖街建成全国首个集光充换储一体化综合能源服务站。新建区机关大院、区纪委内部充电桩18台，累计建设完成22个办公区147台。区内在营公共充电桩超过4000余台，已建成全市密度最大区域公共充电服务网络。

【农产品监测】 2021年，区发改委完成生猪、蛋鸡饲料价格和成本情况调查月报12份。完成设施蔬菜、露地蔬菜、生猪、蛋鸡、奶牛5大类10个品种54个调查样本调查、汇总、审核、分析、上报工作。完成农户种植意向、农户购买农资情况、生猪成本收益上下半年直报调查，撰写调查分析报告12篇。对26家学科类校外培训机构收费成本调查工作，为市级制定政府指导价提供依据。对粮油肉蛋菜等6大类42个监测品种市场价格，实行日监测、日报告。

【安全储粮监管】 2021年，区发改委严格履行安全储粮监管责任，落实粮食安全责任制。优化粮食储备运行机制，督促粮食购销公司依托天津粮油批发市场进行网上竞价交易，确保储备粮运行管理安全。全年分别对9984吨原粮和2100吨成品粮进行轮换，完成储备粮春防、夏防、冬防检查工作。完成政策性粮油库存检查工作。3家在营全民所有制企业（国储库、军供站、镇西粮站）完成公司制改革工作。完成张家窝粮库地块上交工作，该地块产权证已注销，土地移交张家窝镇政府。推动杨柳青镇新华道北侧，粮油经营公司地块收储工作，完成柳欣路东侧地块注销，移交杨柳青镇政府。调整增加粮油应急网点至40个，确保粮食网点应急保障能力。

【招商高科技央企】 2021年，区发改委举办“聚西青·荟未来”西青区重点项目签约大会暨招商顾问聘请大会。会上签约34个项目，主要涵盖总部经济、高端装备制造、大健康、智能网联车、新零售等重点领域。大会宣布西青区招商顾问聘用决定，聘请37名招商顾问，并为21名招商顾问颁发聘书。举办“携手央企，共赢未来”西青区承接北京非首都功能疏解招商推介会暨重点项目签约会。会议吸引超50家北京企业参会，产业范围涵盖大数据、新能源、新材料、文化旅游、现代服务业等。会上签约

2021年5月，区发改委在天津市第五届世界智能大会上进行项目签约

重点项目13个。在天津市第五届世界智能大会“云签约”仪式上，西青区分会场共签约12个项目，主要聚焦新一代信息技术、人工智能、生物医药、工业互联网、大数据中心等产业。

（尚　晋）

财政管理

【财政收支】 2021年，区财政局累计完成一般公共预算收入69.41亿元，同比增长2.7%，其中税收收入完成53.92亿元，同比增长2.3%，税收收入占比达到77.7%。非税收入完成15.49亿元，同比增长3.9%。累计完成一般公共预算支出103.61亿元，同比下降10.4%，其中区本级一般公共预算支出71.54亿元，同比增长1.7%。一般公共预算支出下降，主要是由于新冠肺炎疫情冲击等原因导致财政收入增长乏力，收支缺口较大。为保证收支平衡，全区继续过紧日子，压缩非刚性支出，安排一般公共预算支出相应减少。

【预算管理改革】 2021年，区财政局有序推动预算管理一体化改革。全面落实国家财政部和市财政局有关要求，按照《预算管理一体化规范》完成系统部署、支出标准设定、运行调试以及用户操作培训等工作。预算管理一体化改革顺利实施。

【预算绩效管理】 2021年，区财政局将绩效管理有机融入预算管理的各个环节，组织开展2020年度项目支出绩效自评、财政重点评价。进行2021年度项目支出绩效目标执行监控，选取12个涉及民生、文化、教育、经济发展等社会关注度高、资金规模较大的项目和部门开展绩效评价。加强评价结果应用，推动提升财政资金使用效益。

【优化支出结构】 2021年，区财政局严格落实“三保”（保工资、保运转、保民生）支出优先保障原则，坚持“三保”支出在财政支出中的第一顺序，坚持国家标准在“三保”支出中的第一顺序。严格实行区级财政“三保”支出专户管理，留足库款资金优先用于“三保”支出。在预算指标系统和国库集中支付系统中进行专门标识，加强数据统计和支出情况监测，进一步优化支出结构，大力压减一般性支出、非刚性和非急需支出。

【政府债务防控】 2021年，区财政局严格落实市化债方案体系和区内落实情况。夯实专项债券项目储备，争取新增政府专项债券额度达10.13亿元。多渠道筹集资金化解存量债务，采用加大土地出让、盘活存量资金资产、与金融机构协商债务缓释、借新还旧等方式，落实偿债来源，确保按期偿还债务本息。健全完善防范化解债务风险各项工作机制，提前做好偿债应急预案，确保债务还本付息不出问题。

（康录彦）

2021年9月，区财政局举办预算绩效培训会

税收管理

【税收收入】 2021年，区税务局累计实现全口径税收138.74亿元，同比增收4.97亿元，增长3.71%。实现区留税收54.10亿元，同比增收2.08亿元，增长4%。征收社保费及职业年金64.85亿元，非税收入4.60亿元，代征工会经费2.15亿元。以促进外贸发展为导向落实政策，办理出口退税15.57亿元。累计新增减税降费9.42亿元，为服务区域高质量发展提供坚实财力保障。

【法治税务建设】 2021年，区税务局推进全面依法治税工作，建立健全依法行政工作领导体制机制，落实优化税务执法方式，严禁征收"过头税费"，统筹抓好各税（费）种征管。严格规范公正文明执法，在企业注销、解除非正常、风险核查、新办企业管理等方面强化内控监督。以内控监督平台筑牢风险屏障，防止粗放式、选择性、一刀切随意执法。落实"谁执法、谁普法"责任制，开展宪法宣传周、国家安全教育日普法宣传活动，营造法治宣传氛围。

【优化服务】 2021年，区税务局开展"我为纳税人缴费人办实事暨便民办税春风行动"，进一步简化办税程序，精简报送资料。打造"云服中心"，为提供更专业的咨询服务开辟新专线，持续升级"西青税务"微信公众号，搭建税企沟通桥梁。优化个性服务，实施"一企一策"，主动服务"狗不理"等老字号。靠前服务招商引资，开展政策辅导，与赛达投资控股公司、商会联盟联合开展"税企共建魅力西青"活动，打造良好营商环境。

（王鹤立）

国有资产监督管理

【国企公司制改革】 2021年，区国资委深入推进国有企业改革三年行动，整体任务完成率达92.29%，量化指标排名位居全市前列。区属国企公司制改革全面完成。区级经营性国有资产集中统一监管工作基本完成，集中统一监管比例达99.73%。加强规范董事会建设，为经济开发集团择优选聘6名兼职外部董事，实现外部董事占多数，提高董事会科学决策水平。整合街镇属国有企业，指导街镇制定国企重组整合方案。推进企业清退注销，全区累计注销清退企业111家。借助项目合作带动资本混合，累计成立12家混改企业，其中参与设立中芯海河赛达、宜科天创等5只股权基金，累计投资项目30个，实现增值7.8亿元。经纬恒润、华海清科、唯捷创芯三家企业已获科创板上市申请通过。

【国有资产监管】 2021年，区国资委以规章制度为抓手，加强企业规范运作。修订监管权力和责任清单，制定授权放权清单，坚持该放的坚决放权、决不越位，该管的切实管

2021年，区国资委择优选聘外部董事仪式

住、决不缺位，切实把监管重点转到管好资本布局、规范资本运作、提高资本回报、维护资本安全上来。印发区管国有企业“三会”议事规则，区管企业委派总会计师管理办法，厘清各治理主体权责边界和工作程序，强化企业规范管理。修订印发区管国有企业负责人薪酬管理、经营业绩考核办法及实施细则，健全区管企业负责人经营业绩考核和薪酬管理制度体系。推进国资监管信息化建设，建成“智慧国资”在线监管系统。对区属企业审计监督、财务运行、投资管理等方面实时查询和快速分析，突出对国有资产体制改革、重大投资、债务风险等关键领域和重点环节全程监督。

【干部队伍建设】 2021年，区国资委组织开展国资系统新时代基层干部培训，全面提升国有企业干部职工政治“三力”和推动高质量发展能力水平。坚持党管干部原则，调整董、监事14人，为经济开发集团择优选聘外部董事6名，完成区管企业中层任用备案9人次。强化考核“指挥棒”导向，修订《区管企业负责人薪酬与经营业绩考核管理办法（试行）》，加大党建工作考核权重，引导企业突出党建工作质量。

（王旖旎）

审计管理

【审计成果】 2021年，区审计局完成计划审计项目24个，完成临时委托交办审计项目3个。审计查出主要问题金额106235万元，审计发现非金额计量问题64个。审计报告、审计专报领导批示11件次。上报审计信息、宣传稿件被上级部门采用98篇次。区审计局被评为2021年全国审计宣传工作先进单位。

【跟踪审计】 2021年，区审计局推动跟踪国家重大政策措施贯彻落实，促进经济高质量发展。组织开展燃气锅炉低氮改造项目专项审计调查，促使被审计单位加强计划管理，切实履行监督管理职责。抽调2名干部加入东西部扶贫协作政策资金专项审计项目团队，及时反映和推动解决扶贫脱贫领域新情况新问题。抽调4名干部加入粮食储备安全管理措施落实情况专项审计调查，促进压紧压实粮食安全责任。

【经济责任审计】 2021年，区审计局聚焦权力运行制约和监督，促进依法履职尽责。组织对8个单位20名领导干部开展经济责任审计，对精武镇、中北镇开展领导干部自然资源资产管理和生态环境保护责任履行情况审计。西青区主要领导对审计发现的“三重一大”未集体决策、多发补贴资金等问题作出批示，要求举一反三，建立制度，追责问责，促进领导干部依法履职，廉洁用权。

【财政审计】 2021年，区审计局紧盯财政过“紧日子”，对区级预算执行和部门预算执行开展全覆盖审计。审计查出市级专项转移支付资金未及时安排使用、区级项目资金未收回统筹安排等问题，查出违规和管理不规范金额50834.48万元。开展政府债务跟踪审计

2021年9月8日，区审计人员在甘肃省勘察光伏发电项目

和政府债券审计，着力揭示借、用、管、还等方面存在的问题和风险隐患，推动制定债务风险应急处置预案，推动遏制增量隐性债务、稳妥处置存量隐性债务。

【固定资产投资审计】 2021年，区审计局加大对重点民生项目、民生资金的关注，提升人民群众安全感幸福感获得感。对中北镇星光路小学工程和改造提升西青区图书馆、文化馆工程等重大民生项目进行审计。审计发现工程增项未进行"三重一大"决策、未及时进行竣工决算等问题，核减工程造价22.75万元，促进项目规范高效管理，推动资金安全规范高效使用。

【资源环保审计】 2021年，区审计局以河道、土地审计为重点，加强对土地资源资产开发和生态环境保护监督以及水资源污染防治监管，贯彻中央生态文明建设决策部署。开展领导干部自然资源资产离任审计2项，发现被审计单位未完成耕地保护目标任务，未严格落实土地监管职责等问题，促进被审计单位严格履行生态环境保护责任。

【联网大数据审计】 2021年，区审计局推进审计监督全覆盖工作，制定《西青区审计局2021年大数据审计工作指引》，梳理归纳财务数据和业务数据52类，整理数据审计应用思路4个，推动业务科室运用联网数据13次，新通过审计署计算机中级考试2人，提升数据审计能力。严格落实网络安全工作责任制及各项安全管理制度，定期开展网络安全检查，组织开展网络安全知识培训，完成网络安全等级保护定级工作，有效提升网络安全意识和防护能力。

【拆迁补贴资金审计】 2021年，区审计局抽调精干力量开展工业园区拆迁治理资金专项审计等三项工作。采用现代地理信息技术，重点揭示违规骗取拆迁补贴资金侵害群众利益的问题，涉及资金11991.38万元。向区委、区政府进行专题汇报，为领导决策提供依据。

（李　琳）

统计管理

【提高数据质量】 2021年，区统计局严把数据质量关，全力抓好年定报工作。及时跟踪数据，开展数据质量评估和数据核查工作，发现问题及时修正，确保数据质量。加强对新增单位、各类大小单位、准限额单位的跟踪监测，确保应统尽统，全年完成新增入库单位审批318家。对涉及高质量指标完成情况按季度进行数据收集，按年度开展监测。强化进度监测。组织各街镇及开发区统计人员参加两次"全专业"统计业务培训。各科室分街镇分行业深入基层对企业统计人员开展业务培训，确保提高源头数据质量。

【执法培训】 2021年，区统计局通过领导干部率先学、相关职能部门重点学、统计系统集中学等方式，分批次组织区有关领导、街镇及经开集团主要负责人及统计负责人、各部委局主要负责人等，学习习近平总书记关于统计工作重要讲话指示精神及《防范和惩治统计造假弄虚作假重要文件选编》。加强执法人员业务培训，推进执法规范化建设。组织全局有执法资格的人员参加6场执法检查业务培训会。组织全体在编人员开展统计执法流程培训，提高执法人员法律素质和执法水平。

【执法宣传】 2021年，区统计局开展统计法律法规和诚信建设宣传，编印普法宣传单，利用年报培训会、社区活动、党日活动等各种途径，宣传《统计法》《统计法实施条例》《统计违法违纪行为处分规定》《防范和惩治统计造假弄虚作假督察工作规定》等法律法规，发放各类宣传资料2000余份。

【提升统计服务水平】2021年，区统计局不断提高统计服务时效性、敏锐性，提升统计服务水平。重点抓好《西青统计月报》的编辑和印发工作，做好2021年度《统计年鉴》的资料搜集整理印制工作，及时撰写发布《西青区2020年国民经济和社会发展统计公报》。依法依规提供统计查询服务，严格按照统计数据公布要求和对外提供数据的程序要求，依法向来访部门、企业和个人提供有关咨询、查阅、复制统计资料，依法满足政府和社会各界对统计数据的需求。

（张凤琴）

统计调查

【住户调查】2021年，国家统计局西青调查队住户类调查采用全新调查样本。以提高调查数据质量为中心，严把数据采集环节，提高审核水平，夯实调查基础工作。推广使用住户调查应用系统，全区电子记账比例达到90.38%，E调查推广率达到100%，信息化水平排在全市前列。西青区城乡居民人均可支配收入达到46087元，同比增长8.5%；城镇居民人均可支配收入达到47455元，同比增长8.0%。

【农业统计调查】2021年，西青调查队农业农村统计调查包括粮食作物生产情况全面调查、主要畜禽生产情况全面调查以及农产品价格、中间消耗、农户种植意向、遥感测量、畜禽规模户等抽样调查。调查队聚焦数据质量，依法依规做好各项全面调查及抽样工作。在粮食作物方面，全面统计本地粮食播种面积及产量，对报表内各项指标的逻辑关系、数据之间的逻辑关系和月、季、年数据之间的逻辑关系等进行全面审核。在畜禽统计方面，每季度进行全面统计，根据畜禽生产周期性和规律性，畜禽产品品种繁多特点，将同比、环比数据进行对比，核实母猪比、出栏率、出肉量等指标的国家标准，对数据异常情况进行查询，确保数据真实准确。

【月度劳动力调查】2021

2021年，区统计局工作人员对企业进行业务指导

2021年4月14日调查队赴杨柳青镇白滩寺村指导住户调查工作

年，西青调查队开展对就业问题调查。样本调查小区由19个增加到56个，总样本量由304户增加到896户，全面涵盖西青区11个街镇。研究制定《西青区劳动力调查实施方案》，召开由分管副区长出席的全区动员会，与区有关部门和街镇政府协调，为调查样本扩点工作配备了人员力量，并根据工作任务量落实保障经费。召开调查员集中培训会4次，深入居、村和大学调查点开展基层基础调研34次，全力推动完成调查工作。

【统计调查服务】 2021年，西青调查队聚焦商品价格变化、粮食生产安全、疫情防控常态化后经济企稳回升等领域，开展深入调查。撰写《西青区工业企业原材料价格上涨情况》《西青区粮食生产情况简析》《简析西青区工业企业用工情况》等咨询研究报告。共编发分析报告16篇、经济信息14篇，区委区政府采用7篇。多篇报告获得区政府领导批示，为助力地方政府出台应对措施提供具有参考性意见和建议。

（郑博予）

市场和质量监督管理

【服务区域经济发展】 2021年，区市场监督管理局推进注册登记全程电子化，企业开办时间缩短到1天，设立登记时间不超过半天。新设立市场主体13325户，注册资本348.08亿元。推动30760家企业完成2020年度报告，年报率达到95.68%。推动“双随机、一公开”监管工作常态化，依法开展抽查检查工作。减少对本地区市场主体正常生产经营活动干预，提升事中事后监管效能，做到对守法者“无事不扰”。

【筑牢民生安全底线】 2021年，区市场监督管理局严格食品监管，保障舌尖安全。指导全区100家食品及保健食品生产企业、17849户食品经营单位实施食品风险分级，日常监督检查完成率100%。全区12家学校配餐企业“互联网+明厨亮灶”覆盖率达到100%，在全市食品安全考核中获评A级。完成市级药品抽检任务120批次，办理药品化妆品医疗器械类一般程序案件82件。深入开展特种设备安全专项整治行动，治理报警预警设备3000余台，特种设备定检率稳步处于全市领先地位。组织流通领域重点消费品质量抽检共计142批次，合格率93.7%。开展质量帮扶“巡回问诊”，上门开展技术服务2次，依法办理质量安全案件3件。

【构筑群防群控防线】 2021年，区市场监督管理局坚决落实区委、区政府关于统筹疫情防控和经济社会发展的决策部署，筑牢群防群控、冷链食品监管、药店“哨点”监测、疫苗质量安全“四道”防线。群防群控各成员单位共出动检查组7739组次，人员21251人次，检查点位67691个，发现问题并督促整改9984个，制发《曝光单》500份，约谈264户。

【实施质量强区战略】 2021年，区市场监督管理局强化质量强区工作领导，申报天津市质量基础实施“一站式”综合服务平台试点。继续推动质量攻关工作，组织上报15个质量攻关项目。大力宣传天津质量奖及相关鼓励政策，组织7家企业申报参与评奖，实现区内申报零突破。推动落实企业标准公开声明制度和百城千业万企对标达标提升行动，共有5家企业对标11项参数。选取2家企业开展小微企业质量管理体系认证帮扶工作。区市场监督管理局成功获评天津市第一批质量认证示范区。

【保护消费者权益】 2021年，区市场监督管理局扎实推进消费者权益保护工作。3月15日，在永旺梦乐城天津中北店设主会场，各街镇设分会场开展宣传活动，对《消费者权益保护条例》等法律法规进行宣传讲解，普及消费维权、传销防范、食品安全、法律援助等相关知识。发放宣传材料3000余份，接受群众咨询300余次，引导群众树立科学、理性的消费观念，有效维护消费合法权利。期间，共受理群众投诉举报299件，已办结221件，办结率74%。

（刘　琪）

2021年3月15日，区市场监管局在中北永旺购物中心开展3·15宣传活动

应急管理

【安全生产监管】2021年，区应急管理局在全区开展危险化学品道路运输、非法违法“小化工”、危险化学品大起底大排查、安全生产排查整治等重点领域专项行动。检查生产经营单位41595家次，排查治理安全隐患47972项，整改隐患47795项，整改率99.63%。严厉打击非法违法行为，立案调查666起，共处罚款1830.911万，对89家违规企业进行了约谈警示，对存在不良记录的73家企业实施联合惩戒。68家企业被通报曝光，责令停产整顿企业21家。对涉重大危险源企业纳入危险化学品安全生产风险检测预警系统。指导5家化工企业完成反应风险评估，组织3家危险化学品企业开展自评。开展平安铁路“清朗”行动，以联合检查和网络巡查方式对铁路沿线500米内14家高危行业企业进行隐患排查。

【管控事故隐患】2021年，区应急管理局加速打造突发应急救援队伍，制定下发《西青区应急救援队伍建设管理办法》。开展技术联调，排除修复

2021年6月1日，区应急管理局开展交叉执法检查

故障、漏洞9处，完成对区应急委主要成员单位的系统更新。指导督促各行业主管部门组建专业应急救援队伍，吸纳社会救援力量参与应急管理。实施网格化管理模式，协调区网格办，压实村（社区）应急网格员责任，逐步从事发应对向事前防范转移。引入“应急+市场”机制，以保险服务方式分散灾害风险，在全市率先完成突发应急救援保险理赔，共计赔付人民币11.38万元，成功探索出应急管理与市场机制融合运行的新路径。

【防范灾害】 2021年，区应急管理局组织全区应急管理干部、志愿者、救援队伍等450余人，围绕信息报告、预案体系、救援行动等科目，开展年度应急管理综合培训。落实4条一级河道（包括独流减河、子牙河、中亭河、大清河）、鸭淀水库、东淀蓄滞洪区等重点防汛部位的区级责任人。联合区武装部、区水务局组建由民兵、预备役官兵、武警战士、军队官兵及水利专业技术人员组成的5支区级防汛抢险队伍，共1498人。开展春季、秋季、冬季森林防灭火检查工作，定期对成片林区、郊野公园等重点点位进行实地督导检查。开展野外火源治理和查处违规用火行为专项行动，联合区农业农村委、各街镇等成员单位对农事用火、祭祀用火、野外吸烟及其他生产性用火和非生产性用火进行全面集中治理。组织开展“5·12”“7·28”防震减灾宣传工作。

（成飞飞）

2021年5月12日，区应急管理局举办5·12防灾减灾日宣传活动

城乡建设与管理

住房和建设管理

【城镇房屋改造】 2021年，区住建委辖区民用公房6.97万平方米，其中楼房6.71万平方米，平房2655.33平方米。公用公房124处，65.38万平方米。全年办理30个新建住宅商品房小区非经营性配套公建设施移交，涉及公建132处，建筑面积4万平方米。推进顺通家园一期提升改造工程，保障李家园宿舍区和小稍直口宿舍区居民还迁安置，完成顺通家园一期道路改造工程，完善小区内路灯装配及绿化种植等配套设施。推动中北镇日东里小区、寰东里小区、霞东里小区、凯信家园，西营门街夏茵里小区、宫民里小区、春畅里小区，大寺镇龙府花园小区计8个小区提升改造，改造建筑面积24.98万平方米，受益群众3100户。完成凯苑道积水片区改造工程。农房系统录入农村房屋33839户，存在安全隐患的农村房屋整改170户。

【住房租赁管理】 2021年，区住建委建立健全住房租赁管理服务平台，推出"长租公寓"2300套，总面积12万平方米。区住建委承担赤龙南街、李七庄街、西营门街、中北镇和大寺镇5个街镇20个公租房项目25297套房屋的运营管理，至年底配租13561户，其中对佳和兰庭、亲和泽园等9个项目率先启动"随到随登"模式试点，受益群众达835户。

【住房保障】 2021年，区住建委落实限价房、公租房、经济适用房"三种住房"政策，发放廉租住房租房补贴、经济租赁住房租房补贴，切实解决好中低收入家庭住房问题。全年发放"天津市廉租房租房补贴资格证明"41户，"天津市经济租赁房租房补贴资格证明"21户，"天津市限价商品住房购买资格证明"5户，"定向安置经济适用房资格证"25户，公租房资格证85户。

【物业行业管理】 2021年，区住建委制定《西青区社区物业管理实施细则》《西青区社区物业管理考核办法》，对全区419个住宅小区进行细化分类，划分为商品房住宅小区、中心城区提升改造后旧楼区、老旧小区、示范小城镇小区四个种类，明确四类小区的管理模式和监管主体，实现精细化管理，保障监管全覆盖。实施星级管理，明确68项检查重点事项。完成社区物业管理区级考核，建立奖惩机制。实施"考核奖励100个物业管理项目"民心工程。以街镇为单位推行"红色物业"标准化创建。

（田爽男）

规划和自然资源管理

【规划体系建设】 2021年，规划资源局西青分局（天津市不动产登记局西青分局）在全市率先完成区国土空间总体规划阶段方案编制，完成18个村（杨柳青镇4个村、辛口镇11个村、精武镇3个村）庄规

2021年4月，区住建委召开公共租赁住房工作推动会

划的完善提升。元宝岛、杉杉奥特莱斯等7项市区两级重点项目控规方案获市政府批复。南方物流地块、市福利院、梨园头地铁上盖、红星美凯龙报送市政府履行审批程序。组织编制的西青区综合交通、生态修复规划形成阶段方案,完成部门审查和专家评审。

【规划管理与保障服务】 2021年,规划资源局西青分局受理业务案件868件,核发业务案件591项,落实审批制度改革,精简审批环节事项,为西青区重点项目提供规划和用地保障。协调解决规划和自然资源领域有关问题,解决政企平台问题291项。

【耕地保护】 2021年,规划资源局西青分局组织各街镇逐级签订《耕地保护责任书》,对各街镇"田长制"工作情况进行验收,实现耕地和永久基本农田保护责任全覆盖。推进西青区永久基本农田整改补划,严格控制非农建设占用耕地,挖掘存量用地潜力。市政府考核各区县"十三五"规划期末耕地保护责任目标履行情况,西青区在全市排名第一。

【重点项目用地】 2021年,规划资源局西青分局获批农用地转用土地征收23个批次,面积135公顷,其中经营性用地4个批次,面积40.5公顷;基础设施、公共服务设施等19个批次,确保刘庄110千伏输变电工程、枣林大道雨水泵站工程、辛口镇泰雅路、吉运道、泰福路等基础设施、民计民生项目的及时落地。其中国家重点项目北京燃气天津南港液化天然气应急储备项目(西青段)、天津液化天然气(LNG)项目西青阀室项目用地均按时上报市规划资源局获批。

【土地利用管理】 2021年,规划资源局西青分局严格履行闲置土地处置程序,推进批而未供土地消化利用。西青区全年应消化2009—2018年批准的批而未供土地160.11公顷,任务完成率101.98%。分局获国务院办公厅(《国务院办公厅关于对2020年落实有关重大政策措施真抓实干成效明显地方予以督查激励的通报》)通报激励,奖励66.67公顷土地利用计划指标。

【土地执法监察】 2021年,规划资源局西青分局开展土地领域专项巡视问题整改、土地资源利用清查整治、农村乱占耕地建房问题整治等各类专项行动,全年完成土地和规划外出巡查1051次/2100人次,巡查里程总计37675公里。发现违法用地行为38起,现场制止并整改到位11起,其余全部移交相关部门。全年推动整治违法用地146.67公顷。

【行政审批】 2021年,规划资源局西青分局推行"以函代证、容缺后补"等审批方式。全年核发"用地预审与选址意见书"15件,规划条件88件,"建设用地规划许可证"66件,"建设工程规划许可证"164件,"建设工程规划许可证(市政工程)"189件,"用地预审与选址意见书"(市政工程)122

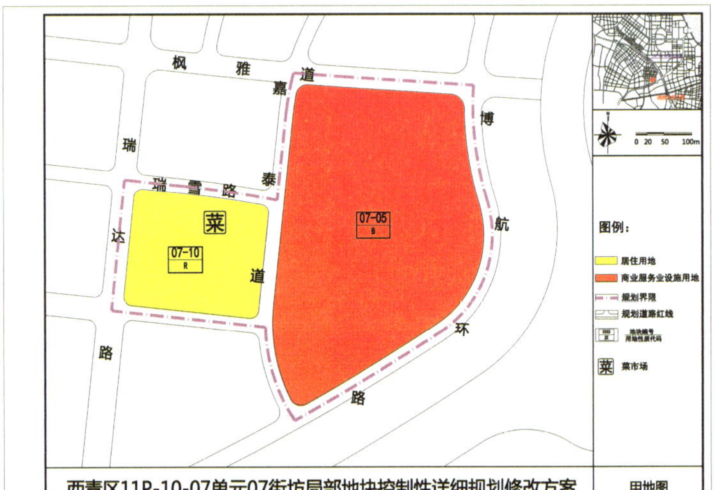

2021年,西青区11P-10-07单元07街坊局部地块控规修改方案

件，“标准地名证”17件，“建设工程规划验收”合格证，“国有建设用地划拨决定书”44件。

【不动产登记】 2021年，规划资源局西青分局实现不动产登记档案数字化，共扫描89.89万卷，约3100万页，移交导入市规划资源局档案利用系统75.38万卷，促进不动产登记查询智能化。全年完成不动产权籍调查报告126件，有效保证地铁5号线、津汕高速等重点项目的土地供应。将不动产窗口通过“不动产登记一网通”延伸至154家银行，推广“津心登”APP网上办理不动产登记业务。开辟“绿色通道”实行批量受理、批量审批，提高服务便捷度。2021年4月，天津市首个“交房即交证”项目落地西青区，计办理442本产权证。推动小城镇示范还迁房“合村并居”不动产权证办理，办理产权证5600余件。全年完成各类不动产登记约8万件。

（姚　依）

土地整理

【土地申报】 2021年，区土地整理中心编制南站杉杉地块、大任庄现代化工厂地块、中北镇万卉路东地块等13宗地块收购整理实施方案，组织区级土地资源联席会5次，审议通过地块整理实施方案13个，报请区长办公会审议通过实施方案11个。编制并报送10个成片开发方案，包含侯台装饰城片区、李七庄中兴道北于台边村地块等12个片区及地块。其中7个方案9个片区及地块获市政府批复同意，涉及征收集体土地144.26公顷。

【土地储备】 2021年，区土地整理中心储备土地计89宗，土地面积1156.77公顷。其中，已收储土地44宗，土地面积753.15公顷，剩余45宗正进行收储或计划启动收储土地，总土地面积403.62公顷。

【土地出让】 2021年，区土地整理中心完成门道口二地块、纪庄子8号地、南站1-1地块3宗经营性地块出让，出让面积13.67公顷，出让金45.55亿元。完成大寺镇泽恩路以东储盈道以北工业地块、精武镇创新道以北民兴北路以西工业地块、张家窝镇高泰路以西安福道以南工业地块、西青开发区业盛道以北工业地块4宗工业地块出让，出让面积17.33公顷，出让金1.703亿元。

（肖　豪）

网格化管理

【健全网格化工作机制】 2021年，区网格中心建立健全《西青区网格化管理工作联席会议制度（试行）》《西青区网格中心与矛调中心协调联动工作制度（试行）》等27项工作制度，制定村（社区）、街镇、区级三级会办联动机制。全区网格划分社区、农村、专属网格共计1656个，其中社区网格884个，农村网格624个，专属网格148个。落实《西青区网格队伍配备使用管理办法（试

2021年9月28日，天津市西青区招商引资推介会现场

行)》，完成备案专职、辅助网格员3980人。举办“网格员大讲堂”培训班9期14堂课，参训人员5800余人次。形成“民情+舆情”双预警，全年报送舆情快报25期、民情提示单4期。召开联席会议4次，研究、解决问题53件。

【网格化平台建设】 2021年，区网格中心升级网格数据管理系统，建立数据对接机制，累计校对录入房屋52万余套。全市一体化社会治理信息化系统上报事件14.3万余件，应结案13.9万余件，结案数13.4万余件，结案率97.02%。西青区疫苗接种指挥调度平台于2021年开发完成并投入使用，对全区疫苗接种工作的开展提供决策依据。升级完善西青区12345便民专线服务平台，与天津市便民专线服务平台完成对接调试，横向联通56个区级部门，纵向贯通12个街镇988个社区村、基层单位，建成“横向+纵向”相结合的工作体系。

【政务服务】 2021年7月17日，12345工单办理工作由西青区政务服务办正式转隶至西青区网格中心。区网格中心制定《西青区12345政务服务便民热线工单流转处置办法》《西青区12345政务服务便民热线工作通报制度》《西青区12345政务服务便民热线工单满意度测评办法》《西青区12345政务服务便民热线工作绩效考核办法》，规划12大项27小项优化内容，持续推动12345工单办理高效有序运转，至年底转派、跟踪、反馈工单计67994件，按时接单率、按时办结率基本实现100%，群众满意率从职能划转时的84.28%提升到88.27%。

【重点人员管理】 2021年，区网格中心制定《基础数据清查复核专项行动方案》《西青区专职网格员排查事项底线清单10条》，坚持常态化分级分类管理，深化“红橙黄蓝绿”五色管理机制，不断落实“四失”“五类”人员动态管理帮扶，更新5.83万名重点人群入格管理。

(孙静怡)

城市管理

【市容环境整治】 2021年，区城管委开展渣土治理执法行动，出动执法检查人员11151人次，拦截检查车辆480辆，暂扣违法车辆240辆，清理渣土临时存放点位7处。对全区413家经营面积150平方米及以上的餐饮废弃物产生单位进行登记建档。实现全区可机扫水洗道路全覆盖。对道路路灯进行日常巡查，更换高压钠灯灯泡765套、灯头383个、电缆3891米、灯杆41套、路灯基础37套。完成杨柳青广场综合整修，沿街建筑立面墙体整修面积18.8万平方米。联合属地执法部门对垃圾分类情况进行检查，督促责任单位对发现的70余处问题进行整改。全年垃圾分类行政处罚案件立

2021年8月18日，区网格中心召开深化网格化基层社会治理工作推动部署会

案26起，处罚总额10.9万元。

【园林绿化管理】 2021年，区城管委实施泽杨道、海泰北道道路绿化苗木栽植工程，提升改造绿化面积6.3万平方米。实施学府园口袋公园建设，完成建设面积4000余平方米。搭建建党100周年主题立体花坛5处，包括梅江会展中心、杨柳青广场、天津南站广场等，占地面积2500余平方米。对市属道路、区属道路、杨柳青建成区等800余万平方米园林绿化设施进行养管月考核，累计完成浇水120余万吨，树木涂白140余万株，使用防治病虫害药剂370吨，清除垃圾3900余吨。

【城市管理行政执法】 2021年，区城管委对主干道路、河道、居民小区、自然村开展检查。对辖区内市政道路违法行为进行日常巡查，制止各类破路施工行为9起，立案处罚3起，罚款计0.8万元。指导各街镇在建成区范围内重点整治主次干道路、背街里巷的道路环境秩序，累计治理共享单车占压绿地482起、运输撒漏16起、非法小广告197起、占绿毁绿71起、占路经营493起。制定《西青区公共停车设施专项规划》，开展道路停车专项整治，全年规范清理互联网租赁自行车18000余辆。全年接到承办案件61件，办结率100%。市推进突出环境问题整改落实领导小组转办群众信访举报问题12件，全部整改落实。数字化平台受理上报案件近3万件，按期结案率达99%。

【路桥设施养护管理】 2021年，区城管委完成重点区域道路桥梁维修养护。完成纪明道、涵波道、郁江西道、江湾路和烟波道五条主要市政道路维修工程和西环桥加固维修施工，道路罩面面积2.22万平方米，人行道铺装1.76万平方米。完成35条重点道路日常养护维修作业和13座桥梁的日常养护作业，维修车行道病害2.7万余平方米，维修人行道病害1.7万余平方米，桥梁栏杆除锈、粉饰4100平方米，桥台、桥墩维修615.5平方米，上部结构维修572.3平方米。完成昌华道和柳星路人行便道和车行道路面的整修。

【燃气监督管理】 2021年，区城管委出动450余人次，开展燃气、供热执法检查36次，对区内20家燃气企业、农村“煤改气”及使用液化气罐的餐饮商户等进行安全专项检查和督导检查，发现燃气领域各类隐患问题210余处，均完成限期整改。通过12345便民专线、政民零距离、智慧信访等平台回复市民反映燃气未通、燃气设施故障、用气咨询等问题367件。全年协调指导处置燃气突发事件6起，未造成人员伤亡及重大财产损失。

（秦　宇）

2021年，杨柳青广场府前街建党百年主题花坛夜景

供水供电供热管理

【供水管理】 2021年，天津市自来水集团有限公司西青分公司辖区内有效供水面积约103平方公里，服务人口约55万。西青分公司现采用区域加压供水模式，综合供水能力13.5万立方米/日。管网总长度为1896.60千米，区域在装水表31.85万具。全年售水量2502.24万立方米；售水收入12970.92万元；水费回收率92.69%；产销差率27.89%；管网漏失率25.19%；全年完成各类维护15287件，检查供热站168处，投诉工单0件，办理热线及时率100%。全年更换水表188234具，总换表率86.40%。对中小微企业进行的退费降价和减免污水处理费共7笔，总减免金额为7.42万元。

（董　悦）

【城西供电】 2021年，国网天津市电力公司城西供电分公司完成学府工业园等4个省级及以上园区配网专项规划。全年完成35千伏及以上工程开工2项、投产6项，总投资约5.99亿元。邢庄子出线、高教区电源线、梨园头重建工程投产送电，泰康路、刘庄输变电工程开工建设，杨柳青、双港、曹庄子等工程外协任务顺利完成。西青区电网最大负荷163.25万千瓦，同比去年上升3.25%。出动应急抢修人员累计1572人次，车辆736台次，对33座变电站、118条输配电线路、57个“煤改电”台区开展特巡抢修。对250个高层住宅开展检查，有效消除电气火灾隐患。执行大工业用电降价政策，累计节约企业用电成本7950.17万元。继续执行省级及以上园区投资至客户红线政策，涉及业扩配套项目137个，节约企业投资7159.23万元。完成元气森林、永泰恒基、福尔欣汽车等重点项目送电。为居民提供高效快捷的线上办电服务。

（陈蔚华）

【华能供热】 2021年，天津华能杨柳青热电有限责任公司完成发电量53.49亿千瓦时。实现利润1.92亿元，超出年度目标0.54亿元。及时转让北京地区交易电量2.02亿千瓦时，综合收益2984万元。累计标煤采购单价1101.77元/吨，对标节省燃料成本2.5亿元。增售工业蒸汽5.71万吨，创效1315万元。掺烧污泥6.23万吨，增收2046万元。完成甲乙翻车机提效改造，厂内接卸效率稳定日均5列，同比提效25%，创单日接卸7列纪录。国家重点研发计划“新型高碱煤液态排渣锅炉关键技术研究”项目完成纯燃高碱煤工业示范，并通过国家科技部评审。液态渣综合利用项目完成试验平台成纤试验，获得国家高新技术企业认定。

（杨　凯）

【供热管理】 2021年，区城管委对28家供热单位进行行业管理，全区集中供热面积4520万平方米。供热期间累计接听群众咨询、投诉电话3176次，处理12345便民服务平台工

2021年，城西供电分公司安检人员在梨园头110千伏变电站进行设备检查

单2496件，处理西青区政府群众网上留言督办单、信访单、承办单等信访件1144件，接待来访人员8人次，辖区管理范围各类供热问题均得到妥善解决。组织供热企业开展“冬病夏治”工作，开展3次供热前现场督查。对28家供热企业的窗口服务、值班热线服务、工单处理等工作人员进行教育培训。

（秦　宇）

环城城市基础设施投资

【生产经营】 2021年，天津环城城市基础设施投资有限公司持续深化国企改革，调整股权结构，形成一级公司管理、二级公司决策、三级公司执行的三级管理模式，建立产权清晰、权责分明的现代企业制度，明确权责定位和工作任务，形成科学有效的权责体系和监督协调机制。城投公司及其下属实际控制子公司资产总计618.13亿元，营业收入1.72亿元，利润总额784.49万元，实现净利润356.28万元，纳税总额1618.91万元，全年上缴国有资本收益127.08万元。

【基础设施建设】 2021年，城投公司承接西青区重点工程以及民心工程等工程项目计13个，其中完工项目4个，分别为九十五中学项目、中联产业园2、5、7号楼装修改造项目、补建市政消火栓项目、档案馆消防提升改造工程项目。在建项目4个，分别为国家战略性的重点项目杨柳青大运河国家文化公园、西青区重点农业项目设施农业大棚。城投公司代建西青区中医医院装修项目和鸭淀水库道路管网和绿化景观工程项目。另有杨柳青大酒店、南方物流地块、正晖地块、西青民兵训练基地、城市公园5个项目正在筹备中。

【投资融资服务】 2021年，城投公司对接银行、券商、租赁公司等金融机构30余家，累计完成融资20.8亿元，其中通过融资租赁方式融资3亿元，主要用于化解中北镇、杨柳青镇、王稳庄镇即将到期债务。通过发行公司债方式融资17.8亿元，帮助中北镇、杨柳青镇、王稳庄镇、辛口镇落实“19环城02”公司债投资者回售行权的本金和到期债券利息。公司债务余额计35.8亿元，同比压缩2.6亿元。担保服务稳中求进，全年为中北镇、王稳庄、李七庄等街镇提供连带责任保证担保12笔，担保金额30亿元。

【资金资产管理】 2021年，城投公司根据国家增值税深化改革及疫情期间相关优惠政策节税退税额计623.12万元，通过对往来账款的动态跟踪以及建立主动管理式的清收清付机制，落实催收催付，全年梳理往来款计263项，高效完成采购项目161余项，通过三方比价、预结算审核等多举措节约采购成本2011.23万元。有效盘活公司及西青区内闲置

2021年，华能杨柳青热电有限公司“城市废弃物前置干燥碳化技术”首次获得工业化应用成功

楼宇经济，将 16 项资产分三类模式进行租赁，全年租金收入计 8986.62 万元，盘活率达 94.12%。

【物业服务管理】 2021 年，城投公司依托“城市运营商”职能和参与区域经济发展的优势，逐步扩大服务范围，新承接应急局物业项目、水务事务中心泵站管网社会化服务项目，项目服务总数达到 15 个。在拓展业务服务的同时，注重内部管理品质的提升，对标行业内标杆企业，逐步打造欣城物业品牌模式。

【重点民生工程】 2021 年，城投公司完成天津市第九十五中学工程项目，该工程项目总投资 6.9 亿元，总建筑面积 8.64 万平方米，主要包括教学楼、综合楼、宿舍、食堂、体育中心、国际部教学楼等，于 2021 年 9 月 1 日正式开学。西青郊野公园利用大型节假日策划园区活动，累计收入 1117.2 万元，较上一年环比增加 214.5%。

（肖　羽）

天津南站地区综合管理

【疫情防控】 2021 年，天津南站地区综合管理工作委员会（天津南站地区综合管理办公室）制定《天津南站地区 2021 年元旦、春节疫情联防联控工作方案》《中高风险及重点地区来津人员接驳方案》《夏季疫情防控工作措施》等疫情防控方案，设置临时隔离点。开通应急救护绿色通道，保障对接车站推送的重点地区、发热、密接、次密接人员的接驳等工作顺利完成。开展专项监督检查和突击检查 400 余次。督导保洁公司加大环境整治力度，对出租车蓄车区、乘客乘车区域、站区广场等重点部位每 2 至 3 小时进行集中消杀，督促驻站单位、商户加大环境卫生清整。

【基础设施建设】 2021 年，南站站区办完成机动车停车场通道改造，增设 64 个停车位、2 个残疾人停车位。增加 ETC 支付功能。完成小型维修 100 余次，应急抢修 23 次，维修翻新出口 LED 显示屏、电动

2021 年，西青郊野公园风景

巡逻车，维修更换出租车发车区道闸2部、广场大理石200余块、简易厕所电暖气、感应器56个。科学调整站区环路设施，重新调整人行横道、减速带的设置，重新施划交通标识线，增设各类标志牌20余块，合理布局非机动车停车点，增设道路标识牌14块。维护监控设备10处，更换重要点位的高清800 W摄像头12个。

【平安站区建设】 2021年，南站站区办制定《南站站区办消防安全专项整治实施方案》《关于加强火灾防控工作方案》，开展消防安全检查96次，发现隐患10条，整改率达100%。排查辖区内2家商户早餐店无燃气使用情况。对4家企业用电及消防安全检查有安全隐患进行现场整改。

【客运专项治理】 2021年，南站站区办办理行政执法案件206件，其中处理违反《天津市客运出租汽车管理条例》第20条的159件。违反无驾驶员客运资格证从事客运出租汽车业务的11件。私自设置运营设施的2件。客运出租汽车驾驶员不得拒绝提供运营服务或者中途终止运营服务的12件。违反无客运出租汽车经营资格证、客运出租汽车车辆运营证从事客运出租汽车业务的20件。处罚金额及没收违法所得计14.52万元。

（郭晓静）

2021年，天津南站执勤人员检查出租车司机健康码

教　育

基础教育

【学前教育】 2021年,西青区教育局印发《关于加快推进西青区学前教育普及普惠区创建工作的通知》,召开创建学前教育普及普惠区工作推动会,促进王稳庄镇、津门湖街、张家窝镇小区配套幼儿园民办园转型为公办园。年内新增公办幼儿园7所,扩大公办幼儿园招生范围,公办幼儿园在园幼儿占比提高10.69个百分点。至年底全区有幼儿园166所(含托幼点60个),其中公办幼儿园35所,民办幼儿园71所(含普惠性民办园46所)。

【中小学教育】 2021年,西青区有中小学57所,其中小学38所(含公办校35所,民办校3所),中学19所(含公办中学12所,民办中学7所,其中民办九年一贯制学校2所,民办十二年一贯制学校1所);特殊教育学校1所;区属中专1所。全区中小学生55173人,其中小学35453人、初中13332人,高中6388人;职专学生1765人;启智学校学生176人。全区在编教职工4115人,专任教师6324人(含编外)。年内注销杨柳青镇第三小学等事业单位13个,新设张家窝镇祥和小学等事业单位5个。

(杨 鑫)

教育教学

【优化教育资源】 2021年,西青区教育局建成精武中学(原付村中学)、当城中学等14所学校幼儿园,启动建设东咀小学、东咀幼儿园等8所学校幼儿园。建立公立校委托管理办学机制,引进天津益中教育管理有限公司等对公办南开敬业中北中学等学校进行委托管理。天津益中西青学校、华诚中学、津衡高中三所新开民办学校于2021年秋季学期开始招生。强化合作办学,依托京津冀教学微联盟,西青区17所中小学与北京、河北两地中小学校签订合作协议。开展市域内教育合作交流,与市直属3所中小学校、南开区多所中小学结成12对帮扶对子,制订“一校一策”帮扶方案,扩大优质教育资源覆盖面。西青区大

2021年,天津市第九十五中学益中学校内景

2021年,杨柳青镇实验小学师生开展课后服务

寺镇、王稳庄镇与天津师范大学签署助力乡村振兴教育合作框架协议，两镇13所中小学与天津师范大学13个学部（院）建立联系，构建教育帮扶长效机制。

【教育“双减”】 2021年，西青区教育局成立区“双减”工作专班，摸清247家校外培训机构底数，制定风险防控预案，开展联合监管行动。全区133家学科类校外培训机构“营改非”完成率100%；处于压减状态126家，“压减率”达成94.73%，兑现注销及转型承诺的机构126家，“承诺兑现率”100%。开展“5+2”“N+1”模式课后服务，形成“一校一案”多样化服务体系，完善课后服务效果评价机制。全区中小学课后服务参与率达100%，家长满意率为94.7%。

【思政教育】 2021年，西青区教育局制定《西青区教育局学校思想政治理论课创新工作联席会议制度》。推进大中小幼思政课一体化建设，搭建街镇中小学思政教育共建平台，指导全区56所公、民办学校与本市14所高校的16个学院开展共创共建活动。各学校开展大中小共建活动500余次，各级领导干部进校园讲思政课50余人次，学校领导干部讲思政课1000余人次，特聘思政教师党史系列主题宣讲300余次，开展跨学段教育教学活动600余次。召开全区思政工作交流会，编制《2021年度西青区学校思政教育一体化建设工作经验分享汇编》，打造学校思政教育“同构共建、同向同行”育人格局，思政教育一体化共建优势彰显。

【体美劳教育】 2021年，西青区教育局推动体美劳教育协同发展。组织开展14项体育比赛和活动，411校次10508名学生参赛，将“教会、勤练、常赛”内涵贯穿体育教学全过程。对全区48所学校11958名学生进行《国家学生体质健康标准》抽测，全区合格率为98.33%，优良率为63.88%，其中小学合格率为100%，优良率为88%，列全市第一名。西青区在天津市中小学田径冠军赛中获团体总分第四名。制定《关于全面加强和改进新时代学校美育工作的实施意见》，开展传统文化校际交流、创意美展、艺术教师合唱能力提升工程等美育活动。把劳动教育纳入学生培养全过程。与辛口镇第六埠村、天津市农学院共建劳动教育实践基地，开展全区中小学劳动技能大赛。建立心理健康“联盟体”，开展摄影朗诵等心理健康教育特色活动。完成52所学校5万余名学生视力筛查，推动中小学生作业、睡眠、手机、读物、体质“五项管理”落地见效。

（杨　鑫）

成人教育

【电大教育】 2021年，天津广播电视大学西青分校开放教育招生开设本科9个专业、专科9个专业，招生录取422

2021年4月7日，杨柳青一中举办百年党史主题教育活动

人，其中本科招生212人，专科210人。奥鹏远程教育开设土木工程、电气工程及其自动化、计算机科学与技术等14个本科专业，2103批次、2109批次招生37人。奥鹏远程教育全年考核5次有1321人次参加考试。全年有48名学员取得合作高校颁发的毕业证书，奥鹏在校生194人。学历教育教学全年开设课程577门，专职教师88人次，外聘教师20人次；行政本、专共计241名学员参与国家开放大学总部“一网一平台”试点改革。推进线上线下业务培训，全年师资培训588人次。全年组织各类考试约17000人次，平均及格率90%。2021年上半年在校生1263人，下半年在校生1154人，全年毕业学生639名。

（梁胜男）

【老年教育】 2021年9月，西青区老年大学本部免费招收学员972人，开设声乐、朗诵、书法、国画、手工编织、母婴护理等28个专业，44个教学班。在11个街镇开设22个教学点招生772人，开设7个专业。西青区老年大学在本部、街镇教学点、社区、西青区老干部局开展32场老年人手机课堂培训，受益人群多达2000人次。投入百万元改造书画、音乐、云教室等功能教室。与天津城建大学马克思主义学院合作，设立西青区老年大学古琴弦歌基地。与西青区智慧养老服务中心合作，开设葫芦丝、模特特色课程。

（梁胜男）

【高等教育自学考试】 2021年，西青区组织两次天津市高等教育自学考试。4月份考试时间为10日、11日，报名人数3927人，报考13351科次，全区设置杨柳青二中、杨柳青三中、杨柳青四中、实验小学、杨柳青监狱五个考点，四个考次共安排469个考场，321个考室。10月份考试时间为16日、17日，报名人数3410人，报考9986科次，全区设置杨柳青二中、杨柳青三中、杨柳青四中、张家窝中学、杨柳青监狱五个考点，四个考次共安排435个考场，293个考室。6月和12月分别为439名和344名考生办理毕业审核。

（杨红梅）

教育管理

【社区教育指导】 2021年，西青区社区教育指导中心联合京津冀九家成员单位举办京津冀终身学习发展共同体工作研讨培训会，与天津理工大学联合开展思政大讲堂系列讲座活动，联合北京市密云区社区教育服务中心，面向西青电大、各街镇教育服务中心（成校）管理人员计110余人开展数独课程师资培训。组织西青电大、西青老年大学教师和街镇教育服务中心计79人参加国家开放大学组织的老年教育师资培训班。举行西青区2021年全民终身学习活动周启动仪式并开展线上线下相关活动。社区教育项目《构建社区教育思政育人创新模式的实践研究》获得2021年天津市教育委员会社区教育实验项目二等奖。

（梁胜男）

【教学考试】 2021年，西青区教育招生考试中心组织天津市普通高等学校招生全国统一考试，全区报名2111人，其中普通类1837人、艺术类220人、体育类54人。天津市高职院校春季考试报名人数2854人，其中面向中职毕业生报名人数2466人。高职升本科招生考试西青区报名人数1050人。2021年1月、6月和12月共举行三次天津市普通高中学业水平合格性考试。2021年天津市初中毕业生学业考试西青区报名人数3801人。2021年天津市成人高等学校招生全国统一考试西青区报名人数2661人，其中申请免试考生81人，高中起点升专科1013人，专科起点升本科1567人。2021年天津市全国中小学教师资格考试组织两次笔试,其中上半年笔试西青区报名人数5146人,报考10705科次。下半年笔试西青区报名人数6529人,报考14953科次。上半年面试报名现场审核通过2399人;下半年面试报名采取网上审核的方式,审核通过1330人。组织天津市全国硕士研究生招生考试,西青区报名人数1150人。

(杨红梅)

【教学研究】 2021年,西青区教师发展中心与南开区教师发展中心签订合作协议,开展联合教研及联合说评课活动。西青区教师发展中心有小学英语、初中语文和地理、高中美术四个学科的“精品教研”被确定为市级展示项目。在“基础教育精品课”遴选中有22节课入选市级课程资源,入选比例达73.3%。深入26所学校展开调研,建立8个教科研基地学校,完成撰写《关于西青区基础教育科研现状的调研》。

(胡乔森)

【教师培训】 2021年,西青区教师发展中心开展中小幼教师继续教育全员培训,开展校(园)长周末大讲堂及校长论坛两期培训计561人次。开展其他各级各类培训17项,培训中小幼教师约1800人次。开展中小学教师信息技术应用能力提升工程2.0培训约2000余人。甘肃景泰挂职锻炼干部25人、麦积区挂职锻炼干部20人,与天津师范大学联合开展西青区教育系统领军人才培训15人。遴选各级各类国市区级培训学员36人次。

(胡乔森)

【教师队伍建设】 2021年,西青区教育局制定《西青区加快集聚培养高层次教育人才三年行动方案》《西青区新教师在职研修培养三年助推计划》,实施“12351”人才引育工程。建立教师培养发展体系,遴选“杰出校长、杰出教师、杰出班主任”35名。组织开展中小幼教师继续教育全员培训、中小学教师信息技术应用能力提升工程2.0培训等各级各类培训共计8300余人次。招聘新教师190名,重点补充思政、音体美、校医、心理健康等师资缺口。遴选优秀援派干部及思政教师组建师德宣讲团,采取点单式邀约方式进学校宣讲60余场,惠及教师3000余人。

(杨　鑫)

【教育合作交流】 2021年,西青区教育局强化合作办学,依托京津冀教学微联盟,全区17所中小学与北京、河北两地中小学校签订合作协议,实现优质教育资源共建共享。开展市域内教育合作交流,与市直属3所中小学校、南开区多所中小学结成12对帮扶对子,制订“一校一策”帮扶方案,扩大优质教育资源覆盖面。发挥高校优质教育资源带动作用,西青区大寺镇、王稳庄镇与天津师范大学签署助力乡村振兴教育合作框架协议,落实乡村教育振兴工程,两镇13所中小学与天津师范大学13个学部(院)建立联系,构建教育帮扶

2021年,杨柳青一中与南开大学物理科学学院开展共建活动

长效机制。

（杨　鑫）

附：学（院）校简介

【天津市西青区杨柳青第一中学】 2021年，杨柳青一中与南开大学生命科学学院、天津市各生物学会举行共建合作授牌仪式。开办37个学生社团，学生参与率100%。景观设计社团活动成果“杨柳青一中朴门花园”被列入天津市全域科普创新活动优秀案例。有33名学生强基计划入围清华大学、北京大学、复旦大学、上海交通大学、南京大学、北京航空航天大学、同济大学、西安交通大学、南开大学、天津大学等著名高校，其中8人被录取，接受本硕博连读和直博专业化培养。在天津市“英才计划”遴选工作中，杨柳青一中有8名学生入围2022年英才计划面试，3名学生成功入选，入选人数再创历史新高。在天津市体质测试中，杨柳青一中学生总体合格率为97.84%，比去年提高0.51%；优良率为44.79%，比去年提高4.66%。区运会取得团体总分第一名，在天津市多项体育赛事中取得佳绩。

（盖玉薇）

【天津市西青区中等专业学校】 2021年，天津市西青区中等专业学校全日制在校生人数1632人，其中三二分段中职接高职在校生人数为588人。开设8个专业：电子商务、会计事务、汽车运用与维修、计算机网络技术、数控技术应用、电子技术应用、幼儿保育、休闲体育服务与管理。学校坚持知行合一、工学结合的育人机制，建有16个校内实训基地（涵盖41个校内实训室），4个固定校外实训基地。校内实训室开课率达100%，开设各专业30余门实训课程。2021年学校毕业生374人，直接就业人数为22人。报名普通高考、春季高考、三二分段中职接高职考试的学生总人数为360人，实际升

2021年，杨柳青一中学生参观展览

2021年，西青区中等专业学校开展汽车修理实践训练

学人数 337 人，升学率 93.61%。139 名教师参加第六周期继续教育，20 人参加职业院校教师素质提高计划国家级培训。

（姚冬青）

【天津市劳动经济学校】 2021 年，天津市劳动经济学校开展教育教学改革，申报新能源汽车、工业机器人 2 个新专业。完成 3 项“1+X 证书”的师资培养以及课证融合，智能财税和汽车维修两个证书一次取证考试通过率达到 100%。开展“十四五”期间创优赋能建设项目申报，并获批成为天津市“优质中等学校”，两个专业获批成为“优质专业”建设单位。持续推进思政课程改革，学校“铸魂育人思政课创新团队”被遴选为天津市中职学校思政课创新团队。承接 2021 年“海河工匠杯”全国新职业技能大赛工业机器人系统操作员、2021 年天津市职业院校技能大赛等 2 个赛事。组织学生参加“海河工匠杯”等 5 大类赛事 10 个赛项的比赛，其中国赛二等奖 5 人，市赛一等奖 8 人。安排跟岗实习和顶岗实习学生人数累计 850 人次，2021 届毕业生的就业率达 96%。

（沈　楠）

【天津交通职业学院】 2021 年，天津交通职业学院设有六个教学分院（物流工程学院、汽车工程学院、经济管理学院、路桥工程学院、机械工程学院、轨道与航空学院），三个教学部（基础教学部、体育工作部、思政部），在校生 10338 人，实现毕业生就业率达 92.5%。成功申报职业教育示范性虚拟仿真实训基地。学院集合 4 个国家级优质骨干专业、7 个天津市骨干专业优质资源，完成教育部“提质培优计划”承接任务备案。学院分别与神州高铁集团、中车集团、百世物流集团合作创建产业学院，举办社会职业培训 25000 人次。推进“1+X 证书”制度试点，有 17 个职业工种的 800 余名学生参加培训测试，取证率 70%以上。学院承办第二届“海河工匠杯”职业技能大赛车身维修、汽

2021 年，天津市劳动经济学校开展党史教育主题活动

2021 年，天津交通职业学院承办全国职业院校技能大赛

车维修两个赛项。承办“2021一带一路暨金砖国家技能发展与技术创新大赛城市轨道交通服务员技能赛项”天津赛区选拔赛,学院代表队获得优异成绩。学院成功获批全国102个技能大赛赛项中的智慧物流作业方案设计与实施赛项,并荣获大赛一等奖。

（胡月梅）

科技气象

科学技术

【科技产业】 2021年，区科技局实施科技创新三年行动计划，国家科技型中小企业评价入库564家、“雏鹰”企业326家、“瞪羚”企业28家，科技领军（领军培育）企业15家。高新技术企业超770家，完成任务指标的113.9%。区级及以上研发载体26家，全区技术合同成交额达到71.08亿元。新增市级技术转移机构2家，总数达6家。

【科技创新】 2021年，区科技局推动“1010工程”十大科技创新类项目，十大领域重点企业研发投入超12.55亿元，撬动产值超520亿元。智慧能源领域重点企业计18家，其中规上工业企业8家，研发投入超2.4亿元。工业互联网领域代表企业宜科电子立项市级智能制造项目，获批市级资金500万元，区级配套500万元。24家生物医药规模以上企业实现年总产值60.2亿元，同比增速16.35%。工业增加值累计增速11.66%，增加值占全区规上工业增加值比重为8.42%。

【科技成果】 2021年，西青区各类主体有41个项目获评2021年度天津市科学技术奖，占全市获奖项目数量的24%，年获奖数量创历史新高，其中天津市中升挑战生物科技有限公司的“国家二类新兽药加米霉素及加米霉素注射液的创制与应用”等9个项目获评2021年度天津市科学技术进步奖。

【科技服务】 2021年，区科技局开展科技金融对接、科技型企业认定培训、入企服务等活动50余次。推动天津智慧城市研究院有限公司等30家企业获得雏鹰贷款奖励，累计涉及贷款3000万元。走访电力包联企业7家，向有关部门反映企业存在问题3个。处理双万双服系统中提交的问题224个。组织中芯国际等400余家企业申报市级各类项目。推动联合驻区六所高校成功召开西青区大学科技园合作共建框架协议签约暨开园仪式，重点推进西青大学科技园、天津师范大学科技园、天津工业大学科技园、天软信创大学科技园建设。完成园区4.5平方米楼宇和配套设施装修建设，进驻企业（项目）60余家。西青大学科技园成功认定为第一批天津市大学科技园。

【科技招商】 2021年，区科技局制定《区科技局2021年招商引资工作方案》，开展30余次引企考察活动，加强创新资源对接，促成中科慧眼（天津）电子有限公司的智能网联车”等16个优势项目注册落户，累计注册资金20950万元，项目引进个数完成率为400%，投资额完成率为150%。

（齐圣丹）

气象服务

【气象观测】 2021年，西青区气象局下属气象站作为国

2021年7月，西青·大学科技园开园

家基本气象站，其数据代表天津市参加国内外情报交换。气象观测基本实现自动化，每分钟自动采集气温、气压、湿度、风向、风速、降水量、降水现象、大型蒸发（4—10 月）、能见度、地面温度、草面温度、5—20 厘米浅层地温、40—320 厘米深层地温、日照、总辐射、净辐射数据，并实时自动发送到国家气象局数据中心，为制作天气预报提供实况依据。西青国家基本气象站还有酸雨、花粉（3 月 15 日至 11 月 1 日）、小型蒸发（11 月至转年 3 月）要素的观测，为预报服务和科学研究提供依据。覆盖全区的 17 个自动气象站，实现了自动观测、自动传输气象要素的功能。

【气象预报与决策】 2021 年，西青区气象台每天 7 时和 17 时发布两期 12 小时天气预报。每天 08 时发布一期《生活指数天气预报》，每天 14 时发布一期《空气污染治理气象条件分析报告》，每周五发布一期《重要气象信息专报》，每月初发布一期《专题气象报告》。根据天气过程潜势影响情况，及时发布《重要天气信息专报》《情况专报》《重要天气快报》。逢重大节日发布节日专题气象服务专报，逢重大活动发布活动期间气象服务专报。按照季节交替定期发布春耕春播、夏收夏种、秋收秋种等各类农业气象服务专报，冬季发布《设施农业气象服务专报》。在灾害性天气或极端性天气出现之前，及时发布各类预报信息和预警信号，降水天气过程中和结束后分别发布《雨情实况》和《雨情公报》。

【气象公众服务】 2021 年，西青区气象局为全区生产发展、良好生态和防汛抗旱等工作提供气象保障。服务渠道包括邮件、政务办公网络、电话咨询、现场答疑、手机短信、微信、微博、QQ 群、抖音、多媒体显示终端、网站、手机 APP 等，并利用报刊、电视媒体等进行气象服务。突发事件预警发布中心全年累计发布气象预警信息 147 条，其中蓝色预警 66

2021 年 11 月 26 日，西青区气象局与城西供电公司开展共建活动

2021 年 5 月 25 日，西青区气象局开展科技周宣传活动

条，黄色预警 68 条，橙色预警 11 条，红色预警 2 条；重污染天气预警 5 条，累计接收人次 200 余万人；街镇累计转发预警信息 300 余条，受众 50 余万人。

【气象专业服务】 2021 年，西青区气象局为保险、供热、供电、供气等企业提供专业气象服务和信息咨询，每日发布行业气象专题报告并进行灾害性天气情况提示。利用“智慧风”APP 服务大气污染防治，每天 6 次发布空气污染气象条件实况分析预报。本年度共发布未来三天环境气象分析报告 326 期，发布生态环境和环境气象报告各 2 期。助力乡村振兴，持续提供直通式气象服务，每天为农业用户定期发布早、晚两次天气预报和未来六天滚动预报，及时发布灾害性预警信息并给出具体应对建议。开展 2021 年小站稻产量趋势预测服务，开展 2021 年沙窝萝卜适播期预报，制定卫青萝卜种植气象服务技术标准规范，并成功申报天津市地方标准 1 项。

【气象灾害与防御】 2021 年，西青区气象局通过天气预通报和电话叫应提高西青区气象灾害防御能力，及时通过微信工作群推送实况雨情信息和滚动订正预报，详细会商雨情水位变化。完成基层气象防灾减灾数据动态更新。印发《西青区气象事业发展“十四五”规划》。联合区应急局开展村居社区安全生产管理人员、灾害信息员、“三网一员”、气象信息员培训，将气象防灾减灾融入区安全管理。开展森林火险等级、森林火险趋势预报。推动西青区气象灾害风险普查，完成暴雨、干旱、高温、低温、风雹（大风和冰雹）、台风、雪灾、雷电 8 类 9 种气象灾害基础数据制备、气象灾害风险普查基础信息调查与报表制作。

【人工影响天气】 2021 年，西青区气象局遵循“防雹和增雨并重”的原则，适时开展防雹和增雨作业。全年开展防雹增雨雪作业 37 站次，发射人雨弹 341 发、火箭弹 34 枚、燃气炮作业时长 495 分钟，击发 4343 频次，缓解西青区冬春季的连旱情况，防雹作业有效保护面积约 285 平方千米。

【气候概况】 2021 年，西青区年平均气温 13.6 ℃，比历年平均值偏高 1.0 ℃，年极端最高气温 36.9 ℃，出现在 6 月 12 日；年极端最低气温-19.9 ℃，出现在 1 月 7 日；年总降水量 913.7 毫米，比历年平均值偏多 408.1 毫米；年日照时数 2480.5 小时，较历年平均偏多 65.4 小时。本年度出现 4 次暴雨天气，其中日最大降水量为 90.6 毫米，出现在 7 月 29 日；19 次大风天气，年极大风速每秒 21.6 米，分别出现在 1 月 6 日和 5 月 27 日；年内出现大雾日数 27 天；轻雾日数为 214 天；霾日数 21 天；沙尘暴日数 1 天；扬沙日数为 10 天；浮尘日数 3 天；无霜期 365 天。本年度年均气温较常年偏高，年降水量较常年显著偏多，年日照时数较常年偏多。11 月 7 日西青区出现自建站以来的强降雪天气，累计降雪量 21.2 毫米，降雪伴有大风降温天气。强降雪使得西青区部分设施农业大棚及简易房屋结构倒塌受损，其中农林牧渔业损失 905.9 万元，工矿商贸业损失 1535 万元。

（王秀俊）

文化　旅游

文 化

【公共文化服务】 2021年，西青区文化和旅游局开展“文化惠民超市”活动，将文艺演出、艺术创作辅导等公共文化服务配送至基层。全年组织文化惠民演出88场，“古柳讲坛”文化讲座24场，组织创作歌曲《小康村庄》《胸前的党徽》，情景剧《美丽西青我的家》，情景朗诵《共产党员》《觉醒年代》，舞蹈《听见中国听见你》《灯火里的中国》《仕女游春》，国画《盛世荷风》，油画《信仰的力量》等艺术精品。举办“永远跟党走”无人机飞行表演，500架无人机用21幅震撼画面展现党的百年光辉历程。开展庆祝建党100周年交响音乐会等特色文化活动，全区开展建党百年系列文化活动136项。精武镇付村作为全国示范展示点位之一，参加第一届全国“村晚”示范展示活动。

【文化遗产保护】 2021年，西青区文化和旅游局协调完成大运河国家文化公园一期考古发掘，促使天津市大运河文化博物馆选址西青区。举办第四届“运河记忆”非遗展，展览以“运河记忆·红色传承”为主题，全景展现京津冀鲁豫苏浙皖等八省市120余个非遗项目，吸引游客2.6万人次。制作西青非遗印象宣传片、非遗MV和40部西青非遗系列微视频，推出双语版非遗图典，传播和推广西青区独特的文化资源。年画人才基地创作建党100周年主题新年画29幅，其中2幅入选天津师大美院《辉煌百年路 奋进新征程》主题创作展。杨柳青镇（木版年画）被国家文旅部命名为2021—2023年度中国民间文化艺术之乡。平津战役天津前线指挥部旧址陈列馆的遗址保护和展陈提升被市文物局评为2021年文物保护利用优秀案例。

（武 凯）

旅 游

【文旅产业发展】 2021年，西青区文化和旅游局推动

2021年4月23日，西青区图书馆开展世界读书日志愿服务活动

2021年，西青区第十八届民俗文化旅游节掠影

文旅消费提档升级。西青区被列入国家第一批文化旅游消费试点城市，与北方演艺集团合作发行西青文惠卡5000张。组织开展民俗文化旅游节、京津冀房车巡游天津站、西青文旅消费季等文旅消费活动66项，带动消费额度达20.77亿元。建立西青区旅游集散中心，更新标识标牌，设计制作《西青全域旅游地图》，飞猪平台西青文旅旗舰店项目上线运行，实现“一部手机游西青”。指导杨柳青古镇景区入选国家第一批夜间文旅消费集聚区，辛口镇入选第三批全国乡村旅游重点镇，中华武林园被评为天津市红色旅游景区，生态六埠等3家企业被评为市级乡村旅游景区，国家粳稻中心等7家企业被评为市级工业旅游基地。

【行业管理与执法检查】 2021年，西青区文化和旅游局制定《西青区文化和旅游系统安全生产专项整治三年行动计划》，建立健全文旅系统安全责任机制，开展“迎百年华诞 创平安西青”全区文旅系统安全综合整治和燃气安全隐患专项整治。疫情期间，对辖区内8处开放景点、52家网吧、21家KTV场所和359处棋牌室持续开展行业监管。指导文旅企业做好常态化疫情防控，排查企业1084家，推动从业人员完成疫苗接种6698人。全年出动执法人员1820人次，检查文化场所980家次，立案查处28家，罚款6万余元，查处2起重大版权案件，取缔“黑网吧”12家，收缴电脑设备400多套，拆除非法卫星地面接收设施81个，有效处理各类举报78件，有效维护文化旅游市场经营秩序。

（武　凯）

新　闻

【概况】 2021年，西青区融媒体中心重点策划、拍摄、制作“区长带您走进大项目”短视频，制作《在高质量发展中砥砺前行——献礼中国共产党西青区第十二次代表大会》等专题片，荣获“影响中国传媒2020年度影响力机构奖”“新华社融媒体产品优秀传播奖”等奖项20余件。在王兰庄村举行“奋斗百年路 启航新征程”——庆祝建党百年大型全媒体主题采访活动启动仪式，各媒体平台播放各类报道6000余条次。协助央视《新闻直播间》《朝闻天下》《第一时间》《正点财经》以及央视客户端、央视频等央视新媒体联合直播报道西青春耕；协助央视《远方的家》摄制组拍摄西青运河文化。协助央视完成直播节目《一年又一年》和元宵节特色年俗以及付村“村晚”的拍摄。2021年10月，“中国有约 A Date With China• 你好天津 Hello Tianjin”国际媒体主题采访活动在杨柳青古镇正式启动，40余名海内外记者与知名自媒体走进西青。

【西青电视台】 2021年，区电视台《西青新闻》开设“奋斗百年路 启航新征程”“民心工程在身边”“西青换届进行时”等专栏，《西青新闻》全年播发新闻365期，发布消息近

2021年，西青区举办国际媒体主题采访活动

万条。专题栏目《年画味道》《印迹》《西青能人》《为党旗增辉》播出77期。参与完成与卫健委合作的《卫生健康》、与退役军人事务局合作的《双拥之窗》、与其他相关单位合作的《依医健康》《国家食品安全示范城市创建进行时》等联办栏目的策划、录制、编辑及播出，全年播出56期。审查、播出《家国记忆》《诗书画》《历史上的今天》《饮食养生汇》等其他电视节目13档，共4745期。审查并播出电视剧1460集，其中党史教育相关电视剧13部，计554集。

【西青人民广播电台】 2021年，区人民广播电台利用FM107.5、蜻蜓FM、喜马拉雅APP等平台，推动传统媒体与新媒体融合发展。在新闻中开辟“五中全会精神在西青”“西青创文——向群众汇报”“我为群众办实事”“奋斗百年路 启航新征程”“沿着习近平总书记指引的方向前进”等版块。与天津新闻广播合作，配合完成采访10余次。西青人民广播电台全年播发《西青新闻》365套，播发新闻近3000条，专题节目《生活小百科》52期。

【《天津日报·聚焦西青》】 2021年，《天津日报·聚焦西青》开设《成就宣传和形势政策教育》《亲商助企促发展》《西青劳模风采》《西青科普》《书画欣赏》《西青摄影人》《诗苑荟萃》等专栏，推出《向群众汇报 请群众阅卷——西青区“晾晒评”工作方法助推“我为群众办实事”实践活动掀热潮》《盛世礼赞 奋进西青——西青区高质量发展成果展示》等专版，新辟“篆刻作品赏析、世界读书日、多期非遗”等栏目、专版，《天津西青·聚焦西青》全年出刊50期。

【西青信息港网站】 2021年，西青信息港网站每天及时发布关于政治、经济、文化、社会等要闻，及时编辑更新视频、文体、鉴赏、旅游、健康等20多个栏目，稿件分门别类归入60余个专题。网站围绕两会、全会、春节、建党100周年、抗击疫情、巩固创文成果等重点工作开展深入宣传报道，全年发布信息近2万条，在天津网络媒体传播影响力评估中，位列全市各区县新闻网站原创数、传播力影响力第二名。

【新媒体宣传】 2021年，区新媒体“云上西青”客户端“新闻+政务+服务”功能逐步完善，手机客户端宣传报道各类新闻和专题计5万条，总装机量近16万人。“学习强国”——天津学习平台供稿500余篇，签发通过252篇，用稿量位居全市前列。新华社“现场云”直击新闻现场，在全国3000余单位主体账号中，排名第20位，居全市第一。快手、抖音“西青融媒”官方号、“津斗云”等短视频平台粉丝超过120万，其中“西青融媒”快手官方号进入“短视频平台账号影响力TOP5”第三名，位列全市区县融媒“第一梯队”。“西青融媒”“天津西青”微信公众号全天24小时推送西青新闻，并开通健康码、行程码查询、“青”听民声等便民板块，粉丝量超过4万。今日头条“西青融媒”号粉丝量超过23万。

（王　倩）

卫 生

卫生健康管理

【疫情防控】 2021年，区卫健委制定《西青区新冠病毒疫苗接种实施方案》，迅速建成25个接种点，组建5支移动接种队，安排100余名专家负责现场救治，开展技术培训30余次，合理分配疫苗118批。全年分阶段开展大规模人群新冠疫苗接种，累计接种251.2万剂次。全系统16个基层单位、1786名医务人员始终保持"备战"状态。流调专班11个小组、核酸检测专班78名检测人员24小时待命。完成重点地区快速排查，妥善处置密接人员、阳性物品等涉疫事件23起。开展流调溯源、核酸检测、医疗救治、隔离保障、消毒消杀，完成全域筛查、重点地区筛查34次，累计完成核酸检测2400余万次，完成环境、物品核酸检测10万余份，排查管控密接次密接5218人，为14277名隔离人员提供医疗保障服务。

【医疗体制改革】 2021年，区卫健委深化医疗卫生供给侧结构性改革，在全市先行先试基层数字健共体，以中北镇社区卫生服务中心为试点，打造全市第一家"云药房"和慢病管理中心。深化与微医集团合作，全面推广"云药房""云检查""云管理""云服务"四朵云平台建设，10家社区卫生服务中心"互联网+护理""互联网+特需上门服务"全部上线，累计入户服务1.5万人次，开出云处方14万张，为5万余人提供送医送药服务（医政科），形成"防、诊、治、管、健"全流程一体化就医新模式。

【医疗质量与安全管理】 2021年，区卫健委加强医疗质量管理和医疗安全管理。创建老年友善医疗机构，12家医疗机构通过区级考核。组织各社区卫生服务中心与辖区养老机构签订医养互助协议。开展老年友好型社区的申报，对区9家申报社区进行评审，最终2个社区被评为全国示范性老年友好型社区。印发《天津市西青区严重精神障碍患者管理治疗工作方案》，指导社区对严重精神障碍患者开展疑似患者日常筛查、诊断复核。在册患者达到3518人，报告患病率2.944‰。开展糖尿病高危人群调查计150人。累计管理艾滋病病毒感染者及病人599人（不包含外籍22人），其中艾滋病病毒感染者416人，艾滋病病人183人。开展12类人群监测累计46064人次，发现HIV阳性病例累计46例。完成辖区"十三五"学校结核病防控现况调查及复核，订正预警信息37条，监测学校疫情93例，确诊56例。

【卫生应急管理】 2021年，区卫健委重新修订《西青区突发公共卫生事件应急预案》《西青区突发公共事件医疗卫生救援应急预案》《西青区应对人感染H7N9禽流感应急预案》《西青区2021年东淀蓄滞洪区医疗》《西青区卫生健康

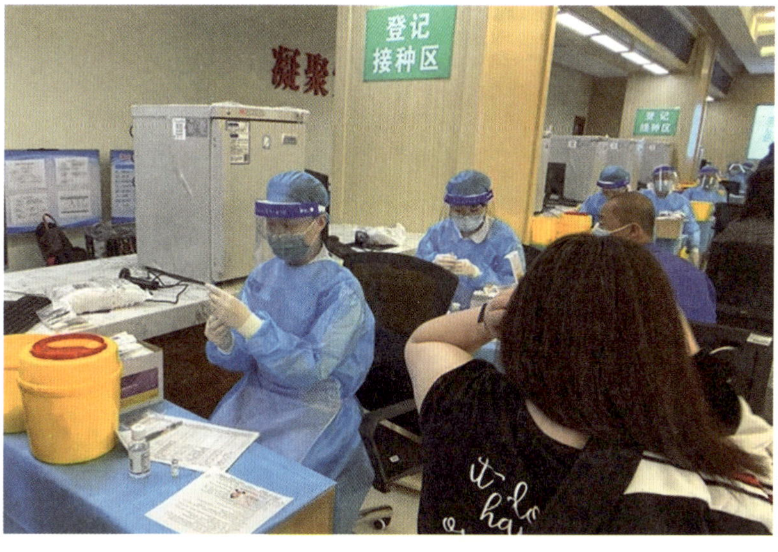

2021年，西青区新冠疫苗接种点进行疫苗接种

委应对新型冠状病毒感染的肺炎应急预案》等专项预案，全年开展突发公共卫生事件应急处置108起，其中公共卫生15起；交通事故77起；社会治安16起。开展医学救援127起。完成三支区级医疗应急救援队组建。储备20余万应急物资储备。开展突发公共卫生事件应急管理、人感染H7N9禽流感、手足口病、诺如病毒感染等重点传染病防控以及突发中毒等相关内容培训。开展“4·25预防接种宣传日”宣传活动，通过区疾控中心公众号和抖音等新媒体开展宣传，扩大预防接种正面宣传覆盖面和影响力。

【人口监测和家庭发展】 2021年，西青区纳入计生统计管理与服务的已婚育龄妇女86989人，按照人口计生统计口径，全年全区出生人口4948人，其中男孩2632人，女孩2316人，出生信息采集到位率达到100.3%。全区有计划生育特扶对象1188人，其中伤残对象627人、死亡对象561人，发放特扶金928.62万元，并为全部失独对象投保综合保障保险。继续落实独生子女家庭子女意外死亡一次性救助项目，完成2021年度暨第三发放阶段救助对象审核确认，发放560人次，救助金424万元。西青医院和各社区卫生服务中心开通绿色就医通道，为全区计生特殊家庭办理“爱心就医卡”71张，为其他计生特殊家庭人员制作“绿色就医卡”130张。全面完成全部失独家庭双节专项慰问，实施免费家政服务700余户次。开展家庭医生签约服务，针对60岁及以上失能半失能居民提供入户医疗护理服务，截至年底有效签约人数191259人。

（王　超）

医疗服务与管理

【疫情防控与诊治】 2021年，西青医院累计派出约13000余人次参与疫苗接种点位的医疗保障。开展新冠疫苗接种及异常反应救治等专项培训，累计培训9810余人次。成立西青区新冠病毒疫苗接种禁忌症鉴诊中心，累计接诊4666人次。为特殊人群、企事业单位、隔离点累计核酸检测5.6万余人次。承担全区核酸采样人员培训，累计培训470余人次。派出4500余人次支援全区大筛，15人支援核酸检测基地。建立起第二发热门诊科室，完善高风险人群就医预案，保障特殊人群救治。西青医院发热门诊共接诊2000余人次、共收治隔离病人600余人次、特殊患者救治100余人次。

【医学交流】 2021年，西青医院有序推进DRG软件上线及应用，与天津医科大学总医院、北京大学第一医院、中国医科大学附属第一医院开展合作交流，与区所属各街镇卫生服务中心签订对口帮扶医疗协议，全面启动“云检验”项目，加快推动“西青区卫健系统云检查平台”建设。全年选派中层干部和科室技术骨干参加各

2021年3月30日，西青医院与天津医科大学临床医学院举行教学医院签约仪式

种学术会议12次，举办科研学术讲座和院长论坛5期，参加西青区第35届科技周活动。

【医疗服务】 2021年，西青医院信息化一体化项目系统逐步升级完善，完成慢病上报、临床知识库、重点患者管理、病案管理系统等功能上线使用。“金医宝”APP上线，实现预约挂号、报告查询、医保个人账户查询等多功能服务。创建成立老年友善医院。开展健康宣教活动16余次，受益人员2000余人。开展志愿服务活动，深入社区开展疫苗接种宣传、健康讲座、义诊咨询等。

（姚雪莲）

妇女儿童保健

【妇女保健】 2021年，西青区妇女儿童保健和计划生育服务中心实现孕前专项疾病筛查目标人群覆盖率100%。全年全区产妇4494人，活产数4537人。高危孕妇管理率100%，孕妇梅毒、乙肝、HIV检测率均达到99.8%以上，孕期糖尿病筛查率97.44%，甲状腺功筛查率98.71%。孕妇产前筛查率为96.75%，产前无创基因检测1826例，其中享受惠民人数1487例，筛查高风险孕妇6例，对筛查阳性人群全部进行追访。全年完成妇女病普查约9000例，其中宫颈癌筛查8887人，筛查率98.62 %，筛查出HPV阳性123人，癌前病变20人。完成乳腺癌检查8839人，筛查率为98.09 %。妇科全年门诊量3385人次，妇保全年门诊量6732人次。

【儿童保健】 2021年，西青区妇女儿童保健和计划生育服务中心完成儿童保健指标数：婴儿死亡率1.32‰（指标6‰），5岁以下儿童死亡率1.54‰（指标6‰），6个月内婴儿纯母乳喂养率56.52%（指标50%），3岁以下儿童系统管理率90.96%（指标90%），7岁以下儿童保健管理率94.21%（指标90%），5岁以下儿童贫血患病率2.99%（指标10%以下），5岁以下儿童生长迟缓率控制在0.72%（指标3%以下）；新生儿先天性甲状腺功能低下、苯丙酮尿症筛查率99.76%（指标98%以上），听力障碍筛查率99.52%（指标98%以上）。辖区在册4324新生儿，访视数4257人，访视率98.45%，访视管理率100%。早产儿全年应管227人，管理登记221人，管理登记率97.36%。3岁以下儿童健康管理率90.96%（指标90%）。7岁以下儿童健康管理率94.21%（指标90%）。儿童白内障筛查率98.71%（指标95%）。儿童髋关节筛查率98.63%（指标95%）。儿童先心病筛查率98.5%（指标95%）。儿童脑瘫筛查率95.61%（指标95%），儿童孤独症筛查率98.5%（指标95%）。全年完成儿童健康体检约13572人，完成学龄前儿童慢

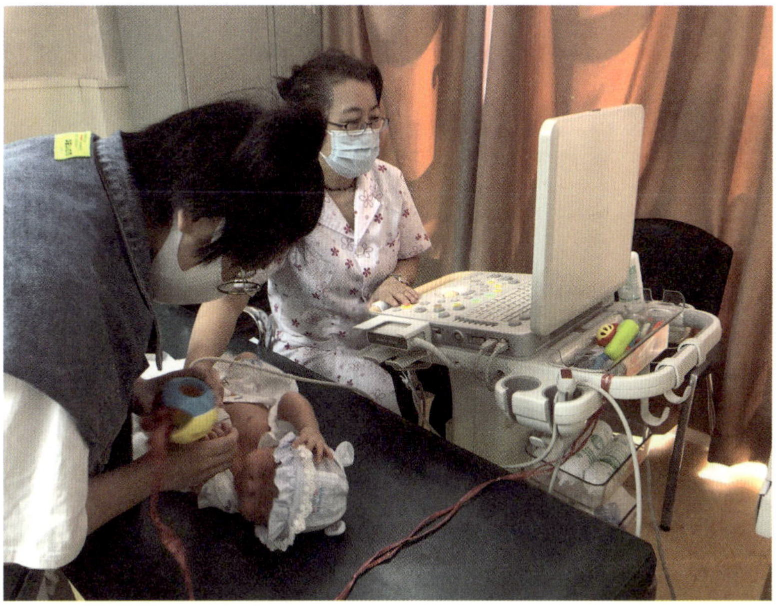

2021年，西青区妇女儿童保健和计划生育服务中心医务人员进行儿童先心病筛查

性病危险因素筛查 4096 人。儿科全年门诊量 3379 人次，儿保全年门诊量 17179 人次。

【计划生育】 2021 年,西青区妇女儿童保健和计划生育服务中心免费孕前优生健康检查建档总数 1641 个,完成目标人群数 3282 人,完成全年目标人群覆盖率 102%,比 2020 年全年完成目标人群覆盖率提高 17%。

（刘　微）

疾病防控

【疫情防控】 2021 年,西青区疾病预防控制中心注重新冠肺炎疫情防控培训,受训人员累计 2000 余人。设置专人对疫情网进行审核,每天不少于 6 次。全年完成 1 例本土和 41 例入境新冠肺炎病例流调处置,处置各类聚集性疫情 34 起,采集各类标本 2036 份。全区建立 17 个新冠疫苗接种门诊,接种新冠疫苗第一针 1030251 剂次,第二针 919991 剂次,第三针 426316 剂次,累计接种 2376558 剂次,其中 3-11 岁人群接种第一针 64001 剂次;60 岁以上人群接种第一针 151135 剂次,首针接种率为 76.80%。全年完成病家及办公场所终末消毒 68 次。协同西青区城市检测基地开展核酸检测,全年检测重点人群、密接、次密接及外环境等标本 80 余万人次，240 余万项次,及时检测发现阳性病例 13 人。

【传染病防控】 2021 年,区疾控中心报告法定传染病 20 种 5283 例,死亡 1 例(艾滋病),报告发病率 442.05/10 万,较上期下降 10.55%,报告死亡率 0.08/10 万,较上期下降 27.66%。无甲类传染病报告,报告乙类传染病 15 种 1930 例,报告发病率为 161.49/10 万,较上期下降 14.60%;报告丙类传染病 5 种 3353 例,报告发病率为 280.56/10 万,较上期下降 8.04%。辖区法定传染病报告率 100%。

【慢性病防控】 2021 年,区疾控中心死因数据库报告 2695 例,死因网络直报审核 3800 例。报告心脑、肿瘤、糖尿病、伤害、肝硬化、精神疾病 24805 例,其中前三位为伤害、脑卒中、糖尿病。开展全民健康、营养、控烟相关知识讲座及活动 25 场。利用西青电视台、报纸、公众号、街镇宣传栏及云直播平台开展健康教育宣传。印刷宣传折页 7 种,海报 4 种,发放宣传材料 10 万份,受益人群达 10000 余人。

【结核病防控】 2021 年,西青区登记初诊疑似肺结核病人 761 例,活动性肺结核病人 312 例,登记病原学阳性新患者 168 例。10 所社区卫生服务中心及 5 所二级以上医疗机构报转疑似病例 400 例,报告率 100%,追踪率 100%。肺结核患者系统管理率 90%,新发涂阳肺结核患者治愈率 85%。重点人群肺结核社区主动筛查计 70682 人次。处置 53 例学校结核病疫情和一起聚集性疫情,肺结核病例密切接触者筛

2021 年 8 月,区疾控中心举办新冠疫情防控知识培训

查计2597人次。全年开展社区居民健康知识讲座10余次，校园结核病防治线上知识大讲堂6次。开展辖区无核校园建设，组织辖区学校积极参加中国健康教育素材评选活动。以居民、学生、农民、老年人、流动人口等为宣传重点，开展志愿者宣传活动，采集学生400份结核病防治知识综合调查问卷，目标人群知晓率提高到92%。

【性病艾滋病防控】 2021年，区疾控中心管理艾滋病病毒感染者及病人累计620例(不包含外籍24人)，其中艾滋病病毒感染者428人，艾滋病病人192人。经诊断发现并知晓自身感染状况的感染者和病人比例90.66%(621/685)。全年新增抗病毒治疗人数为93人，累计接受抗病毒治疗的为571人，抗病毒治疗比例为92.09%(571/620)。符合抗病毒治疗病人应接受病毒载量检测的人数为479人，实际接受病毒载量检测的为462人，病毒载量检测比例为96.45%(462/479)。接受病载检测的人群中，病载检测量<1000为451人，病载成功抑制率为97.62%(451/462)。开展12类人群监测检测累计57902人次，发现HIV阳性病例52例。

【严重精神障碍患者管理】 2021年，西青区在册严重精神障碍患者3538例，在册检出率为2.960‰，全年随访患者15165人次，规范管理率90.08%，服药率88.61%，规律服药率82.59%，精神分裂症患者服药率87.01%，规律服药率81.13%，面访率89.82%，体检率52.71%，精神科专业指导及免费复诊完成率87.30%，开展应急处置4人次，住院费用减免47人次。

【食品安全监测】 2021年，区疾控中心食品卫生科审核上报疑似食源性疾病病例1430例，采集相关标本159份，检出阳性菌株16份。上报疑似食源性疾病事件1起。采集理化样品105份进行化学污染物指标监测，获得监测数据712条，采集微生物样品124份进行致病菌指标监测，获得监测数据583条。上报阳性简报7次，涉及风险样品10份。

【环境危害因素监测】 2021年，区疾控中心饮水监测采集城乡饮用水样品168份，合格率100%。完成城市和农村生活饮用水枯丰水期监测，采集84份水样，监测水样全部合格。完成324份居民户食用盐监测、105名孕妇和216名儿童及42名成人的碘营养水平监测。完成148个行政村的改水进度和效果评价及31所学校18654名儿童的氟斑牙检测。完成5村250名儿童和50名成人的饮水型氟中毒哨点监测。完成国家公共场所健康危害因素试点项目监测，对辖区游泳馆、宾馆等50户场所开展危害因素监测，完成50户场所基本情况及300余名从业人员健康状况调查。开展2所幼儿园和5所中小学近视和常见病监测，近视筛查有效人数2466名，近视率为47.7%，下降0.1个百分点。

【消毒及病媒监测】 2021年，区疾控中心疫情网报告病例数为532例，信息平台通知消毒病例数合计532例，消毒管理率为100.0%。完成对医疗机构、托幼机构消毒监测，所有样品均未检出致病菌。固定点位监测蚊密度为0.32只/笼/小时，蝇密度为1.52只/笼。自然村鼠监测，捕获率为0%；蟑监测，未发现蟑螂。动态监测鼠密度控制水平达到C级，防鼠设施合格率为94%，蝇密度控制水平达到C级，防蝇设施合格率为93%，蚊密度控制水平达到A级，蟑密度控制水平达到A级。对白纹伊蚊和鼠进行病毒检测，未检出寨卡病毒、登革热病毒和出血热病毒。

【职业卫生与放射卫生监测】 2021年，区疾控中心职业健康信息监测审核用人单位信息35条，审核职业健康档案28606条，审核职业病病例22条，审核农药中毒信息3条，均为生活性自服。全年随访户籍信息为辖区职业性尘肺病患者165人，录入用人单位所在地为西青区的尘肺病患者260人。完成25家用人单位工作场所职业病危害因素监测。核实调查西青区809家企业存在职业病危害因素，推进其危害申报工作。完成两家社区卫生服务中心医务工作者150人、两家学校教师100人的职业紧张状况及健康影响调查。放射诊疗医疗机构基本情况调查28家；放射诊疗频度调查28家；放射工作场所防护检测3家，设备性能检测3台；医疗机构用人单位基本情况调查24家；区13家医疗机构共监测放射工作人员126人，四个季度共换发个人剂量牌496个；放射工作人员职业健康管理报告表调查3家；放射随访调查工作涉及28人，调查27人，失访1人。

（付　红）

卫生计生综合监督

【疫情防控】 2021年，西青区卫生计生综合监督所对区内230家民营医疗机构疫情防控开展全面评估、分类处置，累计完成25轮监督，监督医疗机构6200户次，责令关停107家，立案103件。对全区319户医疗机构召开依法执业和疫情防控培训会。开展新冠疫苗接种督导。组建专业督导小组对大型临时接种点、进驻接种点、常规免疫接种点开展检查，累计监督接种点820户次。开展核酸检测机构和采样点现场督导，对6家向社会提供新冠病毒核酸检测服务的核酸检测机构开展专项督导检查。开展校外培训机构疫情防控监督检查。重点检查“双码”查验，重要点位手卫生消毒液放置情况，累计抽查校外培训机构135户。派驻监督员在各活动场馆、酒店进行疫情防控督导，督促会场工作人员严格落实疫情防控各项措施，并对场所从业人员健康、场馆水质检测、集中空调通风系统等重点环节开展监督检查，确保大型场馆卫生安全。

【公共场所卫生监督】 2021年，西青区卫生计生综合监督所经常性监督检查共835户次。完成公共场所通风卫生专项监督检查112户。全年处理投诉举报53起，立案30件，罚款金额计1.25万元。生活饮用水卫生监督对64户供水单位开展日常卫生监督检查，排查二次供水无证供水单位16户，对48户生活饮用水、涉水产品生产、经营单位开展双随机监督检查。全年完成31户病媒医疗机构、57户病媒重要场所、8户病媒消杀公司日常监督检查，监督检查覆盖率100%。

【医疗服务卫生监督】 2021年，西青区卫生计生综合监督所完成医疗机构监督检查364户。完成29个非法行医点位

2021年，区卫生计生综合监督所工作人员对新冠肺炎疫苗接种点进行监督检查

清零，查处无证行医6户次。开展严厉打击非法医疗美容专项行动，对全区68家医疗美容机构、50家生活美容机构进行检查，均未发现非法医疗美容行为。完成105户医疗机构传染病防治监督检查。开展第三方医学检验实验室生物安全管理专项监督。开展民营口腔诊疗机构传染病防治专项监督检查，共检查医疗机构93家，对存在问题的6户口腔诊所进行处罚，责令4户口腔诊所关闭整改。中医药卫生监督完成44户中医药专业双随机抽检任务。完成13户持有有效“医疗机构执业许可证”“母婴保健技术服务许可证”机构的监督检查，未发现违法行为。

【消毒企业卫生监督】2021年，西青区卫生计生综合监督所检查消毒产品生产企业22户，消毒产品经营单位35户，查处违法行为案件4件，罚款金额共计0.5万元。对餐饮具集中消毒生产企业作业场所、清洗消毒设备设施、出厂检验及包装标注等相关内容进行检查，并抽取10套餐饮具样品进行检测，结果均为合格。

【职业与放射卫生监督】2021年，西青区卫生计生综合监督所开展职业卫生双随机抽查，共抽查用人单位70户，行政处罚5户，罚款金额计5万元。完成对1户职业卫生技术服务机构和2户职业健康体检机构监督检查。处理投诉举报及咨询18起，处置率100%，群众满意率100%。放射卫生监督完成国家双随机抽查任务10户，重点检查各单位放射设备及场所的检测情况、个人剂量和职业健康体检建立情况等内容。对49户医疗机构开展天津市职业性放射性疾病监测，对3户存在违法行为的医疗机构进行行政处罚，罚款金额计1.4万元。

（李　晶）

2021年，区卫生监督员对药店经营的消毒产品进行监督检查

体　育

全民健身

【体育设施】 2021年，西青区建设完善城市“15分钟”健身圈。更新、新建118个社区健身园，9个智能体育园，2个多功能运动场。中北镇入选中央集中彩票公益金支持人工制冷可移动式冰场试点。李七庄街成功入选“首批全国县域足球典型名单”。西青区体育馆、体育公园和赤龙李宁文体中心等区内大型体育场所运营良好。2021年西青区体育场地普查，人均体育场地面积达2.95平方米/人。

【健身活动】 2021年，西青区体育局举办品牌展演活动；包括“全民健身迎小康 强健体魄抗疫情”线上“健身大拜年”活动，“庆祝中国共产党成立100周年暨2021年西青区第五届生态体育健身项目展演”，庆祝中国共产党成立100周年暨纪念“发展体育运动，增强人民体质”题词69周年全民健身群众队伍风采展示活动，“全民健身与奥运同行”8月8日“全民健身日”等传统品牌活动。

体育组织与活动

【体育组织】 2021年，西青区体育局加强基层体育健身项目的培训指导，培养国家级社会体育指导员9人，一级社会指导员15人，二、三级社会体育指导员150人，每千人拥有社会体育指导员3.2人，获选天津市“新世纪 新面孔 新征程”优秀社会体育指导员10人。开展2021年社会体育指导员“走基层送健康”志愿服务活动。开展西青区街镇体育管理干部和村（居）民健身会骨干培训活动。

【竞赛活动】 2021年，西青区体育局举办群众体育活动，包括“体彩杯”天津市“我要上全运”首届社区运动会暨2021年西青区全民健身手扑球比赛、“奔跑吧·少年”全民健身青少年游泳比赛、机关足

2021年6月13日，西青区开展全民健身群众队伍风采展示活动

2021年5月27日，西青区举行全民健身手扑球比赛

球比赛、“我是棋王”电视象棋快棋西青区选拔赛暨2021年西青区全民健身中国象棋比赛、“我要上全运”社区运动会、线上广播体操、武术、太极拳、羽毛球、健步走10项区级群众体育活动。

体育管理与服务

【体教结合】 2021年，西青区向天津市体育运动学校培养输送20名运动员。西青区培养输送的8名棒球项目运动员、2名武术套路运动员代表天津市参加全国大赛取得优异成绩。开展西青区青少年项目训练基地复评，注册业余运动员2000多名，授予二级运动员等级称号70名，三级运动员等级称号1名。举行全国青少年校园足球夏令营最佳阵容选拔、全区中小学运动会等活动。拥有3个游泳长训点。推进“武术进校园”。各专业队按照计划开展日常训练。

【体育产业】 2021年，西青区体育局促进体育产业招商引资。引进中胜（天津）体育产业有限公司、天津羽熙千英国际体育文化有限公司、伊茗商贸有限公司等4家企业落户西青，注册资金达2800万元。

【竞赛成绩】 2021年，西青区运动队在全国赛事中取得佳绩。2021年第十四届全运会中荣获金牌1块（天津空手道项目在全运会历史上的首枚金牌），银牌1块，铜牌2块；在中国中学生武术锦标赛（小学生训练营）暨第18届世界中学运动会武术项目选拔赛中荣获金牌2块，银牌1块，铜牌1块。在天津市比赛中取得优异成绩。在天津市青少年锦标赛中共获得金牌124块，银牌107块，铜牌128块；在天津市青少年冠军赛中共获得金牌97块、银牌67块，铜牌73块；在天津市首届社区运动会暨第八届市民运动会中国式摔跤比赛中获得金牌3块，银牌2块；在“澎湃计划”2021年天津市青少年游泳U系列比赛中获得金牌12块，银牌10块，铜牌18块。西青区体育中心荣获“2017—2020年度全国群众体育先进单位”荣誉称号。

（唐　洁）

2021年9月19日，第十四届全运会空手道男子+75公斤级颁奖典礼。冠军刘帅（后排左三），季军葛聚兴（后排左五）

社会生活

居民生活

【居民收入】 2021年，西青区城镇居民生活状况持续改善。西青区城镇居民人均纯收入47455元，户均住房面积88平方米，户均可支配收入134345元，全年生活消费品支出户均96404元。

【居民消费】 2021年，西青区居民消费品水平不断提高，主要耐用消费品每百户拥有量为：电冰箱105台，洗衣机102台，微波炉70台，移动电话机223部，家用计算机61台，彩色电视机107台，照相机20部，摩托车2辆，生活用汽车63辆，助力车26辆。居民主要食物人均全年消费量为：蔬菜和食用菌137千克，肉类32千克，禽类9千克，蛋类及制品24千克，奶及制品25千克，水产品18千克，干鲜瓜果类98千克，酒类11千克，饮料291元/人。

（郑博予）

人力资源

【就业创业】 2021年，区人社局优化就业服务，全力打造全天候招聘场所，创新推出“直播带岗”零距离求职服务，推行失业保险稳岗返还免申即办服务模式，做优做强村级（社区）“就业红娘”服务品牌。开展职业技能培训1.6万人次，开展各类招聘会173余场，审核发放各类就业创业补贴资金1.7亿元，实现新增就业2.8万人。实施“海河英才”行动计划，承接第二届天津市“海河英才”创业大赛，累计引进各类人才6428人，平均年龄32岁。推荐19家企业入选天津市“项目+团队”重点培养专项，9人申报重点人才工程，审核发放各类人才资助2700余万元，重点人才工程入选人数持续走在全市前列。搭建高层次人才引育平台，推荐中芯国际等8家企业获批国家博士后科研工作站，在全市占比47%。实施职称评审，全年累计评价人才1304人。

【事业单位管理】 2021年，区人社局稳慎推进公益类事业单位改革，指导42个事业单位完成岗位设置、人员转隶、重新聘任、工资兑现等相关工作。开展事业单位公开招聘，招聘事业单位工作人员328人。做好事业单位2020年度考核，给予90人记功奖励，1421人嘉奖奖励，发放一次性奖金260余万元。研究制定《西青区机关事业单位编外人员管理办法》，对编外用人计划使用、人员管理、监督和责任等进行明确要求，切实保障用工单位和聘用人员合法权益。

【劳动关系】 2021年，区人社局开展和谐企业创建活动，选取8家企业进行重点培育。开展清理整顿人力资源市场秩序、根治欠薪等专项行动，核处各类劳资纠纷线索2758件，为3300余名劳动者追回工资4200余万元。构建劳动人事争议纠纷调处多元化解机

2021年4月6日，西青区民营企业招聘月招聘会现场

制，健全完善兼职仲裁员制度，探索建立巡回仲裁庭，受理劳动人事争议案件2500件，仲裁当期结案率和调解成功率排在全市前列。保障农民工合法权益，西青中医医院等6个工程项目代表天津市接受国务院检查组实地考核。

（杜静静）

社会保障

【社会保险】 2021年，区人社局推进全民参保计划，城镇职工养老、失业、工伤参保人数分别达21.56万人、20.29万人、20.47万人，户籍适龄人员养老保险参保覆盖率达94.88%。持续优化特岗审批、病退申报、工伤鉴定等经办服务，受理工伤认定、劳动能力鉴定、特岗审批等计6000余件。制定《西青区关于进一步完善原农业户籍居民养老保险补贴发放工作的实施办法》，保障养老保险补贴资金惠及于民、发挥实效。

（杜静静）

【社会救助】 2021年，区民政局深化社会救助审批制度改革，落实救助补贴资金区级发放，全年发放低保、低收入、特困供养和临时救助资金4254万元，残疾人两项补贴、困难群众物价补贴、电价补贴等各项补贴2900余万元，惠及13万人次。成立西青区未成年人保护工作领导小组，完善未成年人保护工作协调机制。为400余名困难家庭老年人安装居家养老服务设备。西青区救助管理站全年救助75人，为30名流乞人员提供返乡路费，帮助14人护送返乡，完成2名长期在站滞留人员的落户安置，帮助2名无户籍信息人员找到家人。

（张　贺）

【社会保险基金管理】 2021年，天津市社会保险基金管理中心西青分中心制定参保扩面实施方案，督促辖区内企业应保尽保，服务西青区参保缴费单位1.43万户，城镇职工养老保险的缴费21.56万人，工伤保险的缴费人数为20.47万人。保证西青区12.51万退休职工待遇按时足额发放，并做好领取养老保险待遇资格认证。开展“金秋敬老服务月”活动，成立志愿小分队，深入社区开展志愿宣传服务活动。

（张德亮）

医疗保障

【城乡居民基本医疗保险】 2021年，西青区医疗保障局实施全民参保计划，全区参加基本医疗保险64.84万人，其中城居医保36.67万人，城职医保28.17万人。清理各类重复参保人员4.5万人。举办基层工作人员培训班，召开专题推动会，走访10个街镇，核实困难人员全额资助参保政策，确保辖区各类困难人员及时享受医保政策待遇。

【医保改革】 2021年，区医保局推进辖区12家公立定点医疗机构落实京津冀联采和五批次国家药品“4+7”集中带

2021年，区民政局领导走访慰问困难群众

量采购。推动辖区医药机构及时完成15项国家标准化信息业务编码赋码，确保机构信息平台准确上线对接。推动西青医院纳入全市第二批DRG试点机构、信泰医院纳入第一批DIP试点机构。在全区范围内推动医保支付改革。

【医保待遇】 2021年，区医保局采取“区级+街镇+村居”的三级工作模式，为43名民政救助人员发放市重特大疾病医疗救助55.73万元，为6人发放因病支出型困难家庭医疗救助25.63万元。发放各类区级医疗补助7740.31万元，惠及群众3.55万人次。兑付区级参保补贴3166.37万元，惠及群众14.3万人。实现并保障事业单位补充医疗保险项目平稳衔接、有序运行，全年承保事业单位208家，参保人员1.26万人，总保费1101.68万元，保费单价由2020年的920元/人降低到870元/人。

【医保监督】 2021年，区医保局强化医保基金全过程监管，采取整体推进、宣传培训、上下联动、部门联动、市区联动等方式。引入第三方专业机构、社会监督员力量，开展打击欺诈骗保专项整治行动，制定《信用分级分类监督暂行办法（试行）》，监督检查定点医药机构167次，累计检查覆盖率达100%，函询23次，行政处理8家，约谈10余次，移交协议处理33次，处理投诉举报5起，追回医保基金30万余元。

【医保服务】 2021年，区医保局推进医药机构医保联网建设，全域医保定点医药机构达137家、社区站室70家，医保联网开通100%，形成15分钟“医保服务圈”。实行区级医保补助资金“社保卡”社会化发放、事业单位补充医保辖区14家定点医疗机构一站式联网刷卡结算，受理医保视同缴费年限核定2665份，办理办结督办单48份。深入4个街镇服务窗口明察暗访，实现国企退休人员异地就医、医疗垫付报销、急诊留观调整等医保公共服务事项“全城通办”“一窗办结”，全年服务459人次。受理全额垫付医保报销业务5843人次。辖区失能初评机构1家，异议复评机构1家，定点护理机构66家，护理人员3100余人；评定累计6200余人，评定合格重度失能人员5700余人，提供护理服务累计12万余次。

（李欣玉）

基层自治与社区建设

【社区建设】 2021年，区民政局指导全区133个村、128个社区完成换届，共选举产生村委会成员461人、居委会成员640人。指导街镇依法依规设立村（居）委会下属委员会，完成人民调解、治安保卫、公共卫生、民生保障、文体教育、环境和物业管理委员会的推选工作。

【村务公开民主管理】 2021年，区民政局指导村（居）重新修订村（居）民自治章程和村

2021年，区医保局进行医保监督检查

规民约、居民公约。严格落实村(居)务公开制度,依托天津市村务公开信息管理系统,指导各村按指标公开,全区133个行政村实现各项指标100%公开。指导社区进一步规范细化社区民主协商流程,制定社区服务、需求、参与三项清单,实行社区“菜单式”服务。在28个试点社区引入社会组织开展“社区共建你我他”民主协商项目。社区就停车难、邻里矛盾、物业管理等各类问题召开协商议事会727次,解决居民关心的热点、难点问题891件。

(张　贺)

社会事务管理

【社会组织管理】 2021年,全区正式注册登记社会组织346家,备案社区社会组织1479家。建立1个区级指导、6个街镇社工站和21个社区志愿服务站。投入214万元开展35个民生服务项目,打造75个“家风家训”特色楼门;开展9场“黄手环”宣传活动;为60岁以上老年人免费发放防走失黄手环150个、定位贴45个。引导“两新”组织送服务,累计开展8场活动,直接服务群众350人次。推进“小巷管家”规范化管理,提高线上和线下督导力度,建立健全培训机制。疫情期间,开展排查登记、入户采样、秩序维护、信息整理、物资输送等工作,协助社区织密防疫防线共同抗疫。

【婚姻登记】 2021年,区民政局办理婚姻登记相关业务7266件,其中结婚登记2733件,离婚申请2157件,离婚登记1706件,补发婚姻登记证书591件,补发离婚证书79件,办理收养登记1件。接待现场咨询3000余件,妥善处理12345便民服务热线420余件,接待电话咨询、预约1万余件。开展婚姻家庭辅导,为225对当事人进行调解,其中效果显著的85对,当场成功化解婚姻危机的18对。开展“5·15国际家庭日”宣传活动,发放《致新婚夫妇的一封信》《婚姻登记服务指南》。

【殡葬管理】 2021年,区民政局出台区级公益性骨灰堂管理规定和丧葬用品生产销售网点布局规划方案,形成《天津市西青区殡葬服务设施布局规划(2020—2035年)》初步成果,推动西城寝园国企改制。涉中塘镇骨灰堂群众达432户、1万多个骨灰盒得到妥善处置。开展祭扫节日专项治理,张贴发放宣传材料累计约10.8万张;悬挂布标2131幅。全区11个街镇、133个村、131个社区组成巡查队伍,成功劝阻、制止不文明祭扫行为1735人次。出动执法人员3065人次,开展行政检查286次,查抄纸钱、冥币等封建迷信殡葬用品约517公斤。推动各社区开展网上祭奠、诗歌祭拜等文明祭扫活动,参与居民累计4.1万余人次。摒弃陋俗推进文明治丧,疫情防控期间强力推动丧事简办新办,落实无丧葬补助居民丧葬补贴审核发放,发放补贴1410人,两级财政支付

2021年,区民政局召开社区民主协商机制探索项目培训会

资金415.5万元。推行节地生态安葬，2021年10月19日举办西青区首届节地生态安葬活动，安葬逝者骨灰31具。

（张　贺）

老龄事业

【养老机构】 2021年，西青区率先在全市出台《西青区养老服务提升三年行动方案》，成立西青区养老工作领导小组，建成区级智慧养老服务中心。新建日间照料中心26家，新增养老床位407张，建成老人家食堂146家，二级老人家食堂配备恒温配餐柜90余个，发放助餐补贴10万余元。在西青区养老服务管理系统中上线重点人群关爱板块，启动居家护理知识普及宣传服务。全区11个街镇全部建成街镇级综合为老服务中心，建成52家日间照料中心，养老服务覆盖率达到70%。

【养老保障】 2021年，区民政局联合财政局制定《西青区日间照料中心考核补贴暂行办法》，发布《关于对已接收公建养老服务设施规范使用的通知》，全年发放养老企业运营补贴264.3万元。组织疫情防控、消防安全、食品安全等培训，举办养老护理员培训大赛。全年发放居家养老、百岁、高龄等各类补贴3558.61万元，为6.8万余名农业户口老年人投保助老健康御险，办理乘车卡100张，老年优待证1225张，督办单105件，各类投诉办结率100%。

（张　贺）

退役军人事务管理

【优抚安置】 2021年，区退役军人事务局落实优抚优待政策，发放优抚资金5339.91万元。将西青医院及西青区中医医院设立为退役军人医疗优待定点服务机构，在每个街镇设立1个医疗优待定点服务机构。转接伤残军人12人，带病回乡1人，新增审批60岁以上农村籍退役士兵77人，系统维护1302人次，整理随军家属档案393份，“两参”档案482份。完成190名残疾人员换证，其中残疾军人188人，因公伤残人员2人。逐月发放企业退休军转干部体检费及生活困难补贴80万元。联合下发《关于进一步加强我区困难退役军人帮扶援助工作的通知》，帮扶援助3人，帮扶援助金额计2.2万余元。结合重大节日慰问困难退役军人129户，为114名退役军人困难户、低保户、困难“五老”退役军人发放慰问品慰问金10万余元。接收自主就业退役士兵160名，安置军转干部19人、家属1人，退役士兵18人。发放退役士兵待安置期间生活补贴19.62万，补缴社会保险费用25.7万。发放181名自主就业退役士兵一次性经济补助1046万元。

【就业创业培训】 2021年，区退役军人事务局联合人社局等六部门组建承训机构评估小组，确定区内退役军人就业创业承训机构8家，设置职业技能培训专业54个，申请参加市区两级技能培训60人，其中取得相关证书退役士兵16人。采取线下集中授课和线上自学相结合，组织160名自主就业退役士兵开展适应性培训。受理审核应征入伍高等学

2021年，区民政局召开养老服务工作推动会暨智慧养老系统运行工作部署会

校国家教育资助申请153人。为60周岁以下退役军人建立就业、失业台账6000余人。开展线上线下退役军人及军人军属专场招聘活动4次，邀请148家企业提供优质岗位6100余个，全年实现退役军人新增就业332人。

【双拥创建】 2021年，区退役军人事务局为16支区内外部队送去慰问品160余万元。为全区退役军人及优抚对象发放慰问信、对联福字13000余份，发放慰问金、慰问品合计400余万元。走访慰问荣立二等功以上退役军人46名，慰问品计4.6万元。慰问困难退役军人家庭63户，发放69份慰问品3.3万元。开展立功受奖送喜报活动，发放喜报34份，其中“四有”优秀士兵（军官）25份，三等功9份，为9名荣立三等功现役军人家庭、3名退伍荣立三等功义务兵发放奖金计3.5万元。落实随调家属安置有关要求，14名随调家属进入安置流程。协调军人子女入学入托59人，同等条件下优先1人，降分录取2人。发放随军未就业家属发放补助金59万。投入近10万元，为驻区66018部队打造学龄儿童课余活动区。

【褒扬纪念】 2021年，区退役军人事务局制定西青区烈士纪念设施提质改造整体规划，实施区革命烈士陵园的提升改造，投入43万元用于区烈士陵园的设施保护。开展“清明”期间集中凭吊先烈活动，保障烈属祭扫150人次，接待单位122家，累计8600余人次。发挥区烈士陵园爱国主义教育基地作用，开展纪念建党100周年图片展，受教育人数10000余人次。“七一”前夕，对本区户籍地的60位烈属进行走访慰问，每户发放价值616元的米、面、油等六样慰问品，共计36960元。

【军休服务管理】 2021年，区退役军人事务局组织军休干部开展“重走长征路”“学党史 守初心 老兵永远跟党走”等主题教育活动，向34名老党

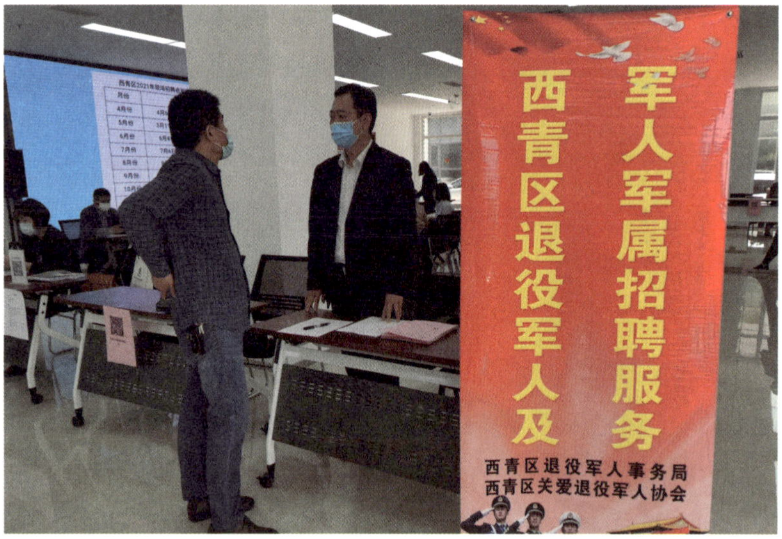

2021年，西青区退役军人招聘服务现场

2021年，西青区举办“共建一家亲 双拥情更浓”送文艺演出进军营活动

员发放“光荣在党50年”纪念章。发挥军休干部“五老”作用和自身优势，到杨柳青一中、张家窝镇消防救援站等单位进行宣讲。

（丁　一）

残疾人事业

【社会保障】 2021年，区残联新办残疾证708人，证件注销453人，遗失补办和残损换新234人，入户鉴定75人，“跨省通办”业务受理16人。接待来访170件次起，处理平台督办单130件次，免费为残疾人提供法律援助28人次。全年投入资金1140余万元，完成“助残四项实事”民心工程项目。包括为全区16688名持证残疾人免费缴纳133.50万元意外伤害保险；为0—59岁符合条件的2400余名残疾人发放居家服务补贴；投入260余万元，实施孤独症和残疾儿童康复救助服务项目；为2206名残疾人免费配发辅助器具16种2108件。投入186.79万元，走访慰问残疾人家庭5318户；投入65.9万元为885名符合参保条件的残疾人上养老保险；为20余名生活困难的残疾人发放临时救助款10万余元；投入4.75万元慰问95户孤独症儿童家庭；为917名残疾人发放残疾人机动轮椅车燃油补贴23.84万元。

【精准康复服务】 2021年，区残联开展残疾预防大型宣传活动，深入社区、学校开展心理健康讲座。为21家残疾儿童康复定点机构437人次残疾儿童结算救助资金410.5万元。成立西青区孤独症康复知识教师授课团队，为200余名普校教师及社区群众开展孤独症知识讲座。为新增125名孤独症和残疾儿童办理救助审批手续。联合民政、卫健委、财政等8部门制定《西青区残疾儿童康复救助定点机构评审认定工作方案（试行）》，加强对残疾儿童康复定点机构的规范管理。制定《西青区贫困精神残疾人住院补贴救助方案》，将

2021年5月8日，西青区在张家窝镇滨河公园举行残疾人辅具发放仪式

2021年10月9日，西青区残联在精武镇举办“关注孤独症儿童，走向美好未来”主题讲座

172 名符合条件的精神残疾人纳入“西青区卫健委严重精神障碍患者免费服药”管理范围，并做好定点取药服务。推进家庭医生签约服务，签约 2459 人。为 31 名白内障患者实施复明手术救助，救助资金 12 万元。

【助学和就业】 2021 年，区残联协助教育局做好重度残疾儿童送教入户服务，拨付资金 52.5 万元，送教学生 105 人次。资助符合条件的学生 347 人发放助学金 38 万余元。组织 140 名残疾人开设计算机和保洁线上技能培训班。发放残疾人就业奖励补贴 35.2 万元。为 6367 名就业年龄段残疾人搭建就业平台，组织残疾人就业招聘会 2 场。奖励超比例安排残疾人就业和新招用残疾人就业的 8 家企业 23.11 万元。对 10 名从事个体经营的残疾人参加养老保险补贴 9.6 万元。为 2 名自主创业残疾人补贴 2.5 万元。新成立精武镇姚村残疾人“阳光工场”，全区社区（村）“阳光工场”达到 9 个，解决残疾人就业 100 余名。

【对口帮扶】 2021 年，区残联投入帮扶资金 280 万元，为甘肃省天水市麦积区 350 户困难残疾人家庭实施庭院改造工程。投入帮扶资金 60 万元，在麦积区残疾人就业帮扶车间新建占地 20 平方米、60 吨微型冷藏及冷风库，实现农产品贮藏、打冷和运输过程中防变质、生虫等，减少运输和贮藏损失，增加车间从业人员收入。为甘肃省景泰县残联捐赠 50 台电脑，价值约 10 万元。

（魏　静）

街镇建设

西营门街

【概况】 西营门街辖7个行政村(兴业里村、小元村、八里台村于2020年9月28日移交南开区),14个社区(其中春畅里社区、官易里社区、跃升里社区于2020年8月2日由南开区移交到西青区;2020年12月30日成立王顶堤家园社区及津洲花园社区)街域面积14.68平方公里,耕地面积87.08公顷。全年完成税收5.27亿元,同比下降10.14%;完成规模以上工业总产值6.99亿元,同比增长7.78%;完成固定资产投资8.01亿元,同比下降19.37%;完成限额以上批零住餐销售额43.19亿元,同比增长92.27%;完成其他社会服务业营业收入5.75亿元,同比增长14.36%。

【疫情防控】 2021年,西营门街调整新冠肺炎疫情防控工作领导小组,完善西营门街新冠肺炎疫情社区防控总体预案和村(居)疫情防控"子预案",持续对域内王顶堤商贸城、红旗农贸、向阳路菜市场、跃升里菜市场等重点点位进行检查与监督,累计出动60余人次对560余家企业及商户进行检查督导。3—11岁人群完成新冠疫苗首剂接种525人。18—60岁人群累计完成新冠疫苗首剂接种45898人,二剂接种34204人,加强剂接种2917人(其中康希诺加强剂接种773人,灭活疫苗加强剂接种2295人)。60岁以上人群接种11170人(其中包含外省外区接种3845人),接种率为76.48%。

【第二产业】 2021年,西营门街完成国家高新技术企业认定26家,成功申报雏鹰企业8家,国家科技型中小企业14家。加快对新经济产业园A1、A2、A3栋(计7.5万平方米)楼宇进行业态重组和优化提升。其中:A1栋入驻企业40家,累计注册企业420家,实现营业收入3.6亿元,税收3500万元;A2栋为青创广场项目,入驻企业76家,入住率87%,实现营业收入5800万元,税收550多万元;A3栋为58众创项目,累计引进企业55家,入驻率达89%,实现营业收入5500万元,税收500万元。柯文实业等19家企业获得市区资助资金148万元。发挥"132"工作组机制,及时解决企业反馈的问题,服务企业问题总数193个,综合满意度为100%。

【第三产业】 2021年,西营门街限额以上批发零售业21家,批零销售额43.20亿元,同比增长92.27%,社会消费品零售总额2.22亿元,同比降低6.80%;规模以上营利性服务业9家,营业收入5.75亿元,同比增长14.36%。全年累计完成注册企业367家,注册资金37.77亿元。其中,亿元以上企业5家,5000万元以上企业13家,千万元以上企业48家,北京注册项目10家,央企项目1家。经济产业园运营初见成效。全年引进企业115家,注

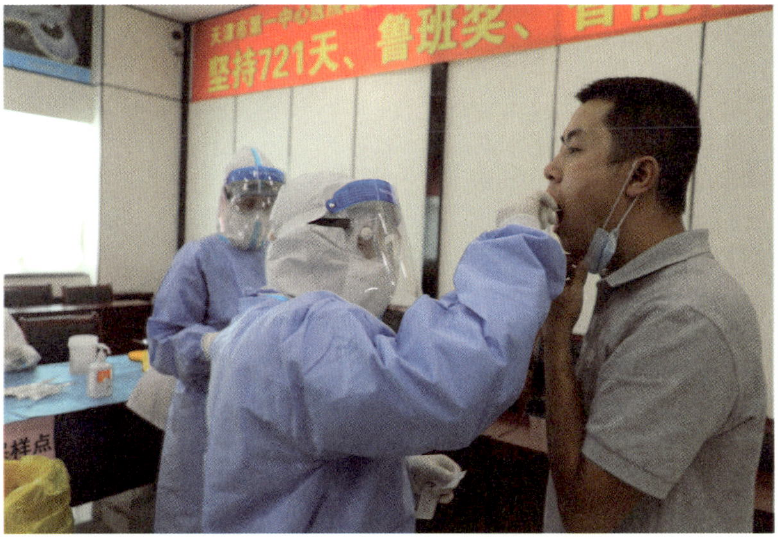

2021年,西营门街一中心工地开展核酸检测

册资金达3.14亿元，年收入8000万元，税收530万元。

【重点项目】 2021年，西营门街依托“一轴两带四个功能区”总体发展战略，全面推进华侨城京杭大运河（西青）大型文旅项目和健康医疗大数据中心与产业园项目落地落实，组织编制南运河片区、大明道以北片区、王顶堤中安药业地块等区域控规调整方案和城市设计，为西营门街经济发展奠定坚实基础。

【招商引资】 2021年，西营门街深化精准招商，多措并举加大招商力度，走访北京企业60余家，其中央企4家，有合作意向的北京企业9家。先后与中国光大集团、中国建筑股份有限公司、中国电力建设集团有限公司、中国能源建设集团有限公司等4家央企对接。中电建铁路建设投资集团有限公司设计院华北分公司、天津津飞扬科技发展有限公司、七零八零（天津）科技股份有限公司等注册资金在千万元以上的央企、国企、北京企业先后落户西营门街。

【基础设施】 2021年，西营门街投资440万元重新铺设大明楼雨水管网，沿小区南北主路新建总长1177米的雨水管道；投资17万元对利海家园东侧规划文正路进行维修改造；投资60万元对跃升里、春畅里等“飞地”社区进行小区内部硬件提升。投资50万元对文瑞家园日间照料中心加装外挂电梯。

【环境治理】 2021年，西营门街拆除各类违建3478余平方米。开展行政检查2721次，查处占路摆卖2200余起，乱堆乱放200余处，乱贴乱涂乱画100余处，治理户外广告660余处，渣土运输16起，饲养家禽9处，殡葬焚烧祭品40余处。为各村、居更换垃圾桶155个。落实示范社区生活垃圾分类“撤桶并点建箱房”，完成冬云家园2座箱房。推进清河湖百日清河行动，排查解决问题86处，清理水草480平方米、垃圾7.5立方米。实施全域清洁化工程，出动各种作业车辆60余车次、人员300余人次，清理老村台、背街里巷生活垃圾、杂物堆物、河道垃圾、水草、漂浮物40余吨。2021年5月，西营门街通过国家卫生区复审验收。

【党建】 2021年，西营门街选举产生新一届社区“两委”班子成员86人，村集体经济组织党组织班子成员35人。在王顶堤商贸区党群服务中心打造“光辉历程一百年 昂首奋进新征程”党史教育展，于5月8日正式对外开放。开展“学史力行践初心 我为群众办实事”实践活动，全街14个社区书记共走访群众13218人次，收集问题455个，解决286个。利用“微西营门”公众号及时发布信息动态，向群众汇报，发布信息852篇；向上级媒体报送信息900余篇次，采用近600篇次。

【社会事业】 2021年，西营门街高标准建设面积1000

2021年，西营门街七零八零公司与京东集团等企业举行签约仪式

平方米、涵盖10项服务功能的街综合为老服务中心，“七一”前正式投入使用。全街有542人享受居家养老补贴，其中享受市级补贴131人，区级补贴411人。建设片区嵌入式老年日间照料中心，有7个日间照料中心建成并正式投入运营。按照片区式养老结构，设立6个社区为老服务站点，形成“1+8+14”的养老服务模式，14个社区共有一级老人家食堂2个，二级老人家食堂14个，解决高龄和失能老年人“吃饭难”问题。全年举办线上、线下招聘会11场，211家企业提供就业岗位2231个，入场人数累计达2256人次。宣传小额担保贷款政策，完成318万元贴息贷款发放。

【社会保障】 2021年，西营门街有残疾人530人，发放春节慰问金3.18万元；发放通讯补贴2.74万元；发放重度残疾人护理补贴56.12万元；发放残疾人居家托养服务补贴5.48万元；为57名残疾人办理第三代残疾人证；为512名残疾人申请残疾人意外保险；为21名残疾人申请城乡居民养老保险补贴；为困难残疾人发放水电、燃气补贴1.04万元；发放重、特大疾病医疗救助金14.04万元。完成519名残疾人入户调查；为17名残疾人适配辅助器具；对4名困难残疾人进行临时救助；为72名残疾人发放燃油补贴；为104户残疾家庭申请水电暖气补贴；为1户困难残疾家庭在校学生和2名残疾学生申请助学金；为7名行动不便的申请人办理入户残疾鉴定；为74户残疾家庭发放送温暖和送凉爽慰问品。

【文化活动】 2021年，西营门街举办“永远跟党走 艺苑荟营城”“书香西营门 幸福千万家”等文艺演出活动计50余场。举办“关爱社区女性、展现魅力风采”“提升党性修养、弘扬革命精神”等各类讲座30余场。

【综合治理】 2021年，西营门街开展扫黑除恶法治宣传9次，发放各类宣传材料5000

2021年，西营门街党群服务中心为老服务中心试营业

2021年，西营门街妇联在津洲花园社区开展庆祝建党百年文艺汇演活动

余份。开展禁毒、反邪教、防范电信诈骗、推广“反诈 APP”等宣传活动 40 余次,发放各类宣传材料 10000 余份。开展安全排查,排查隐患 4985 项,整改隐患 4652 项,整改率达到 94%。对全街范围内电梯进行安全排查,检查电梯 539 台,查出隐患 1195 项,整改 1195 项,整改率 100%。开展食品安全专项整治,出动检查人员 2400 人次,检查商户 2800 户次,发放宣传材料 730 余份。落实社会稳定风险评估和矛盾纠纷排查调处机制,全年涉及市信访办“328”案件、中央巡视组“203”案件、市矛调中心“1227”交办案件 38 件,所有案件全部化解;成功化解历史积案 25 件。

(郝　婷)

李七庄街道

【概况】 李七庄街道位于西青区中部,东与河西区相邻,西与精武镇交界,南接大寺镇、西青经济技术开发区,北和南开区相连。占地面积 54 平方公里,辖 20 个行政村。全年完成税收 16.8 亿,同比增长 35.4%,完成预计目标的 120.28%;完成固定资产投资 45 亿元,同比下降 23.8%;完成规模工业总产值 13.55 亿元,同比增长 39.46%;完成批发零售额 71 亿,同比下降 3.95%;完成住宿餐饮业营业额 2.89 亿,同比增长 24.6%;完成其他服务业营业收入 13.4 亿元,同比增长 11.4%。

【疫情防控】 2021 年,李七庄街贯彻落实“外防输入 内防反弹”总策略和“动态清零”总方针,时刻保持戒备状态,防松劲儿、防漏洞、防反弹。本着“全民接种,应打尽打”的原则,李七庄街全力以赴推进疫苗接种,社区疫苗接种覆盖率达到 93%,全面建立辖区疫情防控屏障。

【第一产业】 2021 年,李七庄街完成春季重大动物疫病防控,共免疫散养鸡 6341 只、鸭子 824 只、鹅 1177 只、羊 75 只。成立“大棚房”问题专项清理整治行动“回头看”工作领导小组,推动撂荒农用地复耕,完成复耕面积 102.79 公顷。25.67 公顷复垦地块和边村基本农田 5.67 公顷水稻长势良好。水稻总产量 213.44 吨。

【第二产业】 2021 年,李七庄街战略性新兴产业产值占规模以上工业产值比重达到 15.14%,高新技术企业产值占规模以上工业产值比重达 28.35%,工业企业计 42 家,其中规模以上企业 17 家。主要分布在天祥工业园区、四新高科产业园等。通过双万双服促发展活动,天津市政企互通信息化服务平台收集企业问题近 300 项,并全部解决。通过亲商八条解决企业提出的道路标识、安全消防、市场对接、孵化器绩效考核、人力资源短缺、资金短缺等问题 20 余项。依托天津市中小企业融资综合信用服务平台,李七庄街注册企业 200 余家,解决街域内中小微企业资金困难问题。

2021 年 8 月,李七庄街疫情防护人员在建筑工地进行核酸检测

【第三产业】 2021年，李七庄街实际利用内资到位额30亿元，完成全年任务的115.37%。实际利用外资项目到位额150万美元，完成全年任务的150%。新增注册企业803家，完成全年任务的80.3%。注册资本50.24亿元，完成全年任务的77.29%。到位北京项目8个，完成全年任务的180%；重点招商引资注册项目71个，注册资本30.42亿元；引进央企项目3个。成功引进新洁智慧城市运营服务项目。

【科技型中小企业】 2021年，李七庄街完成国家科技型中小企业评价42家、国家高新技术企业申请25家，天津市“雏鹰”企业认定20家，天津市“瞪羚”企业认定2家。通过国家级众创空间备案1家，获批天津市市级孵化器1家，认定专精特新企业2家，通过技术改造升级项目企业1家。组织企业与国内外知名高校深入合作，实现“大学校区、科技园区、城市社区”三区联动发展，助推区域科技成果转化升级加力。引入天津市高校校友会科技经济融合研究会，打造“科技资源对接生态圈”。

【村镇建设】 2021年，李七庄街完成中兴路以北于台1地块和边村地块土地征转及土地移交，推进邓店大学城三角地项目、地铁上盖项目、凌口商业项目控规调整，推动中兴路以南联村洼片区招商。对接李七庄街域城市双修规划及李七庄街域总体城市设计进度，确定总体发展格局及规划定位，明确产业发展方向，形成李七庄街发展的“一张蓝图”。完成淄环路加装太阳能路灯项目计71套；完成李七庄街环外片区雨污水管线疏浚项目，雨水管道共计长约10千米，污水管道计长约20千米。完成地铁10号线工程李七庄街域内一个车辆段和五个车站总长6.8公里的拆迁；完成地铁5号线李七庄街南站临时路长364米宽4米的人行道路建设。在梨园头老村建设三类公厕4座。

【环境建设】 2021年，李七庄街开展春季河湖环境专项整治行动。对辖区12家涉挥发性有机物工业企业进行排查治理，指导9家企业制定管理制度，对53家涉危废企业送达危险废物管理承诺书。完成对天津市裸地核查系统在册的25块裸地的扬尘污染控制治

2021年1月18日，李七庄街与新安洁环境卫生股份有限公司签署投资合作协议

2021年，天津地铁10号线一期工程梨园头车辆段铺轨工程

理。新植绿化面积约2100平方米；对现有绿地提升改造约6000平方米。清理街域内主次干道路、背街小巷、城乡结合部垃圾、杂物80余吨。完成全国文明城区复查验收；累计拆除违建别墅236处，建筑面积约17万平方米。拆除辖区内各类违章建筑15处，建筑面积约8300平方米。推进垃圾分类，出动600余人次开展检查，填写检查单316张，发放责令限期改正通知书100份，立案查处11起，计处罚1.16万元。对运输撒漏、占路经营等各类违法行为计处罚160次，罚款9.84万元。

【党建】 2021年，李七庄街完成辖区13个村、18个社区的“两委”换届。全面落实“我为群众办实事”实践活动，制定基层党组织10方面13大项33小项专项活动，召开向群众汇报会73次。开展党史宣讲教育近百次，开展“云参观一二·九抗日救亡运动纪念馆”“红色光影微党课大赛”等活动。加大在产业工人、青年农民、非公有制经济组织、社会组织中发展党员的力度，全年发展党员53名。培训农村基层党组织书记160余人次，社区党组织书记100余人次，非公有制经济组织党组织书记80余人次，开展普通党员大轮训4500余人次。

【社会事业】 2021年，李七庄街新办第四幼儿园和第三幼儿园新都分园开园，增加公办学位540个。第五幼儿园二次装修工程基本完成。全街建成并投入运营62台公共充电桩，其中邓店欣苑40台，惠鑫花园22台。搭建“五社联动”共建平台，成立李七庄街道社会工作服务站，开展个案活动21个，开展活动40场，动员社区社会组织160家，完成社区特色服务项目12个，参与人次1200次。全年体育健身园器材更新第一批5套，第二批18套，两批计334件。召开11场招聘会，实现新增就业2239人。户籍人口基本养老保险参保覆盖率达94.79%，农籍居民基本医疗保险参保覆盖率达到100%。推进国有企业退休人员社会化管理，接收国企退休800余人。

【安全稳定】 2021年，李七庄街发挥“一中心多平台”的社会矛盾纠纷化解服务体系的优势，全年接待矛盾纠纷事

2021年6月27日，李七庄街朗庭园社区举办建党100周年文艺晚会

2021年，李七庄街在凌庄子社区开展《中华人民共和国安全法》培训

件90批次/301人，吹哨调度22次。第一批重复信访专项治理案件104件全部清仓见底。加强网格中心建设，全街共划分204个网格，其中社区网格92个、农村网格95个，专属网格17个。朗庭园小区确定为区级重点整治对象，全年开展治安清查24次，处理治安案件4件。加强重点人服务管理，为全街233名严重精神障碍患者家属发放看护奖励费。加强禁毒、反恐、反邪教工作，15名邪教人员已经全部转化。

【扶贫协作】 2021年，李七庄街为结对地区提供帮扶资金计102.3万元并拨付到位。继续推进扶贫协作，鼓励企业捐款近10万元；组织各村、各部门、各企业购买扶贫产品达513万元。

（张明明）

赤龙南街道

【概况】 赤龙南街道地处大寺政府南侧，东侧隔津港快速路与津南区的双港新家园相望；西侧为津港路、西青开发区；南侧是大寺家园；北侧与大寺住宅区及大寺工业园相邻；距外环南路3.5千米，距津港快速路1.3千米。街域面积3.02平方公里，全街包括公租房、限价房、商品房、公建区和市政区五个板块，计划居住人口11.3万，截至年底，有常住人口17410人。

【疫情防控】 2021年，赤龙南街制定《赤龙南街新冠病毒疫苗接种实施方案》《赤龙南街新冠病毒大规模人群核酸筛查工作方案》，落实“五包一管理”制度，完善三级包联机制。全年新冠病毒疫苗接种第一针次12—17岁无学籍人员219人，接种208人，接种率94.98%；18—59岁人员13117人，接种12780人，接种率97.43%；60周岁以上人员3308人，接种3296人，接种率99.64%。全年进行大规模人群核酸筛查演练1次，覆盖130余人；预防性核酸检测筛查2次，覆盖建筑工地、“七小”行业等重点人群350余人，做到疫情防控未出现感染群体、重点地区人员无失管失控现象。

【基础设施】 2021年，赤龙南街更换泽福路破损井盖7处，修复便道932平方米。在街道主要路段施划停车位331个，黄色禁停线和网格线7处，对街内198处路口便道进行坡道提升改造。医院、李宁文体中心、各小区新增无障碍停车位及指示牌26处。公交684路新线路正式运营，沿途双向增设8个站点，并在公交车站安装爱心座椅22处。

【环境治理】 2021年，赤龙南街深化卫生环境治理，完成183项隐患整改。加强赤龙公园绿地养护管理，增种碧桃100余棵，增绿面积300余平方米。对街道居民区等十类场景进行卫生环境治理，出动扫保工人231人次，机扫洒水车辆12台次，全面消杀蚊蝇，清理违法小广告约40处，苫盖绿网裸地面积1.3万平方米。

【党建】 2021年，赤龙南街开展讲党课活动43次，其中街道领导班子讲党课22次，各级党支部书记讲党课21次，全街7个基层党支部开展党日活动80余次，累计受教育达1300余人次。组织社区“一肩挑”“两委”班子参加市区级培训班6批次，分类分级开展培训班6期。全年下发党建提示单12期，开展党建工作督导4次。确定10名机关中层干部包联社区、选派5名机关年轻干部任职社区党组织第一书记。全街各级党组织开展志愿服务174次，党员认领服务岗位101个、认领群众微心愿58个。

【文明城区创建】 2021年，赤龙南街继续开展星期六创文志愿服务活动，开展绿色健康、勤俭节约、诚信建设等创文主题宣传活动22场次，受益群众4000人次。更新老旧破损公益广告311处，设置建党

100 周年景观小品 3 个，新增建党主题宣传栏 160 个。发挥街道新时代文明实践所和社区新时代文明实践站作用，开展"美家美院"大讲堂、民族民宗政策宣讲、学雷锋志愿服务活动、网络安全宣传、曲艺党课等各类文明实践活动 20 余次。

【社会事业】 2021 年，赤龙南街社会工作服务站挂牌成立。投入资金 125 万元启动建设充电车棚 5 处，总建筑面积为 1180 平方米。2021 年 9 月，赤龙南街综合为老服务中心和片区日间照料中心正式投入运营，5 个社区为老服务站点挂牌成立。街道第一家公立小学 E 地块小学正式更名为天津市西青区赛达津衡实验小学，于 2021 年 9 月 1 日正常开学。赤龙南街中心幼儿园、国英幼儿园完成年度招生。街道老年大学办学点全年教育培训 1518 人次。街道党群服务中心增加服务事项 35 个。办理就业困难群体认定 83 人，调解农民工欠薪 4 起，投诉人对处理结果满意度 100%。

【综治维稳】 2021 年，赤龙南街制定《赤龙南街深化网格化基层社会治理工作的实施方案》，举办网格员培训班 7 期，培训 200 余人次。接收 12345 和北方网投诉单 1667 件，居民满意率 84.22%。街道矛盾调解中心全年接待群众来信来访 128 批次，累计解决 123 批次。

【安全生产】 2021 年，赤龙南街持续开展安全生产专项整治三年行动，全年进行安全生产宣传教育 28 次，组织消防安全大讲堂 4 次，应急演练 5 场，发放各类宣传册两千余份。投入资金 4.9 万元在佳和兰庭、亲和润园、亲和泽园小区内划设消防通道、网格线、禁停区域。在亲安路、民畅道、康学道等路段铺设长度 613 米道路隔离护栏。

【文体活动】 2021 年，赤龙南街依托赤龙李宁文体中心，组织"赤龙李宁羽毛球邀请赛""赤龙李宁文体中心亲子运动会"等群众性文化体育赛事 6 场，举办"永远跟党走——庆祝中国共产党成立 100 周年群众性文艺展演""西青区文化惠民卡发行启动仪式"等群众性演出活动 5 场；促成文体中心剧场与北方演艺集团合作，加入文惠联盟，联系推动文化惠民卡发行落地。依托赤龙南街新时代文明实践所，组织文化惠民活动 35 次，覆盖 2000 余人次。

（王君伟）

杨柳青镇

【概况】 杨柳青镇位于西青区西北部，东与中北镇、杨柳青农场毗邻，西与河北省霸州市交界，南与张家窝镇、辛口镇接壤，北与北辰区、武清区搭界。2021 年，面积 64 平方公里。辖区 25 个行政村，17 个社区（居委会）。全镇常住人口 48143 户 109242 人。全年税收收入 9.1 亿元，同比下降 7.5%，其中镇级财政收入 3.03 万元，固定资产投入 7.6 亿元，同比下降 33.5%。

【疫情防控】 2021 年，杨柳青镇制定《西青区杨柳青镇

2021 年 8 月 24 日，赤龙南街科协召开全域科普工作绩效考核部署会

新冠肺炎疫情社区防控工作实施方案》《杨柳青镇开展大规模人群新冠病毒核酸检测筛查工作实施方案》，重新调整镇新型冠状病毒感染的肺炎疫情防控工作指挥部成员，成立8个工作对接组，每个工作对接组分别制定各自的细化方案。完善包保机制，健全村居网格包保网络。党政班子成员分包到42个村居一线指挥，抽调145名机关干部下沉到各网格，持续上门推动疫苗接种。全镇现有人口132899人，至年底累计接种第一针125071剂，接种率94.1%；接种第二针106547剂，接种率85.2%；接种第三针62706剂，接种率58.8%。对建筑工地相关从业人员、"七小"行业相关从业人员、辖区高校师生、物流园相关从业人员、国家公务员考点、重点区域人员开展核酸检测，累计对34100人次进行核酸检测，检测结果全部阴性。

【第一产业】 2021年，杨柳青镇整合十三街、十四街、东桑园、前桑园四个村土地资源，建设钢骨架大棚和装配式日光温室114.86公顷；实施大柳滩村13.33公顷水稻种植示范基地建设，引进种植优质小站稻。完成中亭河右堤和子牙河左堤两侧绿化更新，栽植树木9300株。全年完成粮食作物播种面积941.62公顷，产量5131.26吨；蔬菜播种面积606.87公顷，产量26846.44吨；生猪出栏15307头，肉牛出栏265头，羊出栏1323只，出栏家禽8550只，鸡蛋产量190.64吨。全年防疫猪7653头、牛1944头、羊5057只、鸡99031只。

【第二产业】 2021年，杨柳青镇规模以上工业实现总值136.7亿元，同比增长19.1%。佳利电梯、泰正机械、盛达新材料、康圣特4家企业申报国家级"专精特新小巨人"项目，其中佳利电梯获得"专精特新小巨人"称号，佳利电梯申报天津市制造业单项冠军培育项目。申报工业企业技术改造6家，分别是康盛特新能源汽车配件注塑生产线项目、泰正机械多工位冲压生产线智能升级改造项目、金贝尔塑料家居用品生产线、佳利电梯电动机智能化生产线、华衡伟业出口型称重产品生产线技术改造项目、中泰电气生产线技改。申报技术中心6家，分别为康盛特、爱你仕、泰正机械、佳利电梯、华兴电机、鑫宝龙。对泰正机械、鑫宝龙电梯、佳利电梯、华兴电梯的技术中心项目进行复审核查。全年全镇工业企业获得区级政策支持资金378万元。

【第三产业】 2021年，杨柳青镇实施"文化+旅游+创新"发展战略，形成以文化旅游产业为主导、以文化创意为特色、以商务商贸为辅助协同发展的产业发展思路，促进经济的可持续性发展和产业结构的不断提升，打造杨柳青宜居环境。2021年11月，杨柳青镇被命名为天津市市级特色小镇。石家大院获评"天津市文明单位"称号，杨柳青古镇景区获评

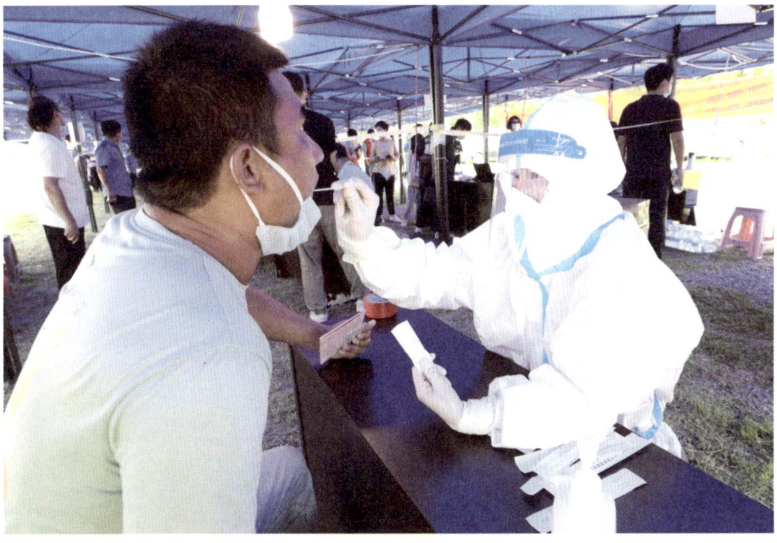

2021年，杨柳青镇核酸检测现场

“第一批国家级夜间文化和旅游消费集聚区”“首批市级旅游休闲街区”。

【重点项目建设】 2021年,杨柳青镇实施《杨柳青镇村街项目准入评估方案》,累计对接企业130家次,全镇新增注册企业620家,注册资本52亿元,实现津外内资到位额1.7亿元。举办招商顾问聘请大会,签约6个项目、4名专业招商顾问和1家招商顾问公司。杨柳青镇共享经济产业园项目签约6个项目。梳理盘活镇工业园区、厂房低效和闲置载体资源,梳理出闲置地块163.19公顷,楼宇1.7万平方米。

【工业园区建设】 2021年,杨柳青镇园区驻区企业143家,全年实现工业总产值36.86亿元,实现税收1.03亿元。园区内新认定国家高新技术企业15家,累计达到57家;认定“雏鹰”企业26家、“瞪羚”企业2家、国科小企业43家,规模以上企业30家。拥有名牌产品2个、著名商标7个。对园区道路的破损路面进行修补,对雨、污水井盖进行更换。开展“双万双服促发展”活动。全年收集企业问题136个,解决率100%,办理率100%。组织10家企业参加政企会客厅,解决问题11个;组织6家企业参加早餐会商,解决问题6个;组织6家企业参加下午茶叙,解决问题6个;组织开展政策宣讲5次、组织银企对接对4场、企业减税降费专项培训2场。

【基础设施】 2021年,杨柳青镇贵福苑二期17栋、1132套住房主体工程全部竣工。示范镇幼儿园(地块一)项目完成主体施工。推进王顶堤、英伦现房还迁,王顶堤(津洲花园)还迁入住140余户,英伦名苑还迁入住170余户。重点建设项目大柳滩幼儿园、东咀小学、东咀幼儿园主体竣工。大柳滩小学投入使用。青水家园3号楼1、4门,6号楼1、2、4门加装电梯全部投入使用。

【社区建设】 2021年,杨柳青镇完成14个社区“两委”换届选举,选举产生“两委”成员105名。新招录社工13名。全年组织各类培训40余场次,累计受教育人数1500余人次。在11个小区内的17个点位建设汽车充电桩212根,在5个小区内的38个点位建设公共晾晒区。加强物业管理,建立和完善“三方联动”工作制度,营造文明和谐、规范有序的社区物业管理环境。杨柳青镇社会工作服务站9月正式挂牌,采取“政府购买、项目运作、委托运行”的服务机制,入站运营区、镇、社区三级各类服务项目计70余个。加快推进乡村振兴示范村建设,白滩寺村被列为天津市100个乡村振兴示范(试点)村之一。

【环境建设】 2021年,杨柳青镇开展“春季河湖环境专项整治活动”,排查整改问题20项。利用工况用电系统监管73家涉气企业环保设施运行情况,累计处置237次异常情况。对涉气单位排污口采样

2021年,杨柳青镇重点项目签约仪式

平台进行规范整治，清单内77家企业全部完成整改。督促46家涉VOCs企业按时更换活性炭，督促4家环保设施治理效果低效企业进行升级改造。组织第三方清洁公司对全镇约120家餐饮经营单位的油烟净化设备进行清洗。对镇域内36家汽修行业危险废物处置情况进行检查，并签订危废承诺书。开展医疗卫生机构放射性同位素与射线装置排查，涉及33家医疗机构。建设一座垃圾综合分拣处理中心。实施居民小区垃圾分类“撤桶并点”，在柳溪苑和宁福苑2个社区建设垃圾分类箱房10个。杨柳青镇通过2021年国家卫生镇复审。

【党建】 2021年，杨柳青镇开展党务干部培训班6期。推进“我为群众办实事”，从志愿服务、环境整治等6个方面共制定“实事项目清单”3564条，均全部完成。持续抓好“两新”组织党建，开展物流园区党员示范商户挂牌活动，新挂牌党员4户；新建天津光大绿色食品产业园指导站党建指导站；选派社会组织党建指导员68家；选派养老院党建指导员4家。全年开展主题宣讲200余场次。在“古镇杨柳青”微信公众平台发布相关信息1600余条，区级媒体采用50余条，新华社、学习强国、天津电视台、津云等媒体报道20余条。

【社会事业】 2021年，杨柳青镇建立和完善以生活照料、老人就餐、医疗康养、精神慰藉为主要功能的日间照料中心，打造“15分钟养老服务圈”，完成镇级为老服务中心和宁福苑日间照料中心的建设。推进杨柳青庄园提升改造，提升园区监控、广播系统，完善无线网络覆盖，改造会议中心、公共卫生间部分设施环境。对42个村居退役军人服务站进行提升改造。

【社会保障】 2021年，杨柳青镇举行17场招聘会，提供岗位2600余个，完成新增就业2000余人。帮扶63名毕业生

2021年，杨柳青镇召开国际社工日主题大会

2021年，杨柳青镇大柳滩小学喜迁新校

完成就业。举办技能和创业培训班五期，其中15人有意向自主创业，6人取得营业执照创业成功；职业技能培训340人。为55名失业人员申领失业金。为企业和个体工商户办理小额担保贷款982万元，完成目标任务196.44%，有效缓解企业和个体资金困难。接待城乡医疗全额垫付申报961人次，住院费用总金额610.48万元。全年门特住院报销人数1325人，累计报销药费165万元。为3189人次申请二次报销补贴，补贴金额508万元。新增115人参加城乡养老保险。128名被征地农民参加城乡居民基本养老保险。

【社会治理】 2021年，杨柳青镇有序推进智慧平安社区建设，年内完成贵福苑、柳溪苑、青朗园等12个小区的硬件安装调试。杨柳青镇综合执法局进行行政执法检查6408起，行政处罚简易程序案卷8件，一般程序案卷15件，累计处罚金额29450元。全年办理群众来访来电1013件，受理便民热线12345投诉797件，受理上级督办案件42件，均处置完成，满意率达96%。全年治理农用地违章39宗，占地约3.48公顷。强力拆除一大批违法建设，累计拆除42处，6704.49平方米。

【文体活动】 2021年，杨柳青镇开展“惠民演出进村居——永远跟党走”歌咏活动；开展一系列以建党百年为主题的文化活动，包括绘画、书法等作品征集活动；参与西青区图书馆“学好天津党史，讲好天津故事”主题文化公益讲座2次；举办《百年华诞葆初心 砥砺奋进新征程》西青区杨柳青镇庆祝中国共产党成立一百周年文艺演出。广泛开展全民健身系列活动，参与西青区体育大拜年风貌展示、西青区广播体操比赛、“行走大运河”全民健步走大赛等活动。

【安全生产】 2021年，杨柳青镇落实“安全生产专项整治三年行动”。工业园区检查单位195家，排查出326项安全隐患，整改安全隐患326项；下达执法文书95份。举办村街社区物业安全员、企业负责人安全知识培训班4次，在杨柳青镇广场举办“安全生产宣传月”活动。及时反映全镇安全生产工作动态进展情况，编撰《安全生产日报》281篇、《安全生产季度专报》4篇。

【扶贫协作】 2021年，杨柳青镇为甘肃省天水市麦积区元龙镇、新疆和田地区于田县木尕拉镇和加依乡拨付帮扶资金计135.3万元。通过线上和线下方式，组织购买合作地区产品，累计消费516.77万元；动员社会各界为支援地区捐款155.01万元。

（冯月兰）

中北镇

【概况】 中北镇位于西青区北部，东临西营门街，西至杨柳青镇，南接天津高新区、华苑高科技产业园区，北隔京沪

2021年，杨柳青镇庆“七一”文艺演出

铁路、津保高铁与农工商宏达总公司(原杨柳青农场)毗邻。镇域面积39.78平方公里,辖22个自然村、一个集团以及31个社区居委会。中北镇全年实现税收收入14.3亿元,同比增长3.8%;固定资产投入67.3亿元,同比下降6.5%。

【疫情防控】 2021年,中北镇有序组织村(居)民及企业职工进行核酸检测;进行接种新冠疫苗。加强对居民小区、拆迁老村、集中隔离点等地配置居家观察和集中隔离人员生活垃圾专用桶进行集中消毒和清运。疫情期间慰问困难群众及困难学生计15户,发放慰问款7500元。全年完成疫苗接种184723剂(次),完成核酸筛查194634人(次)。2021年12月21日凌晨3点,东兴里发现1例阳性确诊病例,中北镇及时启动包括物资保障组在内的8个工作组,第一时间对东兴里相关区域实行封控、管控。对涉及接触阳性确诊病例的居委会5名工作人员以及东兴里5号楼2门的居民实施集中隔离,并对东兴里东区3、4、5号楼以及东兴里菜市场实施封控。同时对东兴南里、东兴里西区以及东兴里东区(除3、4、5号楼)以外的90个楼门栋进行管控。划定外环线以西、卉康道以北、星光路以东、卉锦道以南的范围为疫情防范区。对重点区域进行4次大规模核酸筛查,有效阻断疫情传播。

【第二产业】 2021年,中北镇完成工业固定资产投资1.38亿元,其中5000万以上项目完成投资1.08亿元。规模企业72家,工业产值过亿元的企业达19家,高技术(制造业)增加值占全区规模以上工业增加值比重指标完成任务额度的265%。截至年底有国家高新技术企业150家,国家科技型中小企业达到92家,市级高新技术企业认定149家,天津市科技型中小企业1044家,小巨人企业57家,"雏鹰"企业18家,"瞪羚"企业4家,天津市高新技术企业培育库入库28家,有效专利8000余件,万人发明专利持有量达到21件。设立陈军院士专家工作站,中汽数据获批市级智能网联车领域企业重点实验室。全年新申请智能制造项目13个,"专精特新"种子项目7个以及工业企业技术改造扶持项目11个。完成天津天银科技有限公司和博慧汽车项目主体建设;华夏车辆厂区投入使用。

【第三产业】 2021年,中北镇完成限额以上批发零售业商品销售额119.38亿元,同比增长28.6%;限上住宿餐饮业营业额1.54亿元,同比下降17.8%;限上交通运输业营业额8.1亿元,同比下降12.5%;限上其他服务业营业额13.6亿元,同比增长11.8%。高技术服务业增加值占全区限上服务业增加值比重指标完成任务额度的197%。完成永旺梦乐城三层扩建项目土建工程,同时交与永旺梦乐城(天津)商业有限公司进行二次装修。建筑

2021年,中北镇组织实施全员核酸检测现场

面积约14万平方米的大悦春风里项目完成与大悦城签约，项目包含永旺南商业及永旺西二期工程。运河商务区停车场项目完成投资建设，可提供约6800个停车位。

【村镇建设】 2021年，中北镇华亭佳园南侧住宅地块（原九一九别墅）完成拆迁。完成跨域陈塘庄铁路引路部分主体工程。完成飞霞路（御河道—阜盛道）道路维修工程。完成阜锦道、曹庄花卉与外环线交口改造工程。完成叶子公园北侧辅路排水工程。完成梁晨馨苑、溪悦园（中北斜）、溪悦园（祁庄）、溪悦园（李楼）、溪竹苑、东姜井社区、溪华苑等小区的充电桩安装工程，累计安装65台。2021年5月投入150余万启动完成新建、拆分以及“飞地”交接的7个党群服务中心建设工程。

【环境建设】 2021年，中北镇对100家工业源企业进行减排、停工序措施，下半年工业源企业名单缩减至92家。对涉VOCs企业开展综合治理，对照VOCs治理问题排查清单，组织企业自行完成一轮排查，并上传填报工业企业建档立卡系统。推进南水北调中线天津干线（西青段）饮用水水源保护区排查治理。通过“132”工作组实地走访企业、帮扶企业，累计完成300余件涉及全镇环保问题的各级各类转办单，全部转办件办结率100%。完成万源路市场周边及密云一支路商业广告牌匾提升改造，万源路市场周边立面整修完毕。继续强化渣土临时堆放点位治理，对3个渣土临时堆放点位加强监管。完成万卉路、春光路、中北大道、星光路、海光路部分路段立体绿化建设，完成南运河花田花海河坡绿化新建工程，完成烈士陵园广场的提升改造。

【党建】 2021年，中北镇党委理论中心组先后组织集中学习26次，开展党史专题读书班、六中全会研讨班3次，交流研讨7次。各基层党组织集中学习500余次，支部书记带头

2021年，中北镇与大悦城控股公司举行签约仪式

2021年，中北镇提升改造后的花卉市场外景

上党课50余次,参观践学60余次,覆盖党员5000余人次。举办“永远跟党走”文艺演出等系列主题文化活动70余场。开设线上“红色云课堂”,在抖音等10个媒体平台播放党史学习课程400余期,浏览量达700余万次。评出五星党组织5个、无星党组织5个(2个村)。推动“两新”组织党组织增量提质扩面,新建5个企业党支部,实体单独建党组织达到48个。组织在职党员认领志愿服务岗679个,受理群众服务事项8319个,开展公益服务活动500余项。

【社会事业】 2021年,中北镇新建新望道小学主体封顶,二次结构完成80%。海光路小学履行征地程序。水西小学处于规划报审阶段。翡翠嘉和、博华苑幼儿园完成移交。2021年9月,南开敬业中北中学投入使用。民办天津西青南开敬业学校初中部,土建工程完成75%。3所普惠性幼儿园和2所托幼点采取公办委托管理的方式办成公办园。对学前阶段符合条件的农籍儿童补贴2020至2021学年度保育费约280万元;对高中阶段符合条件的农籍学生补贴2020至2021学年度学费约20万元。全年举行招聘会24场,其中网络招聘会15场,现场招聘会9场,累计服务企业746家次,提供岗位9000余个,推荐人员1.2万余人次。全年新增就业4600余人次,单位新增就业3100余人次,灵活就业1500余人次。

【社会保障】 2021年,中北镇养老保险个人缴费窗口累计服务镇内居民14377人,累计为5908人办理退休。完成养老待遇资格认证5198人。全年累计完成参保23185人,核定农籍人员享受区参保补贴1.9万余人,享受补贴金近420万元。为农籍居民5234人核定报销区、镇两级城乡医疗补助,其中区级补助740万元,镇级补助152.4万元;核定872人享受城镇职医疗补助31.6万元。核定区城乡医疗大病扶贫补助65人享受大病补助130万元,享受市因病支出型困难家庭医疗救助1人,补助金额5万元。重特大疾病医疗救助4人,补助金额4.5万元。

2021年,天津南开敬业中北中学外景

额度补助 10 人,补助金额 28.4 万。办理异地养老金资格认定 35 人。协调处理各类劳资纠纷 166 起,为参保职工及群众提供咨询及办理社会社保卡服务 836 人次。

【综治维稳】 2021 年,中北镇强化综治维稳专项治理,创新“1+3+N”信访模式。解决拖欠农民工工资问题 8 起,涉及金额 300 万元。镇矛盾调解中心“吹哨”11 次,涉及 15 个属事单位和部门及 100 余名信访人。强化“四失五类”服务保障机制,对 7118 名“四失五类”重点人群进行分色分类管理。强化网格化管理,共收到网格员代办事项 338 件,办结 322 件,正在处置化解 16 件。

【安全生产】 2021 年,中北镇排查镇内企业 1600 余家,排查出电气线路、消防设施、安全防护等方面的隐患 1750 余条,整改 1720 余条。对全镇 31 个社区 72 个居民小区开展以电梯使用、楼道堆物、电动车治理等方面进行重点排查;责令查出的 350 余条隐患限时完成整改。对镇域内菜市场 5 家、餐饮服务单位 776 家进行检查,对发现的 9 家商户物品堵塞消防栓、8 家商户电线缠绕未穿管、10 家煤气罐扎堆、2 家三合一住宿进行安全整改。对镇域内 17 处雨污水泵站等可能产生硫化氢的点位进行检查。全年开展大规模检查活动 3 次。以“安全生产月”“森林防火周”“5·12 防灾减灾日”“11·9 消防安全日”等活动为契机,开展安全法制宣传活动 50 余场次,发放宣传材料 3 万余份。

(庞庆燕)

大寺镇

【概况】 大寺镇位于天津市西南部,距市政府 8 千米,距区政府 35 千米。东与津南区毗邻,南与王稳庄镇相依,西与精武镇接壤,北靠外环线,与李七庄街相邻。津淄公路、津港公路、友谊南路(延长线)及李港铁路纵贯南北,外环线、梨双路、芦北路横穿东西,赛达大道贯穿其境。全镇总面积 89 平方公里,辖 15 个村委会、11 个居委会、11 个社区工作站。常住人口 13 万人。大寺镇全年实现税收 9.99 亿元,同比增长 12.81%。固定资产投资 31.65 亿元,同比增长 47.55%。

【疫情防控】 2021 年,大寺镇精准高效开展疫情防控排查,累计排查重点地区来津人员 2 万余人,对 500 余人落实“三类人员”管控措施。全镇设立 55 个核酸采样点,投入近 20 万元兴建核酸检测站,多点位开展大规模人群核酸检测实战演练,强化疫情应急处理能力。建立新冠肺炎疫苗大型临时接种点,全民接种疫苗率达到 95%以上,构筑疫情防护屏障。

【第一产业】 2021 年,大寺镇发展现代高效农业,启动占地 73.33 公顷设施农业建设。蔬菜播种面积 159.56 公顷,蔬菜产量 5417.5 吨,粮食产量 2021 吨,肉牛出栏 553 头,牛奶产量 2582.21 吨,渔业产量 3311 吨。完成口蹄疫防疫 2500 头,禽流感防疫 2.8 万只。对全镇 150 个池塘计 720.4 公顷鱼池进行安全检查,推广大宗淡水鱼和南美白对虾混养错峰上市模式技术养殖 120 公顷,为全镇 130 户养殖户进行技术指导。

【第二产业】 2021 年,大寺镇实现规模工业总产值 132.98 亿元,完成营业收入 142.28 亿元,其中焊接材料行业比重占规模企业的 31.01%;钢铁制造业行业比重占规模企业的 28.98%;生物医药行业比重占规模企业的 4.09%;汽车零部件行业比重占规模企业的 1.22%;其他行业比重占规模企业的 34.7%。大桥大寺智慧工厂建设项目总投资 6500 万元,开工累计完成投资 4207 万元,完成总投资的 64.7%。鼎星汽车配件(天津)有限公司汽车零配件生产项目计划总投资1.2亿元，建设1.7万平方米厂房，累计完成投资3845万元，项目主体基本完成施工。全年申报第二批天津市智能制造专项项目3家，天津市“专精特新”种子企业2家。2021年度天津市专精特新中小企业1家；“小长大”工业企业扶持奖励资金项目3家。

【第三产业】 2021年，大寺镇完成限额以上批零业销售额210.66亿元，同比增长26.78%。限额以上住宿餐饮业营业额2.16亿元，同比增长63.56%。限额以上服务业营业收入15.99亿元，同比下降2.2%。按照标准化菜市场建设要求，对大寺镇龙居菜市场示范菜市场进行提升改造。各景区全年接待84290人，旅游收入191.22万元。

【科技创新】 2021年，大寺镇组织27家涉及生物医药、信息技术、高端装备制造、新能源、新材料等重点支持领域企业申报国家级高新技术企业。组织申报天津市“知识产权特色小镇”建设项目，完成新动能引育主要指标和重点任务。全年认定国家高新技术企业28家、“雏鹰”企业15家、“瞪羚”企业1家、“领军”企业4家，发明专利105件。

【招商引资】 2021年，大寺镇新注册项目783个，注册资本总计94.89亿元，完成内资到位额14.63亿元、外资到位额100万美元，到位京津冀项目8个，到位京津冀资金3.06亿元。签约落地重点项目包括上海发网华北总部智能物流机器人、中筑康养等10余个项目。重点在谈项目包括中信城开产城融合、中南高科智谷创新产业示范基地等多个优质项目，其中镇与中信城开、中南高科、国开新能源、永聚焊材、友仁有余科技等重点项目签署框架协议。开展“双万双服促发展”“亲商八条”服务活动，有285家重点企业和23个重点项目被纳入政企互通信息化服务平台，企业开通率和信息完善率达到100%。累计走访企业580余次，组织政策宣讲会、问题协调会、惠企培训累计118次，为企业解决问题180个。大寺镇领导班子包联辖区

2021年，大桥智慧工厂全自动分拣包装建设项目

2021年4月，大寺镇与上海发网华北总部举行智能物流机器人项目签约仪式

内54家企业，发现企业困难和问题及时协调解决。

【村镇建设】 2021年，大寺镇完成门道口住宅地块挂牌出让，美的正荣、绿城等知名房地产企业进驻大寺，开发建设商品房面积28万平方米。推进门道口、周庄子等村还迁房项目配套工程建设。推动周庄子、张道口、李庄子地块整理，协调推动地铁7号线场站上盖项目。完成门道口、周庄子还迁房收尾工作，加快推进南里八口、李庄子、贾庄子村民还迁房项目建设。启动大寺镇雨污水管道切改、龙泉道弱电通讯入地改造、津昌道北侧环境综合整治等工程，完成镇域内5条道路维修、梨双公路与津荣道街角提升改造、大寺汽车园路灯维修等项目。津港公路拓宽改造项目全部施工完成，实现全线通车。

【环境建设】 2021年，大寺镇绿化造林面积达到1400公顷。采取多方联动，开展企业涉气、涉水、涉危废等排查，全年处理各类督办案件170件。协调处置386家饮食服务业油烟治理。聘用第三方作为"环保管家"对200家工业企业、150余家汽修企业进行环保排查。对9个老旧村庄、2个工业园区完成计265.72万平方米市容环境综合提升。严格落实"河长制"，解决河道、坑塘沟渠问题60余处，清理河道及沟渠垃圾2400余吨、打捞漂浮物2.04万平方米。投入133.5万元聘第三方对三类公厕进行统一管理维护。大寺镇国家卫生区复审顺利通过。

【党建】 2021年，大寺镇圆满完成村（居）组织换届，对村居两委班子成员开展集中培训4期，计450余人次。召开大寺镇第十三次党员代表大会，补充选举产生125名大寺镇党代表。截至2021年12月，大寺镇有117个基层党组织，其中党委建制10个，党总支建制14个，支部建制93个；党员2836人，其中农村党员1418人，社区党员898名，"两新"组织党员342人，机关党员178人。大寺镇192名党员获得"光荣在党50年"纪念章，5名党员获评西青区优秀共产党员，2人获评西青区优秀党务工作者，2个支部获评西青区先进基层党组织。

【社会事业】 2021年，大寺镇与天津益中达成合作协议，天津益中西青学校正式投入使用。投入488万元建设大寺镇龙顺园幼儿园。完成龙居幼儿园分园（大任庄园）提升改造。市级重点工程九十五中益中学校正式开学。与王稳庄镇、天津师范大学签署《助力乡村振兴教育合作框架协议》。建设2个老年人日间照料服务中心，成立2家老人家食堂。成立村居退役军人服务站25个、镇关爱退役军人协会1个。以村居健康指导室为阵地，配备基础保健监测医疗设备，开设养生及疾病预防课程，全年服务1500人次。大寺镇有托育服务机构4所，提供托位180个。成立大寺镇红十字宣

2021年，大寺镇开展创建全国文明城区宣传活动

教站，开展3场应急救护培训，受益群众150人。组织116人集中献血，献血总量达4.2万毫升。累计投入资金100余万元，开展“书香大寺”“楼门文化建设”等公益服务项目，辐射11个社区，开展各类活动100余次，参与居民2000余人。

【社会保障】 2021年，大寺镇举办线上线下招聘会13场，参会13713人次，达成意向585人次。组织申报符合城乡居民大病扶贫补助政策人员59人，落实补助资金117万余元。农籍居民参加医疗保险基本达到100%全覆盖，为困难群众发放各类救助补贴资金453万余元。受理劳动争议案件625起，涉及791人，金额113余万元，有力维护劳动者合法权益。全年扶持奖、特扶人员2093人，发放扶助金计501.7万元。

【社会治理】 2021年，大寺镇持续巩固拆违治乱三年行动，累计拆除各类违法建筑282万平方米。推进矛盾风险防控化解，全年信访接待1458人次，化解1386人次，化解信访积案63件。打造基层治理“全科网格”，完成全镇13万余条居民信息录入。全年审核经济合同386件，应诉案件66件。开展防范电信诈骗宣传活动，组织下载安装“国家反诈中心APP”4.5万人次，提升辖区群众对电信诈骗犯罪的防范意识。

【文化活动】 2021年，大寺镇采取线上及线下相结合的方式持续开展各项文化体育活动。围绕中国共产党成立100周年及“我们的节日”等重大节日节点开展文化惠民演出及文化志愿服务活动。组织线上及线下文化、体育活动70余场次、培训30余场次、阅读推广活动14次、放映优秀影片180场。创建秧歌花会展演、消夏晚会、大寺百姓大舞台、广场舞大赛、群众文化艺术节5个文化品牌活动。新建和更新社区体育园1个，健身园16套，为全民健身提供良好的环境。

【安全管理】 2021年，大寺镇落实安全生产责任制，持续开展安全生产隐患大排查大整治行动。对企业、人员密集场所、群租房等1960多家单位进行安全隐患排查，发现隐患4139项，立行立改3652项。重点九小场所安装烟感报警器500余个。对张道口村C区楼、生计楼进行消防设施改造。投资900余万元，在赤龙澜园安装汽车充电桩15个，建设电动自行车车棚4个，安装充电柜135个。全年破获非法加油案件18起，没收汽油4.61吨、柴油0.5吨。开展食品安全宣传和专项检查活动5次，接受群众咨询200余起，清理取缔居民楼违法餐饮经营单位3家。对镇域内建筑工地定期进行拉网式检查，查出安全隐患210条，现场整改160余处，限期整改50余处，整改率达100%。

【扶贫协作】 2021年，大寺镇向对口支援单位拨付扶贫资金99万元，募集社会捐款

2021年6月，大寺镇举办庆祝中国共产党成立100周年文艺演出

150余万元，用于新疆于田县先拜巴扎镇、新疆于田县斯也克乡、甘肃景泰县寺滩乡3个地区构建“携手奔小康”立体化帮扶项目建设。动员和组织社会各界参与扶贫，完成消费扶贫537.57万元。

（邹宗月）

张家窝镇

【概况】 张家窝镇位于天津市西南部，距市中心城区12公里，距区政府驻地杨柳青镇8公里。东与精武镇相连，西靠京沪铁路，南濒独流减河与静海区相望，北与中北镇、高新区接壤。全镇总面积63.4平方公里，有耕地1340公顷，全镇总人口56219人，总户数23829户。辖区7个行政村，11个村级股份经济合作社，16个社区。工业园区企业280家。全年完成固定资产投资110亿元，同比增长7.02%；税收9.83亿元。城镇居民人均可支配收入5.05万元。

【疫情防控】 2021年，张家窝镇制定《天津市西青区张家窝镇新冠病毒疫苗接种实施方案》，成立以镇党政主要负责同志任组长的新冠病毒疫苗接种工作领导小组。春节期间，镇机关186名干部下沉至各社区防控卡口参与值守，对中高风险地区来津人员进行多轮次排查，共计排查15999人次。将社会山都喜酒店作为入境人员集中隔离医学观察点，建立工作专班提供全方位服务，圆满完成多批次入境人员的医学观察任务。全镇网格内总人口152423人，截至年底新冠疫苗接种144681人，接种率94.92%。

【第一产业】 2021年，张家窝镇持续推进农业产业升级，依托梦森兰蝴蝶兰、丰邦蔬菜等特色农产品，深化花卉苗木、有机果蔬基地建设，打造具有品牌特色和优势的高端产品，提高农业整体效能。贯彻落实“田长制”工作机制，严守耕地保护红线。严格落实“棚长制”，实行清单式、台账式管理。种植小麦182.67公顷、水稻113.33公顷及其他作物104公顷。加大设施农业种植管理力度，天兴佳业、金宝贝农场等种植企业合理安排种植茬口，丰富农产品品种。

【第二产业】 2021年，张家窝镇完成规模以上工业总产值73.43亿元，同比增长7.42%。汽车配套、新能源新材料、高端装备制造、生物医药四大产业主导地位更加凸显，天津（西青）国家级车联网先导区一期正式运行。协助企业申报各类项目，新培育国家科技型中小企业58家、“雏鹰”企业33家、“瞪羚”企业4家。大力实施“113”英才计划，组织18家企业申报2021年一般紧缺急需人才，申报扶持奖励57.3万元。帮助34人完成“千人圆梦计划”，获学历补贴7.48万元；兑现5批“113”英才计划资金资助30万元。

【第三产业】 2021年，张家窝镇完成限额以上批零业销售额16.2亿元，同比增长3.16%，限额以上住餐业营业额

2021年10月，张家窝镇稻田

2.44亿元，同比增长95.64%，限额以上营利性服务业营业收入21.76亿元，同比增长54.68%。

【招商引资】 2021年，张家窝镇推行定期走访、政企会客等一系列服务机制，累计服务企业325次，收集企业诉求109个；开展“接链护苗”专项行动12次；协调上级部门解决企业问题3个。全年实际利用内资项目26个，完成额39.9亿元；利用外资1750万美元，完成全年任务310%；央企落地项目3个，完成全年任务300%。

【基础设施】 2021年，张家窝镇新建滨河公园环保公厕，完善公园及镇区配套功能。完成张家窝镇殡仪馆服务中心室外景观改造工程。综合为老服务中心建成营业。建成中心小学东侧临时道路，完成道路混凝土过道管工程和吉庆道道路维修、董庄子步行街防水维修工程。

【环境建设】 2021年，张家窝镇新增绿化面积19.26万平方米，造林约16500株。完成山水花苑10万平方米景观建设，实施知景道绿化提升工程，打造“推窗见绿，出门见景”的绿色生态景观。持续巩固“散乱污”企业治理成效，拆除各类违法建设28处，治理农村乱占耕地37宗36.18公顷。引进厨余垃圾生化处理机，推进撤点并桶建垃圾厢房。张家窝镇通过国家卫生镇验收。

【党建】 2021年，张家窝镇全面落实党建工作主体责任，高标准完成镇、村两级换届选举。分类开展新任村干部全员轮训，开展“党组织书记轮值”活动。开展“我为群众办实事”实践活动，高标准实施14项办实事项目。建立党员干部回访制度，落实“双联系双报到”制度。开展党员入党集体宣誓和党委书记讲党史等庆祝建党百年系列活动。

【文明城区创建】 2021年，张家窝镇建立新时代文明实践所1处，新时代文明实践站17处。发挥媒体平台作用，开展创文宣传活动100余场。四季花城社区、如鱼物业、西闫庄村、李桂芳家庭等11个单位、家庭分别被评为天津市文明社区、单位、村、家庭，其中4家被评为全国文明社区、单位、村镇，2人被评为“天津好人”。

【社会事业】 2021年，张家窝镇实施6个老旧小区约11万平方米屋面防水维修工程。

2021年，张家窝镇招商引资重点项目集中签约仪式

2021年7月，张家窝镇举办庆祝中国共产党成立100周年文艺汇演活动

完成锦盛里、仁盛里、悦盛里等6个小区健身器械的更新。新增瑞欣家园健身园、香堤庭院健身园、嘉和路社区体育园三个室外健身站点、高泰路社区体育园、望湖路社区体育园和张家窝镇滨河公园多功能运动场。完成张家窝镇医养结合项目，该项目总投资约1.2亿元，建筑面积约1.3万平方米，包括张家窝镇综合为老服务中心和人寿堂养老院。实施原农籍人员养老人员补贴，全发放养老保险补贴金额6560.33万元，惠及原农籍人员8399人。镇社区卫生服务中心启动标准化全科门诊。

【社会治理】 2021年，张家窝镇调整优化网格布局，划分为“居住+专属”两大类、五大版块208个全科网格。建立分级分类管理台账，网格平台共接到问题上报38969件，办结30508件，完成率98.5%，满意率达到98%以上。社会矛盾纠纷调处化解中心接待来访228件3046人次，为2528名农民工解决欠薪4004.5万元。建立智慧平安社区管理系统，实行流动人口社会信息常态化采集的工作机制。开设“跨省通办窗口”，接待来访群众189件2493人次，累计化解142件。受理市委巡视期间督办、转办信访案件38件次，全部答复办结。顺利通过国家第三批新型城镇化综合试点验收。

【安全生产】 2021年，张家窝镇持续推进安全生产专项整治三年行动，签订安全生产相关目标责任书319份，组织召开10余场大型安全专题培训会。开展仓储物流、特种设备等专项检查14次，出动车辆200余部次，人员300余人次，累计检查企业1100余家，发现安全隐患240余处，全部整改。加强食品安全环境治理，累计检查餐饮食品商户1200余户次，发现隐患40余个，全部整改完毕。开展“3·15消费者权益日”、食品安全宣传周等活动，发放宣传材料近6000份，受众近万人。

【文体活动】 2021年，张家窝镇开展第四届群众文化艺术节系列活动和庆祝中国共产党成立100周年系列活动，举办“熠熠党心跃百年 翰墨光影颂华章”文化惠民书画作品展。新组建松雅合唱团、松韵舞蹈团，进行定期培训。开展全民健身系列活动，举办武术比赛、健身操舞大赛、乒乓球比赛等体育活动。

（马　旭）

辛口镇

【概况】 辛口镇位于西青区西南部，东与天津市西青区张家窝镇接壤，南与天津市静海区良王庄乡以独流减河为界，西至河北省霸州市杨芬港镇，北与天津市杨柳青镇前桑园村相连，镇域面积62平方公里，下辖18个自然村和2个社区，户籍人口39360人，常住人口46555人。全年完成规模以上工业总产值25.23亿元，同比增长11.19%；限额以上批发

2021年9月，张家窝镇举办中秋节专场健身操大赛

零售业商品销售额14.49亿元，同比增长17.3%；限上交通运输业营业收入1.51亿元，同比增长22.2%；其他服务业营业收入6380.7万元；完成固定资产投资5.13亿元，税收收入1.93亿元。

【疫情防控】 2021年，辛口镇运用大数据排查手段，充分发挥网格力量，持续做好区域数据排查管控，全镇累计新增入辛1700余人，其中落实隔离管控176人。持续抓好商超、集贸市场进口冷链物品、物流从业人员等重点行业从业人员的日常监测和核酸检测，定期对"七小门店"等场所疫情防控进行检查指导，切实做到亮码、测温、消毒、限流管控。稳步推进疫苗接种，在社区卫生服务中心和泰康路商业街底商设立2个疫苗接种点，专门成立疫苗接种现场工作专班，全镇累计完成新冠疫苗接种40746人，3岁以上人群接种率达97%。

【第一产业】 2021年，辛口镇蔬菜产量26.92万吨，农业总产值14.67亿元。完成夏、秋粮补贴面积1630.3公顷，涉及3804户，补贴金额达232.31万元。14家放心菜基地质量安全抽检合格率100%，完成口蹄疫防疫8721头，禽流感防疫2.63万只。利用沙窝萝卜智能示范区完成提纯复壮繁种1000斤，成功举办第十四届沙窝萝卜文化节。2021年，"沙窝萝卜"品牌成功认定为天津市级农业品牌"津农精品"。

【第二产业】 2021年，辛口镇有规模以上工业企业30家、限上服务业9家、限上批发零售业10家。全年完成重新认定国家级高新技术企业5家，国家级高新技术企业2家。完成宝岛车业集团、海程新材料有限公司、天津山海关豆制品有限公司、天津德祥建筑工程有限公司、兴宇伟业（天津）科技有限公司5家企业第一批科技成果转化项目补助计70.51万元。开展"双万双服促发展"活动，为镇内企业解决问题100余个。完成内资到位额2500万元，新增注册企业50个，累计注册资本5亿元，其中落地北京企业3个，注册资金1.02亿元。落地租赁标准厂房项目3个，总面积9100平方米，每年预计增加税收500余万元。

【第三产业】 2021年，辛口镇继续发挥特色做大做强乡村旅游，成功入选第一批全国乡村旅游重点镇。围绕旅游资源打造多条红色旅游精品线路，成功创建市级全域旅游示范镇。第六埠村"红+绿"特色旅游基地成为炙手可热的网红打卡地，创新开设南泥湾农业研学基地，全年累计接待游客约14万人次，同比上升47%，接待收入约900万元，同比上升109%。物流北园普鑫仓储二期8万平方米建设全部完成，并成功引入德邦物流、华先冷链项目入驻。

【村镇建设】 2021年，辛口镇稳步推进示范镇建设，新康园、新乐园主体完成建设，正在进行配套施工。新景园、新旺园等4个小区完成不动产首

2021年，辛口镇稻田

次登记。完善深化第六埠、大杜庄等重点发展村的村庄规划方案。加快推进大沙沃村“双轨并行”康居工程建设，完成旧房拆除225套。在建房屋116套，其中第一片区20套完成室内外装修，第三片区66套住宅进行室内外装修，完成22套住宅主体施工和8套基础施工，同步开展片区内燃气、水、电等配套设施建设。

【基础设施】 2021年，辛口镇推进镇三期、四期道路建设，完善新当城中学道路配套工程。投资182万元新建路灯147盏，对辛老路、泰华路等多条道路破损路面完成维修维护。顺利保障北堤路王家村路段恢复建设，9月成功实现独流减河北堤路全线通车。完成镇区主干道路雨污管网、农村生活污水管网清掏，疏浚淤堵沟渠62公里，处置污泥10余吨，确保雨污水排放通畅。对大清河左堤第六埠段及子牙河左堤第六埠段的低洼处进行打坝加固，确保行洪安全。泰和路雨污水泵站、给水加压泵站建设完成，8座生活污水处理站处理生活污水12万吨。完成赛达物流园雨污疏浚，改善雨季困扰园区企业的道路排水问题。

【综合环境治理】 2021年，辛口镇持续开展农村人居环境整治五年行动，完成当城、水高庄、第六埠等9个人居环境整治示范村的市级考核验收。对背街小巷、老旧小区等环境死角以及市容道路环境开展集中清整，配置垃圾分类厢房12个，完成创建全国文明城区复查测评。累计出动2000余人次，对施工工地及裸地、“散乱污”企业、散煤隐患点位、餐饮油烟点位开展巡查检查，检查企业1500余家次，完成燃煤、扬尘污染治理等各项重点治理任务。镇、村两级河长全年开展巡河2100余次，发现问题52处，并全部解决。水高庄村中坑成功评选为天津市农村示范河湖。开展“大棚房”问题专项清理整治行动“回头看”，完成73.33公顷闲置、撂荒地复耕，拆除治理各类违法用地11.52万平方米。新建成2座二类公厕。新增绿化造林62公顷，绿化提升改造4500平方米。2021年辛口镇获评全国第五批“绿水青山就是金山银山”实践创新基地称号。

【党建】 2021年，辛口镇召开镇第十三次党代会，选举产生镇党代表118名。高标准完成村、社区“两委”换届，组织新上任的村“两委”开展履职培训。推进各领域基层党支部标准化建设，加强党员队伍建设，持续抓好软弱涣散基层党组织排查整顿，按要求完成2021年度村社区评星定级。2021年推荐区级先进党组织2个，区级优秀党务工作者2名，市级优秀共产党员1名、区级优秀共产党员2名。

【社会事业】 2021年，辛口镇加快推进教育基础设施建设，新当城中学投入使用，第二中心幼儿园进入精装修阶段，完成水高庄小学信息技术教室

2021年6月，辛口镇城乡建设新貌

提升改造，新增普惠性学前教育学位90余个。建成2处一级老人家食堂，2处二级老人家食堂。完成镇级综合为老服务中心建设，同步提升改造新惠园日间照料中心。镇社区卫生服务中心改建工程装修基本完成。第六埠、当城、大杜庄、木厂等村卫生室投入使用。新建健身场所3处，多功能运动场1处，安装、更新健身器材100余件，基本形成15分钟健身圈。完成水高庄、第六埠2个村级退役军人之家建设。

【民生保障】 2021年，辛口镇完成1项区级民心工程和10项镇级民生实事。做好社会保障兜底，发放各类补助资金计2318万元。举办各类招聘会11场，提供岗位超2000个，实现新增就业700余人。组织开展各类职业技能培训500余人次，组织创业培训85人。完成2021年度城乡居民医疗保险征缴19853人。开展治理拖欠农民工工资专项行动，受理欠薪投诉举报案件及线索86起，追讨工资30余万元。

【安全生产】 2021年，辛口镇检查各类单位297家次，委派专家594人次，发现隐患2662条，全部实现整改清零。对9个"煤改燃"供热站完成安全隐患排查，对8个高层小区划定消防通道线。在居民社区、人员密集场所、危化品等重点单位建设32个微型消防站，开展各类应急演练68次，参加演练2800余人次。对全镇范围内500余家食品药品经营单位进行拉网式检查，开展食品安全宣传25场。在碧城菜市场、水高庄大集等23个点位安装智能监控设备。

（杨丹丹）

精武镇

【概况】 精武镇位于西青区中南部，东与李七庄街相

2021年9月，西青区"戏曲进乡村"活动走进当城村

连;东南与大寺镇接壤;西南临独流减河与静海区相望;西隔西大洼排水河与张家窝镇为邻;北与工农联盟农场、天津第三高教区搭界。镇域面积 69.3 平方公里,辖 18 个行政村,9 个居委会。截至 2021 年年底,全镇有 16491 户,总人口 40785 人(男 20232 人,女 20553 人),城镇人口 13341 人,乡村人口 27444 人。全年完成税收收入 15.6 亿元,同比增长 3.2%,固定资产投资 86.1 亿元,规模工业总产值 230.4 亿元,同比增长 33.4%,限额以上批零销售额 205.7 亿元,同比增长 26.7%。各项指标在合理区间内运行,经济运行保持稳中有进的良好态势。

【疫情防控】 2021 年,精武镇强化群防群控多行业联动管理,聚焦商超物流、酒店娱乐、文体、景区等行业等公共服务类防控重点区域,划分五大片区对各市场主体落实测温三码联查、规范佩戴口罩、防止聚集等防控落实情况进行群防群控督导检查。加强冷链行业防控,强化环境检测,严格落实环境卫生整治、消毒通风、“进出检”、限流等措施,加强冷链从业人员管理,每日健康监测,定期进行核酸检测,接触货物或大环境后进行规范消毒处理。严密部署社区防控,成立社区防控办公室,制定工作方案,下设 8 个专项工作组。截至 2021 年 12 月 12 日,全镇累计完成首针接种 142457 人,首针接种率达 107.01%。二针累计接种 128715 人,加强针累计接种 69828 人(含康希诺 3950 人)。

【第一产业】 2021 年,精武镇启动约 266.67 公顷设施农业项目建设,占地约 66.67 公顷光伏北项目开工建设,减河南 200 公顷地块完成施工队伍招标。全年整治撂荒地、种植地块 36 宗,共计 27.38 公顷。对全镇范围内 583 个设施农业大棚进行排查,未发现“大棚房”三类问题,发现违规用地及改变用途问题点位 21 处,全部完成整改。全镇粮食种植面积约 366.33 公顷,总产量约 1754 吨;蔬菜种植面积约 102.8 公顷,总产量约 5372 吨;总产值约 2213.45 万元。全年水产养殖面积约 192.2 公顷,总产量约 1428 吨;主要养殖鲫鱼、鲤鱼、草鱼及南美白对虾。规模化蛋鸡养殖厂 1 家,全年鸡蛋产量约 394 吨。

【第二产业】 2021 年,精武镇着力推进重点产业向西青学府工业区集聚,分类引导麦谷互联网+产业园、恒通企业港、海澜德产业园、慧谷工业园等园区载体形成有特色的主题园区。协助 70 余家企业申报工信局扶持政策,兑现扶持资金约 1398 万元。持续推进双万双服促发展,协助企业解决问题 271 个。截至年底,精武镇学府工业区注册企业 872 家,其中驻区企业 466 家。主要从事工业生产、医药研发、仓储物流、科技研发与服务等行业。全年完成工业产值 181.23 亿元,税收 10.36 亿元,销售收入 251.05 亿元。

【第三产业】 2021 年,精武镇完成限额以上批零销售额 221.9 亿元,同比增长 36.89%,限额以上第三产业企业 71 家,其中新增 15 家。精武门·中华武林园、郊野公园全年接待旅游人次 54 万人,综合收入 200 万元。推动精武文旅品牌策划项目、文创产品开发、常青藤国际艺术小镇项目进度。帮助常青藤文化集团等 5 家单位申报西青区文化和旅游政策扶持资金 160 万元;帮扶霍元甲文武学校申报非洲来华学员培训扶持资金 50 万;落实中华武林园景区活动及精武镇创建特色文化产业示范镇项目扶持资金 155 万元。

【科技型中小企业】 2021 年,精武镇国家高新技术企业达到 84 家,“雏鹰”“瞪羚”“国科小”企业数量持续增长。推动西青大学科技园成功申报第一批天津市大学科技园;完成

66家具有高质量发展前景科技型企业入驻办公。协助42家企业申报扶持政策，兑现扶持资金128万元。

【招商引资】 2021年，精武镇实际利用津外内资项目26个，津外内资到位额43.68亿元，完成全年目标111.99%；外资实际到位额为250万美元，完成全年目标45.45%；外省市到位战略性新兴产业资金1.03亿元（20.57%）；新增注册企业897个（119.6%），累计注册资金62亿元（248%）；新增统计规模以上企业35家（116.67%）。引进高新技术企业6个。帮助企业申报项目7个，涉及医药、新材料制造、硬件测试、自动化编程和半导体行业在内的企业23家、涉及人才36人，共向镇域内企业拨付各项人才资助360.46万元。全年为容大机电、一凡建筑、诚宇建筑、华润联通、普仁医疗5家企业兑现优惠政策，为企业申请扶持资金累计462.89万元。

【环境建设】 2021年，精武镇实施农村全域清洁化工程，完成津文公路两侧绿化提升改造。牛坨子、津涞公路口、闫庄子村口等重要节点完成铺装及绿化施工。利用工况用电系统APP技术手段，实时监督企业废气治理设施运行情况。全年检查企业2550家次，下达限期整改通知单180份，发现各类环保问题338个，督促企业限期整改。开展涉气企业大气污染物排污口规范化专项整治，150家涉气企业中有136家签订整改承诺书，有14家企业因搬迁、关闭等原因未签订整改承诺书，132家企业完成排污口整改。深化VOCs污染防治，推动辖区内14家单一UV光氧低效治理设施企业通过加装活性碳吸附设施，完成治理设施升级改造。推动80家含有活性炭吸附工艺的涉VOCs企业，按要求及时更换活性炭，要求活性炭吸附剂中碘值含量不低于800 mg/g。

【党建】 2021年，精武镇完成18个村和8个社区“两委”换届选举。召开中共天津

2021年，精武镇闫庄子观赏鱼繁育基地

2021年8月2日，精武镇学府高新区

市西青区精武镇第十三次党员代表大会。开展“我为群众办实事”实践活动。镇领导班子累计走访党员群众 1526 人次，收集群众诉求 481 个、意见建议 52 条；各基层党组织书记累计走访党员群众 39110 人，收集群众诉求 838 个、意见建议 390 条。镇党委制定并完成实事项目 17 个。实施“村村建档修志工程”，全镇 18 个村的村志通过终审，其中吴庄子、潘楼等 6 个村的村志出版。整理村级档案 3101 盒、34351 件，拍摄特色视频 549 个。《精武镇志》通过市志办审核。

【社会事业】 2021 年，精武镇引进春秋华盛集团旗下高水平民办完全中学华诚中学项目。西青四幼顺利开园。镇公办初中精武中学（原付村中学）完成迁建并投入使用，该校开设 29 个班，在校学生 1346 名。锦泽苑、芸泽苑、学韵园、华文苑社区托老所竣工。镇公办幼儿园、中小学分别是精武镇中心幼儿园、精武镇第二幼儿园、西青四幼、精武镇师大实验幼儿园；精武中学；天津工业大学附属小学、天津师范大学第三附属小学、小南河中心小学。镇内民办校霍元甲武术学校、华诚中学等。落实大学生就业创业政策，配合区人社局对就业创业补贴检查企业 38 家。举办 16 场网络招聘会，实现新增就业 1702 人，转移农村富余劳动力 1010 人。

【社会保障】 2021 年，精武镇城乡居民养老保险、城镇职工养老保险参保人数达 2050 人。为宽河村、闫庄子村计 471 人办理被征地养老保险参保手续。18163 人参加城乡居民医疗保险。为 3000 人次申请西青区农籍居民医疗保险补助资金（城乡居民医疗保险二次报销）计 544.49 万元。为 24 人申请大病扶贫补助 48 万元。及时为特困供养、低保、低收入对象发放各类专项补贴计 187.55 万元；发放奖扶金、特扶金计 238.656 万元。保障残疾人享受基本生活保障、医疗康复等权益，发放各类补贴计

2021 年，精武镇体育公园和文化公园鸟瞰图

2021 年 4 月 23 日，精武镇举办世界读书日活动

145.58万元。认定就业困难群体82人，全部安置就业。解决120余起各类拖欠工资，涉及240余名农民工计1100余万元。为14周岁以下的独子父母发放奖励费，涉及人群达600余人计4万元。

【综合治理】 2021年，精武镇综合治理中心对全镇网格布局进行优化调整，全年上传17742条事件，其中包括16145条自处理事件、1551条上报事件和46条随手拍事件。精武镇综合执法大队全年治理占路经营行为1170余次，清理非法广告320余次，治理共享单车、电动车800余次，治理店外摆卖130余次，治理饲养家禽家畜行为10余次。食品安全监管办、经济办对较大餐馆进行检查，重点检查70家次。镇市场监管所、经济办、创卫办等重点检查小南河超市、牛武超市、祥和园及姚村市场等场所的食品单位，共检查180户次。镇执法队开展从建筑物向外抛掷物品的行政检查共1740次，并责令改正违法行为132次。全年行政处罚案件14起，其中简易程序案件4起、一般程序案件10起，累计罚款金额16.66万元。

【安全生产】 2021年，精武镇对辖区内商户进行日常安全检查，共罚没汽油2.89吨。开展3次商业燃煤锅炉及设施整治行动，对餐饮行业燃气安全情况进行专项检查，全年排查整改隐患问题500余项。

【文体活动】 2021年，精武镇在姚村广场举办庆祝建党100周年百米长卷书写活动，举办庆祝中国共产党成立100周年文艺演出。全年举办10场综合性文艺演出。承办文化下乡“欢乐西青文艺大舞台”惠民演出进基层文艺汇演活动4次。举办“迎新春 写春联 送福字”活动及正月十五、十六秧歌花会展演。霍元甲文武学校参加2021年天津市军民迎春晚会、天津市庆祝中国共产党成立100周年群众性文艺演出等活动。霍元甲文武学校运动员在全国第十四届全运会获得1金2铜的佳绩。

【东西部扶贫】 2021年，精武镇累计向和田地区于田县科克亚乡、阿日希乡、甘肃天水市利桥镇、拨付帮扶资金113.3万元。推动精武镇商会、付村、姚村与甘肃麦积区相关村形成结对帮扶关系。镇各企事业单位及个人采买受援地区商品512.02万元。

（王宇欣）

王稳庄镇

【概况】 王稳庄镇位于西青区东南部，东与津南区毗邻，西隔独流减河与静海区相望，南与滨海新区接壤，北延津淄公路与大寺镇相依，镇域面积120.68平方公里，辖东台子村、东兰坨村、杨科庄村、西兰坨村、小张庄村、小韩庄村、王稳庄村、二侯庄村、小年庄村、大侯庄村、小金庄村、大泊村、小泊村、小孙庄村、建新村15个行政村以及盛祥园社区、泰康园社区2个社区。全镇户籍人口41762人，常住人口51826人。镇政府坐落于王稳庄村北，津淄公路西侧。2021年，规模以上工业企业产值85.5亿元，同比增长33.47%；工业战略性新兴产业增加值占全镇规模以上工业增加值比重为28.02%；限额以上批零销售业总额19.2亿元；税收收入2.2亿元，同比持平；固定资产投资完成10.17亿元，同比下降57.3%。

【疫情防控】 2021年，王稳庄镇严格落实网格化管理，精准排查重点地区来津人员6200余人次，全镇35个防控卡口建立重点地区来津人员工作台账，对国外返津人员严格实行“14+7”“铁桶般无缝管道式”科学管控。强化防疫应急储备，全镇储备口罩10.5万只，防护服540套，检查手套2.78万套，可充分应对2次以上疫情突发情况。加强疫情防控应急队伍储备，开展工作人员培训和核酸检测筛查演练2次，模拟筛查80余人次。加强宣传引导，镇、村干部点对点、面对面发放一封信、明白纸6万余份。推动全镇新冠疫苗接种，至年底全镇接种新冠疫苗94139剂次，其中第一针（含康希诺）接种34021剂次，第二针接种32056剂次，加强针接种28062剂次，60岁以上人群，第一针（含康希诺）接种6634剂次，第二针接种5199剂次，加强针接种5174剂次。

【第一产业】 2021年，王稳庄镇治理撂荒地681.32公顷，整改11宗永久基本农田问题地块。优质水稻种植基地基础设施进行提升改造，利用“中化王稳庄模式”推动形成小站稻品质保障体系，小站稻种植面积从2018年的1.1万亩增加到2021年的2.51万亩，种植品种涵盖天隆优619、津原89、津原U99等小站稻主打品种，2021年平均亩产可达1000斤，总产量1.26万吨。

【第二产业】 2021年，王稳庄镇新引进注册资本类项目17家，注册资本2.61亿元，固定资产投资预计达10亿元；全镇规模以上工业企业达到55家，战略性新兴产业占全镇规模以上工业增加值比重达到24%；赛达产业园引进总投资5000万元的德国考泰斯高端汽车系统项目，静脉产业园西青生活垃圾综合处理厂PPP项目投产使用；协助完成高新技术企业、国科小企业、雏鹰、瞪羚企业等的申报与入库工作；当好服务企业发展的“店小二”，努力为企业纾难解困，落实市、区级项目资助金300余万元，为20余家小微企业解决信用贷款3000万元。

【第三产业】 2021年，王稳庄镇成立旅游领导小组，打造全域旅游示范镇项目。成功申报稻香农谷、丰收塔、中建钢构、中化现代农业、二商迎宾、国家粳稻中心育繁种基地等6处旅游景点。

【科技创新】 2021年，王稳庄镇组织11家企业进行高企重新认定，34家企业进行高企新认定，其中10家企业通过重新认定，13家企业通过新认定。截至年底，王稳庄镇高新技术企业达到60家。通过政策宣讲会及走访企业的方式，组织50家企业进行国家科技型中小企业评价入库，24家企业进行“雏鹰”企业评价入库，2家企业进行“瞪羚”企业评价入库，全镇发明专利达到45件。

【乡村振兴】 2021年，王稳庄镇扎实推进小站稻振兴计划，建立完善“小站稻”种源供应链和优质种源保护体系，实现小站稻种质资源DNA身份信息化，保障天津小站稻种源可溯、品质可控。大力发展农产品加工业，引进、培育一批精深加工科技型领军企业和知名品牌，实现农产品多层次、多环节转化增值。立足优势农产品，统一完善优质“小站稻”收储、加工、物流等环节技术标准，高标准建设覆盖天津、辐射京冀的智能化小站稻加工储备

2021年，王稳庄镇新冠疫苗临时接种点

示范基地，提升示范辐射。推进农产品品牌化发展，打造本土稻米销售团队，带动本镇农民参与“稳稳哒”小站稻营销推广，将王稳庄小站稻品牌推向全国。

【特色品牌小站稻】 2021年，王稳庄镇深化与中化集团、国家粳稻中心、天隆种业等企业达成的全面战略合作，引进智慧农业管理模式，打造集小站稻繁种育种、现代化种植、自主加工、生态游览为一体的现代农业全产业链条，优质水稻平均亩产达到1000斤。绿色生态廊道建设基本完成，市内外各部门各团体参观调研100余场，5000多人次来访，其中八角亭、防火塔、丰收塔、稻田画等优美的绿色景观成为王稳庄镇一张亮丽的宣传名片。王稳庄小站稻品牌享誉全国。

【生态保护】 2021年，王稳庄镇持续开展“散乱污”企业排查治理强化行动，对全镇15个村300余万平方米厂房进行逐一入户排查。全面落实河（湖）长制工作要求，镇级河长每个月巡河4次以上，村级河长每天巡河。完成绿色生态屏障区内造林面积13.33公顷及小孙庄田间道路绿化种植1500棵。绿色生态廊道项目基本成型，金田绿屿、翠屏泊舟、年庄枕水等景点完成建设。成功举办中国农民丰收节、大美稻香旅游节，得到中央电视台、天津电视台等国内主流媒体的高度关注和大力推广。

【党建】 2021年，王稳庄镇理论中心组集中学习45期、专题读书班2期、交流研讨6次，班子成员撰写学习体会106篇。组织镇领导班子成员讲党课37场，全镇各级党组织书记及党员干部累计讲党课400余场。邀请市委、区委党校讲师宣讲4次，开展“庆祝建党百年”等专题培训班10次。成立镇党委宣讲团、巾帼宣讲队和村居百姓宣讲队，开展党史宣讲60余场，受教育3500余人。重新摸底排查非公企业110家，非公企业党组织覆盖率达50.9%。组织村、社区干部及机关干部签订《干部廉洁自律承诺书》近200份、《党员政治纪律承诺书》1200余份。

【社会事业】 2021年，王稳庄镇所属学校与市级重点学校开展教育结对帮扶，天津市第一中学与王稳庄中学、天津实验小学与王稳庄镇中心小学、南开区新星小学与小孙庄中心小学、中营小学与东兰坨中心小学建立合作帮扶关系，实现资源共享、教学互动，提升信息化建设水平。王稳庄镇建成一级老人家食堂1家、二级老人家食堂3家，实现服务功能社区全覆盖，有效改善老人用餐难问题。实施王稳庄示范镇热源替代改造工程，新建一座供热站。新建供热站总用地面积为5300平方米，总建筑面积4000平方米，一期供热负荷41.51 MW，总供热面积121.76万平方米，总投资7818.95万元。

【社会保障】 2021年，稳

2021年11月16日，王稳庄镇政府与中国通用咨询投资有限公司签署战略合作协议

庄镇为118户低保户发放补助计172余万元；为享受残疾人重度护理补贴的539人发放补贴计96万余元；为享受困难残疾人生活补贴的96人计发放补贴21万余元。发放区养老补贴1789人次，发放金额2724.91万元。完成一次报销全额垫付录票300人次，金额计210万元；二次报销审核共计二次报销1800人次，金额332万元；大病补助61人，报销金额122万元，额度补助6人，补助金额5.7万元；重特大疾病医疗救助4人，补助金额6.5万元；同时为213人出具商业报销证明、3人出具民政救助证明；为830余人次办理社保卡或信息变更。城镇职工养老保险处理单2300人次，办理城镇职工退休106人。

【劳动就业】 2021年，王稳庄镇组织“春风行动、千企千岗”等9场线上招聘会，参会企业196家，提供岗位1834个。举办线下专题招聘会1场，30余家企业提供就业岗位990个。在15个行政村设置“就业红娘”，深入挖掘公益岗安置，解决特殊人群就业需求。全年开设创业培训2班次，参训人员60人。协助完成创业担保贷款申报1家，成功获批贷款300万。全年调解劳动纠纷案件58起，调解率100%。

【安全管理】 2021年，王稳庄镇持续加强安全生产和应急管理，与镇域内企业签订安全生产责任书163份。镇党政领导班子带队到各行业企业检查安全工作50余次，发现并整改隐患120余处。出动检查组540组次、检查人员1600人次，检查企业单位700余家次，闲置厂房300余处，发现安全隐患1800余处。聘请第三方公司对镇域内163家企业单位开展安全生产专业检查，发现隐患2844处，完成整改2702处，整改率95%。

【文化活动】 2021年，王

2021年10月26日，王稳庄镇新建供热站点火试运行

稳庄镇组织各村、社区、中小学校开展“献礼建党百年”“在国旗下成长”“百万青少年歌颂党”等主题活动35场，与天津外国语大学联合举办“东兰书‘乡’计划”党史学习教育活动1次。组织全镇党员参观“抗击新冠疫情纪实展”“女排精神展”等展馆200余人次，观看《建党伟业》《长津湖》等红色影片1300余人次。围绕庆祝中国共产党成立100周年开展戏曲比赛、红歌比赛、朗诵比赛、知识竞赛、综合文艺演出等系列文化实践活动10余场。开展镇级“我们的节日”、全民健身、阅读推广活动等40余场，村级文化活动200余场，并对镇图书馆新增书籍2000本。

（杨景舒）

2021年6月24日，王稳庄镇团委开展喜迎建党百年华诞——志愿助老文艺汇演活动

人　物

第七届“感动西青”道德模范

西青区自2008年组织开展“感动西青”模范人物选树活动,至2021年,已开展了七届,共产生190名“感动西青”模范人物和提名人物。活动旨在大力培育和践行社会主义核心价值观,发挥榜样的示范带动作用,在全社会弘扬良好的思想道德风尚。2021年,西青区文明办组织开展第七届“感动西青”道德模范选树宣传活动。通过在全区发动,收到31家单位推荐146位先进典型参选,经过初步遴选,产生34位候选人。经宣传发动、基层推荐、综合评定、负面清单审核以及网络公示投票、文明委成员单位投票等环节,并报经区文明委审定,选树冯兆玲等20人为第七届“感动西青”道德模范,白秀萍等14人为第七届“感动西青”道德模范提名人物。

附:

一、第七届“感动西青”道德模范建议名单事迹简介

1. 守护青少年交通安全的卫士

李桂芳,79岁,中共党员,张家窝镇翠景园社区居民,内蒙古民族大学退休讲师。她十几年如一日投身于交通安全义务宣传工作,通过进校园、进社区,足迹遍布了250多所大中小学,共完成300多场讲座,听课人数达到30万人次。李奶奶被评为第七届天津市道德模范提名奖,2019年度全国“最美家庭”、2018年天津市基层理论宣讲员、2017年优秀“五爱”教育阵地辅导员、2016年天津市优秀志愿者、2015年天津市优秀文明交通志愿者、2015年天津好人、天津市教育系统关心下一代工作先进工作者、2003年全国教育系统关心下一代工作先进个人。

2. 艺术文脉 重在传承

孙国付,67岁,西青区辛口镇大沙窝村人,西青区馨依一笑艺术团团长。退休后,他在辛口镇中心小学组建了近30人的京东大鼓兴趣班,排演的节目参加天津市非物质文化遗产专场演出等多场演出。荣获京东大鼓星火传人、天津市基层群众文化优秀带头人、天津市优秀志愿者等荣誉称号,2016年入选中国好人榜。

3. 情系山区儿童 勇当助学先锋

刘雯,37岁,民建会员,天津市西青经济开发集团有限公司项目服务部部长。他是西青开发区的“办件达人”,为数百家企业成功解决审批难题上千次;他更是热心公益坚持助学的“圆梦小哥”,让多个四川大凉山女童重返课堂,他组织团队,带领各位资助人,在一人资助一个贫困学生的前提下,共资助学生将近150名。2021年入选天津好人榜。

4. 将崇德向善作为人生追求的“邢阿姨”

邢秀娟,59岁,天津市西青区精武镇恒益隆庭社区居民。她秉承助人为乐的理念,收养失学高中女生,在“希望工程”中捐赠助学善款,在“春雷计划”里播撒爱心,帮助多名贫困孩子完成学业,利用擅长写作的一技之长参与社区文化活动,贡献社区文化事业。疫情期间,积极为疫情防控工作提供物资、捐款,并录制《疫情防控三字经》等音频助力疫情防控宣传。2019年,邢秀娟荣获“天津市最美家庭”及“天津好人”荣誉称号。

5. 积极投身公益事业的“最美女税官”

冯兆玲,51岁,中共党员,西青区税务局法制科科长。从1996年开始,她就连续多年资助贫困学生,帮助贫困学子点亮学习梦想。自2013年邂逅天津纯公益,她开启了志愿活动之旅,她在养老院为老人包过饺子、她资助贫困学子完成学业、她在车站为群众志愿引导、她在社区为老人义务理发。数十年如一日,她用自己的一言一行,用文明行为温暖身边每一位群众。2019 年她被评为“西青区优秀志愿者”。

6. 永远做一名名副其实的党员志愿者

杜占金, 70 岁,中共党员,中北镇假日风景社区党员志愿者。他主动报名成为一名社区志愿者,在志愿者的岗位上,他一干就是十几年,用自己的实际行动,努力做一名名副其实的党员志愿者,在平凡的岗位上做出了不平凡的贡献。2019 年入选天津好人榜。

7. 退伍老兵勇救落水少年

李彬, 44 岁,中共党员,中北镇西马村村民,西青区武装部专职骨干。2020 年 5 月 12 日下午, 4 名少年在河边玩耍时不慎落水,恰巧在此经过的李彬听到呼救声后急忙跑到河边,纵身跳入水中救人。由于河岸边是斜坡,加上水中苔藓湿滑,使救援非常困难。李彬拼尽全力与岸上群众一起将孩子们推上岸,他用人间大爱挽救了三条年轻鲜活的生命。2021 年被评为第七届天津市道德模范、入选 2020 年天津好人榜。

8. 农民朋友的贴心人 科技兴农的实干家

李素文, 57 岁,西青民革党员,天津市农业科学院蔬菜研究所研究员,天津科润蔬菜研究所副所长。34 年来,她雨里去,泥里归,始终漫步在科研路上,躬耕于田间地头,真正做到了想农民之所想,急农民之所急,解农民之所难,帮农民之所需。他是农民朋友的贴心人,科技兴农的实干家。2014 年被天津市科学技术协会授予“天津市优秀科技工作者”荣誉称号。2019 年获得中共中央、国务院、中央军委授予庆祝中华人民共和国成立 70 周年纪念章。2020 年被民革天津市委会授予“组织工作先进个人”称号。科技成果获得国家科技进步二等奖 1 项,天津市科技进步一等奖 1 项、二等奖 5 项、三等奖 4 项。2021 年被评为第七届天津市道德模范、入选 2021 年 4 月中国好人榜。

9. 以诚为本 以信立身

杜宝新, 57 岁,中共党员,天津市新宇彩板有限公司党支部书记、总经理。他以“不精不诚,不能动人”的信念,将企业打造成中国制造业 500 强。致富后的他不忘初心,奉献社会,矢志不渝走上公益路。抗击新冠肺炎疫情过程中,他先后三次共计捐款 530 万元。他带领企业员工加班加点,生产彩涂板支援火神山医院建设。在抗击 SARS、汶川地震、脱贫攻坚等一个又一个关键时期,第一时间组织捐款捐物,累计捐款超千万。2004 年被国家农业部和共青团中央授予“全国农村青年创业致富带头人”荣誉称号、2007 年被天津市总工会授予“五一劳动奖章”、2008 年被天津市总工会授予“天津市劳动模范”、2009 年被天津市人民政府授予“优秀企业家”、2012 年被市总工会评为“2010 至 2011 年度天津市优秀工会之友”、同年被天津市多部门授予“天津市第三届优秀中国特色社会主义建设者”荣誉、2017 年被天津市人民政府评为“天津市第 21 届优秀企业家”荣誉、2020 年入选中国好人榜、被天津市红十字会授予“天津市红十字人道奖。

10. 爱心铸就幸福路

王兆影, 51 岁,天津市西青区王兰庄中心小学教师。王兆影忠诚党的教育事业,以教书育人为己任,真心关爱学生,真诚倾听学生呼声,师生关系融洽。始终正确引导学生,做学生健康成长的指导者和引路人。他热心社会公益慈善事业,积极为灾区捐钱捐物,为班里的贫困生捐款捐物。2005 年 9 月被评为天津市中小学优秀德育教师, 2015 年 5 月荣获“天津市 2014 年博学乐园书法网络大赛”最佳指导教师奖,

2021年入选天津好人榜。

11. 诚信守法经营,志愿奉献一线医护人员

吕欣,36岁,天津市开心家庭农场董事长。她始终将实事求是、做诚实人作为自己的座右铭,秉持“诚信、责任、创新”的企业文化,将诚信建设与企业管理相结合,坚持为广大市民提供绿色、健康蔬菜,坚韧不拔地打造集种植、采摘、配送为一体的无公害蔬菜民营企业。疫情期间,她萌生支援医院前线的想法,又怕耽误客户的订单,重合同守信誉的她逐个联系客户商讨暂缓合同事宜,用真诚感动客户一起支持前线抗“疫”。她响应政策号召,有序推进复工复产,做到早动手、早准备,保供应、备春耕,保证蔬菜质量安全,为保障疫情期间蔬菜供应贡献自己的力量。2020年入选天津好人榜。

12. 带领学生开展文学创作的筑梦人

刘玉梅,50岁,天津师范大学第三附属小学高级教师。她的班在统考中获得50多次第一。她指导学生创作四部小说和一部诗集,教育方法多次在报刊连载,先后做了三十多场报告,是学生的筑梦人、家长的贴心人、同行的指路人。2014年被评为天津教育人物,2016年被评为天津市教育系统示范岗先进个人,2017年入选天津好人榜,被评为天津市标兵家庭,荣获全国中小学名师培养与成长论坛一等奖。2019被评为全国模范教师、天津市三八红旗手、天津市优秀班集体。2020被评为津门杰出班主任、天津市中小学骨干教师、天津市文明家庭并成立“刘玉梅天津市名班主任工作室”。

13. 以文玩葫芦种植产业助力脱贫攻坚

张振岩,60岁,辛口镇大杜庄村村民。他精心研究蔬菜种植,1990年开始种植大棚蔬菜,通过研究,发明红茄嫁接技术,并得到市农委的认可,依靠自身农技知识免费指导村民种植,带动全村致富。后调查市场,种植文玩葫芦,培育出“天津嘴”新品种,他带动周围村民一起种植,指导帮助村民种植、销售,将大杜庄村打造成“葫芦之乡”。荣获天津市劳动模范荣誉称号、2021年入选天津好人榜。

14. 真诚帮扶倾心奉献 为残疾人撑起一片天

翟震刚,46岁,天津西青区创美信息技术有限公司总经理。他带领团队服务残疾人,为渴望融入社会的残疾人搭建起一个个残健融合的就业平台,为他们提供就业机会,免费进行技能培训。翟震刚带领公司创建“天津助残平台系统”,开通“8852帮帮我”残疾人服务热线,架起政府与残疾人之间联系沟通的桥梁,为残疾人真正融入社会生活打开便捷之门,赢得广大残疾人和社会公众的好评。2019年,在第六次全国自强模范暨助残先进表彰大会上,创美助残农场被国务院授予全国“残疾人之家”荣誉称号,翟震刚在北京人民大会堂受到习近平总书记接见。

15. 疫情期间逆行而上 用行动树起党员的旗帜

许艳霞,43岁,中共党员。天津如鱼物业服务有限公司党支部书记、总经理。她充分发挥党员带头模范作用,带领如鱼物业全体员工,直面病毒,为防疫工作尽心尽力,在怀有四个月身孕的情况下,仍坚守园区防疫战线,想方设法为员工提供口罩等防护物品,在防护物资不足的情况下,更是购买了专门的医用纱布,组织公司的女同志自制口罩。为方便消毒作业,不计损失将杰盛里菜市场打造成露天菜市场,并提供食品采购和打包整理服务,大大减轻社区工作人员的工作压力。2020年入选天津好人榜。

16. 临危受命 拉响全市新冠肺炎疫情防控工作警报

杨玉萍,58岁,中共党员,

天津市西青医院党委委员、呼吸与危重症医学科行政主任。疫情期间，杨玉萍临危受命，担任西青医院新冠肺炎疫情医疗救治专家组副组长，全面主持业务工作，兼任首席专家。2020 年 1 月 20 日，医院发热门诊接诊一名高度怀疑为新型冠状病毒感染的肺炎的疑似病例，她立即组织专家组讨论，凭借其对专业高度的敏感性和强烈的责任感，最后及时向上级部门报告。经上级部门鉴定，最终确认该病例为天津市首例确诊病例。为全市新冠肺炎疫情防控工作及时拉响了警报。杨玉萍荣获 2005 年度天津市五一劳动奖章、2014 年天津市人民满意“好医生”、2016 年天津市三八红旗手、2020 年天津市优秀共产党员、2020 年天津市劳动模范。

17. 临危赴鄂支援的白衣天使

刘秀，33 岁，中共党员，天津市西青医院老年病科医生，天津市第五批援鄂医疗队队员。在工作中，为了更好地为老人提供治疗，她自学老年心理学。她还多次深入其他社区为群众进行健康知识宣讲，为百姓义诊，为困难群众免费送药。疫情期间，于武汉支援江岸方舱医院，返津后，她又主动加入了本院发热门诊的支援工作。她被授予“最美逆行者”“抗疫标兵”“三八红旗手”等荣誉称号。

18. 坚韧的“孝亲之花”

周静怡，19 岁，共青团员，天津市西青区中等专业学校学生，学校学生会组织部部长，市、区级优秀学生，2020 年度天津市感动津门十大孝亲爱心学子。她坚韧乐观，坚守重病母亲床前，照料年迈奶奶，探望离异父亲，用坚韧自强之心和孝心守护着自己的亲人。2021 年入选中国好人榜。

19. 平凡彰显大爱 点滴诠释真情

郑红莲，56 岁，张家窝镇锦盛里社区居民。郑红莲婚后大儿子高位截瘫，她一面照顾儿子，一面照顾婆婆、养母以及亲生母亲，婆婆在她的精心照顾下 92 岁时安详离去，之后她的丈夫工作时脑干出血，留下了腿脚不便的后遗症，她一个人将一家子人照顾得井井有条，用行动诠释孝道。2021 年入选天津好人榜。

20. 暖心媳妇关爱亲人 坚强女性孝传万家

王静，47 岁，大寺镇王庄子村村民。前任丈夫车祸去世后，与儿子相依为命的王静，再婚嫁到残疾人家庭。丈夫肢体残疾，婆婆精神残疾，大姑姐是肢体残疾且多年病魔缠身，性格暴躁。在未曾婚嫁的大姑姐病情加重时，王静尽心照顾直至姑姐病逝。在再婚丈夫不幸病故后，王静没有向生活妥协，不离不弃照顾婆婆吃穿住行，在饮食上，专门做最适合婆婆的饭菜，每当婆婆心情不好王静就主动陪婆婆聊天，疏导婆婆。一个小女人撑起一个家有多难，王静就是这么一个平凡而不平凡的女人支撑着这个本无血缘却比血缘更亲的家。2021 年，王静入选天津好人榜。

二、第七届“感动西青”道德模范提名奖名单事迹简介

1. 做“爱心搬运工”架起济困助学爱心桥

杜红马，52 岁，辛口镇第六埠村村民。多年来，他以自己微薄的力量做“爱心搬运工”，对河北省蔚县贫困中学的学生进行一对一帮扶，他通过多方调查、核实，寻找经济、生活条件特别困难的中学生，为他们寻找、联系爱心人士进行一年 10 个月、每月 200 元钱的生活资助。同时还通过网络等方式为蔚县的孩子们募捐衣物和教学用具。2015 年入选天津好人榜。

2. 恪守初心 以法助困

李焕婷，47 岁，民革党员，天津桑榆律师事务所主任、西青区新联组常务副组长。在执业活动中，李焕婷始终以“严

谨、务实、负责、正派”为信条服务于每一个委托人，主动为民众提供无偿的法律服务，将法律援助作为回报社会、服务群众的良心事业。业余时间，她投入公益事业，组建萤火虫爱心志愿队，致力于资助困难群体。疫情期间，组织本所律师为疫区捐款捐物。作为复工复产服务团成员走访服务多家企业，提出法律风险防范意见。通过录制《今日开庭》和《法治方圆》节目，宣传普及法律知识，以实际行动彰显律师的社会责任担当。2017 年入选天津好人榜。

3. 心系失独家庭 情暖社区百姓

白秀萍，46 岁，中共党员，杨柳青镇十五街村委会计生专员兼报账员。白秀萍把关怀、陪伴失独家庭作为自己肩上的重任，平日里聊天谈心，节假日上门慰问，鼓励他们充实生活、融入社会。村里一位失独老人因病需入院治疗，白秀萍自费叫车，全程帮办各种手续，在住院期间保持探望。疫情期间，她主动为失独家庭采买口罩、上门发放，由于疫情期间失独老人心理压力较大，她在工作之余不忘给他们进行心理安抚和情绪疏导，确保他们食品药品充足、防疫物资齐全，在精神疏解之余，给予他们生活上的帮助。2021 年入选天津好人榜。

4. 给家人最坚强的守护 给社会最无私的奉献

魏玲玲，48 岁，精武镇姚村村民。她多年如一日，照顾公婆，践行孝道，给了家人最坚强的守护，成为无私奉献的好榜样。她坚持无偿献血，一做就是二十年，献血超 30 次，献出的血量累计超 10000 毫升，相当于全身换血两次。她热心公益，默默为失独老人、单亲妈妈们提供志愿服务，为单亲妈妈接送、照顾孩子。定向为单亲妈妈捐出自己女儿的衣物、学习用品，帮助孤寡老人买菜、拿药，接送老人看病、针灸，魏玲玲成为了孤寡老人的“好女儿”、单亲妈妈的“好帮手”，给了这世界最温暖的真诚。2020 年入选天津好人榜。

5. 见义勇为的好干部 甘做村民的勤务员

聂永强，53 岁，中共党员，张家窝镇西闫庄村党总支委员、村委会干部。聂永强疫情期间从大年三十开始一直工作在防疫一线，从部署疫情防控工作，到村民疫情排查，从小区卡口值勤，到居家隔离户服务，每项工作都有聂永强的身影。2020 年 2 月底，群众呼救在滨湖公园旁的河内有老人落水，他闻讯迅速赶往现场，不顾个人安危跳入冰冷的河水中紧急施救，成功救出落水老人，他和同事合力把睡在路边的醉酒村民送回家中。他践行文明条例，推进移风易俗，闪烁着不平凡的光辉。2020 年入选天津好人榜。

6. 巾帼女将护天平 青春如火铸警魂

罗颖，34 岁，中共党员，天津市西青区人民法院法警大队副队长，全国法院司法警察教练员。她致力于警用武器实战技巧的研究，为全国司法警察授课。多次参与天津市大要案的警务保障工作，为审判执行工作安全进行做出了贡献。在 108 人涉恶系列案件中，罗颖作为业务骨干，承担起具体实施指挥的重任。开庭审判长达 21 天，罗颖协调全市 10 个区县法院 260 余名法警，到全市 7 个看守所，提押被告人。近年来，她协助执行各类案件 300 余次，扣押、查封财产 200 余次，拘传、拘留 50 余人次，执行诉讼标的数千万元。2021 年入选西青好人榜。

7. 脱贫攻坚巾帼战士

杨娜，42 岁，中共党员，西青区基础设施建设服务中心负责人。2019 年经过党组织的层层考察选派到甘肃省天水市麦积区扶贫办挂职，她的足迹遍布麦积区方圆 3000 多平方公里，她的身影穿梭在天津甘肃扶贫协作的各个项目。她积极推动麦积区消费扶贫。2020年完成消费扶贫达到1.58亿元，助力贫困人口就业2638人，贫困学生到西青区技术学校就读145人，引导企业到麦积区投资3000万元。2011年她被授予“天津市新长征突击手”。2020年被评为“天津向上向善好青年”（扶贫助困好青年）、“甘肃省脱贫攻坚帮扶先进个人”。2021年被评为“全国巾帼建功标兵”荣誉称号。

8. 天山学子的最美校长妈妈

董爱军，54岁，中共党员，天津市第九十五中学党总支书记、校长。2012年7月董爱军接任了天津市第九十五中学校长。她用自己躬耕垂范的行动赢得大家的认可，用自己敬业爱岗的精神折服众人，用自己勤奋进取、追求卓越的斗志为大家所赞叹，用自己睿智、民主、科学、人本的管理赢得全校师生的心。在学校开始承接新疆内地高中班工作后，她从思想上关心学生的健康成长，在生活上对学生关怀备至，被孩子们亲切地称为“最美校长妈妈”。2004年，她被评为天津市优秀教师；2007年被评为科研先进个人；2015年被授予天津市“五一”劳动奖章；2016年被评为优秀党员。

9. 悉心照顾瘫痪妻子 不离不弃谱写爱的赞歌

张彦虎，60岁，精武镇王庄子村村民。模范丈夫张彦虎，10年来用心用情照顾瘫痪妻子和4个没有血缘关系的孩子。花费四年时间，带妻子求医治病，陪她看遍她想看的风景。又用四年时间，坚持每天定时给妻子测量体温和血压，精心准备饮食。一本本身体情况记录本，一份份精细多元的营养食谱，成了张彦虎的宝贝。张彦虎所做的一切是尽最大的努力延长妻子的生命，唤醒长睡的妻子，虽然他自己清楚这一希望非常渺茫，但他依然无怨地坚守着这份执着，坚守着对夫妻这份内心深处的爱，坚守着一个父亲对家的那份责任与担当，因为在他心里，有妻子在，家永远都是团圆的。2019年，张彦虎入选天津好人。

10.“孝”让家幸福

刘佳，67岁，西营门街嘉汇园社区居民。走进刘佳的家里，迎面扑来的是温馨和幸福的味道。婆婆逢人就说“有刘佳这样的好儿媳，是我前世修来的福气”。孝敬公婆不需要做出那些惊天动地的大事，生活中的点点滴滴也能结出温馨幸福的果实。2019年，刘佳入选天津好人榜。

11. 热心嫂子40年亲力亲为照顾智障小叔子

席玉凤，68岁，西青区赤龙南街亲和康园社区居民。席玉凤刚嫁过门，就肩负起照顾智力残疾、生活难以自理的小叔子的重担，她这一照顾就是40年，天生善良淳朴的她，把包括小叔子在内的婆家人当成娘家人看待，省吃俭用给婆家的两个妹妹凑学费，为他们提供无微不至的照顾。1996年的一场大火，小叔子被烧成重伤，生命垂危，急需5万元医药费救命。为了救小叔子，席玉凤毫不犹豫地把自己家的房子卖了凑医疗费，帮他脱离了生命危险。

12. 用爱相守 不离不弃

杨水财，71岁，王稳庄镇东兰坨村村民。2011年，杨水财的妻子宋德荣两次患脑出血住院治疗，半身瘫痪生活不能自理，杨水财九年如一日默默地照顾妻子，在他的不懈努力照顾之下，妻子宋德荣已经可以搀扶着迈步，杨水财用自己的行动证明了夫妻有爱家和兴。2020年入选西青好人榜。

13. 热心公益文化事业的生活强者

张富萍，43岁，中共党员，西青区文化馆干部。她的母亲瘫痪，父亲患脑梗后遗症，孩子正在上学，爱人在公安基层一线工作，家庭的重担压在她一个人的身上，但她把压力变动力。她组建两支群众文化社团，利用节假日组织创作、排练，全年完成各类演出五十余场。她热心公益，每周到区启智学校为孩子们上课，每周五晚还给孩子们上微信课。她为孩子们创作天津快板、小品参加天津市残疾人文艺汇演获一等奖，节目送选北京赛区参赛。敬老院也是她和她的团队经常慰问的地方，她被授予敬老孝亲称号和助残志愿者称号。2020年入选西青好人榜。

14. 孝心传承 培养出长寿家庭

李文军，55岁，中共党员，西青区税务局财产和行为税科科长。他受到父母重孝道思想的熏染，对待长辈十分孝顺，对待亲戚、邻里也十分热情。为了老人生活便利，为长辈更换智能马桶。在李文军的影响下，女儿也对家里老人十分孝顺。孝心的传承，培养了李文军的长寿家庭，父亲91岁、母亲85岁、大姑101岁。

第七届天津市道德模范

天津市道德模范每两年评选一届，2021年为第七届。活动旨在推动广泛深入开展道德模范学习宣传，努力在全社会营造崇尚模范、学习模范、捍卫模范、关爱模范的浓厚氛围，凝聚“天津是我家，建设靠大家”的精神力量。根据天津市文明办〔2021〕1号《关于评选表彰第七届天津市道德模范的通知》要求，经过各单位推荐、遴选、审核等程序，推荐多名先进典型参评第七届天津市道德模范。2021年6月，天津市道德模范评选揭晓，李素文、李彬入选第七届天津市道德模范，李桂芳获第七届天津市道德模范提名奖。

附：第七届天津市道德模范名单及事迹简介

1. 天津市诚实守信道德模范——李素文，女，1965年9月生，西青民革党员，天津市农业科学院蔬菜研究所研究员，天津科润蔬菜研究所副所长。（事迹与“感动西青道德模范”同，文略）

2. 天津市见义勇为道德模范——李彬，男，汉族，1978年1月生，中共党员，目前工作于天津市西青区武装部。（事迹与“感动西青道德模范”同，文略）

3. 天津市助人为乐道德模范提名奖——李桂芳，女，1943年8月生，中共党员，内蒙古民族大学退休后在天津市西青区生活。（事迹与“感动西青道德模范”同，文略）

2021年“西青好人”“天津好人”“中国好人”

2021年，西青区在全区范围开展多层次的典型选树活动，全年共选树“中国好人”4名、“天津好人”34名、“西青好人”35名，其中李素文、高伍、周静怡、梁亚栴分别被评为敬业奉献、诚实守信、孝老爱亲、助人为乐中国好人；戴丽文、郑红莲等34人被选树为“天津好人”；张树荣、罗颖等35名先进典型被选树为“西青好人”。2021年为加大广大青年典型宣传力度，西青区在好人推荐选树中聚焦普通人的奋斗故事，着力挖掘出周静怡、翟震刚等多位青年好人典型，并大力宣传，在全区营造出学习好人、争做好人的浓厚氛围。

附:2021 年“西青好人”“天津好人”“中国好人”名单

2021 年度“西青好人”名单

姓名	职务	工作单位	推荐单位
高 伍	社工	杨柳青镇世纪新苑社区	杨柳青镇
李素文	研究员	天津市农科院蔬菜研究所	区委统战部
罗 颖	副队长	西青区人民法院法警大队	团区委
张秀芬	居民	大寺镇泉集里社区	大寺镇
张树荣	村民	精武镇陈台子村	精武镇
周静怡	学生	西青区中等专业学校	团区委
郑红莲	居民	张家窝镇锦盛里社区	张家窝镇
刘 雯	部长	西青经济开发集团有限公司项目服务部	经开集团
戴丽文	居民	精武镇兴旺里社区	精武镇
王连录	主任	王稳庄镇网格中心	王稳庄镇
李伟春	居民	杨柳青镇广汇园社区	杨柳青镇
代 侠	居民	杨柳青镇柳苑里社区	杨柳青镇
张振岩	村民	辛口镇大杜庄村	辛口镇
宋春娇	调解员	西青区交通事故调解委员会	区委统战部
王占魁	居民	张家窝镇锦盛里社区	张家窝镇
杨 娜	负责人	西青区基础设施建设服务中心	区住建委
姚宝金	村民	中北镇李楼村	中北镇
程丛乐	村民	西营门街怡和村	西营门街
吕爱茹	居民	杨柳青镇美庭苑社区禾和湾启运里	杨柳青镇
翟震刚	总经理	天津西青区创美信息技术有限公司	区残联
伊兴旺	店长	西青区小刀电动车(津涞道店)	李七庄街
李之双	环卫工人	天津市正义德物业管理有限公司	王稳庄镇
张星宇	村民	辛口镇第六埠村	辛口镇
王 萍	村民	精武镇姚村	精武镇
张义来	后勤员工	辛口镇第六埠村村委会	辛口镇
王兴才	后勤员工	辛口镇第六埠村村委会	辛口镇
袁文成	后勤员工	辛口镇第六埠村村委会	辛口镇
付洪峰	后勤员工	辛口镇第六埠村村委会	辛口镇
刘玉喜	后勤员工	辛口镇第六埠村村委会	辛口镇
李雪娜	村民	精武镇马家寺村	精武镇
梁亚枬	理事长	天津市西青区爱星筑梦公益服务中心	区民政局
杜培智	居民	大寺镇博文苑社区	大寺镇
赵恭赏	村民	精武镇大卷子村	精武镇
宋德玲	村民	大寺镇门道口村	大寺镇
王 娜	村民	辛口镇岳家开村	辛口镇

2021 年度“天津好人”名单

姓名	职务	工作单位	推荐单位
王兆影	教师	王兰庄中心小学	区教育局
张松丽	医生	西青医院感染管理科	区卫健委
王　静	村民	大寺镇王庄子村	大寺镇
白秀萍	计生专员	杨柳青镇十五街村委会	杨柳青镇
刘树营	村民	大寺镇大寺村	大寺镇
郭志斌	居民	中北镇景园里社区	中北镇
戴丽文	居民	精武镇兴旺里社区	精武镇
高　伍	社工	杨柳青镇世纪新苑社区	杨柳青镇
李素文	副所长	天津科润蔬菜研究所	区统战部
周静怡	学生	天津市西青区中等专业学校	团区委
刘　雯	部长	天津市西青经济开发集团有限公司项目服务部	经开集团
王连录	四级主办	西青区王稳庄镇综合执法大队	王稳庄镇
郑红莲	居民	张家窝镇锦盛里社区	张家窝镇
张振岩	村民	辛口镇大杜庄村	辛口镇
代　侠	居民	杨柳青镇柳苑里社区	杨柳青镇
王占魁	居民	张家窝镇锦盛里社区	张家窝镇
宋春娇	调解员	西青区交通事故调解委员会	区统战部
伊兴旺	店长	西青区小刀电动车(津涞道店)	李七庄街
姚宝金	村民	中北镇李楼村	中北镇
李之双	环卫工人	天津市正义德物业管理有限公司	王稳庄镇
李雪娜	村民	精武镇马家寺村	精武镇
张星宇	村民	辛口镇第六埠村	辛口镇
程丛乐	村民	西营门街怡和村	西营门街
翟震刚	总经理	天津西青区创美信息技术有限公司	区残联
吕爱茹	居民	杨柳青镇美庭苑社区禾和湾启运里	杨柳青镇
王　萍	村民	精武镇姚村	精武镇
张义来	后勤员工	辛口镇第六埠村村委会	辛口镇
王兴才	后勤员工	辛口镇第六埠村村委会	辛口镇
袁文成	后勤员工	辛口镇第六埠村村委会	辛口镇
付洪峰	后勤员工	辛口镇第六埠村村委会	辛口镇
刘玉喜	后勤员工	辛口镇第六埠村村委会	辛口镇
梁亚�	理事长	天津市西青区爱星筑梦公益服务中心	区民政局
宋德玲	村民	大寺镇门道口村	大寺镇
赵恭赏	村民	精武镇大卷子村	精武镇

三 “中国好人”获奖事迹简介

（一）敬业奉献中国好人

李素文，女，汉族，1965年9月出生，西青民革党员，天津市农业科学院蔬菜研究所研究员，天津科润蔬菜研究所副所长。（事迹与“感动西青道德模范”同，文略）

（二）诚实守信中国好人

高伍，男，汉族，中共党员，1967年6月出生，西青区杨柳青镇世纪新苑社区工作人员、退伍军人。高伍1986年12月入伍，1987年在战斗中火线入党。服役期间曾任上士班长，参加过对越自卫反击战，驻守猫耳洞386天，在部队期间严守部队铁的纪律，共输送完成保密绝密文件430封。先后荣立二等功一次，三等功一次，团、营嘉奖5次。1991年退伍回家后，他始终没有忘记在越南战场上的那份承诺，开始通过各种渠道资助贫困学生，这一坚持就是30年。2008年被西青区评为“感动西青十佳人物”。2020年新冠疫情暴发，他把党组织过年慰问金5000元加上自己的5000元，共计10000元捐给了武汉。疫情期间，他主动请缨要求参加疫情处置与防控工作，要求社区领导安排到重点区域值勤。尽自己最大的努力为疫情防控做贡献。

（三）孝老爱亲中国好人

周静怡，女，2003年7月出生，共青团员，天津市西青区中等专业学校学生会组织部部长、班级学习委员（事迹与“感动西青道德模范”同，文略）

（四）助人为乐中国好人

梁亚栩，女，汉族，1977年6月出生，天津市西青区爱星筑梦公益服务中心理事长。从2016年到2021年，在梁亚栩的带领下爱星筑梦公益得到了社会的高度认可，被评为西青区优秀志愿服务团队、市妇联点赞最美女性社会组织等多个荣誉。2021年8月，有一名孩子的家长不幸离世，她的家庭情况很特殊，母亲90多岁身体不好生活不能自理，一个哥哥50多岁，没有正式工作，唯一的经济来源是低保，同时还有一个14岁自闭症的儿子——豆豆。梁亚栩号召身边的朋友以及爱心人士，为这位母亲办理了一场简单的葬礼。事后几经奔波办好了豆豆的帮扶手续。梁亚栩带着豆豆来到了溪秀苑阳光工场。她动员志愿者筹集资金，租下了一处500余平方米的房屋，作为天津首家心智障碍者集体宿舍，如今豆豆在集体宿舍老师的关爱与呵护下健康地成长。8年来，梁亚栩始终坚持热衷于公益事业，她组织发起爱星筑梦公益组织，该公益组织已长期帮扶378个家庭。

西青区文明村“十个一”文明小区“八个一”创建活动简介

2021年，西青区持续深化群众性精神文明创建活动，助力乡村振兴，推动文明村“十个一”、文明小区“八个一”创建活动蓬勃开展，打通宣传群众、教育群众、关心群众、服务群众的“最后一公里”。各街镇、村、社区以文明村“十个一”、文明小区“八个一”创建为抓手，精心规划设计，加大资金投入，规范监督管理，发挥阵地作用，各项工作取得了扎实成效，丰富了基层群众的业余文化生活和精神家园，推动全区整体文明程度不断提升。2021年度文明村“十个一”文明小区“八个一”创建达标先进名单：

文明村“十个一”创建达标先进单位：杨柳青镇东碾砣嘴村、杨柳青镇八街村、杨柳青镇十一街村、杨柳青镇十三街村、张家窝镇东琉城村、张家窝镇宫庄子村、张家窝镇康庄子村、李七庄街小倪庄村、精武镇大卷子村、精武镇吴庄子村。

文明小区“八个一”创建达标先进单位：张家窝镇社会山东苑社区、赤龙南街亲和康园社区。

荣 誉 录

2021年度国家及部级先进集体

受表彰单位	荣誉称号	授予部门	获奖年度	颁奖时间
区司法局	全国农民工工作先进集体	国务院农民工工作领导小组	2021	2021.01
区委政法委	全国维护妇女儿童权益先进集体	中华全国妇女联合会	2021	2021.11
区委政法委	节约型机关	国家机关事务管理局、国家发展改革委员会、财政部等	2021	2021.08
辛口镇司法所	全国模范司法所	司法部	2021	2021.10
西青经开集团招商运营部	巾帼文明岗	中华全国妇女联合会	2020	2021.03
区检察院	节约型机关	国家机关事务管理局、国家发展和改革委员会、财政部等	2021	2021.08
区老干部活动中心	全国老干部工作先进集体	中共中央组织部、人力资源和社会保障部	2021	2021.12
区税务局第一税务所	第20届全国青年文明号	共青团中央等23家全国创建青年文明号活动组委会	2019—2020	2021.08
西青公安分局法制支队二大队	“我为群众办实事”成绩突出集体	公安部	2021	2021.06
中国农工民主党西青区工作委员会	农工党脱贫攻坚工作先进集体	中国农工民主党中央委员会	2021	2021.06
西青区委党校	全国普法工作先进单位	中共中央宣传部、中华人民共和国司法部等	2016—2020	2021.12
区文化和旅游局	全国文化和旅游系统先进集体	人力资源和社会保障部、文化和旅游部	2021	2021.11
区疾病预防控制中心	巾帼文明岗	中华全国妇女联合会	2021	2021.03
区公共就业(人才)服务中心	全国人力资源社会保障系统优质服务窗口	人力资源和社会保障部	2021	2021.12
区民政局	全国维护妇女儿童权益先进集体	中华全国妇女联合会	2021	2021.12
西青区残疾人工作委员会	全国残疾人工作先进单位	国务院残疾人工作委员会	2021	2021.07
区体育中心	全国群众体育先进单位	国家体育总局	2017—2020	2021.09
李七庄街道党群服务中心	全国群众体育先进单位	国家体育总局	2017—2020	2021.09
红旗农贸综合批发市场有限公司	疫情防控工作突出贡献单位	中国市场学会批发市场发展委员会	2020	2021.04

2021年度国家及部级先进个人

姓名	所在单位	荣誉称号	授予部门	获奖年度	颁奖时间
董淑磊	赤龙南街司法所	全国司法所模范个人	司法部	2021	2021.10
钟亚红	区司法局	“法援惠民生 扶贫奔小康”品牌活动表现突出个人	司法部	2021	2021.06
高 辉	水高庄村	全国粮食生产先进个人	农业农村部	2021	2021.12
杨晨晨	经开集团党委办	全国优秀共青团员	共青团中央	2021	2021.05
王 倩	区检察院	全国维护妇女儿童权益先进个人	全国妇联	2021	2021.12
韩建伟	大寺镇市场监督管理所	全国食品安全工作先进个人	国务院食品安全委员会	2021	2021.02
马道静	西青区个体民营企业协会	调查工作先进个人	中国个体劳动者协会	2020	2021.04
杨占军	区税务局	全国税务系统百佳税务所长（书记）	国家税务总局	2021	2021.06
田 正	西青区看守所	抗击新冠肺炎疫情成绩突出个人	公安部	2021	2021.07
周 跃	西青区住建综合行政执法支队	全国根治拖欠农民工工资工作先进个人	国务院根治拖欠农民工工资工作领导小组	2021	2021.12
赵 宏	天津交通职业学院	全国脱贫攻坚先进个人	中共中央 国务院	2021	2021.02
张 斌	西青区融媒体中心	基层广播电视统计工作优秀个人	国家广播电视总局办公厅	2020	2021.05
史新锋	西青区体育中心	全国群众体育先进个人	国家体育总局	2017-2020	2021.09
郭宝印	王兰庄村股份经济合作社	优秀基层慈善工作者	中华慈善总会	2020	2021.09
赵万霞	凌庄子村股份经济合作社	全国巾帼建功标兵	中华全国妇女联合会	2021	2021.03
赵万霞	凌庄子村股份经济合作社	全国妇联系统劳动模范	中华人民共和国人力资源和社会保障部、中华全国妇女联合会	2021	2021.12
石风贤	大寺镇人民政府	全国群众体育先进个人	国家体育总局	2017—2020	2021.09
刘 斌	西青法院	人民法院党建工作先进个人	中华人民共和国最高人民法院	2020	2021.06
孙艳朋	西青区生态环境局	重点行业企业用地土壤污染状况调查变现突出个人	生态环境部办公厅	2021	2021.12
邓 锋	中国农工民主党西青区工作委员会	农工党脱贫攻坚工作先进个人	中国农工民主党中央委员会	2021	2021.06
邓 锋	中国农工民主党西青区工作委员会	农工党抗击新冠肺炎疫情先进个人	中国农工民主党中央委员会	2021	2021.02

续表

姓 名	所在单位	荣誉称号	授予部门	获奖年度	颁奖时间
杨春雷	西青区总工会	全国“安康杯”职工安全应急技能知识竞赛活动优秀个人	全国安康杯竞赛组委会	2021	2021.11
高 辉	水高庄村	全国粮食生产先进个人	农业农村部	2021	2021.12

2021年度天津市及市局级先进集体

受表彰单位	荣誉称号	授予部门	获奖年度	颁奖时间
西青区消防救援支队	天津市文明单位	天津市精神文明建设委员会	2021	2021.07
天津市赛达伟业有限公司	天津市房地产协会先进房地产开发企业	天津市房地产业协会	2021	2021.12
区检察院第一检察部	天津市扫黑除恶专项斗争先进集体	天津市扫黑除恶专项斗争领导小组	2021	2021.05
区检察院未检组	天津市青年文明号	共青团天津市委员会	2019—2020	2021.06
区检察院团总支	天津市五四红旗团支部	共青团天津市委员会	2021	2021.05
区检察院第五检察部	天津市检察机关先进集体	天津市人民检察院	2017—2020	2021.12
区检察院第三党支部	天津市先进基层党组织	中共天津市委员会	2021	2021.06
西青法院	信息工作先进单位	天津市高级人民法院	2019—2020	2021.02
西青法院刑事审判庭	天津市扫黑除恶专项斗争先进集体	天津市委组织部、市扫黑除恶专项斗争领导小组	2020	2021.05
西青法院	天津市文明单位	天津市精神文明建设委员会	2018—2020	2021.07
西青法院民事审判第一庭	天津市法院系统先进集体	天津市高级人民法院	2021	2021.08
西青法院司法警察大队	全市法院扫黑除恶专项斗争先进集体	天津市高级人民法院	2020	2021.09
西河闸党支部	先进基层党组织	中共天津市农业农村委员会	2021	2021.06
西河闸水政监察支队	优秀水政监察队伍	水利部海河水利委员会办公室	2020	2021.01
区市场监管局特种设备安全监察科	天津市市场监管系统先进集体	天津市市场监督管理委员会	2021	2021.07
中北镇市场监督管理所	天津市市场监管系统先进集体	天津市市场监督管理委员会	2021	2021.07
独流减河进洪闸管理处	天津市级机关先进基层党组织	中共天津市委市级机关工作委员会	2021	2021.6
西青区妇联	天津市普法工作先进单位	天津市委宣传部、市司法局、市普法办	2016—2020	2021.11
赤龙南税务所	“感动天津税务”集体	天津市税务局	2021	2021.05
赤龙南派出所	集体二等功	天津市公安局	2021	2021.01
国内安全保卫支队三大队	集体二等功	天津市公安局	2021	2021.02
西营门派出所	天津市维护社会稳定工作先进集体	中共天津市委政法委员会	2018—2020	2021.04

续表

受表彰单位	荣誉称号	授予部门	获奖年度	颁奖时间
市局侦破西青系列强奸、强制猥亵案件专案组	集体二等功	天津市公安局	2021	2021.06
打击犯罪侦查支队七大队	天津市扫黑除恶专项斗争先进集体	天津市扫黑除恶专项斗争领导小组	2021	2021.05
国内安全保卫支队三大队	集体二等功	天津市公安局	2021	2021.08
市局侦破西青“2021•5•1”故意杀人案件专案组	集体二等功	天津市公安局	2021	2021.10
李七庄派出所社区警务队	军转接收安置工作成绩突出集体	天津市公安局	2021	2021.11
公安西青分局	天津市公安系统优秀公安分局	天津市公安局	2018—2020	2021.12
微电子工业区治安派出所	天津市公安系统优秀公安基层单位	天津市公安局	2018—2020	2021.12
打击犯罪侦查支队三大队	天津市公安系统优秀公安基层单位	天津市公安局	2018—2020	2021.12
区委党校“红星闪闪”义工服务队	天津市优秀志愿服务团队	天津市精神文明建设委员会办公室	2021	2021.11
区委办公室	天津市党委信息工作先进集体	中共天津市委办公厅	2021	2021.11
区教育局	普法工作先进单位	中共天津市委宣传部、天津市司法局等	2021	2021.11
杨柳青第一中学高三 5 班	天津市优秀班集体	天津市教育委员会	2021	2021.05
杨柳青第二中学九年 5 班	天津市优秀班集体	天津市教育委员会	2021	2021.05
张家窝中学	天津市优秀班集体	天津市教育委员会	2021	2021.05
西青区实验小学	天津市优秀班集体	天津市教育委员会	2021	2021.05
天津师范大学第三附属小学	天津市优秀班集体	天津市教育委员会	2021	2021.05
张家窝镇田丽小学	天津市优秀班集体	天津市教育委员会	2021	2021.05
张家窝中学大队委员会	天津市优秀少先队集体	共青团天津市委员会、市教育委员会等	2021	2021.12
天津工业大学附属小学大队委员会	天津市优秀少先队集体	共青团天津市委员会、市教育委员会等	2021	2021.12
星光路小学少先队大队	天津市优秀少先队集体	共青团天津市委员会、市教育委员会等	2021	2021.12
区疾病预防控制中心	抗疫先锋团队（健教）	京津冀健康城市建设联盟	2021	2021.04
区疾病预防控制中心	抗疫先锋团队（病媒）	京津冀健康城市建设联盟	2021	2021.04
西青融媒工作室	天津市优秀区融媒体工作室奖	天津海河传媒中心	2020	2021.03
西青区融媒体中心	天津市文明单位称号	天津市精神文明建设委员会	2018—2020	2021.07
西青区公共就业（人才）服务中心	天津市人社窗口服务优秀单位	天津市人力资源和社会保障局	2021	2021.01
区民政局基层政权建设和社区建设科	天津市巾帼建功先进集体	天津市妇女联合会	2020	2021.03
王兰庄村股份经济合作社党总支	天津市先进基层党组织	中共天津市委员会	2021	2021.06
天津一二·九抗日救亡运动纪念馆学雷锋志愿服务站	优秀学雷锋志愿服务岗（站）	天津市精神文明建设委员会办公室	2021	2021.11
邓店社区新时代文明实践站	天津市优秀新时代文明实践站	天津市精神文明建设委员会办公室	2021	2021.11

续表

受表彰单位	荣誉称号	授予部门	获奖年度	颁奖时间
赤龙南街道办事处	天津市依法治理创建活动先进单位	市委宣传部 市司法局、市普法办	2021	2021.12
杨柳青镇残疾人联合会	天津市残疾人工作先进单位	天津市人民政府残疾人工作委员会	2021	2021.08
杨柳青镇东碾坨嘴村	天津市维护社会稳定工作先进集体	中共天津市委政法委员会	2018—2020	2021.04
大寺镇妇女联合会	天津市妇联系统先进集体	天津市妇女联合会	2017—2021	2021.12
辛口镇三资部门	工人先锋号	天津市总工会	2021	2021.04
宝岛车业集团有限公司	劳动竞赛先进单位	天津市总工会	2021	2021.01
辛口镇政府公共安全办公室	维护社会稳定工作先进集体	中共天津市委政法委员会	2021	2021.04
付村新时代文明实践站	天津市优秀新时代文明实践所（站）	天津市文明办	2021	2021.11
付村妇联	天津市妇联系统先进集体	天津市妇女联合会	2017—2021	2021.12
天津师范大学第三附属小学	新时代好少年红心向党读书活动先进集体	天津市教育系统关工委	2021	2021.08
王稳庄镇团委	天津市五四红旗团委	共青团天津市委员会	2021	2021.05
区安全生产执法监察大队	天津市青年文明号	共青团天津市委员会	2019—2020	2021.06
区纪委监委案件监督管理室	天津市纪检监察系统先进集体	天津市纪委监委、市人力资源和社会保障局	2021	2021.06

2021年度天津市及市局级先进个人

姓 名	所在单位	荣誉称号	授予部门	获奖年度	颁奖时间
戴 君	区司法局	天津市普法工作先进个人	天津市委宣传部、市司法局等	2016—2020	2021.10
李 锌	区司法局	天津市政法系统人民满意的政法干警	天津市委政法委	2021	2021.11
王鹏飞	区委政法委	天津市扫黑除恶专项斗争先进工作者	天津市扫黑除恶专项斗争领导小组	2021	2021.05
樊振中	区农业农村发展服务中心	天津市优秀共产党员	中共天津市委员会	2021	2021.06
张天楠	天津市赛达伟业有限公司	天津市房地产协会先进个人	天津市房地产业协会	2021	2021.12
杨晨晨	经开集团党委办	天津市优秀共青团员	共青团天津市委员会	2021	2021.05
王 倩	区检察院	天津市政法系统人民满意的政法干警	中共天津市委政法委员会	2021	2021.11
崔砚云	区检察院	天津市扫黑除恶专项斗争先进工作者	天津市扫黑除恶专项斗争领导小组	2021	2021.05
郝 博	区检察院	天津市普法工作先进个人	天津市委宣传部、市司法局等	2016—2020	2021.11
姚 娅	区检察院	平安英雄	天津市委平安办	2021	2021.12
郝 博	区检察院	天津市检察机关优秀检察干警	天津市人民检察院	2017—2020	2021.12

续表

姓 名	所在单位	荣誉称号	授予部门	获奖年度	颁奖时间
王 倩	区检察院	天津市检察机关先进检察干警	天津市人民检察院	2017—2020	2021.12
崔砚云	区检察院	天津市检察机关先进检察干警	天津市人民检察院	2017—2020	2021.12
姚 娅	区检察院	天津市检察机关先进检察干警	天津市人民检察院	2017—2020	2021.12
卜丹娜	西青法院	信息工作先进个人	天津市高级人民法院	2019—2020	2021.02
李 辉	西青法院	天津市优秀共产党员	中共天津市委	2021	2021.06
李 辉	西青法院	天津市法院系统先进个人	天津市高级人民法院	2021	2021.08
李 艳	西青法院	天津市法院系统先进个人	天津市高级人民法院	2021	2021.08
吕 涛	西青法院	天津市法院系统先进个人	天津市高级人民法院	2021	2021.08
罗 颖	西青法院	天津市法院系统先进个人	天津市高级人民法院	2021	2021.08
宋德峰	西青法院	全市法院扫黑除恶专项斗争先进个人	天津市高级人民法院	2020	2021.09
张 莹	西青法院	全市法院扫黑除恶专项斗争先进个人	天津市高级人民法院	2020	2021.09
张 阳	西青法院	全市法院扫黑除恶专项斗争先进个人	天津市高级人民法院	2020	2021.09
赵婉初	西青法院	全市法院扫黑除恶专项斗争先进个人	天津市高级人民法院	2020	2021.09
李 辉	西青法院	天津市政法系统人民满意的政法干警	中共天津市委政法委员会	2019—2021	2021.11
曹作前	西河闸管理处	海委优秀共产党员	海委党建工作领导小组	2021	2021.06
韩建伟	大寺镇市场监督管理所	天津市优秀共产党员	中共天津市委员会	2021	2021.06
李佳斌	李七庄街市场监督管理所	天津市市场监管系统先进工作者	天津市市场监督管理委员会	2021	2021.07
刘昊东	杨柳青镇市场监督管理所	天津市市场监管系统先进工作者	天津市市场监督管理委员会	2021	2021.07
周炜茗	中北镇市场监督管理所	天津市市场监管系统先进工作者	天津市市场监督管理委员会	2021	2021.07
李 勇	红旗农贸批发市场市场监督管理所	天津市市场监管系统先进工作者	天津市市场监督管理委员会	2021	2021.07
郝 斌	区市场监督管理局	天津市市场监管系统先进工作者	天津市市场监督管理委员会	2021	2021.07
刘 静	区市场监督管理局	天津市市场监管系统先进工作者	天津市市场监督管理委员会	2021	2021.07
朱 康	大寺镇市场监督管理所	天津市市场监管系统先进工作者	天津市市场监督管理委员会	2021	2021.07
乔 君	西青区市场监管综合行政执法支队	天津市市场监管系统先进工作者	天津市市场监督管理委员会	2021	2021.07
李树元	区市场监督管理局	天津市市场监管系统先进工作者	天津市市场监督管理委员会	2021	2021.07
张 倩	区市场监督管理局	天津市优秀共青团干部	共青团天津市委员会	2021	2021.05
郭卫红	西青区妇联	天津市妇联系统先进个人	天津市妇女联合会	2021	2021.12
冯兆玲	区税务局	天津市最美女税务人	天津市税务局	2020	2021.04
王云龙	大寺派出所	天津市优秀共青团员	共青团天津市委员会	2021	2021.04

续表

姓名	所在单位	荣誉称号	授予部门	获奖年度	颁奖时间
马德振	督审支队二大队	天津市维护社会稳定工作先进个人	中共天津市委政法委员会	2018—2020	2021.04
尹志达	李七庄派出所	天津市优秀共产党员	中共天津市委	2021	2021.06
石 磊	打击犯罪侦查支队七大队	天津市扫黑除恶专项斗争先进工作者	天津市扫黑除恶专项斗争领导小组	2021	2021.05
王洪江	公安西青分局政治处	天津市脱贫攻坚先进个人	中共天津市委、市政府	2021	2021.05
宫春蕊	西青开发区派出所	个人二等功	天津市公安局	2021	2021.01
赵洪建	打击犯罪侦查支队二大队	个人二等功	天津市公安局	2021	2021.02
孙 峥	打击犯罪侦查支队二大队	个人二等功	天津市公安局	2021	2021.06
董小兵	交警支队杨柳青大队	个人二等功	天津市公安局	2021	2021.08
吴 杰	特警支队二大队	个人二等功	天津市公安局	2021	2021.10
张明辉	特警支队三大队	军转接收安置工作成绩突出个人	天津市公安局	2021	2021.11
尹志达	西营门派出所	天津市公安系统特级优秀人民警察	天津市公安局	2018—2020	2021.12
冯 伟	打击犯罪侦查支队二大队	天津市公安系统优秀人民警察	天津市公安局	2018—2020	2021.12
潘文昌	交警支队西青开发区大队	天津市公安系统优秀人民警察	天津市公安局	2018—2020	2021.12
刘国亮	特警支队二大队	天津市公安系统优秀人民警察	天津市公安局	2018—2020	2021.12
王 棋	治安管理支队四大队	天津市公安系统优秀人民警察	天津市公安局	2018—2020	2021.12
史 哲	网络安全保卫支队	天津市公安系统优秀人民警察	天津市公安局	2018—2020	2021.12
贾剑勇	杨柳青镇西派出所	天津市公安系统优秀人民警察	天津市公安局	2018—2020	2021.12
崔 欣	赤龙南派出所	天津市公安系统优秀人民警察	天津市公安局	2018—2020	2021.12
刘 洋	中北派出所	天津市公安系统优秀人民警察	天津市公安局	2018—2020	2021.12
张宏亮	中北派出所	天津市公安系统优秀人民警察	天津市公安局	2018—2020	2021.12
赵明洋	大寺派出所	天津市公安系统优秀人民警察	天津市公安局	2018—2020	2021.12
李登辉	大寺派出所	天津市公安系统优秀人民警察	天津市公安局	2018—2020	2021.12
康玉亮	梅江会展中心地区派出所	天津市公安系统优秀人民警察	天津市公安局	2018—2020	2021.12
尹志达	西营门派出所	个人二等功	天津市公安局	2021	2021.12
冯达理	西青区职工服务中心	民盟天津市委员会社会服务工作先进个人	中国民主同盟天津市委员会	2021	2021.10
李素文	天津科润蔬菜研究所	第七届天津市道德模范	天津市委宣传部、市文明办、市总工会等	2021	2021.06
刘立闯	区政府政务服务办公室	天津市脱贫攻坚先进个人	中共天津市委、天津市人民政府	2021	2021.05
王战胜	区纪委监委	天津市纪检监察系统先进工作者	天津市纪委监委、市人力资源和社会保障局	2021	2021.06

续表

姓名	所在单位	荣誉称号	授予部门	获奖年度	颁奖时间
赵彦飞	区纪委监委	天津市纪检监察系统先进工作者	天津市纪委监委、市人力资源和社会保障局	2021	2021.06
梁金凤	区纪委监委	天津市纪检监察系统先进工作者	天津市纪委监委、天津市人力资源和社会保障局	2021	2021.06
张继峰	区纪委监委	天津市纪检监察系统先进工作者	天津市纪委监委、天津市人力资源和社会保障局	2021	2021.06
樊振中	区农业农村发展服务中心	天津市优秀共产党员	中共天津市委	2021	2021.06
王艳鹏	区委办公室	天津市党委信息工作先进个人	中共天津市委办公厅	2021	2021.11
闫朝辉	区人社局	天津市党委信息工作先进个人	中共天津市委办公厅	2021	2021.11
王 颖	区杨柳青第二中学	天津市杰出津门班主任	天津市教育委员会	2021	2021.09
吴 震	大寺中学	天津市优秀少先队辅导员	共青团天津市委员会、市教育委员会等	2021	2021.12
李雪梅	杨柳青二小	天津市优秀少先队辅导员	共青团天津市委员会、市教育委员会等	2021	2021.12
莫家娇	杨柳青三中	天津市优秀少先队辅导员	共青团天津市委员会、市教育委员会等	2021	2021.12
张丹丹	蔡台中心小学	天津市优秀少先队辅导员	共青团天津市委员会、市教育委员会等	2021	2021.12
尚 丽	大寺中心小学	天津市优秀少先队辅导员	共青团天津市委员会、市教育委员会等	2021	2021.12
孙慧宾	天津市第九十五中学	杰出津门教师	天津市教育委员会	2021	2021.09
谢玉靖	区融媒体中心	天津市全民科学素质工作先进个人称号	天津市全民科学素质纲要实施工作办公室	2021	2021.09
潘人豪	区文化馆	优秀通讯员	天津市文化和旅游局、市群众艺术馆	2020	2021.04
胡双星	区文化馆	优秀通讯员	天津市文化和旅游局、市群众艺术馆	2020	2021.04
卫 贞	区文化馆	优秀通讯员	天津市文化和旅游局、市群众艺术馆	2020	2021.04
闫秀会	西青医院	天津市护理“十百千”千名优秀护士	天津市卫生健康委员会	2021	2021.05
兰新红	西青医院	天津市护理“十百千”千名优秀护士	天津市卫生健康委员会	2021	2021.05
邢玉桃	西青医院	天津市护理“十百千”千名优秀护士	天津市卫生健康委员会	2021	2021.05
齐 天	西青医院	天津市护理“十百千”千名优秀护士	天津市卫生健康委员会	2021	2021.05
孟向敏	西青医院	天津市护理“十百千”千名优秀护士	天津市卫生健康委员会	2021	2021.05

续表

姓 名	所在单位	荣誉称号	授予部门	获奖年度	颁奖时间
王媛媛	西青医院	天津市护理“十百千”千名优秀护士	天津市卫生健康委员会	2021	2021.05
龚 芳	西青医院	天津市护理“十百千”千名优秀护士	天津市卫生健康委员会	2021	2021.05
梁 欢	西青医院	天津市护理“十百千”千名优秀护士	天津市卫生健康委员会	2021	2021.05
李耀泉	西青医院	天津市护理“十百千”千名优秀护士	天津市卫生健康委员会	2021	2021.05
董 丽	西青医院	天津市护理“十百千”千名优秀护士	天津市卫生健康委员会	2021	2021.05
吴晓云	西青医院	天津市护理“十百千”千名优秀护士	天津市卫生健康委员会	2021	2021.05
徐莉莉	西青医院	天津市护理“十百千”千名优秀护士	天津市卫生健康委员会	2021	2021.05
张 颖	西青医院	天津市护理“十百千”千名优秀护士	天津市卫生健康委员会	2021	2021.05
畅 红	西青医院	天津市护理“十百千”千名优秀护士	天津市卫生健康委员会	2021	2021.05
肖 飞	西青医院	天津市最美检验人	天津市医师协会检验医师分会	2021	2021.10
刘 岩	西青医院	天津市最美检验人	天津市医师协会检验医师分会	2021	2021.10
张 蕾	区人社局	天津市人社服务标兵	天津市人力资源和社会保障局	2021	2021.01
张德政	官易里	天津市优秀志愿服务工作者	天津市精神文明建设委员会办公室	2021	2021.11
马德慧	官易里	优秀少先队辅导员	共青团天津市委员会、市教育委员会等	2021	2021.11
李雪梅	杨柳青镇第二小学	天津市优秀共青团干部	共青团天津市委员会	2021	2021.05
侯庆峰	杨柳青镇退役军人服务站	天津市退役军人工作模范个人	中共天津市委退役军人事务工作委员会办公室、市委组织部等	2021	2021.07
高 伍	杨柳青镇退役军人服务站	天津市模范退役军人	中共天津市委退役军人事务工作委员会办公室、市委组织部等	2021	2021.07
马晶晶	杨柳青镇残疾人联合会	天津市残疾人工作先进个人	天津市人民政府残疾人工作委员会	2021	2021.08
宋广容	大寺镇政府	天津市最美信访干部	中共天津市委信访办公室、市人民政府信访办公室	2021	2021.10
李慧敏	大寺镇政府	天津市优秀共青团干部	共青团天津市委员会	2020	2021.05
杨欣怡	大寺镇梅江康城社区	天津市优秀共青团员	共青团天津市委员会	2020	2021.05
李德志	王村	优秀“五爱”教育阵地辅导员	天津市文明办、天津市关工委	2020	2021.04
郝庆水	第六埠村	天津市优秀共产党员	中共天津市委员会	2021	2021.06
邢秀娟	恒益隆庭社区	天津市优秀志愿者	天津市文明办	2021	2021.11

续表

姓 名	所在单位	荣誉称号	授予部门	获奖年度	颁奖时间
张 婷	盛兴佳园社区	优秀“五爱”教育阵地辅导员	天津市文明办、 天津市关工委	2020	2021.04
郭振刚	天津市新宇彩板 有限公司	天津市五一劳动奖章	天津市总工会	2021	2021.04
张 毅	王稳庄镇政府	天津扶贫助困好青年	共青团天津市委员会	2021	2021.07

附:2021年度西青区最美家庭名单

2021年度西青区最美家庭

姓 名	所在单位	荣誉称号	授予部门	获奖 年度	颁发(落款)时间
李 浩	西青区消防救援支队	全国最美家庭	中华全国妇女联合会	2021	2021.10
刘文文	西青区消防救援支队	天津市最美家庭	天津市妇女联合会	2021	2021.05
刘 娟	西青法院	天津市最美家庭	天津市妇女联合会	2021	2021.06
于 洋	西青区税务局	天津市最美家庭	天津市妇女联合会	2021	2021.05
郃永忠	西青区水务事务中心	天津市最美家庭	天津市妇女联合会	2021	2021.05
尹志达	李七庄派出所	天津市最美家庭	天津市妇女联合会	2021	2021.05
刘松阁	精武镇付村	天津市最美家庭	天津市妇女联合会	2021	2021.05
吴均菲	精武镇刘庄	天津市最美家庭	天津市妇女联合会	2021	2021.05

统计资料

经 济

2021 年西青区基本情况

项　目	单 位	数 量
全区土地总面积	平方公里	565.37
其中:耕地	亩	132867
林地	亩	106561
果园	亩	16652
街道办事处个数	个	4
镇政府个数	个	7
城镇化率	%	95.18
年末户籍总人口	人	477649
年末常住总人口	万人	118.88
全区从业人员数	人	426849
城镇居民人均可支配收入	元	43920
财政收入	万元	2567057
其中:区级收入	万元	1100485
财政支出	万元	1367662

2021 年西青区耕地面积

单位:亩

指标 街镇名	年初实有耕地面积	年内减少耕地面积	年内增加耕地面积	年末实有耕地面积
合　计	135831	3489	525	132867
西营门街	1261	3	0	1259
李七庄街	2372	8	25	2389
中 北 镇	3225	0	12	3237
杨柳青镇	15885	869	6	15022
辛 口 镇	45352	7	5	45350
张家窝镇	5580	292	32	5320
精 武 镇	11838	245	3	11596
大 寺 镇	12591	69	50	12572
王稳庄镇	37726	1996	392	36122

注:现耕地面积数据为 2018 年数据,规划和资源管理局西青分局进行土地普查数据尚未更新

2021年西青区财政收入

单位:万元

科　目	数 量
总　计	2567057
一、中央级收入	631060
二、市级收入	835512
三、区县级收入	1100485
1. 一般公共预算收入合计	694090
增值税	136156
营业税	0
企业所得税	97725
个人所得税	14026
城市维护建设税	44319
房产税	73607
印花税	15879
城镇土地使用税	8643
土地增值税	33419
车船税	5772
耕地占用税	2350
契税	105994
资源税	206
环境保护税	1089
其他税收收入	0
专项收入	77106
行政事业性收费收入	7794
罚没收入	11752
国有资源(资产)有偿使用收入	55518
其他收入	2735
2. 政府性基金预算收入	405254
3. 国有资本经营预算收入	1141

区财政局提供资料

2021年西青区财政支出

单位:万元

科　目	数 量
总　计	1367662
一般公共预算支出	1036113
一、一般公共服务支出	134512
二、国防	0

续表

科　目	数　量
三、公共安全支出	82207
四、教育支出	194421
五、科学技术支出	16247
六、文化旅游体育与传媒支出	11880
七、社会保障和就业支出	122738
八、卫生健康支出	90617
九、节能环保支出	13344
十、城乡社区支出	205680
十一、农林水支出	81173
十二、交通运输	21965
十二、资源勘探信息等支出	8260
十四、商业服务业等支出	14767
十五、金融	0
十六、援助其他地区支出	0
十七、自然资源海洋气象等支出	6799
十八、住房保障支出	10813
十九、粮油物资储备支出	2146
二十、灾害防治及应急管理支出	12353
二十一、其他支出	0
二十二、债务付息支出	6147
二十三、债务发行费用支出	45
政府性基金预算支出	331474
国有资本经营预算支出	75

区财政局提供资料

2021年西青区社会消费品零售总额

单位:万元

月份	社会消费品零售总额
合计	3416542.8
1—2月	584913.6
3月	319105.5
4月	287592.3
5月	278816.7
6月	260644.2
7月	281061.5
8月	269188.8
9月	275414.2
10月	266963.2

续表

月份	社会消费品零售总额
11 月	275902.9
12 月	316940.0

区财政局提供资料

文化教育

2021 年西青区文化站基本情况

项　目	单位	数量
一、乡镇文化站数	个	10
二、从业人数	人	63
三、举办展览个数	个	131
四、组织文艺活动次数	次	2520
五、举办训练班班次	次	1756
训练班结业人次	人次	197290
六、藏书	万册	19.7238
七、公用房屋建筑面积	平方米	43200

区文旅局提供资料

2021 年西青区公共图书馆基本情况

项　目	单位	数　量
一、从业人员	人	34
二、总藏量	册、件	671243
其中：图书	册	428383
报纸、期刊	册	2026
三、累计发放有效借书证数	个	17574
四、总流通人次	万人次	18.2
其中：书刊文献外借人次	万人次	13.5
五、书刊文献外借册次	万册次	20.1
六、为读者举办各种活动	次	61
参加人次	万人次	0.724
七、本年新购图书	册	221763
八、阅览室面积	平方米	1618
九、阅览室座席数	个	568

区文旅局提供资料

2021年西青区中小学 幼儿园 特殊教育情况

单位:所、个、人

普通中学				小学		幼儿园		特殊教育学校	
项目	数量	项目	数量	项目	数量	项目	数量	项目	数量
学校数	19	初中毕业生数	3826	学校数	39	幼儿园数	165	学校数	1
其中:初级中学	7	高中毕业生数	1930	班数	922	班数	1009	班数	14
高级中学	3	初中毕业班学生数	4118	其中:一年级	165	入园人数	8958	其中:小学	6
完全中学	6	高中毕业班学生数	1965	二年级	163	在园幼儿数	23668	毕业班数	2
一贯制学校	3	初中在校学生数	13332	三年级	156	教职工数	4381	招生数	13
初中班数	307	其中:一年级	4873	四年级	158	其中:园长	184	在校学生数	176
其中:一年级	114	二年级	4341	五年级	146	专任教师	2118	毕业班学生数	28
二年级	99	三年级	4118	六年级	134	保健医	184	教职工数	34
三年级	94	高中在校学生数	6388	毕业生数	4873	保育员	858	其中:专任教师	29
高中班数	158	其中:一年级	2330	在校学生数	35453	其他	1037	-	-
其中:一年级	58	二年级	2093	其中:一年级	6097	-	-	-	-
二年级	51	三年级	1965	二年级	6325	-	-	-	-
三年级	49	教职工数	2111	三年级	6009	-	-	-	-
-	-	其中:专任教师	1636	四年级	6183	-	-	-	-
-	-	(1)初中教师	1068	五年级	5522	-	-	-	-
-	-	(2)高中教师	568	六年级	5317	-	-	-	-
-	-	行政人员	143	小学教职工数	2667	-	-	-	-
-	-	-	-	其中:专任教师	2541	-	-	-	-
-	-	-	-	行政人员	166	-	-	-	-

注:普通中学一栏中教职工数和专任教师数均包含两所九年一贯制学校的小学教师相关数据。区教育局提供资料

卫生体育

2021年西青区基本情况卫生系统医疗机构 床位 人员情况

项 目	机构 数(个)	床位 数(张)	人员数(人)				
			合计	技术人员		管理 人员	工勤 人员
				小计	医生		
总 计	90	2331	1537	1343	1343	127	67
一、医院	26	2331	443	415	415	17	11
二、社区卫生服务中心	10	0	501	448	448	33	20
三、门诊部	52	0	484	402	402	54	28
四、妇幼保健机构	1	0	41	32	32	6	3
五、专科防治所	0	0	0	0	0	0	0
六、医学教育机构	0	0	0	0	0	0	0

续表

项　目	机构 数（个）	床位 数（张）	人员数(人)				
			合计	技术人员		管理　人员	工勤　人员
				小计	医生		
七、疾病预防控制中心	1	0	68	46	46	17	5

区卫健委提供资料

2021年西青区体育事业发展情况

项　目	二级运动员人数(人)	获得奖牌数(块)		
		金牌	银牌	铜牌
合　计	78	251	207	240
田　径	5	14	18	18
举　重	1	10	5	10
柔　道	4	15	15	16
跆拳道	2	5	12	21
中国式摔跤	-	6	5	6
手　球	5	-	-	1
棒　球	7	2	-	-
垒　球	3	1	-	-
高尔夫	-	2	2	1
乒乓球	1	1	3	3
拳　击	4	14	12	8
篮　球	-	-	-	-
羽毛球	-	-	-	-
网　球	-	-	-	-
击　剑	-	3	3	6
足　球	-	1	-	2
武术散打	18	14	7	13
武术套路	12	81	65	55
空手道	1	28	20	31
健美操	3	-	-	-
摔　跤	11	20	14	16
游　泳	-	16	17	27
蹦　床	-	4	6	6
射　箭	1	2	3	-
体　操	-	12	-	-

区体育局提供资料

附　录

调研报告摘编

西青区碳排放达峰路径调研报告

西青区生态环境局

自2020年9月“3060”目标提出以来，西青区高度重视碳达峰、碳中和工作，深入学习领会习近平总书记关于“双碳”工作的重要讲话精神，深入贯彻市委、市政府指示批示，围绕碳达峰碳中和目标，力争加快形成节约资源和保护环境的空间格局、产业结构、生产方式和生活方式。为早日实现我区碳达峰目标，西青区生态环境局对我区碳排放达峰路径进行深入调研，并从碳排放现状、现状分析、达峰路径几个方面进行了研究思考。

一、西青区碳排放现状

（一）能源领域

能源基础设施日益完善，现有燃气、燃煤、地热等各类供热站45座，供热企业27家，区域集中供热普及率达84.4%。电力基础设施建设稳步推进，年供电149.82亿千瓦时，建成运营公共充电桩约3000台。能源结构调整初显成效，完成供热燃煤锅炉改燃并网36座76台，实现全区35蒸吨及以下燃煤供热锅炉、工业锅炉和商业锅炉“清零”。大力发展清洁能源，西青生活垃圾综合处理厂PPP项目一期工程投入运营，建成投产光伏发电装机规模20兆瓦，清洁能源取暖比例由2015年的不足40%上升到2021年的82%。节能减排工作成效显著，我区“十三五”期间空气质量达标天数增加20天，碳排放强度累计下降23.8%，万元GDP能耗累计下降20.5%，实现以较低能耗水平支撑区域经济增长。

（二）工业领域

工业战略性新兴产业发展迅速，增加值比重达35%，位居全市前列。其中新一代信息技术产业龙头带动地位凸显，半年产值合计102.8亿，同比增长24.52%，占全区规模以上工业产值比重14.86%。工业绿色低碳发展成效显著，全面完成55个工业园区（集聚区）整治和环境治理，同步分类治理“散乱污”企业2076家。鼓励企业开展自愿性清洁生产审核，三电汽车空调、京万红等重点能耗企业通过清洁生产验收。持续推动绿色制造体系建设创建工作，西青经济技术开发区获评国家级绿色园区称号，天津狗不理有限公司等6家企业获评国家级绿色工厂，另有市级绿色工厂12家，绿色供应链管理企业1家。

（三）交通领域

公共交通迅速发展。2021年，共计新开通公交线路1条，优化调整公交线路8条，162路调整后可将精武镇地区居民与地铁3号线进行接驳，684路在大寺区域内进行延长，填补储祥道、储珍道公交线网空白，解决亲和美园、亲和润园等小区居民出行问题，较2020年更新新能源车辆152部，2021年新增公交站点6个，公交运营里程增加9208290公里，全区目前公共交通线路数量55条，西青区公交运营车保有量505部。新能源汽车公共充电基础设施建设工作取得积极进展。我区2021年分别在津门湖公交站、杨柳青公交站、海泰南公交站新建公共充电桩23台。新建公共充电桩数量、公共充电服务网络密度跃居全市首位，在营公共充电桩数量位居全市第二，工作成效显著，得到了市级部门的认可和好评。

（四）建筑领域

大力推动既有建筑节能改造和绿色建筑项目。西青区严格按照《国家生态文明建设示范县、市指标》及《市建委关于推进高星级绿色建筑发展有关工作的通知》（津建科〔2017〕410号）等文件要求，所有新建、改建和扩建的民用建筑按照绿色建筑标准进行设计。对政府投资项目、

2 万平方米及以上大型公共建筑、保障性住房和商品房项目提出执行绿色建筑等级标准。2021年指导全区绿色建筑项目 85 项，落实 85 项工程建筑星级绿色建筑标准。

（五）碳汇领域（该领域暂无 2021 年数据）

根据全国林地一张图数据，我区森林面积14146.3 公顷，其中乔木林 13248.8 公顷，经济林898 公顷。草地面积 394.25 公顷，水域面积14642.44 公顷，林草覆盖率为 20.17%。2020 年我区城市绿地面积 3145.35 万平方米，比 2019 年上升 4.25%；2020 年绿地率为 30.86%，比 2019年上升 1.11 个百分点。

（六）体制机制

西青区努力构建为“双碳”工作服务的体制机制。财政保障方面，西青区大力推进绿色采购工作，鼓励全区各单位在日常工作中严格按照规定采购节能环保产品，在政府采购项目招标文件中向节能、环保产品倾斜，优先采购节能环保产品，加大对绿色节能产品的采购力度。经测算，2021 年前三季度，节能、节水产品采购金额比重平均为 92.9%，环保产品采购金额比重平均为94.27%。节能审查方面，西青区严格执行固定资产投资项目合理用能节能报告审查制度，落实好固定资产投资项目合理用能许可工作中技术评审的相关要求，共对 6 个固定资产投资项目的节能报告进行了委托技术评估服务。项目准入方面，西青区严把产业政策、落实市场准入负面清单制度，执行规划产业定位，坚定否决高污染、高能耗的投资项目。

二、现状分析

（一）能源供应保障和结构优化调整水平有待提高

能源对外依赖程度高，区域内煤电企业电力供应能力有待提升；天然气受上游气源、市场供需等因素制约，供应渠道有待加强，在用气需求激增，极端情况下波动剧烈，保障压力、风险成本显著增加，且用气成本居高不下；可再生能源项目建设受资源禀赋、应用技术等因素制约，现有能源基础设施水平和供应能力难以实现规模化发展。受产业结构约束，能源消费总量控制压力较大；能源创新发展不足，发展方式仍显粗放，先进发电、氢能等领域尚未起步，综合能源站、多能互补、储能设施等先进用能方式发展滞后，能源发展尚未摆脱对传统模式和路径的依赖。结合大气污染防治工作来看，秋冬季供暖期间相比春夏季非供暖期，空气质量显著较差，说明高排放、高污染的供暖能源结构还未根本性改善，能源消费总量和能源消耗强度控制压力较大

（二）产业转型升级水平与经济高质量发展要求不匹配

我区多以小、中型企业为主，且产业结构偏轻工业，产业转型升级所需的技术工艺尚不成熟，受经济下行及疫情影响，许多企业用于设备提升和工艺升级的资金缺口较大；要素配置有待完善，配置方向有待精准化，保障经济高质量发展的托底作用还需加强。同时，以节能减排和清洁低碳发展倒逼产业转型的效果不明显，产业发展对传统能源的路径依赖和思维惯性十分突出，用户终端电气化程度亟待提升。企业集聚区、工业园区管理水平、政策和资金倾斜力度存在差异，导致区内不同园区之间呈现出差异化发展水平和经营状态；企业主动消费清洁能源和节能减排意识薄弱，与高端产业发展先进地区仍有较大差距，实现绿色低碳的清洁生产任重道远。

（三）交通低碳转型空间有限

我区交通形式以公路为主，不存在公转铁、绿色港口建设等项目，绿色低碳转型上限较低。道路运输经营者可以选择的中重型节能车型较少，市场上节能车中牵引车为主要车型，普通货车较少，制约了节能车替代。消费者思想意识有

待改变，主观认为燃油车质量、各方面性能更优于新能源汽车；另一方面，新能源汽车的电池更换成本、充电时间较长和充换电便捷性较低等方面制约了其在普通群众中的普及。

（四）绿色建筑发展有待更深入推进

既有建筑节能改造工作多停留在较直观的表面结构性改造，对于内在的复杂性结构转变方式还需进一步探索。低碳节能建筑、节能电器等领域科学技术对绿色建筑发展支撑力度不够；对商业建筑、办公建筑、较大商业综合体、文化教育建筑及医疗卫生建筑的能源利用状况定量分析，对建筑能源利用效率、消耗水平、能源经济和环境效果分析有待深入。

（五）碳排放相关底数不清、数据获取存在壁垒

由于城市化进程加快，各类基础设施建设、生态工程建设、农业项目建设等相继实施，导致地理信息变化频繁，依靠地理信息技术获取的土地利用类型数据与实际情况有较大出入，难以掌握精确碳汇数据，且受专业性和技术性不足等因素限制，对于碳汇的碳吸收能力等情况掌握不足。碳排放相关数据一般只针对全区整体，对于不同区域、不同领域的碳排放定量分析不足。各部门掌握的数据缺乏共享机制，如全区重点企业能耗数据、碳排放数据等由相关职能部门或者市级部门掌握，数据获取上存在不知道找谁要、要不到等困难。

（六）有待形成涵盖全面、功能健全的体制机制

我区服务碳达峰碳中和工作的体制机制尚未形成，绿色金融的构建、绿色财政的保障、低碳科技的研发、低碳人才的培养都将对“双碳”工作落实给予强有力的支撑。我区当前绿色投融资、绿色信贷工作进展相对滞后，财政选择支持的绿色低碳发展项目较少，低碳发展后备人才的引入和培养力度不足。碳达峰碳中和作为我区当前和今后的重点工作，需要以完善的体制机制为重要依托。

三、西青区碳达峰实施路径

基于对我区碳排放现状调研与分析，提出以下碳达峰路径：

（一）优化调整能源结构，提高能源利用效率

1. 强化能源消费总量和强度双控。有序推动高耗能、高排放等重点行业、重点企业以及居民生活用能煤改气、煤改电，降低煤炭资源消耗规模，加强煤炭消费控制。推进华能杨柳青电厂煤炭清洁高效利用，鼓励煤电机组节能改造，进一步降低煤电机组耗煤量。加快推动华苑热源管理中心燃煤锅炉关停整合。严禁新建燃煤发电机组，禁止新建、改建、扩建燃煤锅炉，确需新建用煤项目需实行煤炭减量替代。落实年度节能目标责任，狠抓重点用能单位节能管理，组织开展重点用能单位能耗“双控”目标责任考核、能源审计、清洁生产等重点工作，持续推动能耗在线监测平台建设，组织开展能源利用状况报告填报。加快推进节能信用体系建设，探索推行区域能评，依法依规开展节能监察。

2. 强化天然气供应保障。加强用气需求侧管理，拓宽供热发展、宝胜热能、瑞成热力等5家主要燃气供热企业供气渠道，细化用气需求，强化气源保障；推进油气重点工程建设，协调推动中石化天津LNG外输管道复线、北京燃气集团天津南港LNG应急储备项目等国家天然气基础设施建设工程，有效梳理气源下载口径，结合西青气源下载需求，实现气源下载“一对一”模式。加快推动中石化天津LNG气源引入项目建设，提升区域气源供应水平。

3. 加快推动可再生能源发展。一是大力发展太阳能。推动农光互补、渔光互补等复合型光伏发电项目建设，适时启动整区屋顶分布式光伏

开发试点工作，鼓励党政机关、学校、医院、工商业、农村居民等既有建筑开发屋顶分布式光伏。二是合理利用风能。结合区域资源条件，合理利用零散空间发展分散式风电。探索在辛口镇、王稳庄镇、精武镇等风能资源富集区域开发风电项目。三是因地制宜开发生物质能。鼓励开展包括垃圾、农作物秸秆、畜禽粪便和有机污(废)水等多种形式的生物质能综合利用，推进西青生活垃圾综合处理厂 PPP 项目二期工程建设。四是探索发展氢能。发展天然气和可再生能源制氢，拓展多元化制氢方式。探索研究氢能产业布局，适时将氢能产业纳入政策保障体系，瞄准业内优势企业，加大氢能产业招商引资力度。以推进加氢站建设为突破口，围绕物流、通勤、公交及叉车等特种车辆领域打造示范应用场景，结合实际需求建设加氢站。

4. 合理开发利用地热能，保障城镇供暖体系。一是深化地热资源勘查工作。开展地热资源调查评价，根据资源环境承载力和水资源开发利用条件，对地热资源开发利用的可行性、适宜性、开发利用总量和开发强度进行总体评价，确定地热资源开发利用规模。二是在保障生态安全和可持续发展前提下，结合供暖需求因地制宜科学开发浅层地热能源利用，在不对地下水造成污染的前提下，积极推广地下水源热泵供暖。三是稳妥推进中深层地热能供暖。在进行资源评估、环境影响评价和经济性测算的基础上，根据实际情况选择“取热不耗水、完全等量同层回灌”或“密封式、无干扰井下换热”技术，最大程度减少对地下土壤、岩层和水体的干扰。四是推广“地热能+”多能互补的发展模式，开展地热能与旅游业、种养殖业及工业等产业的综合利用、地热能梯次开发利用以及地热能开发运营与数字化、智能化发展相结合。

(二)优化调整产业结构，发展绿色低碳产业

1. 全面开展节能增效行动，持续推动工业节能降耗。大力推动工业节能技术改造，支持企业引进先进适用技能技术装备产品。强力推进企业开展清洁生产，降低能源消耗和污染物排放。鼓励工业企业余压余热利用、回收等方式加快发展循环经济，培育循环经济示范试点企业。鼓励工业用能电气化。积极推进工业领域“电能替代”，进一步提升电气化水平，以清洁、高效、便捷的电能满足各行业用能需求，支持鼓励高耗能企业应用工业电锅炉(窑炉)，引导企业加快设备升级改造，提升能效水平。

2. 强化产业节能支撑，全面发展绿色产业。全面推进产业基础高级化、产业链现代化，加快构筑绿色低碳产业体系，促进产业结构转型升级。围绕节能环保、新能源、新材料、新能源汽车等领域，推动战略性新兴产业补链、延链、强链、提链，壮大产业规模。高质量推进绿色工厂、绿色供应链、绿色产品建设，推动制造业绿色转型。支持中芯国际、宜科电子、同仁堂等领军企业研发关键核心技术，鼓励捷威动力、瑞能电气、睿为电子等重点企业研发高端装备制造、材料制备技术，推动中芯国际 T3 产能扩充、盈科瑞(天津)创新医药实验室、中升挑战生物科技总部基地等重点项目建设。实施新能源汽车关键零部件研发提升工程，加快充换电、加氢等基础设施建设。深度挖掘天津(西青)国家级车联网先导区多场景应用与服务，支持经纬恒润、极客网联等企业抢占新能源汽车与智能网联汽车发展的制高点。

3. 积极创建绿色园区。以工业集聚区、产业园区为优化调整主体，实现区域性企业群绿色创建。立足智能车联网先导区、西青经济技术开发区、南站科技商务区发展，推广园区合同能源管理模式。推动赛达工业园区、学府工业区、西青汽车工业园区、中北工业园完成园区循环化改

造，加快推进西青经济技术开发区“5G+AI”数字园区建设，提高园区资源利用率，促进园区产业优化升级。开展园区“环境污染第三方治理”试点工作，提升园区环境管理和污染治理能力。

（三）优化调整交通结构，寻求运输领域新突破

1. 依托新兴业态，推广绿色用车。依托互联网、大数据等新业态、新技术优化运输组织，提升运输效率和智能化水平。鼓励外卖配送、快递配送等行业使用清洁能源车辆，新增或更新的公交车、网约车全部使用新能源汽车，鼓励巡游出租车更新为新能源汽车，城市邮政、环卫、城市物流配送、中短途客运等新增及更新车辆以新能源车辆为主。

2. 完善基础设施，推广绿色出行。不断新增新能源汽车数量，继续加强充电桩建设，基本实现新能源车充电便利化。完善以轨道交通为骨干、以城市交通为主体的公共交通网络，完善慢行交通系统建设，保障非机动车和行人通行空间，促进交通与旅游、生态深度融合，形成低碳舒适、富有特色的“休闲慢网”。

（四）发展推广绿色建筑

1. 提高节能标准。持续提升城镇新建绿色建筑比例，“十四五”期间，新建居住建筑全面执行五步节能标准。强化建筑能耗运行管理，推进城市公共建筑用能定额管理。全面推动建筑能源审计、能耗统计计量，重点开展重点用能单位能耗监测。

2. 提高节能水平。发展推行超低能耗建筑，通过非化石能源应用、新风热回收、立体绿化等技术，大幅降低建筑能耗；结合老旧小区综合改造，持续推动具备改造价值的既有居住建筑节能改造工作，提高围护结构保温隔热性能、遮阳性能、门窗气密性能。稳步推动装配式建筑发展，积极推进装配式建筑研发、设计、生产、施工等全产业链的产业集群建设。积极探索5G、物联网、人工智能、建筑电气化和智能化等新技术在建设领域的应用，推动绿色建造与新技术融合发展。

3. 提高用能效率。通过大力推广高效节能光源、合理自然通风等节能技术进一步降低建筑运行能耗；研究搭建智能控制与监测平台提高运行管理模式，推进公共建筑用能定额管理。

（五）提升生态系统碳汇能力

1. 稳定和优化森林碳汇。科学开展造林绿化。加大植树造林力度，开展森林抚育和林分更新，完善森林资源保护管理制度，建立健全保护发展森林资源管理长效机制，切实加强森林抚育经营和低效林改造。开展国土绿化行动，增加森林资源总量，提升生态资源质量，提供更多优质生态产品，提升国土绿化总体水平，助推大幅度减少空气中二氧化碳总量。

2. 提升其他生态系统碳汇能力。严格保护各类重要生态系统，有效发挥林业、湿地等碳库的固碳作用。全面加强湿地保护和修复，加快推进退耕还湿、生态补水等工程，加大湿地生态修复力度，提升湿地生态系统碳汇能力。深入推进绿色生态屏障区建设，推进造林绿化、水系连通和生态修复等工程建设。优化农业种植结构，实施高补碳固碳作物替代，研发生物质炭土壤固碳技术，提升秸秆、畜禽养殖等农业废弃物综合利用水平，提升生态农业碳汇。

3. 摸清碳汇底数，探索数据共享机制。寻求专业第三方机构协助，借助“外脑”力量，摸清我区生态系统碳汇底数，测算碳汇消纳碳能力。探索我区碳排放数据共享机制，加强部门间沟通协调，建立碳排放数据共享平台，形成顺达通畅的数据共享模式，为我区“双碳”工作更高效落实扫清数据获取壁垒。

（六）加快形成服务“双碳”工作的体制机制

1. 大力支持绿色低碳技术发展。加大绿色

低碳技术创新和支持力度，对降低绿色低碳发展成本，提高高耗能、高排放等重点行业节能减排项目或工程措施的技术可行性和经济合理性，提升节能减排的效率效果的项目给予财政和政策倾斜。大力推进太阳能光伏发电、生物质能、氢能、风能等新能源和可再生能源的工艺技术和设备研发创新，提高新能源和可再生能源项目的技术水平，增强安全稳定性，进一步提高经济性尤其是提高与煤电的竞争力。

2. 鼓励和支持发展绿色低碳金融。引导金融机构增加对绿色低碳项目的信贷支持，更好地助推绿色低碳发展。促进生态环保领域投融资模式创新，在生态环境治理、生态林建设、清洁能源开发、公共建筑节能改造、污水再利用等领域积极审慎引入政府和社会资本合作（PPP）模式；积极引入生态环境治理导向的开发模式，充分挖掘生态产品价值，促进生态产业化，健全产业反哺机制，形成产业发展和生态环境治理的良性互动。积极探索高耗能、高排放等重点行业节能减碳商业模式创新，大力推广合同能源管理、节能减碳第三方治理等服务模式，调动相关主体特别是高耗能、高排放企业实施节能减碳项目的积极性。

3. 加强与专业机构、高校合作，引入和培养低碳发展人才。科研院所、高等院校是汇聚“双碳”技术、资源、人才、科研成果转化的重要平台，加强与天津市低碳中心、高等院校和科研院所专家学者的联合协作，为科学精准指导做好“双碳”工作提供科技支撑。注重低碳领域高精尖人才引入与培养，充分发挥人才对于“双碳”目标实现的重要作用，强化科技研发、应用方式与应用模式等方面持续创新，为碳达峰碳中和工作做好人才储备。

4. 借助新兴业态和高科技力量助力碳达峰数字化。引入智慧碳能综合管理系统，搭建碳能管理信息平台，构建碳排放在线监测体系，并与能源部门联网，实现碳排量数据的即时计量，实时传输，集中分析和结构化展示，实时对全区企业能源消耗和碳排放进行精准化管控。

（七）加强宣传引导，形成全民低碳的社会氛围

充分利用各种宣传手段，鼓励和引导市民使用节能、低碳产品，节约使用日常生活用品，减少使用一次性用品。提倡绿色出行，鼓励和引导市民优先选择公共交通、自行车、步行等环保、低碳出行方式。鼓励市民减少能源消耗，合理控制室内制冷、供暖等设施的温度。贯彻落实《天津市生活垃圾管理条例》，履行生活垃圾源头减量和分类投放义务，减少资源消耗和碳排放。

四、总结

力争2025年实现碳达峰的目标任务时间紧、任务重、挑战大。这要求碳达峰必须是高质量达峰，也要求在达峰后缩短平台期，实现碳排放持续快速下降。结合我区发展现状，要紧密围绕加快调整能源结构、优化升级产业结构，兼顾交通、建筑、碳汇领域转型升级。坚持全区一盘棋，先立后破，谨防“运动式”降碳，稳步推进能源、工业、交通、建筑、农业领域达峰，增强碳汇能力，构建方位全、功能好、质量高的体制机制，坚决避免为追求达峰而影响经济社会发展和人民生活质量的现象发生。平衡好遏制“两高”项目与经济社会发展的关系，加强引导战略性新兴产业，加大绿色低碳、降耗减排技术创新应用，提高能效水平，持续改善生态环境质量，促进经济社会全面绿色高质量发展。

关于赛达新城核心区城市更新的对策研究建议

区赛达办

我国经历了改革开放四十年的经济增长奇迹后，开始迈入经济“新常态”和“存量发展”的

新阶段，并带来社会、政治、经济、文化、空间发展等的全面转型。城市更新已经成为新时期我国城市土地“存量盘活”发展的重要路径之一。党的十九大报告指出，中国经济已由高速增长阶段转向高质量发展阶段，中国正处在转变发展方式、优化经济结构、转换增长动力关键时期，城市发展也从规模速度的粗放型增长转变为质量效率的集约型增长，党中央、国务院高度重视城市更新工作。

自天津市西青区新一轮国土空间总体规划编制工作的开展以来，在城市发展底线约束、城市发展边界已经划定的背景下，本次调研以西青赛达新城核心区作为研究重点，通过对西青赛达新城目前产业升级存在的问题、成因及路径的探索，更好地实现产城融合的发展方向，盘活低效利用土地，解决民计民生问题，促进产业转型升级，为企业提级赋能。

一、赛达新城现状基本概况

西青区第十一次党代会提出了“两城三带三区”的战略布局构想，赛达新城作为“两城”之一，在西青整体发展中的战略布局得以明确，并确定了产城融合指导思想。赛达新城北至天津外环线，南至独流减河，西至团泊大道与津涞公路，东至行政区边界，总面积 247 平方公里，包括了西青开发区、大寺镇、王稳庄镇、李七庄街、赤龙南街管理辖区，其中核心区面积 51 平方公里，示范区面积 6 平方公里，先导区面积 2 平方公里。

结合规划主要工作内容及西青区实际情况，关注产业发展、民计民生、城市品质等重要发展指标，重点针对赛达新城核心区内低效工业企业，存量老旧住区、待更新公共空间进行调研汇总，通过调研梳理，低效工业用地约 233 公顷、存量老旧住区 77.4 万平方米，涉及居民约 18000 户、待更新公共空间约 45 公顷。（其中数据应以规划数据为准）

二、城市更新问题分析

多年以来，伴随天津市城市建设，在城市更新项目中错综复杂的利益平衡关系，日益复杂的利益主体关系，使得在操作过程中产生大量矛盾，主要存在政策引导、退出机制、供后监管等顶层设计方面的问题。

（一）政策引导不全面。由于缺乏规范的政策依据和制度设计，相当数量更新项目的实施引导通过“一事一议”，依靠主管部门在现实操作中的自由裁量权，难以形成统一的操作规程，给主管部门带来相当大的执法风险。与此同时，由于缺乏明确的更新操作引导和多元的利益平衡方式选择，大量更新项目或丧失了更新动力任其衰落破败，或单一利益驱动进行大拆大建，形成了当前赛达新城存在大量低效产业用地的情况。

（二）退出机制不健全。开发区发展初期，功能定位上并不清晰，对于入驻企业的企业层级、产能水平、生产技术审评制度不完善，容易造成无序发展，用地粗放的情况。同时由于工业用地出让年限为 50 年，对于生命周期较短的企业，在缺乏退出机制，分割转让等政策引导的情况下，很容易导致土地闲置、地均产出不达标等低效使用的情况。在缺乏相关更新鼓励政策引导的情况下，企业更新意愿不强，对土地盘活，产业更新升级造成了一定的阻力。虽然随着近几年的规范管理，赛达新城土地集约用地水平有了较大提升，但是低效使用的情况仍然较为普遍，主要体现在早期招商的一些产业园区中。

（三）供后监管不到位。工业用地出让时，出让合同中须对单位用地投资、产出强度、建筑密度等衡量工业用地利用效率的重要指标作出明确规定。这些指标内容涉及发展改革、工业和信息化、统计、财政、管委会和招商等多部门，但在企业实际使用土地过程中，因缺乏相对完善的评估体系，相关部门却难以实时掌握这些供后土地关键利用指标,难以按照合同约定进行全面监管,同时针对指标未达标的企业惩罚力度不足,很容易造成工业用地低效使用的情况。

三、赛达新城城市更新对策研究

通过对赛达新城城市更新,全面提升赛达新城城市宜居活力、产业发展动力、城市综合实力,形成产城融合、生态宜居、和谐共享的生态创新示范城。下面将从工业园区、老旧社区、公共空间三个方面提出建议。

(一)工业园区方面

建议推进旧工业区产业升级与优化,依托新区现有优势与特色基础巩固提升第二产业的同时,以总部经济、文化创意产业、旅游业、商贸业等现代服务业来提升地区活力,促进产业转型与质量提升。参考国内先行城市经验,建议将政府主导的自上而下的垂直开发模式转化为实施主体多元化的综合开发模式。严格按照天津市城市更新实施办法和规划土地实施细则的方式,对于具体城市更新活动进行体系化、弹性化的精细管控。通过改变更新主体、转变平衡方式,优化培育机制等措施,提升市场参与的积极性和可持续性,切实提升城市活力。

1. 赛达新城结合自身发展特点,建议采取鼓励先租后让、租让结合、联合竞买等多元方式,同时鼓励弹性年限出让的方式,一方面保障工业用地的持续活力,另一方面降低项目成本和吸纳更多社会资本,体现了集约节约用地的根本理念。通过租赁或短期出让来"试错""纠错"留住真正好的项目,配合合理的出让年限,增加了土地流转效率,提高了中远期财政收入能力。

2. 腾挪置换低效产业空间,支持淘汰落后产能企业的土地厂房改造,鼓励优势企业兼并重组低端企业,综合运用经济和法律等手段,强化安全生产、环保、社保、劳动等硬约束,深入推进"清无"工作。通过整治升级、拆建腾挪、功能调整等多种方式,引导旧工业区存量空间进行置换与优化,严格控制"工改居"项目,重点支持"工改工"项目,优先保障产业发展需求。一方面为战略新兴产业、现代服务业、先进制造业与时尚创意产业发展释放用地潜力,另一方面为产业配套与城市综合服务功能提供建设。

3. 节约集约产业用地,强化资源节约集约利用,在旧工业区升级改造过程中注重推广节能、节水、减排等新技术、新工艺、新设备,提高资源利用效率。结合不同园区的发展特点、旧工业区的更新方向与更新方式,合理制定开发容积率,加大用地投资强度。部分产业用地结合实际情况,可通过收储变性,增补园区服务配套设施。

4. 试点项目建议,结合赛达新城核心区实际发展需求和企业运营情况,拟通过瑞能宿舍、变电站、空气化工及今晚报印刷形成两个更新项

瑞能宿舍、变电站、空气化工项目

《今晚报》印刷项目

目，通过政策引导、政府回购、协议出让等形式，进行功能升级置换，增设空间载体，落位战略性新兴产业、总部经济等，综合提升核心区一期、二期的整体功能张力及区域形象。

（二）老旧社区方面

满足人民群众日益增长的美好生活需求，切实提高人居水平，结合2035、2050年规划人居住宅面积目标，细化各类住宅人均住宅面积目标。结合人口疏解，建议提出老旧住宅户型改造引导，引导老旧社区人口的有效疏解。结合人口的空间布局，对优质医疗教育资源布局进行优化，增强疏解承载地对于人口的吸引力。

1. 明确规划手段。结合赛达新城范围内各级空间规划和社区生活圈配建目标，探索“图斑管控+标准管控”的方式，形成切实可行的宜居目标实现路径。结合具体更新项目，运用规划数据和大数据平台，对于老旧社区进行服务功能的评估，明确设施短板。科学评估原有公共服务标准、市政配建标准与现实生活需求的差异，结合最新公共资源配置标准，梳理现状公共用地，明确权属信息，进行统一规划引导下的设施升级和用地挖潜。

2. 探索社区规划制度，在传统规划体系下的城市更新，往往过于注重通过资金、技术手段在建筑空间等物质环境的改善和提升，却忽视了“人”才是城市生活中的主体。城市更新是一个长期的过程，从长远的角度来看，开展社区规划师制度试点研究，深入了解社区的需要。社区规划师承担社区规划的设计者、社区活动的组织者、实施规划的参与者三重职能。将规划工作由“设计一张美好社区蓝图”转化为“帮助社区实施美好蓝图”。

3. 试点项目建议，建议选取泉集里居住片区、龙居花园居住片区共计8个小区作为试点进行更新改造。建议选取改造基础较好，分布相对集中的泉集里、龙居花园居住片区，按照住建部和天津市六类21小项的完整社区建设标准，开展完善公共服务设施、打造活力空间、补足基础设施、引入智慧养老服务产业等改造提升工作，将试点做强做响，起到示范作用。

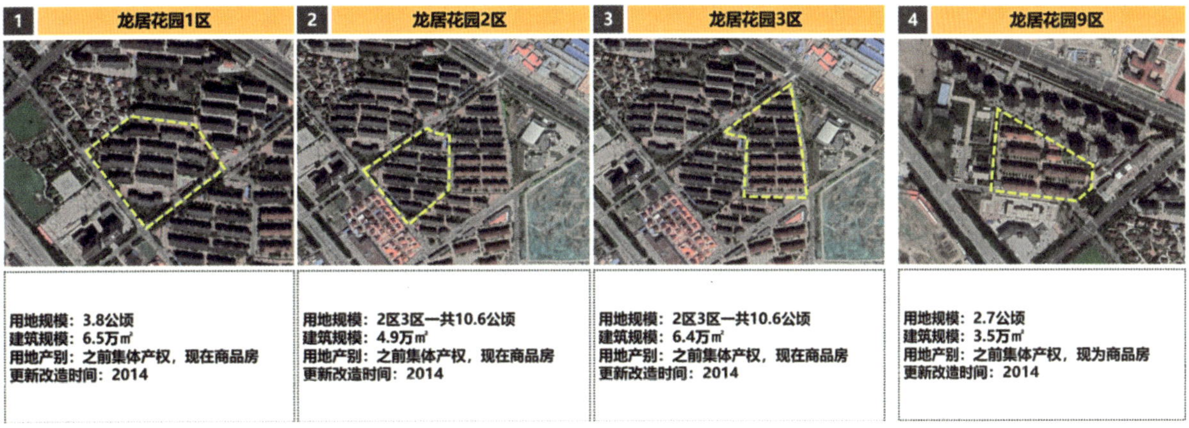

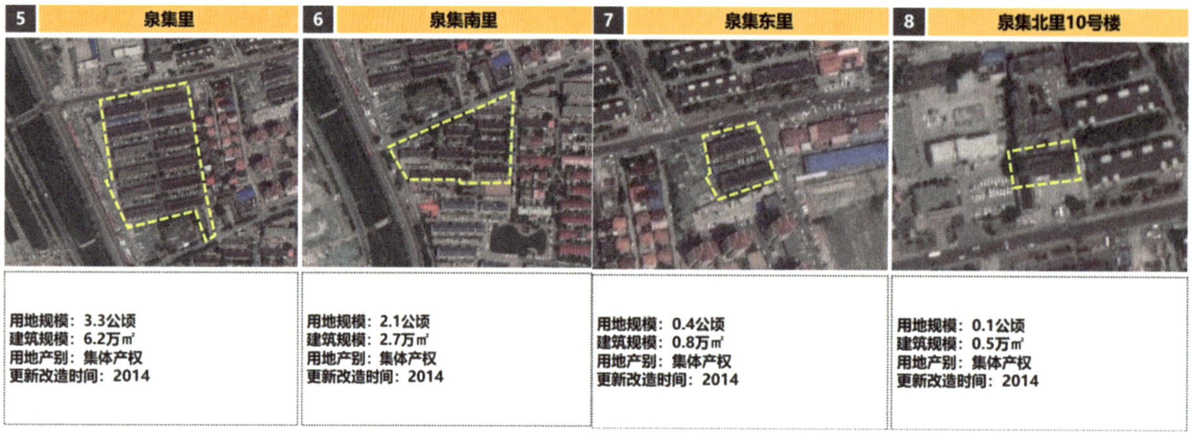

（三）公共空间方面

以待更新存量空间优化盘活为目标，从全局角度进行总体谋划，选择具有针对性的更新路径，制定面向实施的更新方案，综合运用多种更新方式，加强政府引导与市场参与，提升片区品质和活力。

1. 问题导向的空间策略。以问题为导向，优先梳理出空间使用低效的主要成因及主要问题，制定相应的修补计划。对需要修补的核心问题进行层级分类，制定出渐进的动态修补计划，在反馈的基础上对计划进行实时修正。更新重点应放在可以立即进行修补的，并且对周围能产生激活作用的区域。

2. 构建功能混合的活力空间。对于不同的消极空间进行合适的功能补充，以达到扩大受众范围，增加人气，提升利用效率的作用。如开阔且消极封闭的街角空间，可以根据周围建筑的功能或结合周边居住人群的需求，植入一些灵活便利、实用的新功能来提高空间利用率及活力，丰富城市功能；对于现状空间较大且无法进入的公园绿地，可以对内部空间进行二次设计，增加人的可进入性，同时可设置一些游憩设施，增加公园的趣味性；对于产业园区内及厂房建筑间的衔接空间，可根据空间的大小、形态、位置灵活使用，用作绿化、趣味的绿地、小公园等以强化城市的绿地系统或设计为建筑的室外延伸空间，使其成为增加建筑之间联系的活力点，提升园区整体活力；对于高架桥下的闲置空间，可结合空间特点和周围环境，用作公益类设施场地、居民公共活动场地等，以降低其阻隔作用，提高空间利用率，从而改变其消极的状况；河道沿线空间可结合城市交通系统的优化，逐渐修补其慢行系统，提供良好的步行自行车通行环境，串接周边微绿地、小广场等开放空间，构建完善的开放空间体系。

3. 试点项目建议。建议选取慕侠公园、龙居公园为试点进行活化改造。慕侠公园，为纪念韩慕侠而建，韩慕侠为当年和霍元甲同乡并齐名的大师，中华人民共和国成立前黄埔军校首席国术教官。目前公园现状利用率不高，人气不足，尚未发挥应有的城市价值。根植文化，凝聚场所精神，通过历史文化的重新植入进行活化复兴，通过历史主题展示、历史故事的再现、历史元素的使用等激活消极空间的延续与再生。龙居公园，为西青区大寺镇居住区及配套公园，承载着周边居民娱乐、休闲、文化的重要功能，随着周边居民精神文化需求的提升，面临公园功能单一、设施陈旧等问题。提升公园品质、空间复合使用、增设互动设施、结合龙居花园居住片区更新改造试点的推动形成合力，整体提高片区市民游憩、文化和娱乐活动的品质。

慕佚公园

龙居公园

关于天津南站科技商务区深度融入京津冀协同发展的调研报告

区协同办

京津冀协同发展是习近平总书记亲自决策推动的重大国家战略，2014年2月26日，习近平总书记在北京主持召开座谈会并作重要讲话，指出“京津冀协同发展意义重大，对这个问题的认识要上升到国家战略层面”，并全面系统阐述了其重大意义、推进思路和重点任务。2015年审议通过的《京津冀协同发展规划纲要》进一步明确了有序疏解北京非首都功能、推动京津冀协同发展的目标、思路和方法。作为天津的西部门户，一直以来，天津南站科技商务区积极融入西青区“两城”发展格局，努力为推动三地错位发展贡献南站之为。

一、天津南站科技商务区发展现状

（一）基本情况

天津南站科技商务区，规划面积10平方公里，距离中心城区7公里，距离北京120公里，距离雄安新区80公里。天津南站科技商务区将依托京沪高铁及津沧、津雄2条规划城际铁路，地铁3号线及规划线路，津晋、津沧2条高速公路等多条城市主次干路，建成一个集科技研发、商业商务、生活配套为一体的新型高端产业园区，招商方向为总部经济、科技研发、现代服务业等高端产业。包括以下两个主要区域：

1. 南站科技商务区核心区。占地面积5平方公里的天津南站科技商务区核心区正处在开发建设起步阶段，按照正在修改的核心区（11P-10-07单元）控制性详细规划的设计方案要求，住宅的平均容积率为1.7，商业的平均容积率为2.8，核心区规划总建筑面积为370.33万平方米，其中公共管理与公共设施用地的规划建筑面积为6.31万平方米，商业服务业设施用地的规划建筑面积为234.06万平方米，居住用地的规划建筑面积为129.96万平方米。目前已签约落地项目8个，包括正荣、招商、金融街3个地产项目及鹏瑞利国际健康商旅城、经纬恒润天津研发总部、呷哺呷哺总部、杉杉商业集团奥特莱斯综合体、聚慧科技大厦5个商业项目。

2. 津涞公路北侧地块。津涞公路北侧地块占地2.73平方公里，已签约落地商业项目——复星集团复游城，占地面积约1800亩，建筑面积200万平方米。当前，在市规划资源局西青分局的指导下，正在同步推进地块土规调整及控规编制工作。

（二）现状成效

京津冀协同发展战略实施以来，南站科技商务区坚持以习近平总书记重要讲话精神为统领，紧紧抓住协同发展的重大历史机遇，明确了“两城三带三区”的发展布局，深度融入其中、受益其中，全力推动京津冀协同发展向广度深度拓展。充分发挥天津南站交通枢纽优势，在作为津雄战略门户的西青辅城域内，重点打造天津南站科技商务区，使之成为对接京津冀协同发展、承接首都优质资源的新平台、小中心，进而以此为“根据地”，形成产业创新、科技创新、体制机制创新的策源地，各项工作都取得了一定的成效：

一是规划设计整体优化。聚焦商务区功能定位，高水平推进天津南站地区一体化设计，深化天津南站扩建方案设计和商务区地下空间规划研究，加快推进核心区控制性详细规划修改申报，优化周边高速公路改造、轨道交通建设等方案，打造规划建设样板。二是区域配套功能日趋完善。加快完善区域交通路网和基础设施配套，推动津沧高速至天津南站专用通道二期、瑞达路等对外通道和南站二期周边17条配套道路建设，积极推进九年一贯制学校和园区供热、绿道景观、前广场公园、海棠园等项目建设，不断完善区域功能。三是园区招商引资得以强化。制定科学合理的产业发展规划，聚焦新动能产业，下力气引进一批发展前景好、成长潜力大、带动作用强的龙头企业。目前共引进落地以经纬恒润为首的重大项目10个，计划总投资额达668.1亿元。

二、存在问题

（一）产业定位对接机制不完善

2017年，我市制定了关于积极承接北京非首都功能指导意见，建立对接产业、重点承接平台和重点对接项目“三级清单”，根据京津冀三省市协同办联合印发的《加强京津冀产业转移承接重点平台建设的意见》，将各区承接平台按照协同创新、现代制造业和服务业等角度划分功能，着力构建“1+16”承接格局。但是，由于缺乏形成有效的规划对接机制，各园区平台产业规划存在“单打独斗”“各自为战”问题，产业错位和差异化特征不突出。结合实际，南站科技商务区区域招商引资主要遵循以总部经济、现代服务业和科技研发为主的大方向，但是尚未形成明确细致的产业定位规划，当前区域产业集聚性不突出。同时，此外，由于机制体制影响，产业协同发展难以快速突破，虽然三地均成立了协同发展领导小组办公室，但是受区域经济考核模式等制约，行政壁垒仍存在，导致产业结构低层次重复，省市之间、各区及区内各园区之间竞争不断升级，造成资源的极大浪费。

（二）项目承载硬件条件不足

2015年，市政府批准天津南站科技商务区开发建设资金平衡方案。为推动商务区开发建设，我区结合发展实际于2019年成立西青区区域和产业协同办公室，统筹南站科技商务区的规划招商等工作。客观来看，南站科技商务区当前尚处于开发建设起步阶段，南站一体化设计等专项规划、域内交通路网等基础设施和配套设施建设和等还在持续推进之中，区域基础功能有待完善。同时，商务区域内目前没有厂房和楼宇载体，各类用地被进行严格的划分和管控，商业地块存量较少且土地价格较高，一定程度上为项目招引和疏非平台功能的发挥造成困难。

（三）联动合作程度有待提高

南站科技商务区位于张家窝镇域内，与精武镇等街镇紧邻，与学府工业区等园区有着显著的地缘联系，当前南站科技商务区处于起步建设期，对于北京外迁企业的吸引力还不够，其他园区受制于各街镇行政管理壁垒，相互之间联动协同效应较差，整体上弱化了全区产业集群发展效益，落地企业只是数量上的汇合和空间上的简单聚集，产业之间关联性和融合度不高，主导产业不突出。

三、发展对策建议

（一）加快产业规划阵地建设

结合天津南站科技商务区定位与发展现状，瞄准南站科技商务区作为企业总部、研发中心、新兴服务业聚集的商务区定位，重点挖掘非首都资源，疏解央企项目重点吸引人工智能、“互联网+”以及新兴服务业的相关项目，下力气引进一批发展前景好、成长潜力大、带动作用强的龙头企业。同时围绕产业链上下游不同环节布局，建立梯次分明的差异化的产业政策，逐步形成有针对性的政策洼地，严把准入门槛，做精产业选择，建立项目全生命周期管理服务体系，促进资金、人才、技术等要素向商务区聚集。

（二）提升园区产业基础承接能力

完善南站科技商务区一体化设计，持续推进综合交通枢纽地下空间规划设计，保障津雄城际、津沧城际等重要交通规划落地，扩通道、强联通、增轨道，统筹推进南站科技商务区与中心城区直连通道建设，统筹推进多层次城市轨道交通建设，全力推进专用南站通道二期、瑞达路、南站周边 17 条道路建设，补齐轨道交通保障不足的短板，提升区域公共交通服务能力，打造集高铁、地铁、公交等多种交通方式为一体的现代化大型综合交通枢纽。同时快速推进景观绿道、站前临时停车场、绿地公园、景观河道治理等项目建设，积极贯彻落实碳达峰、碳中和重大决策部署，逐步实现中期、远期智慧能源体系建设，为释放区域发展新潜能做好硬件设施能力保障。

（三）推进打造“三张名片”战略

充分借助天津南站枢纽优势，制定“三张名片”策略：打造“商旅休闲目的地”的城市名片，以复星集团复游城项目和杉杉集团奥特莱斯项目为抓手，打造京津冀地区商旅休闲目的地，提升城市活力，增加城市吸引力；推进“大而强、小而精”的产业聚集名片，重点吸引人工智能、互联网+以及新兴服务业企业投资入驻，营造商务区的产业、人才的高聚集态势；蓄势“内生动力”的科技产业创新平台名片，凭借完善的商务休闲配套环、强大的科技龙头企业带动作用和充足的科技人才氛围，吸引更多的创新型企业和人才聚集。

重要文件目录辑存

西青区政府文件目录

序号	文件名称
1	天津市西青区人民政府关于印发政府工作报告的通知（西青政发〔2021〕1 号）
2	天津市西青区人民政府关于印发西青区国民经济和社会发展第十四个五年规划和二〇三五年远景目标纲要的通知（西青政发〔2021〕2 号）
3	天津市西青区人民政府关于印发西青区 2021 年国民经济和社会发展计划的通知（西青政发〔2021〕3 号）
4	天津市西青区人民政府关于印发天津市西青区突发事件总体应急预案的通知（西青政发〔2021〕4 号）
5	天津市西青区人民政府关于落实国务院《政府工作报告》重点工作任务清单的通知（西青政发〔2021〕5 号）
6	天津市西青区人民政府关于西青区区长、副区长工作分工的通知（西青政发〔2021〕6 号）
7	天津市西青区人民政府关于印发政府工作报告的通知（西青政发〔2021〕7 号）
8	天津市西青区人民政府关于印发西青区 2022 年国民经济和社会发展计划的通知（西青政发〔2021〕8 号）

区政府办文件目录

序号	文件名称
1	天津市西青区人民政府办公室关于做好 2021 年区政府重点工作的通知（西青政办发〔2021〕1 号）
2	天津市西青区人民政府办公室关于印发西青区重污染天气应急实施方案的通知（西青政办发〔2021〕2 号）
3	天津市西青区人民政府办公室关于撤销国家自主创新示范区西青分园建设领导小组和废止相关文件的通知（西青政办发〔2021〕3 号）
4	天津市西青区人民政府办公室印发西青区关于落实天津市优化营商环境三年行动计划工作措施的通知（西青政办发〔2021〕4 号）
5	天津市西青区人民政府办公室关于印发西青区市级全域旅游示范区创建工作实施方案的通知（西青政办发〔2021〕7 号）
6	天津市西青区人民政府办公室关于印发西青区加快集聚培养高层次教育人才三年行动方案的通知（西青政办发〔2021〕8 号）
7	天津市西青区人民政府办公室关于印发西青区 2021 年食品安全监督管理计划的通知（西青政办发〔2021〕9 号）
8	天津市西青区人民政府办公室关于印发西青区大学科技园建设实施方案的通知（西青政办发〔2021〕10 号）
9	天津市西青区人民政府办公室关于印发西青区关于加快新动能引育构建现代产业体系若干支持政策的通知（西青政办发〔2021〕11 号）
10	天津市西青区人民政府办公室关于进一步完善西青区原农业户籍居民养老保险补贴发放工作的实施办法的通知（西青政办发〔2021〕14 号）
11	天津市西青区人民政府办公室关于做好 2022 年区政府重点工作的通知（西青政办发〔2021〕15 号）
12	天津市西青区人民政府办公室关于做好 2022 年西青区 20 项民心工程工作的通知（西青政办发〔2021〕16 号）

索 引

H

J

K

L

M

N

Q

《天津市西青年鉴2022》供稿人员

（按姓氏笔画排序）

丁　一	卜丹娜	马　旭	马世睛	马佩瑶	王　宁	王　芳
王　丽	王　倩	王　超	王宇欣	王志刚	王秀俊	王君伟
王咏卉	王科峰	王艳鹏	王继凯	王旖旎	王鹤立	元　叡
毛冶成	田丽莉	田爽男	付　红	付　颖	付春颖	白　杨
冯仁敬	冯月兰	冯庆娟	邢　勇	邢　楠	成飞飞	吕　芳
朱焱彤	刘　兵	刘　恋	刘　敏	刘　琪	刘　晶	刘　微
刘　嘉	刘红军	刘雪茹	齐圣丹	孙　雪	孙连华	孙静怡
杜　芳	杜静静	李　晔	李　琳	李　晶	李　程	李欣玉
李梦雨	杨　凯	杨　鑫	杨丹丹	杨立广	杨红梅	杨景舒
肖　羽	肖　瑜	肖　豪	时艺桢	吴　琼	吴　曦	何　欣
邹宗月	沈　楠	张　伟	张　彤	张　良	张　贺	张　瑞
张　嫒	张　鑫	张凤琴	张明明	张佳佳	张凌迪	张德亮
陈　尚	陈　倩	陈振宇	陈蔚华	邵志刚	武　凯	尚　晋
金　铭	庞庆燕	郑博予	赵　伟	赵继欣	郝　婷	胡月梅
胡乔森	祝建岣	姚　依	姚冬青	姚雪莲	秦　宇	袁文静
耿丽金	徐梦迪	凌　斌	高　君	郭晓静	郭智超	唐　洁
曹忠强	曹承鸿	康录彦	盖玉薇	梁胜男	扈立洁	董　悦
韩奕萌	焦梓栒	鲍金蓉	蔡柄辰	谭　念	翟志男	魏　静